歴史と永遠

江戸後期の思想水脈

歴史と永遠

江戸後期の思想水脈

島田英明

岩波書店

目次

凡例

一、資料の引用にあたり、読みやすさを考慮して句読点、送り仮名、濁点を付け足し、適宜字体を改めた。

一、資料の引用にあたり、文中の〔　〕、傍点は原則として引用者によるものとする。ルビは一部の難読な箇所に限り原文記載のものを付した。なお〔……〕は引用者による省略を指す。

一、資料の引用にあたり、敬語表現（欠字・擡頭・平出など）、強調表現（圏点など）、書き入れ（割注・評語など）は特に断りなく省略した。また、明白な誤字、脱字、翻刻ミスと判断した箇所は特に断りなく、補訂した。

一、漢文は原則として書き下し、原文を併記した。ただし、特に典拠を示すことを目的とする短い引用や和文中に見える漢文風表現はその限りではない。

一、人名の呼称は慣例に従った。また、敬称はすべて省略した。

一、暦年につき、元号と西暦を併記した。ただし太陽暦採用以前は両者がきれいに対応せず、改元時期まで考慮に入れると徒らに煩瑣となるから、おおまかに符合するところを記した。

序章

ある旅路から

ペリー来航よりさかのぼること一歳半、長州藩士・吉田松陰が江戸の藩邸を抜け出し東北遊歴へ向かったこと、その途次水戸に立ち寄ったこと、水戸では会沢正志斎のもとへ足繁く通ったことは、よく知られた事件である。しかし、旅の同伴者であった宮部鼎蔵と江幡五郎が、先発した松陰と落ち合うべく水戸へ向かったその旅程について、知る人はほとんどいないのではないか。宮部の日記を手がかりにすこし紹介してみる。(1)

嘉永四(一八五二)年十二月十五日、宮部と江幡は江戸を立った。旅の目的は政争で命を落とした江幡の兄の敵討ちであり、松陰と宮部はその手助けも兼ねて東北をぐるりとまわる予定だった。仇討ちは旅路にロマンティックな色を添えるにふさわしい趣向であり、彼らは赤穂浪士の雪冤におのれを重ねて自意識を充たしていた。出立前には泉岳寺の墓へ参ったし、鳥山新三郎の邸宅で開かれた送別会も尋常ならざる熱気を帯びた。薩摩琵琶がかき鳴らされるなか、銘々感泣したり、剣舞したり、義士の祭文を朗読したり。(2) 酒の力も手伝って振る舞いは粗暴に流れ、薩摩の肝付七之丞は流涕しながら刀を振るって地面を斬りつけていたという。もっとも、これには「衆皆冷笑」と、宮部は記している。

その肝付に両国橋まで見送られ江戸をあとにした両人は、陸路で水戸を目指した。十六日には佐倉、十八日には竜ヶ崎をこえ、知友を訪ねたり、松陰のことを語らったりしながら、二十二日の夜半には筑波山の麓に着いた。すると、どちらともなくこういった。今日のような太平の世にあって「奇険」を求めるのは難しく、「大丈夫」は常に「奇難」なきことを憂いてきた。いま眼前に、風雪に荒れる夜の筑波山がある。翌朝ふつうに登ったのではおもしろくない。ここはひとつ、冬の夜山に挑んでみようではないか——。

風が強く吹きつけ、林間を抜けた。振り返れば野火が点々としている。「樹下一宿、石頭一枕、亦た奇ならずや(樹下一宿、石頭一枕、不亦奇乎)」などと笑って登っていくと、山間にぽつんと茅屋がある。松陰や江戸の同志たちにこの「奇」を話せばさぞ羨むだろうとほくそ笑みながら、ふたりは小屋のなかで火を絶やさぬよう代わりがわりに寝て、翌朝を迎えた。明け方には風がいっそう強まり、それもまた「太平の一危難事(太平之一危難事)」。その日は晴天で、朝日が小屋の壁を白くした。

筑波山は、西の男体山と、東の女体山というふたつの峰をもち、関東平野を一望できる景勝の地として今日なお知られている。宮部らはまず後者、次いでより険しい前者に登頂し、イザナミとイザナギを祀る神社を詣でている。山頂からは彼方に富士山の白雪が、眼下には蛇行する利根川が見え、明媚であった。重要なのは、その景色を前に宮部が漏らした感慨である。

> 関左の州皆我が目睫の下に在り。所謂沃野千里天府の国なる者、其れ此の間に在るかな。昔者平将門 叡山に登り京師の壮麗を観て曰く、「彼取りて代はるべきなり」と。遂に叛ひて下総の猿島に拠る。猿島も亦た目中に在りて、今は則ち墟なり。其の為す所は則ち悖逆なれども、其の志す所は則ち豈に憐むべからざらんや。相共に其の大志を嘆じ、慨然とすること之を久しくす。

（関左之州皆在我目睫下。所謂沃野千里天府之国者、其在于此間哉。昔者平将門登叡山観京師壮麗曰、可彼取而代也。遂叛拠下総猿島。猿島亦在目中、而今則墟矣。其所為則悖逆、其所志則豈不可憐哉。相共嘆其大志、慨然久之。[3]）

幕末史の点景ともいえないこの旅路からは、しかし、本書にとって重要な、そして相互にからみあった三つの論点を析出できる。

第一は、慷慨に任せて抜刀する肝付や、夜の雪山で快哉を叫ぶ宮部らの姿が映し出す、幕末期武士が陥ったデカダンスである。

よく知られているように、徳川武家社会は、戦乱の末に訪れた勝利を凍結し、軍事組織とその構成員をそのまま政府機構とすることにより成立した軍事政権であった。しかし、いつ訪れるかもわからない有事に備えながら、天下太平の世に戦闘者として生きることは難しい。ましてや戦塵を知る老戦士たちが世を去り、いつしか泰平が百年を数え、古代中国に実在したとされる理想の世にも勝ると寿がれるに至っては、なおさらである。[4]多くの武士は、自らの力量と忠節を示して功遂げ名を揚げる機会に恵まれないなか、アイデンティティの危機に陥っていった。治世の為政者という新たな装束の用意を試みた諸々の士道論——たとえば山鹿素行の兵学——や、それでも武士として生きようと観念的な生と死の世界を構築したいくつかの演技の体系——たとえば『葉隠』の武士道——は、そうした事態に対応すべく考案された手段であったが、いずれも江戸期にひろく普及したとはいえなかった。市場経済の発展は武家を困窮させ、繁華な都市文化と組織における凡庸なデスクワークが彼らの日常となる。十八世紀の中頃には、「二本棒はやぼらしきなどとて、出入の町人の所へあづけ」、「浄瑠璃小廠《コヤ》にて、町人と見らるるを自喜するもの[5]」が増えたという。

遊藝になずみ砲声に怯える「婦人」のようなサムライが増えたという。(6)精神的頽落と咎めるのは酷であろう。彼らの生の現実が求めるものはもはや首級ではなく、武張った男振りも魅力を失っていたのである。それでも武士らしくあろうとする者は、「奇」「愚」「狂」といった都合の良い自己規定に身を委ね、時に粗暴に振る舞った。抜刀したり、夜山に危難を求めたりした。酒席での喧嘩もしばしばだった。雪原と波濤を越えて、北海道遊歴が徳川後期に人気を博したのも、以上の事情と無縁ではあるまい。(7)

戦闘者として生きがたい世に、それでも武士らしく生きたい。かかる武士的自我の希求は、徳川日本の思想や文化に色濃い影響を与えている。武家物と呼ばれる浮世草子や武士道論、日本儒学の武教的性格だけをいうのではない。たとえば、近世日本の知識人たちはしばしば、学藝文墨の世界を戦場になぞらえた。「昇平百年、加ふるに憲廟右文の治、烝々乎として遐方に覃ぶを以てす。才子の輩出すること、中土に譲らず。昔の争ひや武夫なり。今の争ひや君子なり(昇平百年、加以憲廟右文之治、烝々乎覃遐方。才子輩出、不譲中土。昔之争也武夫。今之争也君子)(8)」とは、江戸の儒者・荻生徂徠の言葉である。反徂徠を掲げたある学者も、「蓋し朱氏は秦皇に似たり。伊藤氏は陳渉呉広に似たり。物氏は項籍に似たり」(片山兼山)と述べる。(9)秦帝国の隆盛と解体過程に近世東アジアの思想史を重ね、言外におのれが劉邦たることをほのめかしている。あるいは、同じく徂徠に抗った詩人も、「天地の気運は久ふして必ず変じ、人情は久ふして必ず厭ふ。能く此機を察するを俊傑の士と云ふ」とした上で、「若し世に予と同志の人あらば、吾此道の陳渉たらん」(山本北山)と宣言する。(10)時運の変化に応じて事を成す俊傑とは、諸葛亮の師として知られる司馬徽の「時務を識るは俊傑に在り(識時務者在俊傑)」(『三国志』蜀書)をふまえる。古文辞帝国の討伐を試みるおのれを陳勝に譬え、「俊傑」とみなす。もちろん狭く漢学者に限る必要はない。蘭学の先蹤のひとりは、伝統医学に挑戦する自らの事業を「一番鎗」と表現し、やはり「秦の苛政」に抗う陳勝になぞらえていた(杉田玄白)。(11)思想・文藝の世界における角逐を政治的・軍事的なそれに見立てる――いくらか粗雑で軽薄な、場合によっては鼻白む印象さえ与えかねない口吻は、近世を通してひろく見られ、それは彼らが学問の世界を擬似的戦場とみなしていたことを暗示している。彼らにとって学問とは、書斎のなかで真理を愛でる閑かな営みではない。仮にそれが純粋な真理への情熱に裏付けられたものであったとしても、そのことと全く矛盾しないまま、終わりなき太平の世に一番鎗を競い興亡を演じる高揚感を伴っていたのである。陳勝や「一番鎗」、「俊傑」の語は、幕末志士たちの愛用するところでもあった。政治思想はもちろん、詩文や技藝の領域においても、こうした武張った闘争欲求を無視して近世の学知を語ることはできない。

第二に、筑波山の山頂から関東平野を一望して、平将門の故事を想起した歴史意識、歴史的想像力である。ある風景を前にして、何を想起し、表現するか。それもまたすぐれて思想の問題である。徂徠学を奉ずる者であれば、古典の表現を借りて絢爛な詩文を詠うだろう。彼らはそうして景色と詩情に古の型を与え、永遠化する。同じ詩人でも、古典的表現の踏襲ではなくおのれの言葉を重んじる者であれば、より卑近かつ写実的な詩を詠むであろう。詩を得意としない者であれば、紀行文を編んでそれに代えるかもしれない。ともあれ、ここで注意したいのは、筑波山から関東平野を眺めて、景勝を讃えるでもなく、比叡山から京の盆地を眺めて天位への野心を語った将門を想起する想像力である。

先例は多くある。たとえば文政十(一八二七)年の夏、当代随一の詩人・菅茶山のもとを、若き広瀬旭荘が訪ねた。後年、旅の詩人として優れた作品を残す旭荘も、この頃はまだ遊歴の楽しみを実感できなかったらしい。老大家にそれを問うた。茶山の答えがおもしろい。いわく、「夫れ遊は古を懐ひ今を感じ、慨然として自省す。故に益有るなり(夫遊者懐古感今、慨然自省。故有益也)」。壇ノ浦を訪ねたら、流浪の身から平家を滅ぼすに至った源義経の「俊才」を想え。厳島をよぎったら、寡兵で勝利をつかんだ毛利元就の「奇功」を思い起こせ。岡山なら池田光政と熊沢蕃山の「美談」を、下道ならもちろん吉備真備の墓に参って「偉人」の相貌に感じ入れ。「其の人亡ぶと雖も、千載在るが如し。豈に不朽の大業に非ずや。今子輩の如き、不朽を欲せざるもの無し。而して其の成す所、果して能く彼の数子の如く然らんや。是れ其の宜しく憤慨して以て自ら励むべき所なり（其人雖亡、千載如在。豈非不朽之大業乎。今如子輩、無不欲不朽。而其所成、果能如彼数子然乎。是其所宜憤慨以自励也）」[12]。このアドヴァイスに旭荘は深く得心したという。

興味深いことに、幕末の志士・吉田松陰も似た意見の持ち主だった。彼は九州遊歴に臨む知友にこう勧めている。君子にとって重要なのは「志気」だから、篠崎によれば元寇を、平戸では鄭成功を、久留米では高山彦九郎の墓に参って想いをはせるべし[13]。別の書簡では「鋭気」が挫けそうになったら「古の英雄」を思い出せ、ともいう[14]。ちなみに松陰はその例として、文王、孔子、孟子、朱熹から、源頼朝、足利尊氏、徳川家康、あるいは伊藤仁斎や荻生徂徠まで多くの人名を列挙しているが、古の聖人から為政者、市井の学者までが「英雄」の一語のもと渾然と認識されている様は、幕末期における理想的人格像のあり方をよく物語っているといえるだろう。

ともあれ、話を茶山に戻すと、頼春水などのちに彼の知友となる同世代の西方儒者たちは、明和・安永の頃、大坂で混沌社という詩社を営んでいた。その混沌社が近世日本文学史にもたらした成果のひとつが詠史（歴史を題材にした漢詩）である。詠史は混沌社に始まり、春水の長子・頼山陽を経て、幕末維新期にかけて大きなブームを呼んだ。歴史は詩題の宝庫として、おのれの心情を燃えあがらせる格好の着火剤として、詩人たちの注視するところとなる。多くの文士が、旅の道すがら、歴史の残影を注意深くみとめては詩に詠んだ。そして詩に詠むことを通して歴史に親しんでいった。

景色に触れ、事件に臨み、近世後期の知識人たちは歴史を想起し、英傑たちに想いをはせた。詩人たちの想像力はやがてより直截に政治的なものとして幕末期に作用した。松陰がいい例であろう。義旗を掲げるおのれは時に以仁王であり、時に楠正成であり、邪悪な為政者はまさしく蘇我入鹿であり北条義時である。「今」は承久の変に、滅亡に瀕した南宋に見立てられた。かくして彼らは歴史をいまに現前させつつ、過去とともに歩み、そこから政治的実践の指針やエートスを汲みとったのである。本書ではこうした想像力を指して「歴史意識」や「歴史的想像力」と呼ぶ。これらを無視して、近世後期の学藝や幕末期の政治思想を語ることは難しい。筑波山から政治権力の中枢が鎮座する平野を眺めて、幾百年の歳月を飛びこえる宮部の夢想は、その証左にほかならない。

そして第三に注意したいのが、かくして宮部のよみがえらせた歴史が平将門であり、しかも同情的な口調で語られているという点である。

もちろん、これにも背景がある。おそらく宮部の念頭にあったのは、幕末のベストセラー『日本外史』であろう。著者・頼山陽はそこで天慶の乱の原因について次のように述べていた。もし仮に検非違使になりたいという希望が叶えられていれば、粗暴な将門とて暴挙に走りはしなかっただろう。しかし、朝政を壟断して栄華を誇る藤原氏は、門閥の論理によって上下を「壅塞」せしめ、才智ある「豪傑」たちを鬱屈させせた。山陽はこれが王室衰微の真因とまでいいきって、こう結論する。

外史氏曰く、吾れ史を閲し、王覇の廃興する所以を知ること有るなり。源頼朝 嘗て大江広元を奏し、庁使衛尉と為さんとす。摂政・兼実 其の不可を議して曰く、「儒家進仕の例に非ず」と。嗚呼、門閥を以て賢と為し、格例を以て政と為す。其の才俊を駆って、以て梟雄に資し、而も猶ほ覚悟せず、此の区々を争ふ。兼実すら且つ然り。其の他は知るべし。向に相家をして国を憂ふるの心、変に通ずるの略有らしめば、何ぞ王権の外移を患へんや。顧ふに嚮者の天慶の乱や、亦た藤原忠平が庁使を平将門に許さざりしに由るなり。久しいかな、相家の豪傑を沈滞せしむるや。

（外史氏曰、吾閲史、有知王覇所以廃興也。源頼朝嘗奏大江広元、為庁使衛尉。摂政兼実議其不可曰、非儒家進仕之例。嗚呼、以門閥為賢、以格例為政。駆其才俊、以資梟雄、而猶不覚悟、争此区区。兼実且然。其他可知。向使相家有憂国之心、通変之略、何患於王権之外移耶。顧嚮者天慶之乱也、亦由藤原忠平之不許庁使於平将門也。久矣哉、相家之沈滞豪傑也。）(15)

武士たちは元来、戦場での勲に基づき自己の力量に見合った対価を望む。対価はまずもって知行であるが、より重んじられたのは名誉である。要するに、「我弓箭の道に足れり、今の世には討ち勝つを以て君となす」（『今昔物語集』巻二十五第一）であり、「人は一代、名は末代」（『甲陽軍鑑』巻十二）というわけだ。

近世日本における武士たちの精神的苦衷については先に触れたが、泰平の世に基礎教養として普及した儒学もまた、彼らの病を助長こそすれ癒すものではなかった。「不朽」（『春秋左氏伝』）、「揚名顕親」（『孝経』）、「君子疾没世而名不称焉」（『論語』）など、個人の名誉欲に訴えかける論理は「名教」(16)と呼ばれた儒学にあってふんだんに存したからである。こうして武士的気概と士大夫的伝統とが、各知識人のなかでそれぞれの結合を遂げながら、名誉欲を燃えあがらせた。もちろん政治的功名の機会など存在しない。武勲も立身も叶わぬ夢である。ある者は思想・学藝の世界の角逐に、ある者は道徳的完成という偉業に夢を託した。けれども、優れた資質を身につければつけるほど、それに見合った待遇を用意しない現状への苛立ちは強まった。おのれは天下国家を担う士大夫なのだという強烈な自負を抱く者であれば、なおさらである。

平将門の所業は「悖逆」だが、その「志」は憐れむべきだと宮部はいう。そのとき、彼にとって将門は、優れた資質を有しながら才能を伸ばす機会を得ない鬱屈した「豪傑」であり、おのれ自身のことだった。同じように、将門を苦しめた藤原氏の「門閥」政治は、徳川氏のそれにほかならない。かくして将門と宮部、二人の眺める王都と江戸が交わって溶け合い、歴史がいまに接続される。肥後勤王党の首魁として幕末史を駆けた宮部が朝廷に弓引いた将門に共感を示すのは一見奇妙だが、以上をふまえるならば何もおかしなことではない。また、このことは、彼らの「勤王」の内実をよく暗示しているともいえるだろう。[17] 同じく激越な勤王書生だった松本奎堂は、あるとき、次のようにうめいたという。

奎堂、何を感じたるか、瞋眼顧余、曰、足下輒もすれば吾を好乱の癖ありと云ふ。今日に始まらず。天下不乱こそ、吾党は寒酸老書生也。一朝天下乱れなば、此金穴輩の美人も、美酒も、美衣服も、美田宅も、吾党の掌握に帰すると。吾、飯山と、其鬱然たる容貌を見て大笑せり。[18]

かかる鬱屈した「豪傑」たち――功名を渇望し、武士として生きんことを望み、事に触れて歴史を想起する彼ら――が、ペリー来航という歴史的瞬間に立ち会っていかに心躍ったか。推して知るべきである。嘉永六(一八五三)年の夏の夜、吉田松陰はこう書きなぐった。

浦賀へ異船来りたる由に付、私只今より夜船にて参り申候。海陸共に路留にも可相成哉之風聞にて心甚急、如飛如飛。[19]

「飛ぶが如し」のリフレインは、その稚拙さの故に優れた心情表現たり得ている。胸の鼓動は二百余年続いた治世の終わりを触知して、新たな舞台の開演に高鳴る。こうして、「幕末」という時代が幕を開けたのである。[20]

課題・概要・先行研究

この時代を対象とする研究は、これまで多くなされてきた。個別的な偉人顕彰は戦前からの分厚い蓄積をもつし、維新資料の編纂に始まる政治史研究が汗牛充棟の様を呈しているのはいうまでもない。本書も、そうした成果に多くを学んでいる。しかし、ひとたび政治思想史研究に目を転じれば、総じて研究は長く停滞してきた。私見では、それは従来の研究がもつふたつの特徴と関係すると思われる。

従来の幕末思想史研究の第一の特徴は、思想の論理と運動の論理を密接に結び合わせて理解する点である。幕末政治思想史研究を謳う古典的成果のひとつは、次のように述べている。

> 幕末維新期にあっては、思想それ自身で孤立し存在するのではなく、現実＝政治とつながることによってはじめて生命を保ち、歴史の創造への参加を可能にしたといってよい。〔……〕現実からきりはなして思想そのものの論理を内面的に追究していくのは、無意味である。[21]

なるほど当該時期は、既存の制度が急速に流動化した激動の時代である。平時以上に誰もが時代の子であり、政局を醒めた目で眺める書斎派たちですらそうだった。テクストとコンテクストをめぐる思想史方法論はさて措き、このような時代だからこそ、対象を「徹底的に状況的な存在」（藤田省三[22]）として眺めるべきだという主張は、否定しがたい説得力をもつ。こうした視角から明かされた尊王論の純化や倒幕論の形成、一橋派と西南激派、公武合体派と尊攘派の政治構想の相違などは、戦後の研究史の中核をなす成果といえよう。

とはいえ、こうしたアプローチがはらむ問題にも留意が必要である。対象を状況的な存在とみなして思想を読み解く作業は、激動の時代だからこそ激しく浮沈する気分の揺れに大仰な思想的「転回」を読み込み、あまつさえ時系列上あとに来るものを思想的転回の論理的帰結とみなす錯謬を犯す怖れがある[23]。また、状況に応じてどのような政治構想を描いたかばかりに焦点を当てる研究姿勢は、思想の内在的理解を妨げる場合も多い[24]。たとえば、水戸学と尊攘激派の相違を「幕藩制」そのものへの批判の有無に求めることは、全くそのとおりなのだが、思想史研究としては物足りない。政治構想や時務策のレベルのみならず、彼らの状況認識を規定する思想的枠組や自己意識のかたち、思想と呼べるほどに論理化されていない気分や情念の機微にまで分け入らなければ、見えてこないものがある。

従来の研究の第二の特徴は、幕末期を近代への滑走期間として扱う点である。著名な政治学者の言葉を借りれば、近代的思想の「前期的[25]」形態として幕末期の思想をみる、ということである。メルクマールも概ね相場は決まっていて、①現状維持論（敬幕性）からの脱却、②政治主体の拡大（雄藩から浪士、民衆へと裾野が広がるほど近代的ナショナリズムに近づく）、③主体の拡大に応じた新たな統一国家構想の有無、④観念論的名分論から脱した政治的リアリズムの成熟、⑤西洋思想の受容の深浅といった尺度に基づき、より封建的か近代的かが問われてきた[26]。なるほど当該時期は日本が本格的に西洋と接触したウエスタン・インパクトの時代であるから、こうしたアプローチが採られてきたのも当然といえる。

しかし、やはり第二のアプローチにもいくつかの問題が伴うことに注意すべきである。たとえばこうしたアプローチは、幕末期が近代 modern への滑走期間であるだけでなく、長きにわたる近世 early modern の末期だったというあたりまえの認識を備えていない。したがって多くの場合、幕末知識人たちに影響を与えた近世後期の諸思潮——頼山陽や後期水戸学、正学派以後の朱子学など——への理解の浅さを示している。頼山陽や後期水戸学と聞けば尊王論者と結論し、横井小楠や山県太華らを純粋朱子学者とか、旧体制下の正統的な儒教知識人とみなす例が典型であろう。頼山陽の歴史叙述は必ずしも「勤王」の一語で要約できるものではなく、水戸で育まれた国制論的考察もまた「国体」の名のもとに単純化されてよいものではない。小楠の朱子学がいかに我流であり、太華のあけすけな武家政権の肯定がいかに正学派以後の朱子学者として奇態であるか、近世後期の諸思潮に照らして注意深く顧慮する必要がある。もちろん、個別の人気思想家についてはより緻密な研究蓄積が存在するが、徳川思想史の水脈のなかに幕末知識人を位置づける作業はこれからの課題であり続けている[27]。

本書は、何らかの事業を通して名を揚げ、後世にまで語り継がれたいというある種の歴史意識――〝永遠性獲得願望〟――という視座から、幕末知識人の思想と行動の特質を明らかにし、それを徳川思想史の水脈のなかに適切に位置づけることを目指すものである。とりあげる対象は、服部南郭や太宰春台など徂徠学派の知識人から、吉田松陰や森田節斎など幕末期の志士と文士まで多岐にわたる。またとりあげる素材も、狭義の政治思想のテクストに留まらず、詩文や日記、片々たる書簡をも活用する。分析は論理性と体系性とを備えた「哲学」や「思想」のみならず、「心性」や「態度」、あるいは「気分」の微細な揺らぎにまで及ぶであろう。登場人物の数も多く、今日必ずしも重要な地位を与えられていない者も含まれる。

とはいえ、徒らに複雑な構成をもつ論述ではない。全体を貫くモチーフはいたってシンプルで、わかりやすいものである。

朽ちゆく有限な我が身を超えて、歴史の上に永く語り継がれる存在になりたい。近世を通して多くの知識人たちの脳裡に巣食った夢である。これを徳川時代の用語に照らしていえば、「名」や「不朽」、「事業」や「豪傑」、「草木倶朽」といった語彙で語られる意識の形態を指し、ここではぎこちない表現であるが〝永遠性獲得願望〟と呼ぶ[28]。あらかじめ断っておくと、本書では、なぜ知識人たちが〝永遠〟を夢見るに至ったのかという理由は問わない。さしあたり、先に見た「名」を重んじる武士的自我や士大夫的伝統、学者にふさわしい地位を用意しない徳川政治体制の特質を指摘しておくに留めよう。あるいは、そうした願望を普遍的に見られる性向のひとつとする向きもあるとするに留めよう。結局のところ、どのような伝統の上にどのような新しい要素を加味してアイデンティティを構成するかは人によるし、学者の社会的境涯や事業への認識も時代によって変化する。そのなかで〝永遠性〟にさして興味を示さなかったり、否定的な者も現われる[29]。その人と時代による変遷こそがここでの関心なのであって、理由を一般的に定式化する試みは、具体的展開における多様さを包み隠してしまうだろう。それは本書の好むところではない[30]。

「不朽」、「豪傑」、「草木倶朽」……一様に定型的な表現を借りながら、〝永遠〟への企図は人と時代によって多様なヴィジョンに託された。それは時に、長く迷妄に覆われてきた「道」の真実を解き明かすことだった。美しい詩文、新規事業の開拓、激越な政治的実践、そして歴史を描くことだった。ひとえに詩文といっても、古の型を与えることで永遠の位相を観念した者もいれば、おのれの言葉と新たな表現にこだわった者もいた。ひとくちに政治的実践といっても、必ずしも成功に終わる偉業ではなく、華々しい敗死にこそ夢を託し得ると考えられた場合もある。ともあれ、いかなる〝永遠性〟のヴィジョンに基づく企図であるかが、それぞれの思想や学藝、政治意識や実践の特徴を深く規定していた。〝永遠性獲得願望〟の軌跡をたどる航海は、徳川時代の学藝の実り豊かな成果を新たな視角からとらえ、その特質を明らめる魅力あふれる旅路となろう。かくして、徳川後期の諸潮流の解明と、その流れのなかで幕末期の政治思想を位置づけなおす作業とが、試みられる。

具体的には、論述はおおきくふたつの部分からなる。

まず第I部では、かかる観点から荻生徂徠以後の思想史の展開をたどる。具体的には、徂徠学派から服部南郭と太宰春台のふたりを挙げて、彼らのあいだにあるヴィジョンの相違を確認する。詩文派と経義派という平板な区別には収まらない、両人のちがいが浮かび上がるだろう(第一章)。次いで、ポスト徂徠学の思想世界から折衷学と性霊説と寛政正学派を、それぞれ井上金峨と山本北山、柴野栗山に代表させて検討し、必要に応じて国学や蘭学も参照する。新たな〝永遠性獲得願望〟をめぐる対立の諸相を通して、十八世紀思想史の基底が明らかとなるはずである(第二章)。そして、以上をふまえて、近世後期を代表する知識人として頼山陽をとりあげ、〝永遠性〟への夢が歴史叙述と結びついていく様を瞥見し、あわせて幕末思想史への橋渡しとする(第三章)。こうして、幕末思想史への新たな視座を提起するとともに、研究史上いまだ定見を得ない百花繚乱のポスト徂徠学の時代につき新たな像を描き出したい。

次に、第Ⅱ部では、詩文や奇説や〝歴史を描く〟ことではなく、〝歴史を作る〟ことに人々が熱狂した幕末という時代に生きた知識人をとりあげ、彼らにおける政治思想の特質を検討する。具体的にはいわゆる「志士」から吉田松陰(第四章)と真木和泉(第五章)を、「文士」からは森田節斎(第六章)をとりあげ、一章ずつ割いて詳論する。これまで矯激や姑息と呼ばれてきた彼らの思想と運動についてより説得的かつ内在的な理解を得ることが期待される。また、以上を通して、幕末を近代への滑走期間として扱い、その政治運動の論理や西洋思想の受容に着目して、攘夷か開国か、尊王か佐幕か、封建的か近代的かを問うてきた従来の分析枠組を超えて、幕末期の政治思想をとらえなおすことが、本書の課題である。

大仰な問題設定に反して、たしかに、とりあげる対象は眇々としている。配役を不当とは思わないが、とりあげた方が望ましい対象はほかにも多くいる。とはいえ、たとえ疎らな点描に留まるとしても、それが徳川政治思想史における新たな稜線を指示する限りにおいて、十分であり、意味のあるものだと考える。そして、極めて重要なものだとも。

さて、宮部と江帾の旅に始まって、前置きがずいぶん長くなった。そろそろ本論にとりかかろう。はじめに俎上に載せるのは、近世思想史の分水嶺をなす徂徠学である。ここでの関心からいって、その独創的な哲学体系の闡明を試みることはしない。まずは徂徠がどのような歴史的変遷のなかにおのれを位置づけたのかというところから、〝永遠性〟をめぐる航路へのイントロダクションとしよう。

第Ⅰ部　永遠を求めて——幕末思想史への視座

第一章　古文辞学とふたつの永遠

第一節　「天寵」と「文明」

徂徠学のナラティヴⅠ――「天寵」と高揚

気鋭の新公方・徳川吉宗のもと、江戸が大火から復興の途を歩み始めていた享保五（一七二〇）年の秋か冬、儒者・荻生徂徠はひどく昂奮していた。きっかけはいくつかある。愛娘の死、一時は死も覚悟した肺病、かつて孔子が天命を悟ったのと同じ齢を超えたこと。こうした諸々が相俟って、徂徠はおのれの天命もまた永くはないことを懼れ、来客を辞し、手紙の返翰を出すことすらなく、古典の世界に没頭した。その間、奔放な想像力ははるか古代を駆けめぐり、恍惚覚めやらぬ状態が三月ほど続いたという。かくして業が成った。主著『論語徴』の草稿である(1)。

韜晦を好まない徂徠は、弟子や知友に宛てた手紙で抑えきれない昂ぶりを照れもなく吐露している。印象的なくだりをふたつ引いてみよう。

不佞　古文辞を好むは、足下の知る所なり。近来間居事無く、輒ち六経を取り以て之を読み、稍々古言と今言と同じからざるを知るなり。迺ち偏く秦漢以上の古言を采り以て之を求め、而る後宋儒の妄を悟る。宋儒皆今言を以て古言を視る。宜なり其の旧 理窟に没するや。李攀龍・王元美は僅かに文章の士為るのみ。不佞乃ち天の寵霊を以て、而して六経の道を明らかにするを得。豈に大幸に非ずや。蓋し中華は聖人の邦、孔子歿して二千年に垂とす。猶ほ且つ有ること莫きのみ。迺ち東夷の人を以て、而して聖人の道を遺経に得るも、亦た李王二先生の賜なり。

（不佞好古文辞、足下所知也。近来間居無事、輒取六経以読之、稍稍知古言不与今言同也。迺偏采秦漢以上古言以求之、而後悟宋儒之妄焉。宋儒皆以今言視古言。宜其旧没理窟矣。李攀龍・王元美僅為文章之士。不佞乃以天之寵霊、而得明六経之道。豈非大幸邪。蓋中華聖人之邦、孔子歿而垂二千年。猶且莫有乎爾。迺以東夷之人、而得聖人之道於遺経者、亦李王二先生之賜也。(2)）

嗚呼、孔子没して千有余年、道今日に至りて始めて明らかなり。豈に不佞の力ならんや。天の之を命ずるなり。不佞是を藉りて死すとも朽ちず。

（嗚呼、孔子没而千有余年、道至今日而始明焉。豈不佞之力哉。天之命之也。不佞藉是而死不朽矣。(3)）

李攀龍、王元美は、ともに明代古文辞派の泰斗であり、いわゆる後七子を代表する文人である。古典の言辞を自在にあやつる学風が徂徠の愛好するところであり、日本の古文辞学こと徂徠学の成立に大きな影響を与えている。しかし、徂徠によれば、彼らはあくまで古文辞を用いた詩文作成に励む「文章の士」に留まった。古文辞の学習により「今言」と「古言」の相違を自覚した徂徠は、理屈にまみれた「今言」による古典解釈の謬妄を悟り、古文辞の見地から六経の解読に取り組んだ。そして、「道」が明らかになった。孔子が没してから幾星霜の時を経てはじめて、しかも聖人を生んだ中華ではなく「東夷」の手によって、である。かかる偉業が果たして自己の独力によるものだろうか。天の「寵霊」、「天の之を命ずる」である。自分はこの天に愛された偉業によって「不朽」となったのだ——。しばしば傲慢をそしられた徂徠の不敵な面貌が、ありありと浮かんでくるようである。しかし、これを一時的な興奮、彼の性格に由来する豪語とかたづけてしまえば、徂徠学が自らに与えた歴史的位置を見誤ることになる。

基本的なところから確認しておこう。儒者はおおく、はるか古《いにしえ》に失われた理想を見る。人類の目指すべき普遍的な政治秩序や道徳の体系が古代中国に実在し、唐虞三代の衰亡とともに失われたと考える。その意味で、学派の異同をこえて彼らはひとしく尚古主義の持ち主であり、歴史を堕落の過程と考えた。しかし、とりわけ思想・学問の頽落過程に着目すれば、朱熹が道統の伝として正学の継受関係を設定したのに対して、徂徠は著しく分裂と混乱を強調していた。代表作のひとつ『弁道』は、こう書き出されている。

道は知り難く亦た言ひ難し。其の大為るが故なり。後世の儒者は、各々見る所を道とす。皆一端なり。夫れ道は、先王の道なり。思・孟よりして後、降りて儒家者流と為り、乃ち始めて百家と衡を争ふ。自ら小にすと謂ふべきのみ。〔……〕吁嗟、先王の道、降りて儒家者流と為れば、斯に荀・孟有り、則ち復た朱・陸有り。朱・陸已まず、復た一党を樹て、益々分れ益々争ひ、益々繁く益々小なり。豈に悲しからずや。

（道難知亦難言。為其大故也。後世儒者、各道所見。皆一端也。夫道、先王之道也。思孟而後、降為儒家者流、乃始与百家争衡。可謂自小已。〔……〕吁嗟、先王之道、降為儒家者流、斯有荀孟、則復有朱陸。朱陸不已、復樹一党、益分益争、益繁益小。豈不悲乎。）(4)

よく知られているように、宋学のパラダイムを否定した徂徠は、道を「安民」のための制作物の総体ととらえ、聖人をその設計者と定義した。「天理」といった抽象的実体や「安民」を離れた人格の修養にすべてを帰着させることはしない。したがって古三代の理想の世とは、堯舜ら卓越した統治者による真・善・美を兼ねた統治制度のもと、世の中がうまく治まっていた時代を指す。

しかし、「歳月反らず、人亡び世遷り、風俗日々に漓く、以て汚れ以て衰ふ(歳月弗反、人亡世遷、風俗日漓、以汚以衰)」[5]である以上、堯舜の設計物といえ永続することはない。孔子はまさしく「先王の道」が衰滅するときを生き、自ら設計者たらんとしたが叶わず、道の要訣をテクストに残して後世に伝えた。ところが孔子の没後、人々はそれぞれ勝手におのれの所見を「道」として語るようになり、議論に混乱が生じた。孟子や子思の言葉は、混乱した言説空間のなかで生まれた「論説の言(論説之言)」[6]に過ぎない。彼らは時に相手を打ち負かそうという客気から、あるいは聖学を守ろうとする純粋な使命感から、ひどく議論を単純化したり、必要に応じて新たな道具立てを作為したりした。かくして「大」なる道は、それぞれ「一端」へと分裂し、その「一端」どもの論争のなかで更なる歪曲、誤読にさらされ、見るも無残に変わり果てた。「諸侯兵を以て争ひ、而して先王の天下裂けたり。百家言を以て争ひ、而して先王の道裂けたり。豈に悲しからずや(諸侯以兵争、而先王之天下裂矣。百家以言争、而先王之道裂矣。豈不悲哉)」[7]。朱熹や陸象山、伊藤仁斎といった学者たちは、この混乱に無自覚のまま孟子らの言葉を受け容れることによって、更なるみだりがわしさを加えたに過ぎない。やがて「新説」が喜ばれるなか「源」は忘れ去られ、人々は古を信じることすらしなくなった[8]。

しかし、「治極りて乱れ、乱極りて又治る」が「天運の循環」である[9]。長き闇夜に光が射し、耐えがたい「道」の混乱にもやがて終わりがやってくる。ああ、かの孔子が没してから千有余年、道は今日はじめて明らかとなった——徂徠は、朱熹が道統を伝えたとする学者たちを朱熹もろとも混沌の歴史へ抛り込み、その「分裂・崩壊的変遷」の

「末端」(澤井啓一)におのれを位置づけるのだ[10]。乱を厭い治へ向かう「天」に愛された者として。

あまりに傲岸不遜な物言いかもしれない。しかし、こうした物語が学派を覆う高揚感を支えていた[11]。高足のひとり太宰春台は、「邪説」による道の混乱を述べた上で、「天下の道、一治一乱するは、率ね常数有り。今吾が道の乱なる、已に其の数を過ぐ。天豈に意有らんや。我が邦治平百年にして、道藝の士、起つ者相望む。是に於いてか徂徠先生なる者出づる有り。〔……〕其の仲尼の道に於けるや、猶ほ雲霧を披きて青天を観るがごとし(天下之道、一治一乱、率有常数。今吾道之乱、已過其数。天豈有意邪。我邦治平百年、道藝之士、起者相望。於是有徂徠先生者出。〔……〕其於仲尼之道、猶披雲霧而覩青天)[12]」という。同じく服部南郭の「窃かに惟ふに昭代文化の陶鎔する所、中間諸老先生、吾が物子の若き者輩出し、学の由る所、其の道を得たるなり。此に因りて之を視れば、独り吾が友諸子のみに非ず。当今の後生、吾見ざる所より、焉んぞ来者の今に如かざるを知らん。是れ蓋し時なり。天の功のみ(窃惟昭代文化之所陶鎔、中間諸老先生、若吾物子者輩出、学之所由、得其道也。因此視之、非独吾友諸子。当今後生、自吾所不見、焉知来者之不如今也。是蓋時也。天功而已)[13]」や、平野金華の「亦た百余年にして徂徠先生の徒出づ。先生は乃ち千古に卓然たり。則ち夫の秦火一掃、道藝帰する所無く、時と人と汚にして、邪説紛争し、朱陸我より古を作し、六籍遂に其の旧に非ざるを見て、慨然として悲しむ。乃ち之を其の世に推本し、其の世にして其の言、其の言以て徴す。古経復た燦然として、月の恒つるが如く、日の升るが如し。其の緒余施して藝苑に及ぶ(亦百余年而徂徠先生之徒出焉。先生乃卓然于千古。則見夫秦火一掃、道藝無所帰、時与人汚、邪説紛争、朱陸自我作古、六籍遂非其旧、慨然而悲。乃推本之其世、其世而其言、其言以徴。古経復燦然、如月之恒、如日之升。其緒余施及藝苑)[14]」、越智雲夢の「吾が大東なる者、是れ天の意有るか(吾大東者、是天之有意乎)[15]」なども、ここに加えてよいであろう。とかく徂徠を語る弟子たちの口吻には、「実に東方開闢の一人(実東方開闢一人)」(宇野明霞)[16]とか「秦漢已来有ること亡し(秦漢已来亡有矣)」(鍋島公明)[17]といった大仰な賛辞がついてまわるものであり、それは師への単なる敬慕をこえている。吐露されているのは、ナラティヴの共有に裏付けされた真に偉大な知的革命に接しているという驚きであり、自身もその一翼を担っているという高揚なのだ。彼らがしきりと「吾党」といってまわった所以である。

しかも、右に並べた引用のなかで、弟子たちが「天意」「天功」とともに「治平」「昭代」など、しきりに徳川の平和を寿ぐ言辞を口にしていたことにも注意しよう。ましてや体制の現状に強い危機感を抱いていたとされる太宰春台からも、あっさりと「治平百年」という言葉が聞かれることを、事情に詳しい読者は奇異に思うかもしれない。

これらはいったい何を意味するのだろうか。

徂徠学のナラティヴⅡ――「文明」と不遇

天に愛された学知のたどった皮肉な顚末については、優れた先行研究が既に詳しく語っている。[18]「安民」のための手段の総体として「道」をとらえる極度に政治学化された儒学は、その実践の場を得ないとき、ましてや実践せずとも世がうまく治まっているとき、深刻なレゾン・デートルの危機に陥った。その結果、弟子たちの多くが徂徠の危機意識を受け継ぐことなく太平の文人へと転じていったこと、それが、師の危機感を師よりも激しく受け継ぎ、経世の学を標榜した太宰春台とのあいだで軋轢を招き、学派の分裂に至ったことも、既知のことがらに属す。

しかし、必ずしも太平の幸民を自認した南郭らが徂徠から逸脱していたわけでも、危機意識の有無が学派を分けるメルクマールだというわけでもない。[19]事態はもうすこし複雑で、よりアイロニカルである。

そもそも、「危機の思想家」(丸山眞男)[20]などと呼ばれる荻生徂徠にも、当代を寿ぐ言辞は多く見られる。たとえば正徳四(一七一四)年、徂徠は芳村恂益の『二火弁妄』に序を寄せて、「吾が国家の昌大融朗の化、今に於いて盛ん為るかな。維れ昔斑鳩氏以前は聞くを得る莫きのみ（吾国家昌大融朗之化、於今為盛哉。維昔斑鳩氏以前莫得聞已）」と語り、藤原惺窩や林羅山、仁斎の出現に触れたのち、「唐虞三代聖人教を用ふるの邦にして、鞠して胡土と為る。文の時と、闇芴として熄むに幾し。其の衰ふるや、斯の若く其れ甚だし。夫れ低まれば必ず昂まり、彼に詘すれば此に伸ぶるもの有り。維楨・恂益は文の属なり。十年を過ぎずして、文其れ将に大いに吾が東方に萃まらんか（唐虞三代聖人用教之邦、而鞠為胡土。文之与時、闇芴幾乎熄。其衰也、若斯其甚矣乎。夫有低必昂、詘乎彼伸乎此。維楨・恂益文之属也。不過十年、文其将大萃於吾東方耶）」と、「吾が東方文明の運（吾東方文明之運）」を誇らしげに讃えていた(21)。芳村への評価はなるほど世辞かもしれないが、重要なのは語られている物語である。徂徠は自身の編纂した『唐後詩』や『四家雋』といったアンソロジーでも、和訓導入から室町期に至るまでの日本文学史を「不文」と一蹴して、返す刀で徳川の世の「文教鬱興」を讃えたりする(22)。なにも奇妙なことではない。先に触れた天運の循環という発想のもと、世の治乱盛衰と学問の隆替が相関するというテーゼを徂徠たちも受け容れていたから、混乱を厭う天の意向は、徂徠の登場に先立って「神祖」家康による治平とそのもとでの文明開化として現われていた。そして、またもやはばかることなく、徂徠はその極点におのれを置いた。「大東の文章我を竢ち以て興る。今日の盛なること、振古無き所なり（大東文章竢我以興。今日之盛、振古所無）」(23)。衰退からの復興、その極致としての徂徠出現という語りの形式が、「天寵」の場合と同じであることはいうまでもない。

同じく傲慢なこの物語もまた、学派に通有されている。わかりやすい例を引こう。

> 国家興りて百有四十年、治平の化する所、詩書の道、海内に洽し。其の間通儒豪傑の士、蠭出並び作り、各々著はす所有り。学術中興の盛んなること、前古を踰えりと称す。然れども秦塞を創闢するは、芟鋤の力微なれば、鹵莽遺す所、蕪穢未だ治めず。累朝の文明益々融するに及ぶや、物夫子なる者出づ。〔……〕且つ卓識の開く所、

学問の業、宇宙之が為に一新す。（服部南郭）
（国家興百有四十年、治平所化、詩書之道、洽乎海内。其間通儒豪傑之士、蠭出並作、各有所著。学術中興之盛、称踰前古。然創闢榛塞者、芟鋤力微、鹵莽所遺、蕪穢未治。及乎累朝文明益融、物夫子者出。〔……〕且卓識所開、学問之業、宇宙為之一新。[24]）

迺ち吾が神祖民を水火に救ひ、勃然として海東に起るに迨んで、烈朝相承け、大化隆洽、四方に光被す。〔……〕則ち我が二三兄弟なる者有り、卓然として其の間に出で、以て文辞を修す。我これを往昔に求むるに、往昔の無き所か。唯だ其の無き所の有る所か。将た其の無き所の有る所を以て、夫の有る所の無き所に代はるか。〔……〕神武より後二千有余年、焉より盛んなるは莫し。文運唯だ世と人と参る。気運の使る所か、之を如何ともすること末きか。（平野金華）
（迺迨吾神祖救民水火、勃然起于海東、烈朝相承、大化隆洽、光被四方。〔……〕則有我二三兄弟者、卓然出其間、以修文辞焉。我求諸往昔、往昔之所無邪。唯其所無之所有邪。将以其所無之所有邪、代夫所有之所無邪。〔……〕神武而後二千有余年、莫盛焉。文運唯世与人参。気運之所使邪、末如之何邪。[25]）

たしかに南郭や金華ほどあけすけな言い草は見当たらないものの、太宰春台とて例外ではない。彼もまた、「保平以降」の文運の衰退と歴代武家政権の「不学無術」をそしり、「神祖」「受命」以後の「太平」と「学術」尊重を語る。[26]そのなかで、惺窩や羅山、仁斎といった「豪傑」たちが競い起ち、やがて徂徠が現われ「千古を度越する（度越千古）」学が開かれたと誇る。[27]論理的形式から使われる語彙に至るまで、上にみた南郭や金華らと何ら変わることはない。文運興隆をもたらした「泰平」という認識は何ものんきな詩文派の専売特許ではなく、それは徂徠学が自らを歴史的に位置づけた語りのなかに、既に潜んでいたのである。

そして、そうであるとすれば、彼らの陥った「不遇」「無用」という苦悩が、いかに皮肉なものであったのかもよく了解されるだろう。徂徠学の挫折とは、単に「危機の時代」の政治理論が事実としての泰平に裏切られたというはなしではない。天寵と文明に支えられた学問が、自らを産み成したその泰平の故に実践の場を得ない――高揚をもたらした所以のものによって高揚が裏切られる――という皮肉だったのである。

アイロニカルな挫折は、蘐園の思想家たちを少なからず屈折させた。往時、徂徠先生が学問と教育に専念できる「国家閑暇」を祝って、「先生をして政に服せしめば、亦た何ぞ斯の楽に遑あらん(使先生服政、亦何遑於斯楽)」(安藤東野)などと述べていたこの学派も、(28)先行きがあやしくなる。南郭が泰平の「幸民」や「棄物」という自己意識を抱いたのも、たしかに割り切った態度ではあるが、呆けた自足の現われではあるまい。南郭ほど割り切れない者には、深い絶望が残る。太宰春台は晩年、偉大な師がその統治術を披見する場を得なかったことを、「豈に天に非ずや(豈非天歟)」と形容した。(29)かつて高らかに謳われた「天」は、もはや不遇を慰める言葉と化していたのである。

しかし、それだけではない。この不遇感への処方箋は、「天命」だといいきかせ、自己卑下によって苦衷を和らげるといった、消極的なものばかりではない。ここで再び徂徠に戻ろう。

永遠を求めて

宝永七(一七一〇)年の夏、徂徠は萩の儒官・山県良斎から次のような手紙を受け取った。(30)「古」の君子は、学徳を積めば仕官し、学んだものを実地に施した。しかし「今」、当路の人は学ばず、学ぶ者はおこなうことをせず、学問と政治はちぐはぐになっている。自分は「素餐の罪(素餐之罪)」を免れようと、古今の相違に苦しみながらも「賤職」

に励み、近頃はそれなりの手応えを感じている。そんな折、先生が「大藩の光寵を蒙り、前職を解き、出でて外館に就く（蒙大藩光寵、解前職、出就外館）」との報せを受けた。とても喜ばしい。ぜひ聖賢の道を説き、人君と士大夫とを導いてくれ。きっと「大藩」が先生に期待しているのもそれである。

徂徠の返書はこうだ。

蓋し嘗て以へらく吾が東方、帝降りて王たりし由り、控弦俗を成し、士大夫の間、業に自ら一道有り。以て世々相沿承し是れ伝ふ。〔……〕政事に至りては、一切武断。愈々益々漢家の法を謂はざるは莫く、五覇を雑へ之を有つ。猶ほ何ぞこれを彼の異代殊俗の人、其の骨久しく朽ちるの言に取るを為さんや。是の時に当り、聖哲有りと雖も、孰か以て之を易へん。逢掖の士、果して世に贅旒為り。〔……〕遂に前脩の三不朽の説を歴選するに、断然として独り其の下なる者を執る。唯だ是れ以て古と徒為るべし。唯だ是れ以て百世聖人を竢ちて弐せざるべし。唯だ是れ以て天地の間に素餐せざるべし。此れ其の心の期す所、或いは足下者の撰に異なるか。

（蓋嘗以吾東方、由帝降而王、控弦成俗、士大夫之間、業自有一道。以世相沿承是伝。〔……〕至於政事、一切武断。愈益莫不謂漢家法、雑五覇有之。猶何取諸彼異代殊俗之人、其骨久朽之言為也哉。当是時、雖有聖哲、孰以易之。逢掖之士、果矣為贅旒於世。〔……〕遂歴選前脩三不朽之説、断然独執其下焉者。唯是可以古為徒矣。唯是可以百世竢聖人而弗弐矣。唯是可以弗素餐乎天地間矣。此其心所期、或異於足下者之撰邪。）(31)

「控弦」は弓を引くことから転じて武事一般を、「逢掖の士」は孔子の着ていたとされる衣からひろく儒学者を、そして「三不朽」とは、〝永遠性〟――あるいは永くその名を語り継がれることで手にする不死性――をつかみとる方途である「立徳」「立功」「立言」の三者を指す（典拠は『春秋左氏伝』襄公二十四年の「太上有立徳、其次有立功、其次有立言。雖久不廃、此之謂不朽」)。たとえば宋学者の目指す道徳的完成が「立徳」にあたるとすれば、ここで山県良斎が徂徠に期待したのは「立功」だったといえよう。それに対して徂徠は、政治が「一切武断」でおこなわれる日本の「俗」を指摘し、儒者が贅物たらざるを得ないことを認めた上で、自分は三不朽の下のもの、すなわち「立言」に賭ける、というのだ。

たしかに、このやりとりには妙なところがある。そもそもこの頃の徂徠に栄達の機会が訪れていた形跡はない。良斎は綱吉の薨去と柳沢吉保の退隠を受けた人事異動を政務にあずかるチャンスととらえたのかもしれないが、見当違いである。しかも、吉保らへの恩誼の意識から、徂徠はこうした勧めに強い反感を抱いていた(32)。総じて、時局認識の齟齬や個人的事情に基づく不快感をオブラートに包んだ返書という印象はぬぐえない。

しかし、あらためて本章冒頭に挙げた引用を思い出そう。「嗚呼、孔子没して千有余年、道今日に至りて始めて明らかなり」、「不佞是を藉りて死すとも朽ちず」。儒学の政治理論とは異質な武断統治体制にへつらい些々たる功績を挙げるよりも、数千年にわたる「道」の昏迷を解くことの方が、はるかに偉大な事業ではないだろうか。事実、流亡の生を終えた孔子の名声と功徳は、周末の天子や諸侯を度越している。ならば同じように、荻生徂徠という名も、凡百の為政者をこえて、この偉業によって永遠になる。屁理屈ではない。強がりでもない。「立徳」や「立功」を諦めたからではなく、断然と「立言」を説く物言いは、この学者の心胆を吐露したものとみなしてよい。

ところで、世襲統治の静謐の世でこうした気焔を吐いたのは、ひとり荻生徂徠だけではなかった。「もし聖人の道をまなばずして、道をしらずんば、此世にいける時は禽獣と同じくして、人とむまれたるかひなく、死して後は草木とおなじくくちはてて、人のほむべき佳名を残すことなく、後世にいたりてしる人なかるべし(33)」とは、貝原益軒の訓示である。「嘆じて曰く、聖人学で至るべし。生民のために、此経を遺せるは何の幸ぞや。ここにをいて感涙袖をうるをしてやまず[34]」と、中江藤樹も声を震わせる。若き日の本居宣長も、「いけるかぎりのよをつくして、いたづらに苔の下にくちはてなむは、いとくちをしく、〔……〕何事をしいでてかは、よの人にもかずまへられ、なからむ後の世に、くちせぬ名をだにとどめまし[35]」と漏らしていた。類例を挙げればきりがない。「生れて幸ひに男児為り。又た儒生為り。安んぞ奮発志を立て、以て国恩に答へ、以て父母を顕さざるべけんや（生幸為男児矣。又為儒生矣。安可不奮発立志、以答国恩、以顕父母哉[36]）」とは少年・頼山陽の、「世事は夢の如し、一の不朽を成せば足る（世事如夢、成一不朽足矣[37]）」とは獄舎の吉田松陰の言葉である。同様の言辞は、蘭学者にも、詩人にも、幕末期の志士にも、ふんだんに見出すことができる。

もちろん、「不朽」や「名」、「あに草木と同じく朽ちんや」といった定型的な表現を共有しているとはいえ、込められた心事や企図された事業には時代と人により多様なヴァリエーションがある。たとえば同じ徂徠学派のなかでも、詩文集の刊行を通して不朽を夢見た者もいれば、自らの経世策がいつの日か世を救うだろうと考えることで、不朽を観念した者もいた。「立言」ではなく「立功」を、あるいは「立徳」を目指した者がいたことはいうまでもなく、「言」「功」「徳」の内実も多様である。彼らはひとしく有限なこの生を超える〝永遠性〟の獲得を希求し、それを異なるヴィジョンに賭けたのであり、徳川思想史を通して反復されるその夢の跡こそ、さしあたり本書が以下、第Ⅰ部でたどってゆくものにほかならない。

とはいえ、徒らに先を急ぐ必要もない。徂徠が良斎への返翰をしたためたのは正徳元（一七一一）年のことだから、幕末までゆうに一五〇年ほどある。ここではもうすこし、徳川思想史の分水嶺をなした荻生徂徠とその弟子たちの行方に目を向けてみよう。そして彼らの示す〝永遠性獲得願望〟をめぐる興味深い対照を見定めていこう。詳しくとりあげるのは蘐園学派のふたりの高足、服部南郭と太宰春台である。

第二節 服部南郭

服部南郭の古文辞学

そもそも古文辞とは、明の李攀龍、王世貞らが提唱したひとつの文学理論である。したがって、徂徠が彼らを「文章の士」に留まったと評し、方法の転用によって壮大な経学体系を築いたとはいえ、詩文は徂徠学の本質をなす一部であり、数多の先行研究もそこに注目してきた。学派を代表する詩人、服部南郭についての専論も多い。ここでは、それらの力も借りながら、まずは南郭の古文辞学の概要を示し、それが〝永遠性〟という視角からどのようにとらえることができるのかを述べていこう[38]。

まず、古文辞による詩文の作成とは、具体的にどのような方法を指すのだろうか。南郭の手になる平易な指南書『南郭先生燈下書』から、エッセンスと思われる箇所を書き抜いておこう。たとえば次のようにある。

王李などの趣意は、達理脩辞の両事は、六経以来相兼るといへども、韓柳を学ぶ者、宋朝より漸理を多く説事に成り、脩辞の方は不足、唯理さへ明白なれば好と申様に成行候故、其弊をため直して古文に辞の字を加へて、古文の辞を脩するを第一と書候[39]。

詩を御案候時、ただ新敷面白き事を云んと趣向御案候事可有之候。甚だ悪敷事に候。只古今の風体並に詞のよきを手本として、ひたすら其姿に似習んと案じ候事宜敷候。〔……〕宋朝は理窟勝に成候て悪敷候も、ひとへに趣向の珍敷事を云出んとたくみ候程に、弥面白きは弥賤く、悪敷物に成候。〔……〕古三百篇も、詩の教は温柔敦厚をもととする事にて、必竟君子の志を述る物にて、ものごとに温和に、人をも浅く思ひすてず、云出ること葉も宛曲にして、何となく人の心を感ぜしむるを専一と仕事故、自ら風雲花月に興をよせ、詞の上にあらはれざる事とも多く有之候(40)。

達理(達意)とは詩文における文意・詩意の伝達をいい、一方修辞とは文字通り文飾をいかに凝らすかをいう。ともに中国の古典に典拠をもち――「辞達而已矣」(『論語』衛霊公)、「修辞立其誠」(『易経』文言伝)――、両者相俟って古くから詩文の作成や観照の評価基準とされてきた。むろん、達意に優れる唐宋の詩文をしりぞけて擡頭した古文辞一派が重んじたのは修辞であり、南郭も「飾」がなければ「非夫」の言に過ぎないとまでいうから(41)、修辞重視は徹底している。

とはいえ、いったいどのようにして文を飾ればよいのだろうか。やみくもに美辞麗句を並べてよいわけではないし、けれんみたっぷりに対句を重ねる駢儷体など醜悪である。南郭によれば、あるべき修辞とは、「後世めきたるわき語(42)」の否定であり、それはひたすら古の詩文を模倣することによって身につくものとされた。趣向も言辞も何か新しいものを追い求めるべきではない。詩文に用いるべき主題や感情、辞句は、すべて理想の古とその再興を謳う盛唐に尽くされており、後人はただそのパッチワークによって詩文を綴ればよい。それはたしかに模擬剽窃であるが、師である徂徠も「万古の神奇、悉く陳腐の中に在り(万古神奇、悉在陳腐中)」と述べていた。春を表現するものがウグイスや桃花でしかあり得ないように、いかなる「神奇」も「陳腐」を離れて存在しないのである(43)。そして、こうして飾られた表現によってはじめて、「詞の上にあらはれざる事」も巧みに表現できるようになり、かかる「宛曲」な表現でのみ他者の心に感興を生じさせることができる。かくして、「千里の外（千里之外）」「千古の後（千古之後）」にも詩情を伝え、「同明相照し、同類相求む（同明相照、同類相求）」ことが詩の本質にして目的なのだと、南郭は結論している[44]。

> 夫れ礼を脩めて以て之を耕し、楽を播して以て之を安んず。古の君子、嘉穀を礼楽之の田に為り、耳雅頌の音を聞き、目威儀の則を視る。其の養ふや、美にして文なること有りて誠若たり。其の言に発するや、煥として其れ章有らざらんや。夫れ礼楽皆得る、之を有徳と謂ふ。有徳は必ず言有り。之を礼楽の旨に得。故に辞約にして旨微かなり。之を礼楽の観に得る。故に言文にして観美なり。亦た唯だ其の志の為めのみならず。固より将に遠きに行はんとす。夫れ惟だ遠きに行ふ、是を以て言を立てて朽ちず。
> （夫脩礼以耕之、播楽以安之。古之君子、為嘉穀於礼楽之田、耳聞雅頌之音、目視威儀之則。其養也、有美而文而誠若。其発於言也、不煥乎其有章哉。夫礼楽皆得、謂之有徳。有徳必有言。得之礼楽之旨。故辞約而旨微。得之礼楽之観。故言文而観美。亦不唯其志之為。固将行遠。夫惟行遠、是以立言不朽[45]。）

日野龍夫などは、こうしたところに着目して、南郭にとっての礼楽は統治における実効性ではなく美的「イメージ」として把握されていたとする[46]。鋭い指摘であろう。美しい礼楽を身にまとった君子は、その「言」「辞」も簡約にして意味深く、綾をなして美しい。だからこそその言葉は、単に「志」を述べるだけでなく、遠くへと伝わり「不朽」を得る。まさしく右の引用文などが典例であろう。「脩礼以耕之」は『礼記』礼運篇、「耳聞雅頌之音」は『史記』楽書、「有美而文而誠若」は『礼記』礼器篇、「有徳必有言」は『論語』憲問篇、「辞約而旨微」は『春秋左氏伝』序、「行遠」は同じく『左伝』の襄公二十五年に典拠をもつ。衒学的ですらある煌びやかな古典の配列は、古文辞の手本のようである。

しかし、美しい言葉で「不朽」を得るとは、そもそもどういうことなのか。以上の説明からはまだ明瞭を得ない。それは単に作品が美的価値によって末永く書肆を賑わすことをいうのだろうか。古典の権威を借りて普遍性を粉飾できるというはなしなのだろうか。南郭は、「行遠」の境地を次のように言い表わしていた。

其れ唯だ彼を視ること猶ほ此のごとく、古を視ること猶ほ今のごとき者は学、而して之を言ひ遠きに行ふ者は文か。〔……〕時は常にし難く、境は移り易し。況んや上下にして数千百年、縦横環海、巨億万里、能く之を志るして、古を視ること猶ほ今のごとく、彼を視ること猶ほ此のごとくなる者有りや。是れ有るかな文、唯だ其れ之有り。是を以て之を楽しむ。夫れ既に古を視ること猶ほ今のごときか。安んぞ其れ古の時を同じくせざるに在らんや。古を視ること猶ほ今のごとし。則ち後の今を視ることも、亦た猶ほ今のごときか。安んぞ其れ今の常にすべからざるに在らんや。

（其唯視彼猶此、視古猶今者学、而言之而行遠者文乎。〔……〕時乎難常、境乎易移。況乎上下而数千百年、縦横環海、巨億万里、有能志之、視古猶今、視彼猶此者乎。有是哉文、唯其有之。是以楽之。夫既視古猶今乎。安在其古之不同時也。視古猶今矣。則後之視今、亦猶今乎。安在其今之不可常也。）(47)

夫れ其の世に当り、親しく其の容貌行事を見て言論するも、猶ほ将た其の心術の微、相感ずる所以の者は、朱絃の遺音、俗耳是れ褻す。況や其の人と骨と、皆已に朽ちたり。吾何を以てか之を其の言に得て、乃ち一堂の上に嗟嘆永歌するが若くにして、同心と称せられんや。徂徠先生詩を為むるや、李王に夢寐すること年有り。其の業を纂脩して、以て之が則を立て、其の由を擬議して、以て之が化を視る。乃ち嘗に才を竭し力を窮め、其の心術の至る所を同じくすれば、即ち朱絃の遺、遂に身後に知音為り、則ち撃節の余、其の已に知る所を発し、一二の緒言、以て後知を覚す。〔……〕滄溟の所謂百世の上に立ち、百世の下をして風を聞きて興起せしむる者なり。先生其れ旦莫に之に遇ふか。死者如し作くべくんば、豈に肩を比して至ると謂はざらんや。何ぞ其の詩伝ふべからざるを患へんや。

（夫当其世、親見其容貌行事而言論、猶将其心術之微、所以相感者、朱絃遺音、俗耳是褒。況乎其人与骨、皆已朽矣。吾何以得之其言、乃若嗟嘆永歌乎一堂之上、見称同心乎。徂徠先生為詩也、夢寐於李王有年矣。纂脩其業、以立之則、擬議其由、以視之化。乃嘗竭才窮力、同其心術之所至、即朱絃之遺、遂為知音於身後、則撃節之余、発其所已知、一二緒言、以覚後知。〔……〕滄溟所謂立乎百世之上、使百世之下聞風而興起者。先生其旦莫遇之乎。死者如可作也、豈不謂比肩而至也邪。何患乎其詩不可伝也。[48]）

同じ時代に生き、親しく交わり、その容貌にも慣れ親しんでいる間柄であってさえ、心の機微はなかなかわかりあえるものではない。いかにも近世日本の古学者らしい悩みかもしれない。しかし、だとすれば、遠い過去の、身も骨も朽ちた「古人」といかにして心通わすことができるのか。その答えが古文辞なのだと南郭はいう。古人の遺した文辞を模倣して詩作を続けることで、やがて自らも古人と同じように感じ、考え、表現することができるようになる。形式への習熟はやがて感性や思考にまで変化をもたらし、典型の模倣をことさら意識せずとも、規矩に沿った詩文を作ることができるようになる。そのとき、後世異国に生きるおのれも、後世異国に生きながらそのまま、まったく古人と同質の存在と化す。時間と空間の隔絶を超え、古を今に、今を古に現前させつつ、朋友のように兄弟のように、朝となく夕となく「一堂」に会することができる。自己と他者の隔絶を意識せざるを得ないからこそ、〝今ここ〟という桎梏すら脱した交情は、大きな悦びをもたらしてくれる。

むろん、南郭の独創ではない。語られているのは古文辞学の基礎綱領である。荻生徂徠は『学則』第二則において、「辞」に「習」い、久しくして「化」すことで、時間的・空間的規定性をこえて自ら古人となることを説く。かくして「今言」と「古言」の断絶を乗りこえ、古典を正しく読み解けるのだと主張する(49)。たしかに南郭においては、経書解釈という目的が見失われ、古人と交わる夢見心地が自己目的化しているきらいがあるが、擬古の論理は正しく受け継がれている。

南郭は、かくして古人の仲間入りをした境地での詩作を、次のように解説する。

然れども稽古の功既に熟し、胸中に一大気象を具し、而して後融液鎔化、自然の妙、其の間に発出す。此れ学の得る所、亦た応に夫の病無かるべきのみ。辞は已に古人の用ふる所、意も亦た古人の尽くす所、試みに吾が詩を以て古人に並誦すれば、克く肖て弁じ難し。是の如くにして踏襲を為すに非ず。抒軸我を成す。是れ詩の難き所以なり。

（然稽古之功既熟、胸中具一大気象、而後融液鎔化、自然之妙、発出其間。此学之所得、亦応無夫病耳。辞已古人所用、意亦古人所尽、試以吾詩並誦古人、克肖難弁。如是而非為踏襲。抒軸成我。是詩之所以難也(50)。）

模擬の果て、古文辞に習熟した詩人は、やがて古人とよく似て区別のつかない詩を詠むに至る。使われる辞も、込められた意も、すべて古人の用い尽くしたものだが、それはもはや「踏襲」ではない。文学史家・宮崎修多は、この間の事情を実に巧みに解説している。「「杼軸」すなわち機織りの時に横に走らせる糸巻き、車輪によって順々に糸が出てくる仕組みになっているこの糸巻きから、古人が尽くしたとされる言葉が織り出され、縦糸とともにさまざまな文様が織り成されていく、そのときに実は「我を成す」ことになるのである」(51)と。南郭の擬古は、現実の生から目を背け、古という虚構に逃避する営みでも、おのれを隠蔽して精神の慰藉をはかる試みでもない。古と溶け合った妙境において、おのれが織り成され、詩句に滲み出る。それが、詩人の目指した理想であった。

君子の夢路

ところで、以上の理屈は、おそらく実作に照らした方がわかりやすい。

享保十七(一七三二)年七月二十三日、陸奥守山藩に仕えていた平野金華が急逝した。享年わずかに四十五。野口武彦から「蘐園の狂生」(52)と評された磊落の詩人は、太宰春台とは犬猿の、服部南郭とは莫逆の仲だった。訃報をくれた瀧鶴台に対して、南郭は七言絶句を送って「悲慟」(53)の情を伝えている。「答弥八聞子和訃見寄」と題された、次のような詩である。

朱絃不許謾相知　　朱絃許さず謾りに相知ることを
和罷由来此調悲　　和し罷んで由来此の調悲しむ
只将白雪余双鬢　　只だ白雪を将て双鬢に余して
悵望高山彼一時　　高山を悵望すれば彼も一時(54)

高山大毅の優れた注釈に従えば、詩意はおよそ以下のようになる(55)。

まず、「朱絃」とは琴のことで、結句の「高山」と相俟って『列子』湯問篇に見える「高山流水」の故事を暗示する。春秋の琴の名手・伯牙が高山を思い浮かべながら琴を奏でると、鍾子期はまるで巍々たる泰山のようだと評し、川の流れを思い浮かべながら奏でると、まるで滔々たる大河のようだと評したことをいう。よく互いの心を知りあう間柄をいう「知音」の典拠である。してみれば始めの二句は、まさしく知音の友として、詩文を応酬し、その趣向をただちに悟り、心の機微にまで触れたふたりの詩人の交誼を描いている。転句の「白雪」は、文字通り老いて白いものが目立つようになった「双鬢」と、格調高い詩文のたとえである「陽春白雪」(『文選』対問)を重ねていう。意味するところは、友に先立たれた自分はただ老いていくばかり、優れた詩歌を詠んでも誰が理解しれくれよう、といったところだろうか。『列子』によれば、伯牙は鍾子期の死後、琴を弾くのを止めてしまったという。無二の理解者を失ったその悲しみに、南郭はそっとおのれを重ねる。

「高山」も「白雪」も、古文辞派が頻繁に用いた常套句であり、表現としては陳腐である。しかしこの詩に対して、常套句を切り貼りする盗作だと詰めよっても何の意味もあるまい。この詩は、古典に典拠をもつ型を与えることで、南郭と金華の友情を永遠にするためのものだからである。「千載より上、千載より下、旦暮に之に遇ふ(千載而上、千載而下、旦暮遇之)」[56]。伯牙と鍾子期になぞらえることで、ふたりの友情は享保期日本に縛られた互いの生を越えて、「千載より上」の古人の友誼と同質のものと化す。それだけではない。「千載より下」、はるか後世の友を失った古文辞家も、伯牙と鍾子期、南郭と金華におのれを重ねて、別離の悲しみを詠うだろう。それは南郭たちの友情がはるか未来にまで朽ちることなき生命を保つことを意味している。表現は、型をもった陳腐なものでなければならない。だからこそそれを通して詩情が〈重ね書き/上書き〉されてゆき、かくして「古」と「今」と「後世」——すなわち永遠の位相——にまたがる君子たちの共同体が観念されるのである。形式は詩情を窮屈に縛るのではなく、永遠の世界へと解き放ってくれるのだ。

注意が要るのは、この永遠化を支えるものが、君子と小人の峻別だという点である。南郭はたびたび、古文辞を奇怪な詩文として毛嫌いする俗人たちへの歎きを口にする。彼らは古人と一体化する悦びを知らず、死者がどうして蘇ろうか、それよりもこの世で立身出世する方がよいではないかと考える[57]。南郭によれば、所詮「浮雲」に過ぎない俗世の名利にあくせくするこうした「時俗」と訣別してこそ、「後世」に期待することが可能となる[58]。詩人は高踏的であることを厭わない。『南郭先生燈下書』には、はっきりとこう書いてある。

すべて詩文は君子の詞にて候へば、必しも匹夫匹婦によく通ずるための物にては無之候故、只何となく風景情事の間にもたせ置候へば、無限意味も含み、誠に君子の詞にて、おなじ君子は聞とり候事に候[59]。

古文辞により観念される永遠の位相は、たしかに時と場を越えて開かれた世界である。しかし同時に、今世の栄達を求める小人たちには達し得ない、「君子」(古文辞に習熟し、趣向を解し、自らも技巧を凝らすことのできる者)だけに許された閉じた社交の舞台でもある。それは同質的な教養に基づき互いの意趣を感知し合える者たちの交わる場であって、暗黙の了解を理解しない小人は排除される。南郭たちの口ずさむ「不朽」の夢も、その詩文がひろく流布しながく愛されることを期待するのではなく、詩情を〈重ね書き／上書き〉してくれるのちの世の古文辞家への期待であることを勘違いしてはならない。要するに「之を其の人に伝へば、斯ち可なり(伝之其人、斯可)[60]」なのだ。

もっとも、だからといって、蘐園の文人たちが世をすねる孤客の群れだったと速断すべきではない。事実、こうした態度を示す古文辞派こそが、十八世紀中葉の江戸で「時俗」に成功を収めていた。おそらく正徳の頃から、蘐園の名はすこしずつ江湖の耳目を騒がせはじめ、門下には才俊たちが集まった。かの徂徠自身、南郭や金華らの名を挙げながら、「吾党」の繁栄を「是れ豈に人力ならんや、抑々天意なり(是豈人力、抑天意也)」と祝っていた[61]。またしても「天」である。徂徠没後の隆盛は、「世の人其説を喜んで習ふこと信に狂するが如し」(那波魯堂[62])という言葉によってよく知られていよう。衣鉢を継いだ南郭の私塾も賑わった。門弟の束脩は年に一五〇両を数えたというし、南郭との出会いを「天賜」だと語る弟子もいれば、学問といえば東都、東都といえば蘐園、蘐園といえば南郭だという風評もあった[63]。あながち崇拝者の阿諛ではあるまい。南郭自身、多分に韜晦を交えてはいるが、「四方の君子も亦た幸に棄て置かず(四方君子亦幸不棄置)[64]」とまんざらでもない。

蘐園の奉じた古文辞学は、たしかに君子の文学だった。しかし、「文明」開ける江戸の世に、「天」に愛された男によって道が明かされたからには、古文辞を解する君子たちは現に増えつつあるし、これからも増加傾向をたどるであろう。上に引いたいくつかの事実と証言は、その手応えと充実感とを伝えている。やがて南郭は、長齢の故に友や愛息に先立たれ、「壺中の天」(日野龍夫[65])を愛するに至る。しかし、少なくともある時期までは、彼の胸にも幸福な期待があったのかもしれない。

しかし、そう遠くない未来、甘美な予感は裏切られる。老年の寂寞といった個人的事情をいうのではない。「天」に愛されていたはずの徂徠学が再び混乱のなかへ投げ返され、たしかな方法であったはずの古文辞学がひどく激しく罵詈される。南郭の詩を套語に塗れた剽窃の作だと一蹴し、詩情を重ねようともしない、そんな時代がやってくる。しかも、その変化の胎動は、徂徠学派の内部にあって既に始まっていたのである。

太宰春台の出番がきた。

第三節　太宰春台

太宰春台の古文辞批判

徂徠没後の学派の分裂については、江村北海の観察に基づいて南郭たち「詩文」派と春台ら「経義」派に分けることが通例となっている(66)。なるほどそのとおりなのだが、南郭にも儀礼や経世への関心がある一方、春台にも多くの詩文論があって、しかも当時よく読まれていた事実をとらえそこねている点で、ミスリーディングでもある。

誇り高く偏執的できまじめな太宰春台は、ただ詩文を卑しみ溺れなかったのではない。むしろ詩文論においてこそ明確に師説の非を悟り、独自の見解を表明した。それは〝永遠性獲得願望〟の帰趨において、十八世紀の文化史において、少なくない意義を有している。まずはその仮借なき古文辞批判から検討を始めよう。

春台は古人の成句をでたらめにパッチワークする古文辞を「糞雑衣」と呼ぶ(67)。字面からして明白だが、「僧たる者は人の糞壌に棄てたる衣服布帛を拾ひ取り帰りて、皂角水にて洗ひ浄めて、錦繡綾羅布帛の嫌なく種々の物を綴り集て袈裟に作る(68)」ことから名付けられた蔑称で、つよい非難の意が込められている。

いったい、古文辞の何がいけないのだろうか。春台詩文論の精華「文論」全七篇によれば、その問題とは以下のとおりである。

まず第一に、古文辞家は、古辞の援用において「剽窃」を犯している。これ自体は中国でもくりかえされた古文辞批判の常套句だが、春台の特徴は、単に文辞の借用を否定するのではなく、「辞」をふたつのレベルに分けた上で「剽窃」とは何かを定義するところにある。いわく、「独用の辞(独用之辞)」と「通用の辞(通用之辞)」。前者は、その時代、その作者に特有の言葉であり、「一家の専らとする所の者(一家所専者)」ともいいかえられる。対して後者は、時代や作者の別をこえて用いることのできる言葉であり、「衆と共にする者(与衆共者)」ともいいかえられる。古文辞家は両者を区別せず「独用の辞」まで借用するが、それが「剽窃」である(69)。こうした「其の口より出でざる(不自其口出)」他人の成語をいくら切り貼りしても、そこには「生色」がなく、「千載の下(千載之下)」に伝わり人を感発させるものがない(70)。

では、「通用の辞」の転用であれば許されるのかというと、そうでもない。春台は第二に、より本質的な問題として、古文辞における「法」の認識不足を俎上にのせる。「古文辞家は乃ち概して西漢以上を謂ひて古と為し、而して務めて之を摸擬す。摸擬は則ち可なり。吾其の務めて古人の成語を摭ひ、而して之を緝するに今法を以てするを悪む。是れ徒に其の辞を古にするを知りて、其の法を古にするを忘る。豈に其の古を全くする者ならんや(古文辞家乃概謂西漢以上為古、而務摸擬之。摸擬則可。吾悪其務摭古人成語、而緝之以今法。是徒知古其辞、而忘古其法。豈全其古者哉)(71)」。古文辞家は、「古辞」を「今法」で綴り合わせてしまっているというのだ。

ならば、古の「法」とは何なのか。ここからがすこしややこしい。

春台は、「辞」の場合と同じく、「法」にもふたつのレベルを設定する。一方は字法、句法、章法、篇法といった法の「細」であり、他方は「左氏の法(左氏之法)」「司馬の法(司馬之法)」といった法の「大」である(72)。「文論」第六篇における具体例がわかりやすいから、それに即して敷衍しよう。

春台によれば、たとえば軍旅を記すとき、左丘明は「某師」と書き、司馬遷は「某軍」と書く。またそれを率いることを、左丘明は「帥某師」と書き、司馬遷は「将某兵」と書く。あるいは「〜ヲシテ……セシム」という使役表現において、前者は「使」を、後者は「遣」を好む。これらは字法であろう。また、こうした辞を綴るにあたり、左丘明は短句を用いて簡にして整斉であり、司馬遷は長句を多用して変化に富むという。これらは句法、章法にあたる。もちろん、前漢の司馬より魯の左氏の方がより古人だからといって、長句より短句が、「将」より「帥」がより真正な古法だなどと考える必要はない。二者に限らず、六経、孟子、荘子、屈原など先秦諸書は、それぞれに「体」と「法」を異にするが、みな「古文の奇なる者(古文之奇者)」である(73)。諸家の法には人の面貌がそれぞれ異なるように互いに差異があり、そのあいだで優劣をつける必要はない(74)。肝心なことは、それぞれの法を識別して「混用」しないこと、先の具体例でいえば、まちがっても「将某師」や「帥某軍」と書かないことである。しかし古文辞家はてんでばらばらの古典から字も句も体も法も問わず随意にパッチワークして詩文を綴る。これこそが、古文辞の「糞雑衣」たる所以である。

近世古文辞家の作、務めて古辞を択ぶ。是に於いて古人の成語を輯めて之を綴り、以て己が辞と為す。其の辞に唐虞有り、三代有り、秦有り、漢有り、六経伝記より旁ら諸子百家にまで及ぶ。苟くも以て己が意を達すべき者は、取て用ひざるもの莫し。〔……〕今古文辞を為す者、一字一句、必ずこれを古に取れば、則ち其の字と句と、宛然として古人の辞に非ざるは無し。然れども其の輯むる所一家に出づる非ざれば、則ち其の章を成す所、未だ必ずしも楚夏の調を異にするの累無くんばあらず。且つ其の辞或いは今の事情に切ならず。是を以て其の意達すと雖も、之を其の口より出づる者に比すれば、童子命を将ふが如し。工なる者有りと雖も、則ち優師の辞の如し。

（近世古文辞家作、務択古辞。於是輯古人成語而綴之、以為己辞。其辞有唐虞、有三代、有秦、有漢、自六経伝記旁及諸子百家。苟可以達己意者、莫不取用。〔……〕今為古文辞者、一字一句、必取諸古、則其字与句、無非宛然古人之辞。然其所輯非出一家、則其所成章、未必無楚夏異調之累。且其辞或不切今之事情。是以其意雖達、比之自其口出者、如童子将命。雖有工者、則如優師之辞。[75]）

「楚夏異調」は『顔氏家訓』や『経典釈文』に基づき、南北の異なる調べを無造作に混同する様をいう。「糞雑衣」と同趣旨の非難だとみてまちがいない。「童子将命」は『論語』憲問篇に見える語で、童が主人と来客のあいだで言葉をとりつぐことを指す。他者の成句を借用する様をあざけるのであろう。こうしたおのれの「口」から出ない、しかも法を犯した詩文は、せいぜい一座の興にへつらう幇間の卑語のようなものだと、一蹴されている。

注意すべきは、ここでも春台が「辞」をおのれの「口」から出だすことを重んじている点である。春台は、よく「法」を理解しさえすれば、「辞」においては必ずしも「古」にこだわる必要はないと主張する。古今東西、春はウグイスである必要はなく、花が桃李であるいわれはない。そもそも、左丘明や司馬遷たちは、先人の「成語」をつぎはぎして文辞を織りなしただろうか。古文辞家の愛好する古文中の「奇辞奇語」はすべてその作者の「自撰」によるものであり、先秦の著述家たちはそうやってみな「一家」を成してきたのである。韓愈が「陳言を去りて新言を択ぶ(去陳言而択新言)」ことを強調したのも、この謂いにほかならない(76)。古人の法をふまえる限り、「今言」もなお「古言」のごとしなのだ。

文辞を作す者は、法を古人に取りて、これを己が心に発す。これを其の口より出だして、然る後これを筆に命じ、これを篇に著はす。苟くも古人の体と法とを得て以て辞を修すれば、今言と雖も猶ほ古言のごときなり。法を古に取りて、機杼己に由ればなり。

(作文辞者、取法於古人、而発諸己心。出諸其口、然後命諸筆、著諸篇。苟得古人之体与法以修辞、雖今言猶古言也。是謂自我作古。〔……〕故に善く辞を属す者は、猶ほ織工のごときなり。是れ我より古を作すと謂ふ。〔……〕故善属辞者、猶織工也。取法於古、而機杼由己也(77)。)

かくして古法を体得した著述家は、古の範型に囚われることなく、目に映るもの、心に浮かぶもの、すなわち世界を自在に表現することができる。「法」を外れない限りで、古人のいわなかったことを表現しても、それはたしかに古文である。春台の考える「生色」ある詩文とは、けだしこのようなものであろう。そして、「法を古に取りて、機杼己に由る」という確信に満ちた宣言は、南郭が古人の「辞」と「意」の徹底した模倣により「抒軸我を成す」と語ったことと、鮮鋭な対照をなしているのである(78)。

春台は何を理解しなかったのか

それにしても、春台をして古文辞学と袂を分かち、熾烈な批判に至らしめたものとは何だったのだろうか。単に「体」「法」重視ということであれば、比重の差はあれ南郭や徂徠にも同様の主張を見出すことが可能である。たとえば徂徠が「文章を学ぶは法を識るを要とす（学文章要識法）」といい、「故に左氏の文を学べば、則ち左氏の法を用ひ、孟子の文を学べば、則ち孟子の法を用ふ。若し混じて之を用ふれば、則ち錦に緝するに布を以てする者の類なり（故学左氏文、則用左氏法、学孟子文、則用孟子法。若混而用之、則緝錦以布者類也）」とするのは(79)、春台の依拠するところと見てまちがいない。

この問題を解くためには、いったん「文論」を離れ、すこし時間をさかのぼる必要がある。かぎを握るのは春台の初期著作『倭読要領』である。なるほど後年の著述と異なって、この頃の春台はまだ古文辞家の顔をしている。「必一言一字も、古人の口より出、古人の手を経たるを取用ふべし」や、「昌黎柳州（韓愈・柳宗元）は、古文の名家にて、法度の森厳なることは諸家に卓絶なれども、陳言を厭て新奇を好める故に、其文辞古調に入らざる処あり」は、明らかに晩年の定論と同じではない(80)。更に、次のような、ほとんど徂徠や南郭を思わせる議論まで垣間見せる。

> 始は只古人の語を剽窃して抄写することを習ふべし。是を務て息ざれば、積累の功によりて、いつとなく佳境に入て、終には詩名を成就するなり(81)。

しかしここでも、「積累の功」や「佳境」といった表現が果たして「習」の末に何を修得することをいうのか、問うてみる余地がある。『倭読要領』「学則」は、全十三条にわたり春台推奨の学習法が語られる。右に引いた「佳境」云々は第七則の中腹にある。中途に大きな省略をはさむが、当該箇所に至るまでの議論の筋を、七則の頭から追ってみよう。

凡学者は風雅の情なくばあるべからず。風雅の趣を知ことは、詩を学ぶに在り。然るに古人の詩を読で、其義を講明しても風雅の趣をば知べけれども、自己に作らざれば、徹底して其意を得ることなし。詩を作らんとおもはば、先体裁を弁知すべし。体とは、すがたなり。裁とは、つくりなり。詩に種々の体あり。吾国の和歌に、長歌、短歌、旋頭、混本などいふことあるが如し。〔……〕凡詩を作るには、辞を揀ぶを要とす。古詩には古詩の辞あり、近体には近体の辞あり。古詩の中に、又五言古風、七言歌行等の差別あり。近体の中に、又五七律絶の不同あり。其体に随て、修辞の法各別なり。混用すべからず(82)。

冒頭部は、実に徂徠学者らしい。学者には「風雅の情」が必要で、それを「徹底」して身につけるには「義」の講究では不十分である。徂徠も、古人の「心」や「理」を抽象的に理解することで満足する宋学者を批判し、「剽窃摸擬」による習熟の重要性を唱えていた(83)。古人の方法を単に理解するだけではなく、詩も文もその方法により自ら作らなければならない。しかし、あとに続く所論はどうだろうか。作詩は「辞」を選ぶことからはじまるが、それにはまず「体」の認識が不可欠である。近体、古詩、更にはそのなかにも数々のジャンルがあり、それぞれに修辞の「法」が異なる。たとえば律詩を詠じて絶句の辞法を用いるなということであろう。「体」と「体」ごとの「法」を弁別し、決して「混用」するな。これは、詩と文のちがいこそあれ、「文論」に結実する春台詩文論の原型ではないだろうか。

とすれば、「剽窃」を重ねて「佳境」に入るというテーゼも、古人の模倣にたゆまず努力することで、「修辞の法」や「体裁」を熟知するに至るという意味で理解するのが、前後の文脈からみて適当である[84]。要するに、春台は一貫して、徂徠や南郭らの重んじた擬古の論理——言葉への習熟の果てに古人と同質の存在と化し、彼らと同じように感じ、考え、表現できるようになるという契機に言及しないのである。

くりかえし確認すれば、たしかに春台は古文辞家である。六経は古文であり、それを読み解くには文章に通達しなければならず、そのためには自らも古人と同じように書くことができなければならないと考える[85]。しかし、春台のいう古文に習熟するとは、その「体」「法」のルールに熟達する、習熟の末に知的に諒解できるという謂いであって、古人との同一化を含意しない。南郭たちが同一化の表現として愛用した「一堂の上」や「旦暮に之に遇ふ」を、春台が一切用いていない点も、こうした文脈から注目するに値しよう[86]。政治学者・相原耕作は、春台の言語論を検討して、徂徠流の模倣・習熟に基づくネイティヴ化アプローチではなく実証的分析に基づく法則発見アプローチだったと結論している[87]。なるほど言語の学を越えて、この擬古なき徂徠学者の思考の型を言い得ている[88]。

そして以上をふまえるとき、太宰春台が蘐園の詩文派に冷淡だった理由も、よく理解されるであろう。南郭や金華が想いをはせた「古」と「今」と「後世」を貫く永遠の位相は、あくまで擬古の末に古君子の仲間入りをするという契機を媒介しなければ、決して観念され得ない。逆にいえば、この前提が崩れたとき、実にあっさりと霧散してしまう。現に春台にはこうした境地は理解不能であったろうし、詩文派が口ずさむ「不朽」の語は軽薄で煩わしいさえずりでしかなかった。春台は、左丘明や司馬遷に自己をなぞらえる詩文派に釘を刺して、厳しく問い詰めている。

故に君子の学ぶ所は、先王の道なり。行ふ所は、先王の道なり。徳を成す所以は、先王の道なり。夫れ然る後これを文辞に見はし、これを事業に施す。是の故に、生きては以て廟堂に坐して政令を出だすべし。死しては以て百世に血食すべし。此れ之を不朽と謂ふ。〔……〕是の故に学者は、将に先王の道を明らかにして、これを事業に施さんとする者なり。

（故君子之所学者、先王之道也。所行者、先王之道也。所以成徳者、先王之道也。夫然後見諸文辞、施諸事業。是故、生可以坐廟堂而出政令。死可以血食百世。此之謂不朽。〔……〕是故学者、将明乎先王之道、而施諸事業者也。(89)）

学者は、先王の道を学んで得るところがあれば、それを「事業」に施さなければならない。「立言」は「立功」に、「立功」は「立徳」に劣後する。春台の政治参加への熱意は疑いないが、「事業」を狭く参政の意にとる必要はない。典拠は「挙而措之天下之民、謂之事業」（『易経』繋辞上）。たとえば孟子が邪説と闘うことで聖賢の事業の一端を担ったように、言論も含めた社会的有用性の標榜といえよう。春台からみれば、蘐園の詩文派は、この「事業」を忘れてでたらめな詩文で奇を衒い、藝苑に「名誉」を釣る「一曲の士（一曲之士）」に過ぎなかった。(90) 経書解釈と治国を忘れた詩文の自己目的化が徂徠学の矮小化であることはもちろんとして、南郭たちがはるか永遠の位相を観念できた所以の論理を欠落させた春台の議論も、同じ程度には徂徠からの逸脱であった。

もっとも、徂徠からの逸脱程度の競争は、どうでもよいことである。本書にとって重要なのは、かくして明らかになった南郭と春台の相違が、単なる典雅な文人と渋面の経世家のすれちがいに留まらない点である。春台詩文論が示すものとは、ほかならぬあの古文辞を介した永遠の位相の解体なのだ。こうした議論がひろく受け容れられたとき、君子の夢路は途絶えて消える。

しかし、もちろん、それは徳川思想史に〝永遠性獲得願望〟の水脈をたどる本書の理路が、ここで閉じてしまうことを意味しない。春台は南郭とは異なるかたちで永遠の観念を抱いていたのであり、「事業」を通した「不朽」という主張には、単なる「立功」重視に留まらない内実がある。だからもうすこし、春台の議論につきあってみよう。かぎとなる言葉は「豪傑」である。

事業の豪傑

「近歳伊氏も亦た豪傑にして、頗る其の似たる者を窺ふ。然れども其の孟子を以て論語を解し、今文を以て古文を視るは、猶ほ之程朱学のごときのみ(近歳伊氏亦豪傑、頗窺其似焉者。然其以孟子解論語、以今文視古文、猶之程朱学耳)」[91]。荻生徂徠の著書『弁道』の一節である。ここで徂徠の仁斎評価について深入りする用意はないが、柔和な伊藤仁斎が実は槍を振るえば天下無双だった、などというはなしでないことは明らかである。では、「近歳伊氏も亦た豪傑」という、その「豪傑」とはいかなる意味なのだろうか。

この問題を考える上で重要なのが、太宰春台である。彼はその人柄もさることながら、主要著作の端々でさまざまな人物を指して「豪傑」と呼び、政治的主張の随処で「英雄豪傑」を語った。それはこの言葉のある典型的な用例を示している。そこで以下、彼がどのような人物をいかなる理由で「豪傑」と呼んでいるのかに注目しながら、春台の諸著作をひもといていこう。それは「事業」を通して「不朽」を得る主体についての、春台の抱く具体的なイメージを明らかにするであろう。

まず検討すべきは、孟子である。

徂徠学における孟子の位置については、既にすこし触れた。それは周末乱世という時代の刻印を捺された論争的ディスコースである。春台も、そのナラティヴを忠実になぞって孟子を位置づけている。この弁論家は聖人の道を否定する異端邪説に打ち勝つため、戦争にあけくれる国王たちに儒学の意義を諭すため、結果として多くの「古」に背く単純化や創説をおこなった[92]。性善、浩然の気、不動心、仁義礼智に四端の心……春台はのちに宋学の枢要なテーゼをなす諸説をことごとく歴史的状況に落とし込み、「新奇の説」と否定する。性善をめぐり孟子と争った告子を擁護して、「孟子謬て一すぢに性善の論を持して、告子が説を聞納れず。十分の客気にて、只管彼に勝んとして、理に戻れることを言ふ」とまでいうのだから、相当に辛辣である[93]。

しかし、かくして道統の血脈を切り崩しながら、春台における孟子評価はもうすこしアンビヴァレントな色彩をもつ。学説はともあれ、戦闘的態度をとる動機そのものは同情的に語られることも多いのだ。享保十七（一七三二）年の著作『聖学問答』では春台のまとまった孟子論が展開される。重要であるから煩瑣を厭わず拾ってみよう。

> 対頭《アヒテ》を取らず、人と争はず、只先王孔子の道を、直に平々に説たる処は、さすがに孔子を去こと遠からぬほど有て、正等の論も多し。然れども胸中に世を矯め俗を憤る心深し故に、言を立る上に過失多きなり[94]。

> 孟子これ〔老荘の議論〕を悪みて、此説を破らん為に、仁義礼智は、人の性に本来有る者なりといはんとて、先人の性は善にして悪なき者なりといふ。最初は敵に対して、卒忽に言出したる理窟なるべきが、豪傑なる故に、後まで其説を改めず[95]。

> 徂徠は孟子を大醇大疵といふべしと判断せり。知言なり[96]。工人の刀を以て喩るに、利器は必深入する者なり。孟子は豪傑なる故に、大醇大疵なり。利刃の深入したるなり。

たしかに議論は粗忽である。論争的言辞であることはここでも確認される。しかし、孟子をしてそうさせたものとは、聖人の道を信じようともせず乱れゆく「世」と「俗」への憤激であり、それを矯めんとする熱意である。だからこそこの「豪傑」は、世俗との摩擦や異端との論争に揉まれてなお自説を曲げずに貫徹した。「大醇大疵」とは、混じり気がなく、故にあやまちも多いことをいう。「疵物」という徂徠の好んだ人材像を想起してもよい。言外に、というよりもかなり直截に、春台その人が孟子に自己投影されていることも見やすい。

次に掲げる箇所などは、こうした「豪傑」孟子への共感が、宋学における孟子称揚の否定、孔子と孟子の切断という徂徠学の基本戦略をあっさりふみこえる倒錯すら犯していて、おもしろい。

されば君子は英気なくば有るべからず。孟子を英気ありと譏り、英気甚害事と云へるは、程子が誤也。英気ありて害をなすは小人也。君子にして英気なければ、大事を行ふこと能はず。果敢決断は、英気の所為也。古の聖賢を見るに、一人も英気なきは非ず。程子朱子等は聖賢の事業を知らざる故に、孟子の英気を病とせるなり。孟軻は英気にて勝れたる人也。(97)

指弾されている程子の言葉は、『孟子集注』序説にある。「孟子些か英気有り。纔に英気有れば、便ち圭角有り。英気甚だ事を害す。顔子の如きは便ち渾厚にして同じからず。顔子聖人を去ること只だ豪髪の間のみ。孟子は大賢にして、亜聖の次なり（孟子有些英気。纔有英気、便有圭角。英気甚害事。如顔子便渾厚不同。顔子去聖人只豪髪間。孟子大賢、亜聖之次也）」。この評語は、宋学のなかにおいても孟子評価にゆらぎがあったことを伝えている。彼はたしかに道統を担う賢者だが、徂徠学派の指摘した論争的性格は「英気」「圭角」としてやはり問題視されており、「大賢」という「亜聖」の下位にカテゴライズされているのだ。しかし春台にいわせれば、これは転倒した評価である。宋儒たちの重んじた道統の伝こそ虚妄であり、「英気」「圭角」はむしろ愛すべき点だった。それは「世を矯め俗を憤る心」の表われであり、「事業」への意志である。聖人の道とは異なる創説だと断りながら、「天下の為に補ある」という理由から李斯や商鞅を「豪傑」と評価するのも、同様の見地に基づく発言だとみなしてよい(98)。

そして、かかる「英気」に溢れ「事業」を担う豪傑学者にふさわしい資質が、「果敢決断」である。春台は『聖学問答』において、為政者ではなく理想的学者の肖像を描いて、「断」を特筆する。すなわち、人はいったんある考えを抱くと、それが先入見として思考を規定し、あとから学んだ知識に対して拒否反応を起こしてしまう。しかしそれでは、いつまでたっても学問に長進は見込めない。この通弊を克服するための心掛けが、張横渠の「名言」、「学者須らく旧見を洗ひて新見を生ずべし(学者須洗旧見而生新見)」(『近思録』致知類)である。優れた「義」があれば、やぶれた草履を脱ぎ捨てるがごとく「旧見」を離れて「新見」を選び取る。『荘子』には生涯に六十度も見識を替えた蘧伯玉という男の逸話が載るが、これこそ学者の目指すべき姿である。しかし、かかる新たな自己への脱皮は実際には難しく、「猶予狐疑」せず「果断決断」できる人でなければなし得ない。結論は、「宋儒の中にて、張横渠は、程子・朱子よりも聡明にて、豪傑の気概ありし人なる故に、右に云る如くの名言を出せり(99)」。要するに豪傑とは、果敢に旧見を脱し、時に新説を掲げ、周囲の批判や無理解にも挫けずおのれの主張を貫徹する。英気、あるいは世を憂う心のあまり、掲げられた新説には時に誤りも含まれるが、だからこそ一定の「事業」を担い得る。そのような人物をいうのである。

そして以上の肖像をふまえるなら、先に引いた仁斎豪傑論は何ら奇妙なものではない。この称号は、滔々と性理学に染まった儒学界に敢然と反旗をひるがえした男にこそふさわしい。

我が日本の学者も、亦た宋儒の理屈に入りて出づることを得ざること百有余年なり。往者に伊藤氏あり。独り能く理屈を出でて、而して鄒魯の道に首ふ。実に豪傑たり。惜しむ、其の見るところ狭小にして、未だ先王の以て民を道く所の故に達せず。是れ猶ほ未だ義理の学たることを免れざるなり。(100)

仁斎先生　我が日本に生れ、聡明の資、独得の知を以て、而して宋儒理学の非を覚る。言を立て書を著はし、以て邪説を闢き、後生を警す。誠に豪傑之の士、文王を待たずして後興る者と謂ふべきなり。
(仁斎先生生于我日本、以聡明之資、独得之知、而覚宋儒理学之非。立言著書、以闢邪説、警後生。誠可謂豪傑之士、不待文王而後興者也。)(101)

孟子の場合と同じである。たしかにその説にはまちがいが多い。朱子学の残滓も散見される。しかし、仁斎は宋学に染まること百有余年の日本にあって、その旧見を脱して一家の学を築き、しかもそのことによって「邪説を闢き、後生を警す」事業を担った。春台の引く『孟子』の一節、「文王を待ちて後興る者は、凡民なり。夫の豪傑の士の若き、文王無しと雖も猶ほ興る(待文王而後興者、凡民也。若夫豪傑之士、雖無文王猶興)」(尽心上第十章)は、まさしく「豪傑」のアンビヴァレンス――聖人に導かれずとも自発的に立ちあがる先駆者的性格と、しかしやはり聖人ではないという可謬的性格――を、ともによく言い表わしているのである。(102)

さて、春台その人に話を戻そう。『聖学問答』執筆の三年ほど前、師を喪った悲しみも癒えぬなか、春台はひとつの大著をものしている。書名を『経済録』。詩文の自己目的化をきらい、「事業」を通した永遠を掲げた彼の学問は統治の学であり、同書はその主著である。全十巻にわたり、原理論から現状分析、制度や法令の歴史的概説、そして具体的改革案までが包括的に論じられる。仔細な検討はここでの任ではない。ただし、かかる政治的文脈においても右にみた理想的知識人像が色濃く影を落としているから、最後にその点を確認しよう。

春台はいう。たとえば、祖宗の代において制度の定立が不完全であった場合、当然やがて弊害が生じる。しかし被治者は、積年の「習」にとらわれており、現状を変革する新たな法令には理由なき反発を示す。とはいえ、「古と今と時を異にし、中華と日本と俗を殊にすれども」成り立つのが聖人の統治術である。「時」と「理」と「勢」と「人情」をきちんと把握した上であれば、施してうまくいかないということはあり得ない。そこで、この統治術すなわち「道」の実践主体として要請されるものこそ、「民の評議」すら一顧だにせず、「習俗を離れ、世人と易りて、己が思ふ儘なることをなす」、あの「英雄豪傑」であった[103]。

古の道を今に不宜と云は、医の古方を信ぜず、大匠の規矩を廃するが如し、〔……〕又古の道を其儘にて今に行へば、行はるることあるを、世を駭し変を生ぜんことを懼て、敢て行はざるもあり、是見識なく力量なき故なり、苟も見識あり力量有て、理に達し人情に通じ、其位に居て賞罰の権を執らば、無二無三に行べし、何ぞ愚人の怪みを顧て狐疑せんや、古より英雄豪傑と称せらる人は、皆よく是を行へり、君子の果断明決を尚ぶは、ヶ様の処也、然れば君子の徳有て、又豪傑の気概ある人に、国政を任ずべき者也[104]。

小人は習に安んずる者なれば、今迠になき新令を受ては、必驚て前後も弁へず、一向に夫便理なることと思ふ、是昔より定まれること也。然る時に、上の人是に心を動かすべからず。凡民は当前の利害を視て、後のことを不思者也。〔……〕此段は英雄の事也。縦賢智の人にても、英雄の胆気なく、果断ならざる人は、行ひ得ることなし[105]。

既成の習慣に安んずる小人に対して変化を断行するという論理の上でも、「狐疑」「果断明決」「豪傑」といった語彙の上でも、こうした理想的改革者像が、理想的知識人像ときれいな相似形を描いているのはいうまでもない。かくして『経済録』の春台は、礼楽、官職、天文、律暦、食貨、祭祀、学校、章服、武備、法令……と、必ずといってよいほど「英雄豪傑」に言及しながら、多岐にわたる旧弊打破の制度改革を提唱していく。聖人による制度制作レベルではなく、あくまで英雄豪傑による旧弊打破というレベルが議論の主軸をなし、だからこそ制度への埋め込みよりも主体的決断の契機が前景化するのが、春台経世策の特徴といえよう。

しかし、まさしくこうした特質の故に、太宰春台はひどくシンプルな躓きの石に出くわした。というのも、果たして、そのような「英雄豪傑」の存在は常に期待できるのか。少なからず滑稽な逸話が伝わっている。死罪を覚悟で当今の政治を非議する上書をするも何の音沙汰もなかったとか、貴顕から声がかかったと思えば笛の腕前を披露してくれというもので、怒って断りを入れたとか[106]。彼が徂徠の不遇に自分を重ねて「天」だと歎いたことは既に触れた。結局、『経済録』の春台は、「英雄豪傑」など数百万人にひとりいるかどうかだと漏らし、「今の世の士気萎薾の諂多き風の中に、何として英雄豪傑を求んや。然れば川の水の流るる如く世の風俗漸々に汚き処へ流れて、源に還ることなきは必然也」と書いた[107]。しばしば改革者を称し称される名君が現われるが、それとて「一代一代の物好」に終始し、かえって乱亡を招いているに過ぎない。こうしてあの、『経済録』の末尾を飾る著名な議論が導き出される。

然れば英雄の君に豪傑の臣ありて、真の経済を行はんには、末世迚も不可なることなし。初より正しき制度もなく、堅き法令もなく、古を稽たる政もなく、只姑息苟且の政を行て、数百年を経て、士大夫は世禄にて驕奢淫佚の行をなし、民は本業を棄て末利を事とし、風俗頽敗し、上下困窮したる時節に、真の経済に非ずして、彼此と旧政を変ずるは大に不可なること也。此時に当ては、大概国を治むる政事を止て、只無為の道を行ふにしくは

なし。(108)

太宰春台は『経済録』に序して、おのれの誇る経世策を「屠龍の藝」と自嘲する。それは、英雄豪傑なき末世において、結局なにもしない方がよいと結論付けた豪傑学者の、むなしい諦観である。しかし、序文は次のように続く。「然ども此身此儘にて終らば、学び得たる屠龍の藝、徒に土中の物となるべきも惜しければ、拙き筆にて記録して、篋中に蔵置き、広き世間に、若し龍を得て屠んと思ん人あらば、潜に是を授て、其謀を賛んと願ふ。是純が平生の微志也。若し此中にて、万分の一も取用ひらるることあらば、此身死すとも、生るが如くならん」(109)。春台は結局、師や南郭と同じように、しかし異なる仕方で、文に賭けた。彼は必ずしも聖人の道を信じない徳川の世にあって、かつ宋学はびこる儒学界にあって、そうした「俗」と対決しながら「新見」にたどりつき、たしかに「事業」を担い得る(と自分では信じることのできる)学を成した。その学を通して、朽ちゆく我が身をこえる〝永遠性〟を手にすると信じた。「屠龍の藝」とはたしかに、辛苦と洗練の末に用いる機会を得ないむなしい技藝をいう。しかしそれは、もし龍がいたとすれば屠ることができる技だという意味で、おのれの学説へのたしかな自負をにじませてもいる。やがて後世の「英雄豪傑」が春台学にて世を済うとき、彼は再びの生を得るのである。

ポスト徂徠学の時代へ

ところで、春台は師である荻生徂徠のことも、しばしば「豪傑」と呼んだ。たとえば次のように。

徂徠先生 奇を好むの癖有り。中年より古文辞を好み、是に由て遂に古訓に通ず。奇なり。遂に之を守りて変ぜず、十余歳して没す。余惟ふに先生は豪傑の姿、少より老に至るまで、学術知識数々変化す。若し之に仮すに年を以てせば、久しからずして必ず古文辞の非を覚り、決して終には之を好まず、則ち其の文も亦た必ず一変せんと。

(徂徠先生有好奇之癖。中年好古文辞、由是遂通古訓。奇矣。遂守之不変、十余歳没。余惟先生豪傑之姿、自少至老、学術知識数変化。若仮之以年、不久必覚古文辞之非、決不終好之、則其文亦必一変。[110])

然れども先生は、所謂豪傑の士なり。其の言を立て書を著はし、務むるは大義を明らかにするに在り。夫の文字章句の細の若きは、初めより甚しくは心を用ひず、往々法度の外に出づる者有り。其の詩を作すも亦た然り。実に皆豪気の為す所なり。

(然先生者、所謂豪傑之士也。其立言著書、務在明大義。若夫文字章句之細、初不甚用心、往々有出乎法度之外者。其作詩亦然。実皆豪気之所為也。[111])

語られているのは、ここまで縷々述べてきた古文辞学と豪傑をめぐる問題である。豪傑が先駆的存在であると同時に可謬的であったこと、断然と絶えず見識を替えるものであったことを思い出そう。春台によれば、徂徠は「豪気」や「奇」を好む性向の故に、深く考えることなく奇抜な古文辞を好んだ。しかし、同じく徂徠が「豪傑」であるが故に、今しばらくの寿命を得たならば、必ずや古文辞の非を悟ったにちがいない。[112]

春台は、危ない橋を渡ろうとしている。謹直な彼は、別のところでも同様の主張をおこないながら、あえて師に「異説」を立てているのではないと念を押す。[113]見苦しい言い訳だととらえる必要はない。春台はあるとき南郭に書き送って、おのれが徂徠から厄介者扱いされていることを歎き、しかし自分は蘐園の「禦侮」なのだと述べていた。[114]「禦侮」とは、孔子の高足のひとり子路が、必ずしも孔子のなすことを悦ばず、孔子の見解に従わなかったにもかかわらず、シューレを批判者たちの侮蔑や攻撃から守る役割を果したことをいう（『尚書大伝』）。春台は彼の意識において終生、忠実な徂徠学者であり、自らの古文辞批判が師説軽視の風潮に棹差しているなど考えもしなかったであろう。[115]「禦侮」の語は、徂徠の後継者としての、強い使命感の表現である。

しかし、荻生徂徠を豪傑と呼び、師説批判ではないと断りながら、その学はいまだ真理を尽くさないと喝破するに至ったとき、太宰春台は決定的な一歩を踏み出したのである。山県周南に学んだ儒者・林東溟は、徂徠に仮託されたとある偽書に序を寄せて、次のように語っていた。

豪傑の士文王無しと雖も猶ほ興る。夫れ我が徂徠先生、身は東海の域に生れ、世は千載の下に降り、宏に和華長夜の古学を闡きて、一たび東武の大邑に突起す。一時の学士・太夫《ママ》、節を折て門下に踵る者多し。〔……〕頃者志学の士十余人、余が為に居を摂城の西に卜し、頻りに肆業を請ひて輟まず。是に於いて之を許す。乃ち授くるに徠翁家詩文辞の事を以てす。惟だ其の六経に於ける、諸家の注説を存し、日を殊にして以て焉を授く。注説豈に是非無からんや。聖人出でるに非ざるよりは孰か其の得失を知らん。得失並び存して焉を兼ぬるは道の弃てざるなり。非か。然れども余六経を読むの久しき、間々自ら知る者有りて存す。卒に一家言無き能はず。若し夫れ己を枉げて徒だに以て人に随はば、君子其れ之を何と謂はん。討論の間、僅に其の一二句を挙げ以て之を演ぶるのみ。未だ嘗て強ひて之を售るを求めざるなり。

（豪傑之士雖無文王猶興。夫我徂徠先生、身生東海之域、世降千載之下、宏闡和華長夜之古学、一突起乎東武之大邑。一時学士太夫、折節踵門下者多矣。〔……〕頃者志学之士十余人、為余卜居於摂城西、頻請肆業而不輟。於是許之。乃授以徠翁家詩文辞之事。惟其於六経、存諸家之注説、殊日以授焉。注説豈無是非哉。自非聖人出孰知其得失。得失並存兼焉道之不弃也。非耶。然余読六経之久、間有自知者存焉。卒不能無一家言。若夫枉己徒以随人、君子其謂之何。討論之間、僅挙其一二句以演之耳。未嘗求強售之也。[116]）

冒頭は、この学派に共有されていたナラティヴを思わせる。長き混乱の歴史に終止符をうつ学の登場、そのもとに集まる才子たち。徂徠学派はこれを「天寵」や「文明」といった言葉のもと大仰に寿いできた。しかし、様子がおかしい。東溟は続けて大坂における自身の教育活動を述べて、徂徠学を基調としつつ、諸家の注釈も併用しているという。その理由を、「聖人」でない限り諸家の得失は見極め難いからだという。「聖人」の語は、冒頭で徂徠を「豪傑」と呼んだことに対比させているのであろう。やはり何かがおかしい。東溟は更に続けて、君子たるもの徒らに「己」を枉げて人に従うべきではない。自身も六経を学ぶこと久しく、部分的であれ「一家言」を得たと宣言する。諸家の注釈と並べて、自説を教えもしたのだろう。強いてこの新知見を売り出そうというわけではないが、という見え透いた謙辞を述べながら――。

東溟の序文は、いくらか軽薄な風味を伴って、十八世紀の思想史が新たな幕を開けたことを告げている。彼らはもはや「天寵」を信じない。徂徠学において歴史が終わったなどと思わない。しかし、「文明」――徳川の世の文運興隆――は身に染みて実感しているし、信じてもいる。やがて、孟子や朱熹や伊藤仁斎を切り捨てたのと同じように、今度は徂徠が混沌に投げ込まれる番がくる。宋学はおろか徂徠学すら「旧見」とみなし、そこから脱した「豪傑」たちが声高に「新見」を叫び、「不朽」を夢見る時代がやってくる。

その諸相は、章を改めて追いかけることにしよう。

第二章 豪傑たちの春

第一節 新しい知識人

多くの証言が伝える徂徠学の流行が江戸の思想史に果たした役割について、長らく種々の議論がある。とはいえ、それが儒学的教養の普及をうながしたことは、今日異論のないところと思う。

まず、知識人のリテラシーが向上した。儒者文人たちは、難解な古文辞による詩作や議論についていくため、奮って古典の研鑽を積んだ。[1] しかも、一見難解にみえる古文辞は、古典からのパッチワークに依拠するため規矩が明確で、実のところ学習しやすいものだった。[2] やがて徂徠に批判的な者からも、「漢魏以上の古書、日を逐て板行し、詩文の章句語字、和気和習を避くべきに心を用ひ、詩文の法一変して俗気少なく、和訓に迷はず、目と心と相謀ると云ことを挙世の学者の知りたるは、徂徠の功誣ゆべからず」(那波魯堂)といわれるまでに至った。[3]

更に、それが一部の高踏的な知識層における現象に留まらず、教養の下降化と連動した。「享保の中比より文雅草莽に下だり」(大田南畝)[4]、「作者極めて多し(作者極多)」(菊池五山)[5]といわれた所以である。漢詩文は優れた社交のツールとして、自己表現の手段、あるいは富商たちの文化水準を誇示するシンボルとして、多くの愛好者を生み出していった。それは身分や地域を問わない広範な現象である。都下には詩文書画をよくする文人たちが集い、繁華な都市文化を担った。地方の富商、豪農間にも漢詩文をたしなむ層が増え、各地を旅する儒者文人たちの生活を支えた。服部南郭は浮世の名利を「浮雲」と軽んじたが、彼ら詩人たちの成功こそ、同時期における経済成長や出版資本の拡大とも相俟って、〈思想・文藝の市場〉の充実を告げるものだったといってよい。井上金峨が公然と売講を始め、自らと受講生との関係を「師」でも「友人」でもなく「交易」なのだと語ったのは、のちに海保青陵が君臣関係すら「ウリカイ」だといいきったことに先んじて、市場原理が知識人たちの生活と思考を規定しはじめていたことを物語っている。[6][7]

もっとも、こうした一連の現象が学問と統治権力との関係に大きな変化をもたらさなかったことは、事実である。吉宗の好学はさて措き、次々代にあたる家治の頃、財政再建のために「第一無用の長物」である昌平黌をとりつぶすべきだと建白した奉行がいたというから、推して知るべきであろう。[8]

しかし、見方を変えれば、体制の問題と直接かかわらないからこそ、ポスト徂徠期の学藝は多彩な展開を遂げることができたともいえる。思想史家・黒住真は「思想の市場」における「雑多な学の間の競争状況」を論じて、鋭くも「柔軟なイノベーション」、「儒学が非特権的であるというそのモビリティーが開いたもの」と指摘する。経学説においては、宋学とも徂徠学ともひとしく距離をとる折衷的な学風が流行し、一家を成すものが現われた。詩文の世界では、性霊説を掲げて古文辞をしりぞける一派が擡頭し、華々しく活躍した。国学や蘭学の勃興が同時代の現象であるのはいうまでもなく、談義本、洒落本、黄表紙、川柳、狂歌、狂詩……、様々な文藝の領域で新機軸の開拓がおこなわれ、市場は新奇な商品で賑わい、人々はそのなかで世の「開け」を実感した。金峨に学び、山本北山の畏友でもあった儒者・亀田鵬斎は、この「開け」を担った知識人の心胆を巧みに一篇の詩賦に詠いあげている。本章の理路のこの上なく端的な要約であるから、あらかじめ引いておこう。[9][10]

文章曾不用陳語　　文章曾て陳語を用ひず
詩賦但任意所徂　　詩賦但だ意の徂くところに任す
経伝握麈排諸家　　経伝、麈を握って諸家を排す
草聖揮毫笑書奴　　草聖、毫を揮って書奴を笑ふ
意気慷慨重遊俠　　意気慷慨、遊俠を重んじ
狂顚疎放混酒徒　　狂顚疎放、酒徒に混ず
古人所有未必有　　古人有るところ未だ必ずしも有らず
古人所無未必無　　古人無きところ未だ必ずしも無くんばあらず
此生何物似古人　　此の生何物ぞ古人に似ん
依旧清貧臥荒蕪　　旧に依りて清貧、荒蕪に臥す(11)

もちろん、徂徠以後の諸学藝の繚乱を、その枝葉花実のひとつひとつに至るまで丁寧に眺め、十八世紀文化史の総体を描くことは、ここでの関心事ではない。しかし、体制を担う知識人でも、孤独な詩人でも、単なる揶揄と軽侮の対象でもなくなったこの新しい知識人における〝永遠性獲得願望〟のかたちは、頗る興味をそそる。

とりあげる対象は、荻生徂徠が世を去ったのと相前後して生を享け、明和・安永・天明期に活躍した一群の知識人――井上金峨(一七三二～一七八四)、片山兼山(一七三〇～一七八二)、本居宣長(一七三〇～一八〇一)、杉田玄白(一七三三～一八一七)らである。平賀源内(一七二八～一七七九)なども含めて、彼らが全くの同時代人であることに注意したい。以下、徂徠以後の経学界で主流をなした折衷学と、詩文において主流をなした性霊説を、それぞれ井上金峨と山本北

山に代表させて瞥見し、必要に応じてほかの文人や国学者らにも目を配るやり方で論を進めよう。不当な配役ではあるまい。またその際、それぞれの独創的部分ではなく、むしろこの新興知識層に共通する心的傾向、いわば色とりどりの花弁がひとしく栄養を汲みあげる共通の根茎に、光をあてる。そうすることで、研究史上いまだ定見を得ない十八世紀中・後期の思想史に新たな像を提起するとともに、彼らが共通にくぐった〝徂徠体験〟の内実を明らかにすることが、本章の課題である。[12]

第二節　十八世紀の文明開化

「奴隷」と「豪傑」Ⅰ――折衷学の場合

井上金峨は享保十七（一七三二）年、江戸は青山に生まれた。名は立元、字を純卿、別に考槃堂とも号す。父観斎は笠間藩の藩医を勤め、金峨も幼年期を笠間で過ごしたといわれている。その後、再び江戸に出て、父の友人でもあった川口熊峰、次いで昌平黌の井上蘭台に師事したらしい。熊峰から「大上は徳を立て、其の次は功を立て、其の次は言を立つ（大上立徳、其次立功、其次立言）」と「不朽」の勧めを教えられ「激昂」したというエピソードは、本書にとって重要である。[13] 若年期の文稿には口癖のように「名を揚げ親を顕はす（揚名顕親）」の語がみえ、「血気未定」の日々が続いていた様をうかがわせる。[14][15]

若くして、自負に見合うだけの秀才だった。宝暦五（一七五五）年、わずか二十四歳で『弁徴録』を刊行し、続けて『師弁』（同六年）、『読学則』（同七年）を江湖に問うた。すべて徂徠批判、あるいは徂徠を批判することを正当化するためのテクストである。前後して蟹養斎『非徂徠学』（宝暦四年刊）や松宮観山『学論』（宝暦六年刊）が現われ、金峨は自身が時代とともにあることを理解しただろう。そして三十三の歳、『経義折衷』によって、単なる反徂徠を超えた折衷学の綱領を提示する。以後、天明四(一七八四)年に没するまで、ちょうど明和・安永・天明期の江戸知識界に重きをなした。

金峨には興味深いエッセイや経籍の注解書などもあるが、ここで注目するのは『経義折衷』へと至る青年期の著作である。当の本人がのちに客気の産物だったと自省しているように[16]、たしかに性急で攻撃的な若年の著作は、彼の思想の最良の部分を伝えるものか疑わしい。しかし、だからこそ、折衷学へと向かう新たな世代の知的彷徨が刻みこまれてもいる。それをたどってみたい。

徂徠が――あるいは朱熹が韓愈を借りて――独自の語りの形式により自説の正しさを弁証して以来、理論を語ることは、その理論へと至る歴史を語ることと不可分だと考えられた。いいかえれば、どのような思想史を描いているかが、どのような思想の持ち主であるかを測る最良のメルクマールとなった。金峨の場合も然りである。『読学則』や『経義折衷』をひもといてまず顕著なその思想史像を、両書のあいだの微細なちがいを捨象して述べれば、以下のようなものとなる[17]。

金峨によれば、孔子が没して「微言」は亡び、七十子が世を去り「大義」は失われた。多くの儒者に共有された衰微のナラティヴの起動である。戦国の世を彩る子思、孟子、荀子らはそれぞれの「性」に得たところに基づき「道」を論じ、聖人の学は「儒家者流」へと転落し、「門」「戸」が生じた。その後、いくらか世が治まって、漢儒たちが訓詁の学をなした。何晏以下みな「特操」なき者であり詳しく論じるには足りないが、なお古代の残滓を留めており、古言を知るには便利である。

時代が降って宋に至り、程朱が現われた。彼らは「豪傑の資(豪傑之資)」「絶倫の材(絶倫之材)」をもって、「千古の人未だ嘗て言ひ及ばざる（千古人未嘗言及）」「無稽の言（無稽之言）」をなした。その実、老仏に多く依拠するのは批判者たちのいうとおりだが、「大抵豪傑の一生、人の耳目を移し、遺風余烈、数世斬へず（大抵豪傑一生、移人耳目、遺風余烈、数世不斬）」であるから、それ以後、医者や卜者、果ては日本の学者までこの「新奇」な議論に眩惑された。陽明学はそのなかで生まれた亜流に過ぎない。

次いで思想史を画するのは、宋学の亜を脱した「倭夏未だ甚しくは有らざる（倭夏未甚有）」者の登場を待つ。名を伊藤仁斎という。ただし、仁斎は孔子を過度に重んじて六経にさかのぼることがなく、訓詁にも誤りが多かった。もっとも、「草昧の業（草昧之業）」「創造の言（創造之言）」なので深く咎めるべきではない。続いて荻生徂徠が現われた。徂徠は「先儒未発の言（先儒未発之言）」をなし、仁斎学になお残余した宋学の遺毒を払い、聖人の道とは「天下を安んずるの道（安天下之道）」であることを明らかにした。しかし徂徠は、「好奇の癖（好奇之癖）」「英邁の資（英邁之資）」であるが故に門戸を立てることに性急で、その説は必ずしも十分な吟味を経たものではない。ましてやその弟子たちは徂徠を尊崇して先王の道を忘れてしまい、先に程朱を尊崇して道を踏みはずした連中と何も変わらない。「恥」を知らないというべきである――。

仁斎評価が突出して見えるのは、仁斎門だった熊峰への遠慮もあろう。むしろ「儒家者流」といった言葉遣いから、朱子学の「新奇」さの指摘、孟子の位置づけに至るまで、金峨は徂徠に倣っている。しかし、いくつかの点に重要な変更が加えられており、全体としての含意は全くといってよいほどちがっている。

まず、ナラティヴの結びに注意したい。聖人の道の「儒家者流」への分裂は、天に愛された徂徠の登場により終息することなく、むしろ徂徠その人も門戸争いの角逐に回収され、ひとしく「豪傑」として相対化される。朱熹も、仁斎も、徂徠も、あるいは孟子までさかのぼってみな、それぞれの発明に基づいて「前人」の及ばなかった新説を打ち出した「豪傑」である。『経義折衷』の主題が「古今学術の変(古今学術之変)」すなわち「趙宋以来豪傑の士、家を建つる所以の意(趙宋以来豪傑之士、所以建家之意)」の概観だと述べられていることからも明らかなように[18]、同書は、「豪傑」たちがそれぞれいかに先行学説と格闘し、自説をなしたかを語る、いわば〈豪傑建家思想史〉なのだ。

そしてこうした思想史像から導き出されるものこそ、折衷学のヴィジョンである。金峨は、すべて門戸をなした者の学説はあくまで「道」の「一端」に過ぎず、善を尽くしたものではないとする[19]。したがって、ひとつの宗派を金科玉条のごとく信じて盲従する態度が峻拒される。ここから、更にふたつのメッセージが導き出される。ひとつはだからこそ前賢旧師であれ毀誉すべきは毀誉せよという師説批判の推奨であり、もうひとつは学派にこだわらず「一端」それぞれに込められた「衆善」を集めよという理念である。両者相俟って折衷学の基礎綱領と呼んでよい。

金峨が『読学則』と同じころに発表した二篇の論文、「毀誉論」と「師弁」は、以上の事情を雄弁に裏付けるものである。いわく、「昌平」のもと「文運」が開け、「豪傑」たちが次々とたちあがり、徂徠先生が現われた。それ以後、人々は徂徠学を「金科玉条」として盲従しているが、「猶ほ未だ尽さざること有るがごとし(猶有未尽)」。「天」の生む人才に限りはない以上、のちの賢者はおのれの長所によりほかの短所を補わなければならない。だが、いまの学師の多くは、先行学説の祖述に終始するか、自説に従うことを弟子たちに強いる。「夫れ師とは、伝道の称なり。仲尼以下、孟荀有りと雖も、後人猶ほ或いは之を議す。況んや今の人に因りて事を成す者をや(夫師者、伝道之称。仲尼以下、雖有孟荀、後人猶或議之。況今之因人成事者乎)」。前賢毀誉すべし、師説妄信すべからず、「大早計」「客気」と難じて、批判を封殺することなかれ[20]。

注意すべきは、自己の徂徠批判を正当化するこれらの主張が、直接には徂徠その人ではなく、徂徠学に固執して再考すら許さない追蹤者への論難だという点である。先のナラティヴにおいて、程朱や徂徠を過度に尊崇する弟子たちが「恥」知らずと評されていたことを思い出そう。金峨の主張の力点は、門戸争いに回収することで朱熹や徂徠を矮小化することにあるのではなく、あくまで一家の説に過ぎない先行学説におもねる「雷同」奴隷への批判なのだ。金峨の意気がよく伝わる文句を、いくつか拾ってみよう。

故に今世の学者、一家の言を宗として、人に雷同するは、皆先儒の影子のみ。（故今世之学者、宗一家言、而雷同於人者、皆先儒之影子耳。[21]）

曰く宋儒氏の為す所を為す、曰く陽明氏の為す所を為す、曰く仁斎氏、曰く徂徠氏と、雷同勦説、所見有るに非ず。（曰為宋儒氏之所為、曰為陽明氏之所為、曰仁斎氏、曰徂徠氏、雷同勦説、非有所見。[22]）

これは徂徠先生も、南郭先生もすまぬと云れたから、その分にしておけと証人出し玉へるなり。徂徠も南郭もただの人であったぢゃ。四眼両口三頭六臂もあるまじと思はる。[23]

かくして「師弁」では、「学は唯だ訓詁に拠り、六藝を考信し、仲尼に折中して、以て之を自得するのみ（学者唯拠訓詁、考信六藝、折中仲尼、以自得之巳）」と結論される。[24]朱熹がこういったから、徂徠がこういったからではなく、「訓詁」と「六藝」に照らして妥当な見解を求め、「自得」するまで考究せよ。「自得」の語は、教理の体認を重んじる朱子学でも、一方的な講釈を否定して学習方法論に一石を投じた徂徠学でも重んじられた概念であるが、金峨もこれを愛用する。彼はくりかえし諸説折衷の基準として〈古〉のみならず〈己〉を挙げていた。多くの先学も注目する、金峨のいわゆる「自得」テーゼである。

孔子も信じて古を好むとの玉へり。信の一字は、学者の緊要なることなり。〔……〕ただ古を信ずるの篤きのみならず、自信すること薄きは禅のくづるる本なり。唐の韓愈、明の李攀龍が古文を倡へ、我邦中仁斎先生の徒、古を唱へしとも当時謗を招き、身に利少くなきことなれども、それを胸中に介せず、自信せし故にこそ、業は成れるものなれ。[25]

折衷派について古典的な研究をなした衣笠安喜は、「自得」テーゼを敷衍して「人間の主体性の解放」を説いた。[26]もっとも、「その「創造」はついに既成儒教思想家の諸説の選択と折衷の範囲を出ることができなかった」という留保付きであり、この点は「ドグマティックな党派性に抗議して自由研究を主張した点で多少の積極性は持ったが、「折衷」はどこまでも「折衷」でなんら「創造」を意味せぬ」という丸山眞男に倣ったのであろう。[27]ともあれ、諸説を是非する主体性の自覚というイシューは、以後の折衷派研究に大きな影響を与えた。

師説に逆らうべし、先賢毀誉すべしという血気逸る物言いを、果たして近代的自我や主体性と呼べるのかどうかは疑わしい。とはいえここに、誰かの驥尾に附すことを傲然と拒み、〈己〉を貫いてこそ「業」はなるのだという、新しい世代に属する知識人の意気を認めることは容易い。金峨はかかる観点から、学問的には立場を異にする李攀龍らをも評価するが、そもそも孟子からしてみなそうやってきたのである。「孟子の性善、荀子の性悪、降りて程朱陸王及び我が伊物に至るまで、必ずしも古に合はずと雖も、要は亦た各々己に得ること有り、是に由て以て其の説を立つ(孟子性善、荀子性悪、降至乎程朱陸王及我伊物、雖不必合於古、要亦各有得於己、由是以立其説矣)」。[28]たとえ「古」に合わずとも「己」に得たものを説いてきたという評語が、徂徠の場合とちがって、むしろ肯定的なニュアンスであることは印象的である。『経義折衷』の題辞には「古人の及び易からざるを知る、然る後又た古人の能く及ぶべきを知る（知古人不易及、然後又知古人可能及焉）」とあるが、性善説をとらず、したがって聖人学んで至るべしを信じない金峨だから、「古人」は理想的〈いにしへびと〉ではなく、朱熹や徂徠ら同書でとりあげられる先賢たちを指すのであろう。[29] してみれば折衷学とは、先賢たちを「一端」に過ぎないと相対化した上で、〈古〉と〈己〉に照らして「衆善」を集めて「一物」をなし、かくして自らも「豪傑」の仲間入りをするのだという、野心溢れる学風なのである。それは近代的自我というほど大仰なものでも、自由研究の態度というほど穏和なものでも、ない。金峨とならぶ折衷派の雄・片山兼山は、主著に自序してこう語っていた。

> 孔子没して、道稍々裂け、七十子死して、諸子争へり。勢の已むを得ざるは、其の人存せざる故なり。〔……〕孟子言有りて曰く、「君子は業を創め統を垂れ、継ぐべきを為すなり」と。庶くは世の古先聖王の道に志有る者、斯の編を観るや三隅を反し、而して余が学を紹述し、洙泗の道をして、再び我が太和に昭明たらしめよ。而して夫の旧華胡清の国に覃及し、彼をして「先王の詩書礼楽 此に在らずして、異国に在り」と謂ひて、来りて法を取らしめば、豈に美ならずや。豈に盛ならずや。乃ち余夕に死すとも可なり。
> （孔子没、而道稍裂、七十子死、而諸子争。勢之不得已、其人不存故也。〔……〕孟子有言曰、君子創業垂統、為可継也。庶世之有志于古先聖王之道者、観斯編也反三隅、而紹述余学、令洙泗之道、再昭明于我太和。而覃及夫旧華胡清之国、使彼謂先王詩書礼楽不在此、在異国、而来取法、豈不美哉。豈不盛哉。乃余夕死可矣。[30]）

孟子曰くとあるのは、梁恵王下篇の第十四章を指す。国王が善行を積みさえすれば、たとえ一時的に領土を失うことがあっても、子孫から必ず王者が現われることを説くくだりである。原文は隣国の逼迫に苦しむ小国の王を励まして積善余殃を強調するのだが、兼山の口吻に亡国の悲哀は感じられない。後学たちよ、我が学を「紹述」せよ。やがてそれが中国にまで伝われば、先王の道が異国に明らかになったことを知らしめるであろう。いずれは彼らが我が東方にやって来て、道を学ぶかもしれない。ああ、なんと美しい偉業であろうか。おのれの創業を誇る滑稽なまでの傲慢さは、しかし、十八世紀日本における折衷家の気宇をよく伝えている。そして、結びに選ばれた成句もまた、原文がたたえる真理を悟ったことへの閑かな自足ではなく、かかる偉業によって不死を得たことへの満足を言い表わして見えるのも、おそらく勘違いではあるまい(31)。

ところで、経学上におけるこのような気概が詩文に反映されたとき、どのような見解となるだろうか。金峨や兼山にまとまった詩文論はないが、断片的言辞からその容貌をうかがうことは可能である。たとえば金峨は、口を開けば開元、天宝、左氏、司馬を唱える古文辞派の作品を「明人の奴隷(明人奴隷)」と喝破する。パッチワークに基づく彼らの詩文には「実語」がなく、したがって古文辞をもてはやす「俗尚」が一変すればたちまち忘れ去られる。流行におもねり「踏襲」に努めても、「不朽」など手に入るはずがない。「自ら創造せざるの失(不自創造之失)」を脱し、詩もまたおのれの「杼軸」を出すのがよい(32)……。

ここには、経学説と同じ論理が作用してはいないだろうか。何が好ましく、何を嫌悪すべきかという価値判断の基底において、相通ずるものが垣間見えはしないだろうか。そして現に、かかる議論を大々的に打ち出して江戸の詩風を一変させる男が、ほかならぬ金峨の門弟より現われた。項と主役を改め、その詳細を追っていこう。

「奴隷」と「豪傑」Ⅱ——性霊説の場合

宝暦二(一七五二)年、小普請組の御家人の家に生まれた山本北山が、果たして井上金峨に師事したのかどうか、実のところ定かではない。北山自身、山崎桃渓に素読を受けてのち特定の師を得なかったともいうし、近年の年譜研究でも、かつてのように金峨門の高足と紹介することはなくなっている。(33) とはいえ、山本家が暮らしていた白山は、金峨をはじめ多くの儒者が門戸を構えていた駒込の近くだから、両者のあいだに往来があったとみても不自然ではない。金峨の門人・青柳東里も、北山を評して次のようにいう。

後に井金峨が折衷の説に服して、其誨督を受く。されども金峨も師道を以て遇せず、屢々人の門牆に立べからざる事を勧む。果して一家の言をなす。〔……〕天明中より江戸の学風大に変ずる事、片山兼山・井金峨出て蔆園の徒漸衰ふ。北山に至て修辞家なる者、其気燄に抗拒する者なく、一時に関東を風靡す。(34)

いくらか食傷の感も否めないが、山本北山も「忼慨」「功名」をもって自ら任じ、「古人事を創めるは孰か肯て師承有らんや(古人創事者孰肯有師承哉)」と息巻く青年だったらしい。(35) 彼は経書のなかでは『孝経』を重んじたが、『孝経』の語る孝の最終段階は「揚名於後世、以顕父母」である。北山はそれを解説して、「名」を顧みない者は桀紂、幽厲、莽卓、要するに禽獣の類になってしまうと強調する。(36) もちろん、「名」は「実」を伴ってはじめて意味を成すものであり、「利」とは混同すべきでないという予防線が張られているものの、『孝経』のこの文句が青年の名誉欲と儒学倫理を接合する格好のものだったことは疑いない。ちなみに金峨も「揚名顕親」の語を好んだ。北山が金峨門として自己を語らないのは、こうした気質と、師説盲従をたしなめる金峨の教えとが、重なりあった結果かもしれない。要するに、ふたりは似た者同士だった。

東里が「一時に関東を風靡す」と語るように、北山は安永八(一七七九)年に『作文志彀』、天明三(一七八三)年に『作詩志彀』を出版し、激しく戦闘的なスタイルで江戸の文壇に新風を呼んだ。その主張は、「一向古人の詞を剽窃し、古人の姿に似習ふを事とす」る古文辞を排撃し、「性霊より発して古へに拠ず、能く物々事々其委曲詳密を尽」す姿勢を重んじたことから、性霊説、あるいは清新説と呼ばれている。[37] 以下、北山の唱えた性霊説の特質を、古文辞派からの反論と北山弟子の再批判にまで目を配りながら、確認していこう。

いったい、古文辞の何がいけないのだろうか。要点は三つある。

第一の論点は、杜撰なパッチワークがもたらす字句の法や文体の混乱である。たとえば「焉」字の用法や、本来「大夫」に用いるべき「主君」の語を「諸侯」にまで用いていること、「謂」と「云」の混同など、北山はほとんど嘲弄的といってよい調子で古文辞派の誤用を指弾していく。[38] 体法重視の詩文論は、基本的には前章で詳しく検討した春台詩文論の延長とみてよいが、北山によれば当の春台にも誤りが多く、「極めて才なく、極めて拙し」。[39] 雪冤を誓う古文辞末流の反論も字句法のレベルを争うものが多く、論争を通してリテラシーの向上がうながされた点も想像に難くない。

性霊説についての先行研究は、多くの場合、「人の詩を剽襲して巧ならんよりは、吾詩を吐出して拙きが優れると心得べし」[40] という揚言を北山の中心的なテーゼとみなし、例によって、個性尊重と近代的自我の萌芽を読みこんできた。[41] しかし、技術的な巧拙を度外視すれば、作詩作文の正しい法にこだわった北山の活動の大部分が理解不能なものになるから、右はあくまで論争的な言辞なのだと解釈した方がよい。

しかし、だからといって、北山の主張を「内面性」にかかわらない「純技芸」論（山本嘉孝）[42] と結論するのも、早計と思われる。両志彀をひもといて目につくのは、何も徂徠や南郭ら蘐園の大家への罵詈ばかりではない。金峨の場合と同じく、徂徠や南郭に雷同する者たちへのアジテーションめいた論難も非常に多い。いわば流行物としての古文辞に追従することへの批判であり、これが北山の主張の第二の特質である。

世の学者志陋く量小く識足ず、故に古人を畏るること鬼神の如し。徂徠南郭と謂ば及ぬもののやうに覚へ、甘じて其奴隷となる。反て欧陽永叔袁中郎なぞの文をば目にも見ず、悪ものと会《ココロへ》て長物として居、是皆徂徠に誑さるるなり。〔……〕世の人識量なし。故に古文辞に非れば時俗に遭ざるを以て時好《ハヤリ》に従ひ古文辞を奉ずること律令の如し。能く此時好に惑れざるを豪傑の士と謂。[43]

圧倒的な徂徠学の盛行に気圧されて、無分別に盲信する「奴隷」たち。彼らは先賢をあつく信じて一見篤実に見えるが、実のところ「妄昧懦弱」であるに過ぎない。これと対照的に把握されているのが、「名哲前賢」や「古の高名なる夏人」さえ畏れるに足らずとする「豪傑」である。北山は性霊説の主唱者・袁中郎を評して、李王流の詩文が席巻するなか「傑然」と別に「一家」をなし、海内を一掃した「豪傑」だと讃美する。日本における李王こそ荻生徂徠とその一派であり、その専制に敢然と立ち向かう豪傑とは北山自身にほかならない。彼は古文辞帝国を秦になぞらえ、自ら陳勝たらんとも豪語する。[44] 要するに、「方今剽窃隆盛の日に当て、其陋を悟り、于鱗をなさずと云ものは、信に豪傑の士と謂べし」なのである。

注意すべきは、これが単なる同時代の文壇や流行現象への高い感受性の証左に留まらないことである。奴隷性への嫌悪と豪傑気質の讃美は、なぜ古文辞を否定すべきなのか、なぜ性霊説がよいのかという内実と密接にかかわっていた。やはり印象的な部分を引いておこう。

豪傑の士、奈んぞ自己の真情を吐ずして、世俗の毀誉に拘々すべき。[45]

大丈夫たるもの如何ぞ、己に有する真詩を舎て、他の詩を剽襲摸擬すべき。[46]

かかる「真情」や「真詩」の理念を、近代的自我と考える必要は全くない。北山はこれらの概念をふりまわすばかりで厳密に定義しようとしないし、種本である袁中郎の性霊概念がもつ李卓吾からの影響を読みとった形跡もない。しかし、だからといって北山の古文辞批判を単に技術的問題とみなせば、古文辞を「偽詩」といい、「是れ木偶人《ニンギヤウ》の戯を演ぶるやうなるものにて、動作運動ことごとく人に似たれども、自ら揺くこと能はず、人に因て揺けども精神なきが如し」と難ずる、まちがっているだけでなく嫌悪すべきなのだというニュアンスを読み落とすことになる。[47] 北山によれば、古人の字句を剽窃する古文辞はまさしく「奴隷」の文学であり、卓爾たる「豪傑」にふさわしいものこそ性霊の詩なのである。徂徠や南郭を鬼神のように敬って追従する態度と、古人の優れた成句をパッチワークしておのれの詩文を綴る態度とが〈奴隷的なもの〉として、世の流行に惑わされず非を唱える態度と、模擬剽窃を否定して真情を吐く態度とが〈豪傑的なもの〉として、明瞭な対比のもと認識されていることに注意しよう。前引の喝破には、〈雷同踏襲の奴隷／卓然独立の豪傑〉という折衷学とも通底するコードが、〈古文辞／性霊説〉と重なり合うその脈絡が示されている。

そして、こうした豪傑気質や流行への感性が、北山の議論の第三の特質である〝永遠性〟をめぐる問題とも関係していた。北山に端を発した一連の論争のなかでもとりわけ注目すべき議論を惹起しているので、すこし丁寧に見ていこう。

激しい応酬の的となったのは、北山の『孝経楼詩話』に寄せられた亀田鵬斎の序文である。

姫周の雅頌は、則ち姫周の詩にして我が詩に非ざるなり。漢魏六朝の歌行は、則ち漢魏六朝の詩にして我が詩に非ざるなり。李唐三百年の諸体は、則ち李唐三百年の詩にして我が詩に非ざるなり。我が詩に非ざる者を取りて、以て我が詩と為す、吾則ち知らざるなり。天道運りて処らず、日月所を争ひ、四時前に相代はり、山川草木変じて窮らず、禽獣蟲魚舟車器械化して極まること無く、百億万劫、故を掲げて新に趨く。古人既に逝き、今人復た継ぐ。其の旋転運動、須臾として止まざれば、則ち耳目聞見も亦た世を逐ひて新たなり。故に古人の無き所、今人或いは之有り。古人の見ざる所、今人或いは之を見る。古人の言はざる所、今人或いは之を言ふ。其の言ふ所は、必ずしも前人遺すこと有りて今人之を拾ふに非ざるなり。然らば今日の詩は、之を今日に取りて足る。何ぞ之を古に求むるを須たんや。

（姫周之雅頌、則姫周之詩而非我詩也。漢魏六朝之歌行、則漢魏六朝之詩而非我詩也。李唐三百年之諸体、則李唐三百年之詩而非我詩也。取非我詩者、以為我詩、吾則弗知也。天道運而不処、日月争所、四時相代乎前、山川草木変而不窮、禽獣蟲魚舟車器械化而無極、百億万劫、掲故趨新。古人既逝、今人復継。其旋転運動、須臾不止、則耳目聞見亦逐世而新矣。故古人所無、今人或有之。古人所不見、今人或見之。古人所不言、今人或言之。其所言者、非必前人有遺而今人拾之也。然今日之詩、取之於今日而足。何須求之於古耶。）(48)

詩は「今日の物」に触れ、「今日の時」に感じたことを詠うものである。しかし、その「物」も「時」も、およそ一定不変ではあり得ず、移ろいゆくものである。天道の運行のように、季節の循環のように、山川草木の変化は窮まりなく、事物はみな新たになりゆく。そして、そうである以上、古人のみた「物」と今人のみる「物」は異ならざるを得ないし、そこから喚起される心情にちがいが生じるのも当然である。周は周の、漢魏は漢魏の物に触れ時に感じたことを詠ったのであり、それを模倣しても仕方がない。

鵬斎の独創では、むろんない。北山にも同趣旨の発言があり、そもそも彼らの依拠する袁中郎の所説である。含意は明瞭であろう。古文辞学の方法的基礎に対する強力な駁撃である。この立場にたてば、文辞のパッチワークを駆使して「古」を「今」に現前せしめんとする古文辞理論は、詩の本質からの逸脱であるばかりか、そもそも不可能な試みとなる。人には士農工商の「品」があり、農が士の振る舞いをするのは「分」を知らないのと同様、詩にも「格」があり、「江湖」にある者が「応制・試帖」の詩を詠い「昌平」に生きる者が「従軍・塞下」を口にするのは、虚偽であるばかりか不当なのだ。「故に詩を学ぶは、一に之を目前に求め、必ずしも之を遠きに求めず（故学詩、一求之目前、不必求之遠）」（市河寛斎）(49)——。かくして古文辞を媒介した永遠の位相は閉ざされ、詩人は再び時間的・地理的規定を受け容れることとなった。

当然、こうした主張は古文辞に好意的な識者から猛烈な反感を買った。松村九山らの反論書をみるに、論争は次のふたつの問題をめぐり交わされている。ひとつは古の規範性であり、もうひとつは不朽への方途である。(50)

たしかに、あけすけな鵬斎の物言いからは、古の規範性の喪失が感じられる。越前の古文辞家・九山は、古を学び、古人に及ばないことを日夜憂うのが儒家たる者の基本姿勢なのだと念を押すところから、反論を試みている。すなわち、仮に鵬斎のいうとおりであるとすれば、六経もまた「我文」ではなく、論語も孟子も「我言」ではない。なぜそんなものを学ぶ必要があるのだろうか。「今日の道は今日に取て足る」のではないか。そして、かかる主張の行き着く先は、「己に出る者を行ふをこそ己が行ひ」という外的規範を峻拒する価値観の蔓延であり、それはおぞましい混沌をもたらすのではないか。(51)

重要な指摘である。たしかに十八世紀から十九世紀にかけて、文華開ける平和ないまへの充足感から、古典古代の規範性を疑う思想家たちが現われた。また、古という規矩を自己の自由な思索や表現への桎梏とみなす感性も、すこしずつひろまっていった。(52)見立ての論理とフィクションの構築を否定する詩文論が、こうした潮流に棹差すものであったことはまちがいない。とはいえ、九山の主張は、北山への批判としては当を得ていない。北山門の重鎮である糸井榕斎は、巧みに反論している。いわく、詩文は誰であれその作者の作為の産物であるが、「道」はそうではない。孔子のような聖人ですら「自ら作為すべからず」。時代に応じて移ろいゆくのはあくまで作為の産物に限られ、自然の理法たる「道」は不変である。したがって、古人の詩文の剽窃と、古人の「道」を自己の規範として受け容れる態度とを混同するのは、「狂人の所為」である。(53) つまり榕斎は、詩の作為性と道の自然性とを截然と分ち、鵬斎の議論の射程を前者に限定することで、九山の批判をかわすのである。道すら作為の産物とみなす徂徠学的思考と、道の自然性の復権へと向かっていた折衷学的思考との鮮やかな対比の現われだとも、北山門下の文人たちがそれでも儒者として立ち止まるべき箇所で踏み止まっていたのだともいえよう。

次に不朽をめぐる問題である。ここでもまず松村九山の疑義に耳を傾けよう。九山は問う。北山は古文辞を流行物とみなして阿諛追従をたしなめたが、時勢の変化に応じて今の詩を詠めという主張を真に受ければ、それこそ詩は一時一場の流行物になりはしないか。古という規矩を失ったその詩風は、ただ時勢の変化に応じた新奇の追求に成り下がりはしないか。そのとき、「不朽」はどうなるのか――。

中郎が説に従はば、其体格は古人に沿て、辞は自其世を為て古に効ず。果して然らば、宋人は宋の時の俗語を用ひ、元明の人は元明の時の俗語を用ふべし。然ば則倭人の詩は、倭語を用て必しも唐宋元明に効ことなかるべし。只清新のみを事とせば、風移り辞変じて、至らざる所なし。其辞の成ゆく末こそ想像《オモヒヤラ》れて可笑《ヲカシ》けれ。〔……〕斯る妄論を信用せば、雑劇優戯の新奇を好で、節なきが如くならん。焉んぞ所謂不朽なる者あらん。(54)

問題は「辞」に留まらない。九山の見るところ、詩を「世運の移る所」に応じた「一時の流行物《ハヤリ》」とする風潮がひろまれば、人々は「前時の未言ざる所を発して」、「風がはりに珍しき事を時花《ハヤラ》せて、宜時分ぞと思ひつき」、かくして詩題も詩語もますます「軽薄尖奇」になってしまう。しかも、新奇を競ういとわしい騒擾は、人柄にも影響を及ぼす。人々は「古格を蔑し先見を侮どるの禍」から「高慢」「浮気」の熱に浮かされ、雑劇優戯の俳優のように、やがては禽獣のように成り果てるであろう。自ら号して「詩聖」「詩仏」「詩神」などと称する輩がもてはやされているのは、まさに末俗の表われではないか[55]。もちろん、九山が最後に問いかける「不朽」とは、単に詩文がモードの波間で消費期限をすりへらし、後世への伝達力を失うことをいうに過ぎない。南郭の夢想した君子共同体が、九山に観念されていたようには思えない。それでも、詩文が新奇の競い合い、前賢と今人の角逐と化したとき、すべては流行が変われば忘れられる短命な商品になりはしないかという問いは、北山らの主張がはらむ問題の本質を鋭く突いている。では、北山門下たちは、この問いにどう応えたのだろうか。

徂徠学のもたらしたもの

内容に富む反論は、同じく糸井榕斎のテクストに見出すことができる。

榕斎によれば、まず、「今日の物」に触れ、「今日の時」に感じたことを詠うという詩の原則に従う限り、「新奇を好む」のは当然である。「古」にない表現を「流行物」としりぞけるならば、詩経から変化した漢魏も唐もすべて「流行物」に過ぎず、盛唐のみをそこから免除するいわれはない[56]。更にいえば、そもそも旧来の表現を去って「新奇」を打ち出すからこそ詩人は「不朽」を得るのであって、模擬剽窃によりそれが可能だと考えるのは滑稽な勘違いである。二流詩人だからこその見事な端的さで、榕斎は〝永遠性〟の新たなヴィジョンを宣言する。

　嗚呼九山が固陋あはれむべし。夫古人不朽を論じて立徳・立言・立功と云、文章は即立言にして三不朽の一なり。実に大業盛事なり。故に曹植〔ママ〕が云文章者不朽之盛事也と。かの左伝国語檀弓史記諸書の作者、みなこれ立言不朽を心と為ものなり。しかるを人の文辞を改め換ず、自家の法率を立ず、人に機軸を見さず、人歩めば又歩み、人趨れば又趨りて、其文千篇一律ならんに、千百載の下誰か右七品の文を金科玉牒となさんや。〔……〕これ各自家の筆力を出して法率を立たるゆえにこそ、人々それぞれに不朽するなり。(57)

真情と実景の表現を重んずる性霊派の詩作は、しばしば平穏平淡な詩風と呼ばれ、日常性への過度な埋没が詩情を損ねるとも評されてきた。たしかに北山らに鼓吹されたマイナーポエットたちは、卑近な詩題を、時に俗語にちかい言葉で詠った。田園詩の流行はその顕著な一例であり、その最良の部分がたとえば菅茶山に表われているなど、そのとおりと思う。

しかし、「眼前景物」といった平凡な合言葉が、時に「眼前景物、平常情事、而れども人未だ経て道はざる者、我能く之を道破す（眼前景物、平常情事、而人未経道者、我能道破之）」（長野豊山）(58)といったヒロイックな気概と結びついていたことに注意が必要である。金峨や北山が、模擬剽窃を〈奴隷的〉、おのれの詩や学説によって一家をなすことを〈豪傑的〉ととらえていたのを思い出そう。卑近な日常の描写は、その瑣末さ故に誰もいい述べてこなかったものを新たに表現するという意味で、新機軸を開拓する豪傑精神を満たしもするのである。温雅な茶山が時に雄々しく「前人の顰みに傚はず、時世の糚ひを学ばず（不傚前人顰、不学時世糚）」と語るのを見逃すべきではない(59)。かくして、「新」、「奇」、おのれの「機軸」「機杼」、あるいは「前人未発」といった言葉が、十八世紀の思想・文藝の世界で新たな価値観を表わす常套句となった。〝永遠性〟への夢はいまへの充足によって否定されたのではなく、そこへと至る階梯が大きく様変わりしたのである。

古の規範性を重んじ、徂徠を聖人のように崇める蘐園末流からすれば、信じがたい傲慢である。一様に、「好んで先達を罵詈する」(60)、「先輩を誹謗し、己が名聞になさんとす」（何忠順）(61)、「以て先賢を誣ひ、以て末学を欺く（以誣先賢、以欺末学)」(佐久間熊水)[62]という非難が続出した。同じく井上金峨に対しても、「先進を蔑視し、古人を軽慢す(蔑視先進、軽慢古人)」とか「穿鑿言を立て、唯だ人に戻るを之務む(穿鑿立言、唯戻人之務)」といった批判があったという。[63]とはいえ、こうした批判が金峨や北山、その陣屋に集う才子たちを納得させることはなかっただろう。というのも、既に金峨らの手によって、徂徠その人も門戸分裂の歴史に抛り込まれていたからである。先人を罵詈して門戸を張り、名誉をむさぼる——それは荻生徂徠も同じことではなかったか。なぜ徂徠には朱熹や仁斎を罵詈して海内を風靡することが認められ、自分たちには許されないのか、彼らには理解できなかった。「天」に愛された学としてそこで混乱の歴史が終息したと、彼らには信じることができなかった。

いくつかの時代の証言が、十八世紀の新しい知識人における〝徂徠体験〟の意味を余すことなく伝えている。

物茂卿が客気勝ちたるものにて、聖人の道には不案内の巨魁にて、唯客気を以て門生へ教へ豪傑気象英雄の気象など云学者の風俗、古文聖人を足下に見下すことなど学者の常態と覚たる故に、〔……〕今其学風の邪悪を弁斥して掃蕩地せずんば、此後父を弑し君を弑し、謀叛反逆の賊も英雄豪傑気象の学者より出づべきこと也。(大田錦城[64])

仁斎始て先儒の遺轍を改め、孔孟の後二千余年、一時に排却して独一家の言を立、然して実は明末諸儒の余唾を拾ふに過ず。一人如此なれば徂徠又其下に出づ。更に一層の高論をなし忌憚る事なし。此後此二翁の下に甘んじ居るものは庸衆の人なり。聡明之士必又徂徠の上に出ん事を欲して天下の学者狂躁眩惑し、帰せん所を知らざらしむ。(河口静斎[65])

およそ十八世紀の知識人たちの前に立ちはだかったのは、〈荻生徂徠の成功〉という巨大な事実である。ほんの数世代前まで一部の貴顕と仏僧が学問を独占し、戦塵に覆われていたこの国から、隣国の正統を傲然と拒んでおのれの思想を誇示する男が登場し、しかもそれが一世を風靡したという事実である。そしてこの事実が提示するものこそ、先人の驥尾に附すことなく、おのれの機軸を世に打ち出すことで不朽を得るというヴィジョンである。後続世代にとって徂徠の生涯はその体現にほかならず、彼はいわば思想の英雄、市場の覇者であった。折衷家や性霊派は一様に徂徠を非難するが、彼らはみな徂徠の子である。そして以上をふまえるなら、反徂徠を掲げる言説の多くが、徂徠の傲慢な人柄をあげつらう――「謀叛人」という噂も含めて――ものだったことも、至極当然というべきであろう。倨傲こそ、徂徠の開いたパンドラの箱の中身だったのである。誰もがみな、徂徠に倣って徂徠を罵詈したのだ。

こうして、「豪傑」たちが世に満ちた。

様々な症例が報告されている。我が文は韓愈や蘇軾を超えたと豪語する者がいるだとか（大田錦城[66]）、「孔孟来一人」、あるいは孟子には及ばずとも韓愈には匹敵すると宣揚する者が現われたとか（西山拙斎[67]）。経書解釈においても「異」を打ち出すことが重視され、先行学説を多く廃することが「功」とされたという（渋井太室[68]）。「今時の儒生学匠」には、「はやりものの山師」のような連中がいるという告発も、あながち誇張ではあるまい（和田正路[69]）。もちろん「山師」の側からすれば、智恵の足りない俗人が「智術有者を貶して山師々々と呼」んでいるに過ぎず、「古より和漢帝王将相公侯は皆山師なり（自古和漢帝王将相公侯皆山師也）」ということになろう（平賀源内[70]）。文壇の角逐から離れた批評家などは、「古書の注を仕なをすも、十が八九は旧説に同じけれど、さありては仕なをしたる詮なきによって無理に新奇の説をなす、よかるべきはづなし」（清田儋叟[71]）と、「新を貴び奇を競ふ（貴新競奇）」（良野華陰[72]）狂瀾のなか「独得の見を発して天下後世に則を取らしむ」「豪傑の士」（鈴木澶州[73]）に憧れる風潮を、冷ややかに戒めている。たしかに、「すべて筆硯にたづさはるほどの人、生涯に論語の註をせざれば恥べき事のやうに覚えて何事か前人の見のこしたる事はなきかと尋ね求む」態度は、「論語を戯弄すとも云べし」（江村北海）[74]であっただろう。

十八世紀の文明開化と諸学藝――国学・蘭学・宋学

あまりに浮気な世相の表層だろうか。おそらくそうではない。詩文や経義の折衷諸派に限らず、野心溢れる「豪傑」たちの狂騒こそ、同時期における諸学の繚乱を支えるものだった。思想史上、十八世紀の最も重要な成果と目される国学や蘭学も、その勃興の場に即して見れば、以上の潮流と無関係ではあり得ない。

国学の大成者・本居宣長を見てみよう。優れた批評眼をもつ宣長は、同時代の〈思想・文藝の市場〉を覆う軽躁を的確にとらえていた。随想『玉かつま』には、次のような一節がある。

ちかき世、学問の道ひらけて、大かた万のとりまかなひ、さとくかしこくなりぬるから、とりどりにあらたなる説を出す人おほく、其説よろしければ、世にもてはやさるるによりて、なべての学者、いまだよくもととのはぬほどより、われおとらじと、よにことなるめづらしき説を出して、人の耳をおどろかすこと、今のよのならひ也。[75]

宣長が現状を肯定的に見ていないことは明らかである。世の著述家たちは大衆的名声を求めて十分な思索を経ない珍説を振りまわす。新しさと、その故に世を賑やかして名誉を得ることを学問の目的とはきちがえ、その性根にあるのは「ただ人にまさらむ」とする客気であるに過ぎない。

しかし、そもそも、当の国学自体が、既存の儒学や神道、堂上歌学に対抗して新たに勃興した学であることは、彼自身よく知悉していた[76]。だからこそ宣長は、時に新説の擡頭に必要なこころがまえを詳説しさえする。すなわち、「新しき説」はよしあしの吟味を経ないうちに対抗者や既存の学説を固守する者から非難されやすい。そのとき、世間の毀誉に惑わされ、「わが思ふすぢ」を変えてはならない。井上金峨が「自信」を説くのと同じである。そしても しその学説がよきものであれば、やがてはひろく流布定着し、「はじめにねたみそしりしともがらも、心には悔しく思へど、おくればせにしたがはむ[77]」。金銭であれ名誉であれ真理であれ、およそ何かが競われるところに附随する嫉妬という悪徳を超えて、勝利をつかむことができるのである。あるいは、学説は新しいほど未熟であり、「人をへ年をへてこそ、つぎつぎに明らかには成ゆくべきわざ」であるから、一個人において前後で説が変わることを恥ずべきではないともいう[78]。同じ理由から、たとえ師説といえども盲従する必要はなく、時には果敢に非を鳴らすべきだともいう。「よきあしきをいはず、ひたぶるにふるきをまもるは、学問の道には、いふかひなきわざ也[79]」。やはり金峨と同じ見解だというべきであろう。

『玉かつま』に見える師説批判の推奨は、かつて村岡典嗣が「プラトオは愛すべし。真理はさらに愛すべし」(Amicus Plato, magis amica veritas)という格言のもと寿いでより、真理への進歩的な自由討究の態度として高く評価されてきた[80]。見当はずれとは思わないが、競争空間に作用する嫉妬への注意や、世間の毀誉に惑わされないからこそ大業は可能だという認識、師説批判の肯定など、ここに示されるいくつかの論点が同時代に共有された問題圏に属するものであったことに注意が必要である。宣長ひとりが情熱と野心と妬心の織りなす磁場から自由であったわけではない。

真理への情熱と功名心の結合は、蘭学の場合より顕著である。杉田玄白は自らの知的遍歴を回顧してこう述べる。

其頃松原・吉益抔いへる輩、相共に復古の業を興すのよし、其諸論説を聞得て、扨々羨しきことなり、疾医家にては、已に豪傑興りて、旌旗を関西に建たり。我其尾に附んは口惜しく、幸に瘍医の家に生れし身なれば、是業

> を以て一家を起すべしと、勃然と志は立たれど、何を目当、何を力に事を謀るべき事を弁へず、徒に思慮を労するまでなりし[81]。

松原は松原一閑斎、吉益は吉益東洞、ともに古文辞学の影響のもと古医方を創始し、十八世紀に活躍した医学者である。もちろん復古とは名ばかりで、「医家の復古ばかりは、古に期する所なく、みな創造の言なれば、古に復すと云にてはあるまじ」（井上金峨[82]）といわれるように、基本的には新事業の開拓であった。玄白は彼ら「豪傑」たちに先を越されたことを悔い、その驥尾に附すのも口惜しく、未開の事業を求めてさまよった。何か一病でも名人になろうと梅毒の研究に従事するもうまくいかず、「神明の冥助」を得るために菅原道真廟に百日詣でたこともあったという。夢のなかで啓示された新薬の製法を試みたともいうから、よほど気に病み心急いていたにちがいない[83]。

そんな彼が、明和の初年、オランダ使節の参府を機に蘭医を訪ね、西洋医学と出会った。待望の「漢人所未説のもの」、「我より古を作すの業（自我作古之業）」との邂逅である[84]。むろん、たちまち熱中した。同志を集い、奇態な文字列を一心に見つめ、困難な蘭書の翻訳に取り組んだ。あまりの性急さを笑われたとき、「始めて発するものは人を制し、後れて発するものは人に制せらる（……）諸君大成の日は翁は地下の人となりて草葉の蔭に居て見侍るべし」と啖呵を切って、洒脱な桂川甫周から「草葉の蔭」とあだ名されたという[85]。もちろん、当時の学界における議論の磁場は彼らをも巻き込んだ。「故意に門戸を立て人聞を新たにす」という定型句が投げかけられた[86]。実際、同志のなかには「名を釣り利を牟る（釣名牟利）」輩が紛れ込んだという[87]。それでも彼らは、「古今無双真之大豪傑、不待文王しておこると申候は、先生の事をや申べからん」[88]などと誉め合い、互いに励まし合って、「古今になき」「創業の功」[89]に挑んだのである。後続世代の蘭学者たちは、かかる豪傑創業譚をこう振り返っている。

海内瘍科を称するもの、和蘭を以て口にせざるなく、豪傑の士、踵を継ぎ、翻訳の業、日に開け、新奇の書、月々に出、有志の見聞を新にして、千歳の疑を決し、〔……〕不佞貫が如きも、此学を措きて聴くべきの法なく、施すべきの方なきを会得するの時に至りて、南皐先生、其遺教を発し給へるは、実に善く時理を察し得たりと云ふべし。（草野養準[90]）

昌平日久しく、民干戈を見ざること殆んど弐百年、人々其余沢に浴し、事物の美、日々に新たに、月々に盛んなり。〔……〕徒に支那のみならず、近時は和蘭の医学に及ぶ。剖判以来未だ聞かざる所なり。二三の豪傑日に勃起して千古未発の一盛事を首唱し、彼れが質実精巧の奇法・異術を世に弘め、天下に一箇の功益をなさんとす。吾子が輩、其業に志を委ね、日夜専精して已まず。（大槻玄沢[91]）

新規事業の開拓者が「豪傑」という言葉により理解、表現されている点についてはくりかえさない。また、彼らがおのれの事業を国益に適うものと標榜していることについては、前田勉の論攷に譲ろう[92]。ここで特筆したいのは、昌平のもとの文運開化と豪傑輩出という物語である。それはたしかに徂徠学派のナラティヴと似ているが、もはや単に乱から治へと移ろう気運が文運興隆として発現しているというに留まっていない。「万芸・諸術、古今粗より精に入る」（大槻玄沢[93]）。彼らはかつてなき〈開け〉の世に生き、またその〈開け〉を担ってもいたのである。

学知が発展し、過去になき文物が生まれ、日々に新たに世が開けゆく。十八世紀の日本、とりわけ都市部に生きた多くの知識人が抱いた実感である。だからこそ、古を規範とする本居宣長さえ、「古よりも後世のまされること、万の物にも事にもおほし」と述べた。あるいは「これをもておもへば、今より後も又いかにあらむ、今に勝れる物おほく出来べし」とまでいう[94]。古の橘より今のみかんの方がよいという、著名な和歌をふまえた具体例は随分のんびりしているが、こうした〈開け〉の感覚が、新奇な学としての国学の発展を支えていた。性霊説の主唱者・山本北山にも、「世界は時を逐ひて換去し敢て頃く停着せず。二十年前の世界は十年前の世界に非ず、十年前の世界は又た今日の世界に非ざるなり。人は世界の中に在り、其の化育の妙を受用す。故に其の好尚も、亦た世界に従ひて移らざるを得ず。〔……〕識者・達士は能く時に乗りて今世界に妙遊す（世界逐時而換去不敢頃停着焉。二十年前之世界非十年前之世界、十年前之世界又非今日之世界也。人在乎世界中、受用其化育之妙。故其好尚、亦不得不従世界而移。〔……〕識者達士能乗乎時而妙遊乎今世界）」(95)という言葉が残されているが、今日の物に触れ時に感じたことを詠えという性霊説の主張が、深いところで、こうした「今世界」への満足に根差していたことは注目されてよい。

活花の指南書『当世垣のぞき』の次のくだりは、こうした江戸の雰囲気をよく伝えていておもしろい。

泰平なるかな正徳の比、徂徠先生出て文学一変し、南郭先生より詩学風流盛んに行れ、唐詩選読ねば世人交りなきがごとし。書は広沢先生名を海内に富り。沈南蘋が花鳥より唐流の画家多く、四愛の墨画は茶店の壁間料理茶屋の掛物にまでわたりて、ちと此ごろは蘭竹もうるかりき。近来生花はやり出て日々の会に酒楼をふさぐ。まことに大都会なるや。(96)

広沢は書道の復古を主導した細井広沢、沈南蘋は新たな画法で唐絵の世界に新風を吹き込んだ画人、ちなみに四愛とは菊、蓮、梅、蘭の四花を指し、最もポピュラーな画題であった。学問や詩文から、書画、活花までがひとしく技藝として併置され、それぞれに新たなモードが興起し、花のみやこに彩りを添える。都市周縁の野放図な拡大と、そこにはびこる貧困や病苦を内に含みながら、人々は文明開化を謳歌した。明和の江戸の姿である。

さて、こうした事態に対応を迫られたのは、誰だろうか。風俗と商業資本の制御に悩む為政者たちであり、あるいは朱子学者たちである。隣国の正統がたちまち虚仮にされ、気付けば痛罵していた者たちすら囂々たる非難を浴び、しかしそれが朱子学の復権ではなく混沌たる新奇争いに帰着した。嘆かわしく恐るべき事態である。室鳩巣門の俊英、中村蘭林をみてみよう。古学にも通じていた蘭林は、まず朱熹にも錯誤があることをあっさりと認める。「千慮の一失賢者もこれ免れざれば、亦往々に疑ふべき処もこれ無とせず(97)」。「千慮の一失」というと例外的事象のように聞こえるが、必ずしもそうではない。蘭林が直面するのは、「大抵天地の気化は世と共に日々に開くる者にて義理も亦是と共に開けて窮りなければ、先聖の発せざることを後賢の発明すること自然のありさまなり」という事態である(98)。「義理」も「開けて」いく以上、後代における新たな「発明」を否定するいわれはない。後世の学術の方がより精密だという議論を蘭林も展開する。まず挙げられるのは天文学や暦学だが、これも自然科学の領域に限った消極的立場とみなす必要はない。彼によれば、儒学も同じように継続的「発明」によって発展を遂げてきたのであり、孟子は孔子の、程朱は孟子の「未発」を発して聖学をより緻密にしたのである。「豈古の聖人の精しからぬを是とし、今の精きを非とせんや。彼の義理の学も亦同じ」というのが彼の結論であった(99)。

しかも、用意周到な蘭林は、以上の立場を弁証する理論的装置まで準備した。先にもすこし触れた「義理無窮」論である。蘭林は『間窓雑録』において、明儒・薛敬軒の次の言葉を書き留めている。「理は窮尽すること無し。故に聖賢の書も、亦た窮尽すること無し。先の聖賢、此の理を発揮し其の詳尽を極むと雖も、後の聖賢作ること有るに及びて、亦た必ず往を継ぎ来を開き、世に垂れ教を立つるの書有り。是れ皆理の自然已む能はざるなり（理無窮尽。故聖賢之書、亦無窮尽。雖先聖賢、発揮此理極其詳尽、及後聖賢有作、亦必有継往開来、垂世立教之書焉。是皆理之自然不能已也(100)）」。この世の「理」に窮まりはない。孔子や孟子、数々の聖人たちもそのすべてを窮め尽くしたわけではない。のちの賢者たちが新たに真理を見つける余地があるのは、「理」の性質からいって当然なのである。

そして、こうした立場からは、たしかに西洋の自然科学をまだ見ぬ「理」の解明として受け入れる素地が生まれよう。そして、仁斎や徂徠の議論から、学ぶべきところは学んで朱子学をより精緻にするという学的態度が導かれよう。蘭林については、『先哲叢談』より今日の研究者に至るまで、純正な朱子学者という見方と古学の影響を受けた修正主義者とする見方とが並立するというが[101]、どちらも十分な理解ではあるまい。蘭林学とはまさに、〈開け〉の世の朱子学擁護の優れたかたちであった。

しかし、蘭林のような立論で、果たして「豪傑」たちの狂奔から朱子学を護持できるだろうか。「理」の無窮性は、宋学の誤謬と更なる発展の可能性をともに担保する。だが、宋学の体系を根底から否定しながら真理の解明を唱える言説を抑止する論理を持ち合わせていない。仮に今後とも「理」の解明が続くとして、しかし大きくは宋学の路線をはずれないかたちでしかあり得ないという、防波堤が設けられていないのだ。したがって、蘭林の道具立てでは、儒学内部で宋学を王座から引きずり降ろそうとする諸勢力から、あるいは儒学そのものを相対化する諸学の勃興から、すなわち約言すれば十八世紀日本を彩る新思潮の氾濫――「異説まちまち[102]」――から、朱子学を護ることは難しいのである[103]。朱子学者たちは、宋学擁護の新たなロジックを編み出す必要があった。

そして蘭林学では十分に解決されなかったかかる課題に決着をつけるべく、新たな道具立てを用意したのが、寛政正学派と呼ばれる次世代の朱子学者たちだった。彼らの主張は、〝永遠性〟をめぐる新しい何かを指示するものではないが、以上詳述してきた豪傑たちへの最も強力な反撃として、十八世紀思想史を画する事件として、本章にとっても注視すべき内容を含んでいる。次いで節を改め、正学派における反「豪傑」論を瞥見しておこう。

第三節　寛政正学派と反個人主義

柴野栗山の憂鬱

柴野栗山が立原翠軒に宛てた手紙を、門人の小宮山楓軒が写したものが、天我叢書の一冊として刊行されている。楓軒はおもしろいと思った箇所を随意に書き抜いたようで、正確な執筆年次はよくわからない。内容からみて栗山の江戸進出以後のものが多いが、早いものは安永期に属すと思われる。ともあれ、おそらくまだ京都にいた頃の手紙に、興味深いものがある。

仁斎、茂卿、蛹をなし候より天下競唱新説候事に成行申候。右両儒は誠に名教の罪首と可申候哉。世には豪傑とやらん申候へ共、鄙見には更に豪傑らしき所は見受不申、其内仁斎はまだも疑屈ひらきがたく不得已事と奉存候へ共、茂卿は全く好勝心より妄作と奉存候。茂卿新説さへ聞にたらず候。まして其以外の新奇をや。(104)

栗山は元文元(一七三六)年、讃岐高松に生まれた。父は篤学の人で、田を売ってまで学費を捻出したという。藩儒の後藤芝山に学び、才覚を認められて昌平黌に留学、のち徳島藩の侍講を勤め、天明七(一七八七)年には松平定信に召しだされて幕臣となった。栄達である。以後、頼春水(一七四六～一八一六)、尾藤二洲(一七四七～一八一三)、古賀精里(一七五〇～一八一七)らとともに、定信のブレーンとして学政を担った。俗に寛政正学派と呼ばれる朱子学者グループの重鎮である。

正学派による朱子学再興という事件を思想史上どのように位置づけるべきか、実はいまだ定論がない。彼らが徂徠学の何を問題とし、なぜ朱子学を選んだのかといった基本的問題においてすら然りである。

文学史家・中野三敏は、それは結局「関西儒家の結束による、林家と徂徠学という関東儒家との主導権争い」だったという[105]。皮相な見解に見えるが、一面の真実を突いている。讃岐の栗山、安藝の春水、伊豫の二洲など、武家身分ですらない西方儒者たちの上昇志向と関東文壇への反感を無視して、この運動を理解することは難しい。中野も指摘するように、江戸の文人たちが「西の国から来た腐儒共」(大田南畝)というかたちで反発を示したのもその証左だろう。異学の禁ののちも、徂徠学関連書は何ら規制を受けることなく刊行が続けられているから、正学派の反徂徠は「純学問的問題関心」ではなかったと、ひとまずいうことができる。

しかし、単なる派閥争いとみなすことは、やはり問題の矮小化である。朱子学を選んだ積極的事由を道徳性の復権にみるのも、まちがってはいないが物足りない[106]。

対して思想史家・小島康敬は、十八世紀における反徂徠の言説を横断的に分析して、四つの論点に要約した[107]。第一に修身軽視の告発、第二に文献解釈における誤謬の実証的批正、第三に中華主義的思考への反発、第四に「道」の自然性の再建と「心法」の重視、である。説得的な論述であり、四つの点につき異論はない。しかし、こうした観点から正学派、折衷派、更には懐徳堂系の知識人を反徂徠として論じることは、反徂徠派を過度に一枚岩に描く誤謬を犯しているし、正学派が折衷家も含めた当時の思想界のどこに問題を見出したのかという肝心な問いが欠落している。

正学派の同時代認識に照らして、徂徠学の何が問題だったのか。そしてなぜ朱子学だったのか。この問題を考えるためのヒントが、はじめに引いた書簡にある。仁斎や徂徠を豪傑豪傑ともてはやし、新奇を競ういとわしさ。順を追って考察を試みる。

反「豪傑」の烽火

まずは徂徠学の問題について。この点に関して栗山はいたるところで似たようなことを書いているが、それだけ執心するところであったとみてよいのだろう。ここでは、栗山の学問観が饒舌に語られる二篇の尺牘「答大江尹」と「送長子玉序」を引いてみよう。

其の性倨傲にして勝つことを好む。既に源助〔仁斎〕に先著せらるるや、謂へらく、「古説を循守し宋儒を尊奉すれば、乃ち愚腐無能に似て、一家の宗師と為るべからずして、源助の下に出づる者なり」と。遂に牽強傅会・鑿空撰出し、其の繆戻乖刺無稽の言、大いに天下を禍す。其の徒太宰純〔春台〕なる者、其の師に反噬し、又た自ら説を成す。此より其の後、虚驕風を成し、天下狂するが如し。甚しきは聖経敬するに足らず、古人の博物・文章・徳行、皆な信ずるに足らずと謂ふ者有るに至る。彦〔栗山〕や大いに懼る。

（其性倨傲好勝。既被源助先著、謂循守古説尊奉宋儒、乃似愚腐無能、不可為一家宗師、而出于源助下者。遂牽強傅会鑿空撰出、其繆戻乖刺無稽之言、大禍天下。其徒太宰純者、反噬其師、又自成説。自此其後、虚驕成風、天下如狂。甚者至于有謂聖経不足敬、古人博物文章徳行、皆不足信者。彦也大懼焉。）(108)

嗚々亦た甚しきかな、此より其の後、学者復た畏忌する所無く、師心妄りに作り、日に新たに月に変りて、苟くも古説に異なる者は、指して豪傑才弁と為し、一たび先輩の口舌を経たる者は、腐陳と為し、糟粕と為し、甘じて之が奴隷為りと為す。虚驕相ひ尚び、競ひて奇を出だして相圧さんと欲し、日に以て六経を穿鑿し、先儒を詆訶す。頽瀾横披、天下狂するが如し。

（嗚亦甚矣、自此其後、学者無復所畏忌、師心妄作、日新月変、苟異古説者、指為豪傑才弁、一経先輩口舌者、為腐陳、為糟粕、為甘為之奴隷。虚驕相尚、競欲出奇相圧、日以穿鑿六経、詆訶先儒。頽瀾横披、天下如狂。)[109]

ふたつの書簡は両ながら栗山の明哲さを示している。彼はポスト徂徠世代の知識人における〝徂徠体験〟の意義を正確に読み取っていた。徂徠が勝ちを好む客気にまかせて朱熹や仁斎を罵詈してからというもの、まるで先人の所説に従うことを「奴隷」とみなす風潮が瀰漫し、人々は新機軸の開拓に競い合い、一家をなそうと狂乱した。妄りに古説を罵り、無学の者から「豪傑」ともてはやされて嬉々としている。いったん火のついた驕風は留まるところを知らない。そもそも、師匠たるべき者からして、新意創出のために先賢を罵詈するのである。そこで学んだ弟子たちも、なるほどこのようにして一世に高名を得るのだと勘違いして、田舎に帰って勝手気儘な妄説をまきちらし、風俗を破壊する。[110] あるいは、師に倣って師を罵詈するという滑稽な事態さえ現出するが、もちろん師にそれを咎める資格はない。[111] 栗山は徂徠を批判した太宰春台をして、自らの毒に眩惑しておのれを喰らった蛇になぞらえているが、春台理解の是非はともかく、彼の問題関心を端無くもよく伝えていよう。[112]

同志であった尾藤二洲も「今の学者、往々自ら以て一家を成すと為すは、皆な物氏の余毒に酔ふ者なり。東土最も其の弊甚だし(今之学者、往往自以為成一家者、皆酔物氏余毒者也。東土最甚其弊)」[113]というように、彼らがまず問題としたのは、徂徠学の思想内容ではなかった。徂徠の態度に倣った模倣者たちの狂奔である。そして、これこそ、彼らが「学統」の喪失と嘆いた事態にほかならない。

方今海内の学、四分五裂し、各々自ら門戸を建て、胥な統帰を失すること久し。〔……〕唯だ新奇をのみ是れ競ひ、異言百出、迭ひに相駆扇す。動もすれば輒ち書を著はし世を衒ひ、此を以て自ら欺き人を欺く。名を釣り利を罔して、毒を後昆に遺す。寔に繁く徒有り。青衿子弟、倀倀焉として適従する所無く、臭を逐ひ声に吠え、此に陥

らざれば必ず彼に溺る。滔々たる者天下皆是れなり。噫、学の統を失ふこと、未だ此時より甚しき者有らざるなり。（西山拙斎）

（方今海内之学、四分五裂、各自建門戸、胥失統帰久矣。〔……〕唯新奇是競、異言百出、迭相駆扇。動輒著書衒世、以此自欺欺人。釣名罔利、遺毒後昆。寔繁有徒。青衿子弟、倀倀焉無所適従、逐臭吠声、不陥於此必溺於彼。滔々者天下皆是。噫、学之失統、未有甚於此時者也。(114)）

武事固より数家あり。其の旅を整へ師を行るに及ぶや、之が将帥為るは一人のみ。則ち鼓すべくして鼓し、金すべくして金す。惟だ其の進退する所、苟くも数将帥有れば、我鼓するも彼金すべく、彼金するも我鼓すべく、金鼓所を失ひ、彼我相乖る。豈に能く其の師を成さんや。学に数家有り、数家並び行はる。吾未だ其の可なるを知らざるなり。（頼春水）

（武事固数家矣。及其整旅行師也、為之将帥一人而已矣。則可鼓而鼓、可金而金。惟其所進退、苟有数将帥、我鼓彼可金、彼金我可鼓、金鼓失所、彼我相乖。豈能成其師乎哉。学有数家、数家並行。吾未知其可也。(115)）

たしかに、十八世紀の多くの知識人が実感していた世の〈開け〉を、正学派たちも感じていた。栗山も、当時急速な発展を遂げていた産科医術の著作に対して、「事は聖没千歳の後に創まり、絶海万里の隈に起りて、尋常度量の外に出で、別に尺寸を設け、奇偉譎怪、先王の道はず、古籍の載せること無くして、非とすべからざる者有り。蓋し事物の変、日に新たに窮まること無し。而して之を待つ所以の者も、亦た何ぞ定方有らん（事有創於聖没千歳之後、起於絶海万里之隈、而出于尋常度量之外、別設尺寸、奇偉譎怪、先王不道、古籍無載、而不可非者焉。蓋事物之変、日新無窮。而所以待之者、亦何有定方）」という序文を贈っている。(116)ほかにも、南蘋派など唐絵の新潮流に関しては、「新意」や「機軸」の「創出」を肯定的に論じている[117]。

　しかし、正学派に特徴的なのは、こうした諸技藝と儒学を弁別する姿勢である。絵画などは直接「政治」にかかわらない[118]。しかし、儒学の場合、学の不正は教えの不純に、教えの不純は民が善行をなすかどうかに直結する[119]。だからこそ、古典を解釈するときにも「一字の誤解（一字誤解）」が「天下万世の禍（天下万世之禍）」を貽すという覚悟でおこなわなければならないのである[120]。「世道人心」と「国脈[121]」を双肩に担う緊張感を欠いて、自己の名の喧伝のために学界を混乱に陥れるなど言語道断なのだ。

　ここでも、彼らは自分たちの取り組むべき課題を明敏に理解していたといえよう。たとえば文政十（一八二七）年に刊行された吉田竹窓の『読書論』は、「豪傑」気取りの新奇探求が師弟関係の混乱を招き、やがて「人倫」を破壊するという栗山に酷似した立論のもと、「之を要するに、経学や、諸子や、歴史や、詩や、文や、雑家や、実に一材一藝の人に過ぎざるのみ（要之、経学也、諸子也、歴史也、詩也、文也、雑家也、実不過一材一藝之人而已）」と述べる[122]。鋭い指摘であろう。たしかに儒学も所詮ひとつの技藝に過ぎないからこそ、開かれた市場のなかで唐絵や生花などと列伍して新奇を競い、〈開け〉を担い得たのである。しかし竹窓によれば、医者、兵学者、俳諧狂歌の作家たちは、「無益」であれ「無害」である。一方、経学なり詩文なりひろく儒業を事とする者が、そうした一藝の者たちと同じく振る舞うことは、「無益」であるのみならず「有害」である。「今の書を読む者、実に先聖の罪人なり（今之読書者、実先聖之罪人也[123]）」。吉田竹窓は久留里の人、名を禎蔵、別に梅軒とも号し、文化年間に昌平黌で学び、学才を謳われた。聖堂における栗山の後継者たちは、必ずしも第一世代の学風を受け継いだわけではなかったが、『読書論』の内容は正学派の主張と重なる点も多く、問題関心の持続を垣間見ることができる。

　徂徠学をしりぞけた正学派たちは、個人修養の場に閉じこもったのではない。学問とは天下国家の安危を担うものだということ、だからこそ諸々の藝事とは次元を異にするものであり、個人の不朽願望により弄ばれるべきものではないこと。彼らは以上の知見から、百家争鳴、多事争論の現状を危惧し、そこに「統」が必要だと説いた。それは、ひとつの軍隊にふたりの将帥は必要ないのと同様、ひとつであるべきだと説いた。そして、それが朱子学なのだと。
しかし、朱子学が将帥たるにふさわしい積極的理由とは何なのか、以上からはまだ明らかにならない。なぜ朱子学なのか。次の課題である。

なぜ朱子学なのか

正学派たちは、必ずしも真正な学問として朱子学を奉じたわけではなかった。あくまで教導における規格の統一が重要であり、朱子学が選ばれたのはある意味で「無難」だったから、中国や朝鮮や琉球でも通用しているという「事実の重み」があったからに過ぎない。しばしば、そうした説明がなされる(124)。果たして本当だろうか。松平定信はそうであったかもしれない。しかし、正学派朱子学者たちもみなそう考えたのだろうか。「彼土に数百千年行はる事は皆々よき事なりと思ふは愚の至り」であり、「此後彼土の経義道学に、文章の韓柳、欧蘇の如き人出て、漢学も誤れり宋学も誤れりとて、別に孔孟の心髄を説く程の人出づべきも知れ難し」(大田錦城(125))という疑念は、誰でも思い付くものであろう。近隣諸国が正学として採用し、失敗していないからといっても、彼らがまちがっているのかもしれないし、うまくいっているのは偶然かもしれない。「四六文章に欺れたる様に、経学も道義も欺かれざる様に致したき事ならずや」。

もう一度、内容に富む柴野栗山の「答大江尹」をひもといてみよう。そこで栗山は、徂徠学の弊害を説くに先んじて、中国儒学史の素描——いわば「正学」成立史——を試みている。起句は「仲尼没して微言絶ゆ(仲尼没而微言絶)(126)」。徂徠が、金峨が、多くの儒者たちが確認してきたことがらである。次いで、楊子、墨子ら邪説の害と、それらと格闘した孟子、漢魏以降の訓詁学を紹介し、董仲舒や韓愈をして「最醇」なる者と評し、しかし未だ識見が透徹していないと指摘する。韓愈に大きな位置を割いていない点が、特徴といえば特徴だろうか。重要なのは、その次である。

宋に至るに及びて、二程子首めに出で、啓くに周濂渓を以てし、磨するに張横渠を以てし、翼くるに謝楊数子を以てし、述ぶるに呂伯恭・張欽夫諸公を以てし、朱晦庵に至りて大成す。夫れ此の数君子は、皆大賢不世の才なり。然れども猶ほ敢て自ら是と謂はず。必ず上は漢唐に徴し、旁ら雑家を羅して、講磨すること数十年、弁論すること数百人、而して後敢て一義を断ず。故に其の成る者は一人の独成に非ざるなり。数大賢の手を歴て成るなり。是を以て其の説為るや大中至正にして、天下の美極まれり。後に作者有りと雖も、復た易ふべからざるなり。

(及至于宋、二程子首出、啓以周濂渓、磨以張横渠、翼以謝楊数子、述以呂伯恭張欽夫諸公、至于朱晦庵而大成矣。夫此数君子者、皆大賢不世之才也。然猶不敢自謂是矣。必上徴漢唐、旁羅雑家、講磨数十年、弁論数百人、而後敢断一義。故其成者非一人之独成也。歴数大賢之手而成也。是以其為説大中至正、天下之美極矣。後雖有作者、不可復易也。(127))

宋代になって、二程、周敦頤、張横渠、謝良佐、楊時と賢才が現われ、その成果が朱熹において「大成」された。朱子学の成立を語るたわいもない道統論と片付けていいかもしれない。しかし、このくだりに続いて先に検討した徂徠学批判がくることを考え合わすなら、ここに栗山なりの強調点があったと読むべきである。

結論からいえば、引用文の後半で述べられているのは、朱子学とは朱熹というひとりの「豪傑」の手によって創始された学問ではない、ということである。宋代諸賢は誰ひとり自らの真理解明を誇示し、おのれを「是」とはしなかった。学者は幾十年の生涯をかけて、幾百人と論弁し、そうした知性が連綿と積み上げてきた「義」の総体が朱子学なのである。世の豪傑たちは、独一己の力で見出した創見を誇り、先人の踏襲を厭うが、正しい学問とはそのようにして生まれるものではないのだ。学の道は「大」であり、「一朝夕の抉起して至るべき(一朝夕之可抉起而至)」ものにあらず[128]。だからこそ「汝の言ふ所、人も亦た能く之を言ふ。汝の為す所、人も亦た之を為す。汝焉んぞ人に異なるを得んや(汝之所言、人亦能言之。汝之所為、人亦為之。汝焉得異于人)」であり、「別に一径を開かんと欲する者は、正路有るを知らざるなり(欲別開一径者、不知有正路也)」(尾藤二洲)であった[129]。これを要するに、「自己の発明[130]」を否定する真理解明の反個人主義と呼ぶことができよう。

更に、こうして成立史から宋学の正しさを擁護した栗山は、確信を込めてこれ以外は「異端曲学」であり孔孟の道ではないと断言したのち、返す刀で異端の特質に筆を進めている。書き出しはこうである。

間々小儒曲学、或いは云々する所の者有るも、亦た随ひて起り随ひて熄む。蛙鳴蟬噪、惟だ一偶暫時の耳を擾すのみ。
(間小儒曲学、或有所云々者、亦随起随熄。蛙鳴蟬噪、惟擾一偶暫時之耳而已[131]。)

歴世を経た真理の集積体である正学＝朱子学に対して、異学の小言は世を賑わせてもじきに廃れ、結局は一時一場を騒がすに過ぎない。特に目新しい議論ではない。しかし、「随起随熄」のめまぐるしさが異学の異学たる所以であるとする認識は、重要である。これが朱子学を選ぶ第二の理由たり得るからだ。

先行研究の指摘するように、たしかに栗山たちは、朱子学を選ぶ理由としてそれが中国や朝鮮で通用しているという事実の重みにもたれかかる。「既に程朱の道開し後は天下万世の議論定まりて、古注はすたりて候。朝鮮琉球などを始、唐土を学候国々是に従ひ候事は勿論の事」というように[132]。たびたび、中国では宋代以後、朱子学が「標準」とされており、元、明、清と「革命」を経ても「学政画一」(西山拙斎)であることが強調される。[133] 時計をすこし巻き戻せば、徳島藩儒として栗山の同僚であった那波魯堂や、折衷家の片山兼山にも、次のような発言がうかがえる。

程朱の論極めて精細真実にして人心の所同然を得たる故に、後の人是を奉じて貴び用ゆること、世を易ふれども不改、他の新奇の説、仮令姑く行はるる如くなれども、年を経て廃替して用ゆる人なし。中華已に如此なれば、其他日本朝鮮琉球の諸国皆準じて知るべし。(那波魯堂[134])

俗に言へる蓼くふ蟲とやらにて、平常に異にして、一とはね撥たる仕方をば、却て聖人中正の道よりも信好する者多きなり。但長く続かぬ迄のことなり。譬へば聖人の道は、昔より有り来りの衣服顔色の如し。他の道は流行の衣服顔色の十年ならずして転り化るが如し。故に世に連れ時に随ひて、いろいろの風俗新奇のことも生るなり。(片山兼山[135])

前者は宋学を難ずる諸学説、後者は儒学からはずれた諸子百家についての言明であり、指示対象は同じでない。とはいえ、彼らがひとしく同じ論理を用いており、いかにも十八世紀の知識人らしい流行への感性を示していることは、目を止めるに値する。衣服、化粧、芝居に料理、衆目を集めて一世を風靡したかと思えば、すぐにまた新しいモードに取って代わられ、忘却される。新奇を競う学問や詩文も似たようなものなのだと、彼らはいう。「長く続かぬ」ことこそが、それらが浮気な奇説に過ぎないことを証立てる。

だとすれば、中国で王朝交代を経ても数百年「不改」だという事実、中国のみならず朝鮮や琉球でもそうだという事実こそ、朱子学が正学である理由と考えられたのも不思議ではない。少なくともそれは、いうにこと欠いた消極的擁護ではない。「不改」の重みは流行への優れた感受性に支えられてたしかに朱子学の優越性を弁証する。現に、あの徂徠学すら、「京都に至て盛んに有しは、徂徠没して後、元文の初年より、延享寛延の比まで、十二三年の間を甚しとす」(那波魯堂[136])との証言のごとく、わずか十余年の隆盛ののちはやくも非難を集め、やがて訪れる忘却の兆しを垣間見せていた。それはかの学が異端邪説であることの証しにほかならなかった。

たわいもない道統論や異端批判に込められた以上の論理は、たしかに、十八世紀の文明開化とも呼ぶべき現象に対するひとつの反動である。正学派の理論家たちを特徴づけるのは、新奇な異論が互いに競い合われるなかでこそ正しい知識は得られるのだという発想の欠如である。なにも明治の思想家を待つ必要はない。尾藤二洲に学んだ儒者・長野豊山は、「試みに之を思へ。天地の間、日月山川草木禽獣、賦形同じからず。千品万殊にして、各々其の用有り、各々其の美有り。是れ天地の大為る所以なり。若し日を以て月を毀り、山を以て川を譏り、草木を以て禽獣を訕れば、則ち幾何か天地の笑と為らざらん(試思之。天地之間、日月山川草木禽獣、賦形不同。千品万殊、而各有其用、各有其美。是天地之所以為大也。若以日毀月、以山譏川、以草木訕禽獣、則幾何不為天地笑)」という理由から、「同を喜び異を悪むの弊(喜同悪異之弊)」を厳しくたしなめている[137]。真善美を尽くす存在は聖人も含めて「古今往来」いない以上、「人の意見、豈に一々我と同じからんや(人之意見、豈一一与我同哉)」。徒らな同調は「損友」にほかならず、真に貴重とすべきは「異」なのである[138]。豊山が直接念頭に置くのは、門戸の異同を喧しくいいたてる文壇の風潮であろうが、批判の射程は彼の師たちにも届いている。より後年の広瀬旭荘なども、はっきりと「党同伐異」を朱子学の問題として論じている[139]。よしなきことでもなかっただろう。

もちろん、正学派の問題関心に照らせば、だからこそ豪傑たちの跋扈を封じる論理構成が可能になったのだということになる。彼らは自己の取り組むべき課題を明敏に察し、見事な主張を練りあげた。真理解明の反個人主義と、流行への感受性に支えられた持続の価値。たしかにそれは、新奇な議論がこもごも盛衰する状況に適した、優れた朱子学擁護のかたちだったのである。[140]

学問所と更に新しい知識人

もっとも、政策としての異学の禁がもった意味は、以上とは別に詳しく検討されなければならない。[141] 一連の改革は、昌平黌改革のために定信が栗山を抜擢し、西山拙斎が栗山に異学対策を焚きつけたことに端を発するが、学者たちの理論的思弁がそのまま政策として結実することなどあり得ない。ともあれ寛政二(一七九〇)年五月、次のような布告が聖堂取締御用へ達せられた。一応その全文を引いておこう。

> 御当家開学の初、宋学御建立有之候儀、全風俗正敷相成、人材致熟成候様有之御美意に有之候。然処近来種々新奇の学流起、我等門人にも右体の学致候者有之様相聞、今度蒙御察度候段、於我等恐入失面目候仕合に候。此度より門人一統致正学、人柄相慎候様急度相心得可申儀に存候。修業方の儀は追々可申聞候。[142]

注意すべきは次の三点である。現今の問題を「新奇の学流」とみること、徳川政権成立の当初から宋学を奉じていたという伝統の創造、あくまで目的が林家門人への正学推奨にあること。聖堂に通う旗本層の「風俗」矯正と「人材」育成が主眼なのだから、およそ市井での教授や各地の藩校に対して強制力をもつものではない。現に、この政策に批判的態度を表明した筆頭ともいえる冢田大峰が、禁令後の享和元(一八〇一)年、御三家のひとつ尾張の藩儒に抜擢されている。たしかに福岡の徂徠学者・亀井南冥の学塾はとりつぶされたが、近年の研究によれば、これも寛政改革と直接の因果関係はもたないという。[143] いずれにせよ、寛政期の学制改革を権力による正統教学の強制ととらえることはできない[144]。

とはいえ、その影響を過小視すべきでもない。十八世紀末におこなわれた一連の改革は、江戸の知識界に大きな変化をもたらした。市場の英雄たちとは異なる、更に新しい知識人の誕生である。

最大の変化は藩校の増加である。石川謙の調査によれば、寛文元(一六六一)年から明治四(一八七一)年に至る二一〇年間のあいだに設立された藩学二五五校のうち、三分の二以上(一七七校)が寛政期以降のものだという[145]。それだけ地方が中央政府の動向に敏感だったとも、財政難や士風堕落が全国的な問題とされていたのだともいえる。当然、自藩に適切な人材がいない場合、市井の学者を教授職として召し抱えた。藩校教授という新しい知識人の存在形態が、こうして普及した。

更に、人事における能力主義の限定的採用や、昌平黌を結節点とする全国的な学問所ネットワークの構築がこれと連動した。多くの旗本が聖堂寄宿舎に入り、儒学的教養を学び、学問吟味と呼ばれる試験を受けた。あくまで参考程度だが「及第」すれば「履歴」となり、「出世」に関係したという[146]。川路聖謨や永井尚志など、幕末期に活躍する多くの能吏がここから生まれることになる。一方、聖堂書生寮には、各地の俊才たちが集い、藩の垣根をこえて交流した。直参ではない彼らに学問吟味を受ける資格はなかったが、各地の藩校で才覚を示して江戸へ留学し、江戸での名声を糧に藩国家内で出世するというコースが生まれた。「諸藩游学生、出入無常。唯其学成帰郷ば、其藩に在て資格昇級、自然と風を為すなり」(岡鹿門)[147]。野心溢れる若者たちは、市場における角逐ではなく、学問所文化のなかでの立身に名誉欲求の充足を求めるようになったのである。こうして十八世紀の終わりには、市場と並んで学問所というネットワークが文藝の共和国を構成し、基本的には幕末維新期に至るまで、多くの青年知識人たちがそのなかで野心を胸に腕を振るい、時に破れて消長したのである。

さて、十八世紀の観察を締めくくるにあたり、柴野栗山に話を戻そう。謹直に聖堂儒者の責を果たした栗山は、文化四(一八〇七)年、病に犯され世を去った。享年七十二。故郷には帰らなかった。墓所は、生前の申し出によって大塚に設けられた。まだ京にいた頃の門人のひとりによれば、死の三月ほど前、次のような七絶を詠んだという。

一熟黄粱五十年　　一熟、黄粱、五十年
幾場栄耀枕中天　　幾場の栄耀、枕中の天
満城富貴功名客　　満城、富貴功名の客
不識真身何処眠　　識らず、真身、何処に眠るか(148)

思いもよらぬ栄達、藩主や幕閣からの信任、やりがいのある学制改革、恵まれた交遊。彼はその生涯を不思議にも思い、よく満足もして、世を去った。

しかし、彼の用意した途はそのあとに続く者たちを満足させただろうか。学問所は血気盛んな書生の容れ場として機能しただろうか。藩校教授になることは、知識人たちの「不朽」願望を満足させただろうか。いいかえれば、多くの著述家たちが詩文や経義に込めてきた〝永遠性獲得願望〟の来歴は、学問所という装置のなかにうまく回収されたのだろうか。

この問いに答えるためには、観察対象を正学派の第二世代へと移す必要がある。栗山や二洲や春水の子供たちの時代である。そこで本書は、徂徠学以後の思想史をたどって世紀転換期を経て、ついに〝永遠性〟の歴史を幕末へと橋渡しする存在と出会う。名を、頼山陽という。

第三章　頼山陽と歴史の時代

第一節　豪傑の夢と歴史の魅力

歴史の浮揚

頼山陽は、安永九(一七八〇)年の十二月、大坂は江戸堀で生まれた。名は襄、字は子賛(のちに子成)、通称を久太郎という。父春水は竹原の富商の子で、当時大坂で町儒者をしていた。母静子はのちに梅颸とも号する教養人で、同じく大坂の儒者・飯岡義斎の長女だった。ちなみにふたりの仲人は懐徳堂の中井竹山で、義斎の次女は尾藤二洲に嫁いでいる。二洲や春水らがこの頃、混沌社というサロンを営んでいたことについては、序章でもすこし触れた。

年が明けた天明元(一七八一)年、春水は広島藩の藩儒に抜擢され、山陽も以後、広島の地で知的人格形成を遂げることになる。栄達のきっかけが『大日本史』の筆写と献上であったことは、本書にとって注目に値する。この頃日本の歴史がすこしずつ世の関心を集めはじめ、春水にも修史の企図があったという。ともあれ春水はのちに江戸の昌平黌でも教鞭を執り、二洲や古賀精里らと協力して寛政期の学政に辣腕を振るった。寛政正学派と呼ばれる朱子学者陣営が幼き山陽のゆりかごであり、彼はその第二世代を代表する知識人として期待を集める存在だった。やがて数多の曲折を経て、少年は十九世紀の漢文脈を担う知識人に成長する。

彼の主著を『日本外史』という。平氏にはじまり徳川氏のいまに至る武門の興亡を描いた歴史書である。神武からの通史を扱う『日本政記』、歴史を題材にした詩集『日本楽府』とあわせて、幕末維新期にひろく読まれ、当時の人々の日本史像に少なからぬ影響を与えた。山陽は詩文書画から骨董の鑑識までそつなくこなしたが、彼が生涯を賭けたのはこの修史作業である。そして後世も歴史家の名を以て彼を語り継いでいる。

とはいえ、日本の歴史への関心の高まりは、必ずしも頼山陽に限られた現象ではない。特に山陽の活躍した文化文政期から幕末期にかけて、漢学的教養によって立つ儒者文人たちのあいだで、歴史を題材に文章を綴ることはひとつの流行だった。中井竹山(『逸史』)や履軒(『通語』)ら山陽の父親世代にはじまり、武元北林(『史鑑』)や亀井昭陽(『蒙史』)から、安積艮斎(『史論』)や斎藤竹堂(『読史贅議』)など幕末知識人に至るまで、多くの歴史書が書かれ、儒者たちの文集や遺稿には史論が溢れている。もちろん、新井白石の名を出すまでもなく、近世前期にも儒者の手になる優れた歴史書は存在する。しかし、多くは公儀の関与する公的事業の一環であり、いずれも出版を企図されておらず、近世前期には流通さえしていない。水戸の『大日本史』も、少なくともその初発においては、徳川光圀という特異な個性なしには成立しなかっただろう。(1) 意外なことに、中国では既に確立していたジャンルである詠史(歴史を題材とした漢詩)に、前章で詳しく検討した古文辞派や性霊派が関心を寄せなかったことも示唆的であろう。近世日本で編まれた最初の詠史詩集『野史詠』は、実に天明六(一七八六)年の刊である。日本の歴史が〈儒者の担うべき領域〉として認識されたことは、近世後期に個性的な出来事だったとみなしてよい。(2)

しかし、果たして、それはなぜだったのだろうか。近世後期の漢文脈を担った知識人たちは、なぜ、とりわけ歴史(日本史)に魅力を感じたのだろうか。そして実際にどのような歴史を描いたのだろうか。また、それらは、彼らの政治思想(あるいは政治意識や政治的態度)とどのように関連し、後続世代にどのような影響を与えたのだろうか。

本章では、近世後期を代表する儒者にして史論家・頼山陽を対象に、この問いについて考えてみたい。それは、徳川時代の知識人の胸に巣食った〝永遠性〟の希求が、歴史叙述という領域と結びつき、ある種の歴史意識を育んでいく様をこの上なくよく示すであろう。まずは傲慢でいくらか滑稽ですらある彼の精神的彷徨をたどるところから、考察を始めていこう(3)。

時代閉塞と青年

男児として生まれたからには「功名」を成し遂げ、朽ちることなく歴史の上に語り継がれる存在になりたい。もはや千篇一律の感もあるが、頼山陽もこうした潮流と無縁ではなかった。最若年の文章である「立志論」——それは「男児学ばざれば則ち已む。学べば則ち当に群を超ゆべし(男児不学則已。学則当超群矣)」と書き出される——のなかで、彼は自己の志をこう謳いあげている。

古の賢聖豪傑、伊・傅の如き、周・召の如き者も、亦た一男児のみ。吾東海千載の下に生まると雖も、生まれて幸ひに男児為り。又た儒生為り。安くんぞ奮発志を立て、以て国恩に答へ、以て父母を顕らかにせざるべけんや。遇不遇は天なり。苟くも古帝王の道を学び、而して得ること有るや、神にして之を明らかにするは、我が為す所に在り。我が為す所今日の情勢に合ひて、其の至るや、情勢我に随ひて回す。夫れ然る後に古の賢聖豪傑の成す所、我も亦た幾すべきのみ。孰れか吾が言の狂を謂ふか。〔……〕同じく天下に立ち、同じく此の民為りて、女は庸俗に群するか、抑も古の賢聖豪傑に群するか。

(古之賢聖豪傑、如伊傅、如周召者、亦一男児耳。吾雖生于東海千載之下、生幸為男児矣。又為儒生矣。安可不奮発立志、以答国恩、以顕父母哉。遇不遇天也。苟学古帝王之道、而有得乎、神而明之、在我所為。我所為合今日情勢、而其至也、情勢随我而回。夫然後古賢聖豪傑所成、我亦可幾已。孰謂吾言之狂乎。〔……〕同立天下、同為此民、女群庸俗乎、抑群古賢聖豪傑乎。)(4)

おそろしく気負った文章だが、重要な内容が含まれている。まず、山陽はここで、朱熹たちが道統を伝えた賢者として列挙する伊尹や周公たちを、全く自己と対等な存在であるかのように語っている。もちろん、斉しい人間本性の内在という朱子学の公式的見解が述べられているのではない。どうやら山陽にあっては、古の聖人も後世の英雄も、いまはまだ田舎でくすぶっている彼自身も同じく「一男児」であり、その限りにおいて、おのれが「賢聖豪傑」の仲間入りをする可能性も十分感じられていたらしい。もちろん世に用いられるかどうかは「天」である。しかし、もし「天」が味方して時局に用いられることがあれば、「情勢」は我に従い旋回するであろう。優れた人物はなにも「古」にしか現われないのではない。同じ「天下」に同じ「民」として生を享け、汝は「庸俗」に溺れるのか、それとも学んで「賢聖豪傑」の仲間入りをするのか。注意すべきは、ここでいう「賢聖豪傑」が、人格的な完成者の謂いではなく、「情勢」を動かした政治的英雄としてイメージされていることである。つまり、ここで語られている驕慢にも似た気概は、「聖人学んで至るべし」という志とも「政治と倫理と文明の担当者」(吉川幸次郎)(5)としての士大夫の倫理とも異質な、流動的な時勢のなかで暴れてやりたいという客気であった。

山陽の青年時代は、こうした客気との格闘である。彼は「経世の学(経世之学)」を志して好んで兵を談じ、功名を夢見ては「古の材器非常の者(古之材器非常者)」を以て自認していた。自らに期するところが大きい故に膨らんでいく自意識を持てあまし、過度に不遇を嘆いては、その鬱憤を晴らすという理由で「遊俠」にふけった。青年期のなかば自棄的な放蕩無頼の悪評は彼の生涯をついてまわることになる。神辺の菅茶山のもとへ身を寄せていた折には、「蚊蝨蟣蝨」ばかりで無聊を慰めてくれる者がいないと憂哭を漏らしながら、時に白砂に陣形を描いて兵法を語ったという。[6] 諸葛亮や太公望のように、いつかは自分のもとにも名君が訪ねてきて、華々しい戦乱の世に導いてはくれないものか。そんな夢想を抱いていたのかもしれない。

　しかし、頼山陽のような地方藩士の子息たちに、彼らの望むような立身出世の途は用意されていなかった。「功名」を挙げるといっても、彼らが包まれていたのは「三代」にも比類される泰平、そのなかでの滞留である。科挙のない日本社会では、人材の採用は原則として家柄による制約がかかっており、下級武士がいかに一藝を修めようとも政治の舞台で躍動することは難しかった。

　当時の青年たちは、同じ不満を共有できる仲間を求めて活発に交流し、互いの不遇と周囲の無理解を慰め合っている。備前の武元北林は、当時幽閉の身にあった山陽に宛てて、次のように語っている。

　方今の世、材を挙げ士を取るの方無し。武弁世禄にして、上下秩然たり。昇平の久しきや、庸俗の論路を塞ぎ、而して功名の門開かず。是に於て英才俗に負くの士、其の気を宣べ其の力を陳ぶる所無し。沈淪鬱塞、憂愁幽思、遂に以て其の身を病みて、時に益無し。爾らずんば則ち或いは横出して不軌を図る。〔……〕以為らく今の功名を図る者、由井・山形《〔ママ〕》為らずんば、則ち失心顛狂為り。〔……〕嗚呼、丈夫生れて時に益無きは、猶ほ当に歿して後に聞こゆべきなり。我曹已に当世に気を宣べ力を陳ぶること能はざれば、則ち之を文章に発し、以て名山の蔵を図るのみ。

（方今之世、無挙材取士之方。武弁世禄、上下秩然。昇平之久、庸俗之論塞路、而功名之門不開焉。於是英才負俗之士、無所宣其気陳其力。沈淪鬱塞、憂愁幽思、遂以病其身、而無益於時。不爾則或横出図不軌矣。〔……〕以為今之図功名者、不為由井・山形、則為失心顛狂。〔……〕嗚呼、丈夫生而無益於時、猶当歿而聞於後也。我曹業已不能宣気陳力於当世、則発之文章、以図名山之蔵而已。[7]）

人材抜擢の制度を欠いた「上下秩然」とした「世禄」の世で「功名」を志せば、由比正雪や山県大弐のような秩序の攪乱者となるか、精神疾患に陥るしかない。やや気負いすぎているこの告白こそ、太平に倦む功名青年たちの率直な心情の吐露である。同様の交誼は、北林のほか石井豊洲、亀井昭陽、大槻玄幹らとのあいだにも見られるが、彼らは共感と友誼とライバル心とが綯い交ぜになった同志意識を懐きながら、頻繁に書簡を往復させ、激励と同情の言葉をかけあっていた。そして山陽自身も、「流俗に眩し、毀誉衆に従ふは、豈に丈夫の心ならんや。足下は襄の心を知る者なり。又た襄と類を同じくする者なり(眩於流俗、毀誉従衆、豈丈夫之心哉。足下知襄心者也。又与襄同類者也)[8]」とか、「古より大業を成す者、独立孤行を以て為べからざるなり。必ず羽翼の者有り(自古成大業者、不可以独立孤行而為也。必有羽翼者)[9]」といって、こうした人士たちとの交流を大切にしていた。徳川後期の「時代閉塞の状況」のなかで、青年たちの不満は鬱々と堆積し、そのネットワークが若き山陽の周りを分厚く取り囲んでいたのである。

藩校の現実、「勝負」の世界

とはいえ、彼らをとりまく状況にはすこしずつであれ変化が見られた。前章で詳しく論じたように、徂徠学の流行以降、儒学的な教養はその裾野をひろげ、多くの愛好者を生み出していたからである。経済成長と人口増加の果実は世紀の後半には地方都市に伝播し、それが文化の普及を伴って文人たちの遊歴を支えた。富商や豪農らは優れた社交のツールとして、文化的水準を誇示するシンボルとして、漢詩文を嗜んだ。山陽も折に触れて世話になった備中の小野家や、下関の広江家などが典型であろう。変化の波はやがて武士にも及び、多くの者が藩校に通い、あるいは名のある学者の門を叩き、儒学的教養を身につけた。市場経済の発展に起因する藩財政の逼迫や風俗の堕落は、単に慣例に従うのとは異なる高度な行政マネジメントを要請し、軍人たちを行政官僚へと変えていったのである。町人であれ武士であれ、もはや儒学に親しむこと自体は不自然なことではなかったし、頼春水や尾藤二洲の例が示すように、非武士身分の教養人が学識により士分に抜擢される例すら見られるようになった。山陽が学んで凡俗を超えると豪語した「古帝王の道」は、かつてほど立身と無縁な冷笑の的ではなかったし、ほかならぬ山陽の父親世代がこうした可能性を開いてきたのである。山陽も文化六(一八〇九)年ごろ、「右文」の風潮と「老先生」たちの活躍を賞して、「誠に志士自奮の秋なり(誠志士自奮之秋也)」と息巻いていた。[10]「功名」を志せば、由比・山県のような叛徒となるか、「失心顚狂」になるしかないという武元北林の言葉は、心情の吐露としては率直でも、実情に照らせば誇張であった。

しかし、藩校の普及は儒者たちに、彼らの望むような政治参加の機会をもたらしただろうか。事はそう単純ではない。

まず、多くの場合、新たに抜擢された藩儒の地位は決して高いものではなかった。「学校にては先生々々と称すれども、学校の門を出れば平士のあしらいなり。甚しきは路人のやうに思ふもあり。是また教導のかたきこと知るべき也」(辛島塩井)[11]とか、「席甚だ卑く候故人尊み不申候。人尊み不申候故志伸び不申候」(龍玉淵・大菅承卿・伴東山)[12]といった憤懣は、藩校教授たちの口から絶えず発せられた。一藩の学制を担うべく招聘されたといえば聞こえはいいが、実際は薄禄の新参者である。もちろん待遇改善がしきりに上書されたが、むげに却下されることもしばしばだった。[13]

したがって、多くの藩儒たちが頭を悩ませたのは、朱子学か徂徠学かといった贅沢な悩みではなかった。いかに教師としての威儀を保ち、学内の行儀を維持するかである。ともに寛政期に新設されたふたつの学問所をのぞいてみよう。寛政四(一七九二)年に竣工した加賀の明倫堂では、「放談雑話」が収まらず、会読中に席を立って煙草をふかす書生が相継ぎ、草履や雨傘が乱雑に脱ぎ捨てられた。[14]教師のひとりはいまの学校を指してまるで「無礼無義の境界」だと叫んでいる[15]。寛政十一（一七九九）年に新設された彦根の稽古館はどうだろうか。物主兼書物奉行を勤めた中村滄浪亭の悲痛な声に、耳を傾けてみよう。

莫大の業を命ぜられ成就したる学館を官より造立せられたると申事を一統忘却し甚だやくざに心得、果は諸道具損することは勿論建前敷居鴨居戸障子に至る迄法外の楽書など出来、障子など張替すると直に破り其れを誰某の致したると申事知れず、人の住はぬ空屋の如く成り行き、諸役人も致方も無く、適々畳替修覆障子張替道具新出来などありても速に損し、諸用方にても呆れ居るより外は無之[16]。

滄浪亭は安永四（一七七五）年生まれだから、頼山陽とほぼ同年輩にあたる。野村東皐以来の彦根の徂徠学を奉じた学徒で、経史に明るく、国典にも通じていた。そんな彼が掲げる「急務三条」の第一条は、夏季休講を機会に障子や畳や簾を新調して、荒廃した学館を「大修覆」せよというものである[17]。上書が書かれたのは文政のはじめ頃だというから、二十年も経たないうちにずいぶん学政は弛緩したようだ。もっとも、はじめからうまくいっていなかったのかもしれない。

これらはことに目立った失敗例だろうか。おそらくそうではない。幕末になると多くの知識人たちにより学校批判の議論が展開されたが、その際しきりと〈学政一致〉が叫ばれている（横井小楠、藤田東湖、会沢正志斎など[18]）。それは裏を返せば、幕末の知識人たちにとって、現実の藩校は〈学政一致〉の理想からかけ離れたものだったことを示唆している。いまの「学校」など政治から分離された「太平を粉飾するの具」に過ぎない。昌平黌時代の中村敬宇は、そういって、近世の学制を厳しく批判している。

今や学校設くと雖も、風俗淳ならず。生徒多しと雖も、材俊出でず。此の若くんば則ち学校将た何の用かあらん。徒だ太平を粉飾するの具為るのみ。〔……〕後世に至るに及ぶや、治教分れて儒吏判る。銭穀刑獄の事を掌る者は、之を名づけて吏と曰ふ。学校教授の任を掌る者は、之を名づけて儒と曰ふ。吏は自ら吏為り、儒は自ら儒為り、二者相謀らずして、互ひに相訾謷す。吏為る者、先王の治道を知らずして、専ら法令を以て事に従ひ、儒為る者、経世の務を知らずして、専ら浮文を以て務と為す。故に学校の盛衰、治化の隆替に関せず。

（今也学校雖設、而風俗不淳。生徒雖多、而材俊不出。若此則学校将何用哉。徒為粉飾太平之具而已。〔……〕及至後世、治教分而儒吏判。掌銭穀刑獄之事者、名之曰吏。掌学校教授之任者、名之曰儒。吏自為吏、儒自為儒、二者不相謀、而互相訾謷。為吏者、不知先王之治道、而専以法令従事、為儒者、不知経世之務、而専以浮文為務。故学校之盛衰、不関於治化之隆替。[19]）

統治における為政者の質にこだわる儒学にとって、教育は経綸の最も重要な部分である。しかし中村が痛罵するように、学校は人材養成の場として必ずしも機能していなかったし、「治」と「教」とは分断されていた。儒者たちは「学校」に居場所を見つけたが、それは統治から分離された狭い教育現場に押し込まれたのだともいえた。しかもその現場は、教師としての体面を維持することすら難しい有様だった。こうした現状が、儒者たちの無力感を強めこそすれ、充足感を与えるものではなかったことは想像に難くない。良心的な儒者、あるいは後世に語り継がれるような「功名」を欲する者であればなおさらである。大村藩五教館に勤めた松林飯山は、儒員としての俗務に忙殺されて著述に専心することができず、このままでは「名」が「湮滅」して伝わらないという恐怖を口にしているが[20]、たしかに藩儒になることほど「不朽」から遠ざかる途はなかったといって過言ではない。

話を山陽に戻せば、藩儒の嫡子という恵まれた席次に生を享けた頼山陽も、以上の事情と無縁ではなかった。功名への渇望の故か、それとも神経質な気質の故か、雨降る二十歳の日に突如出奔して行方をくらませた山陽は、連れ戻されてのち婚約を解消され、「仁室」と名付けられた座敷牢で三年の月日を過ごした末、廃嫡された。精神病だと鑑定した医者もいれば、何か大志があってやむなく狂ったふりをしているのだという擁護もあった。とはいえひとつたしかなことは、彼が周囲から期待されていたであろう人生の経路からドロップアウトしたことである。もはや藩士として生きることも、藩儒としてイエを継ぐこともかなわない。良識ある知識人たちは彼の不孝を罵り、冷淡な目を向けるばかりであった。

それでも、才子の誉れをほしいままにしていた山陽に、その後全く仕官の話がなかったわけではない。藝藩内部にも依然として同情的な藩士が存在したし、父の親友・菅茶山の養子にして出仕させるという計画すらあった。子宝に恵まれなかった茶山はそれだけ山陽の才能を愛したのである。しかし、これらはすべて、当の山陽の猛烈な抵抗により頓挫している。彼はこの間の事情を次のように語っている。

> 小子事、御承知之通之身分にて、海の物とも河の物とも付不申、奉公筋を勧候ものも有之、上にも段々ひいきいたし呉候人も御座候へども、仕官は一切好不申、唯々三都へ出、揚名四方候事、宿志に御座候へども、只今迄は御領分内在方へも独行は相成不申候趣にて、鬱々終此身可申体故、小子も鬱陶無聊、前途に望も無之故、御承知之放蕩に及申候事に御座候。[21]

廃嫡され自由な行動もままならない現状の惨めさ、その鬱屈と無聊を嘆きながら、山陽はここで仕官を断固として拒否し、むしろ三都（江戸、大坂、京都）へ出て文名を揚げることを「宿志」だと語っている。山陽にとって仕官は煩瑣な拘束にしか見えず、田舎で郷学の指導者になるのはひどくつまらないことに思われた。待遇の改善を訴えながら学生の無礼に思い悩む人生ほど、彼が忌み嫌ったものはない。それよりも、三都へ――。文化七(一八一〇)年、藝藩内での庇護者に宛てた三間にも及ぶ書簡では、その魅力がこう熱弁されている。

凡そ古より学者之業を成申地は、三都之外は無之候。如何なる達人にても、田舎藝は用に立不申候。闇斎・仁斎・徂徠など之様の業は、都会ならでは出来不申候。如此人にても左様に候へば、まして凡人は猶更之事に候。不肖の私に御座候へども、何卒右之場所へ出、名儒俊才に附合申候而、学業成就、名を天下に挙、末代までも藝州の何某と被呼候はば、蛍火にて月光を増候譬にて、少は御国の光とも可申候哉。何分学者と生れ、三都に居不申は、暗闇に居申も同然に御座候。(22)

山陽の人となりをよく表わすこの書簡は、明治十(一八七七)年、吉村春雄の手により『山陽外伝』という小冊子として出版され、世に知られるところとなった。序文を寄せた漢学者・阪谷朗廬は、山陽の仕官を厭う草莽志向を評して、「豪傑の自ら自主自由の真理を得る(豪傑之自得自主自由之真理)」という。都会に出て有名になりたいと駄々をこねる言葉の裏に、「自主自由」を求める「豪傑」の姿が読み込まれているのだ。もちろん、いかにも明治的なこの「豪傑」物語を、ここで再生産する必要はない。注意すべきはむしろ、彼が三都に抱いていた夢の内実、俊才たちと付き合って天下に名を揚げ、末代まで語り継がれたいという言葉の含意である。というのもここで、山陽はあの名声を求めて新規事業の開拓にいそしむ豪傑たちの競争空間を想起しているからだ。手紙の続きをもうすこし引いてみよう。

何分年少気壮の内に一度大所へ出、当世才俊と被呼候者と、勝負を決申度奉存候〔……〕此念願と申も、人に少も世話をかけ、物入をさせ候事にても無之、唯一言之許を受候へば、直に私一分の才覚を以て、一人に食事は如何様とも仕申候。家元より仕送等に預候義は、一銭も煩し不申積に御座候。〔……〕左様にも相成候はば、英気は百倍仕、多病の身も学問出精、天下の人に一人も追付れ不申了簡に御座候。(23)

文華開ける十八世紀、徂徠学の流行に端を発する漢学的教養の普及に伴って、多くの知識人たちが〈思想・文藝の市場〉で新奇を争った。誰もが前人の踏襲を厭い、おのれの経学説、おのれの詩文で世を風靡しようと夢想した。「人の耳をおどろかす」「あらたなる説」によって、「世にもてはやさるる」(本居宣長)。(24)なるほど、たしかにそれは「英気」溢れる「才俊」たちによる「勝負」の世界であっただろう。いかな貴顕であろうとも、才幹なくして市場でときめくことはない。司馬江漢の日記には、遊歴の際に「儒者、学者、虚名の者、並に物もらひ不可入」という張り紙を見たことが印象的に書き記されているが、三都で名をなした成功者たちが歓待にあずかる一方、遊歴に出ても見向きもされず、物乞い同然にあしらわれた学者たちがいたのである。(25)「儒者番付」や「評判記」の類が、俗陋なゴシップも含めて人々の関心を集めたのも、それが勝負の結果を白日にさらし、遊歴での待遇を左右したからにほかならない。(26)だが、元来戦に敗北すれば命を落とすもの、かくも鮮鋭な明暗は、ある意味でこの勝負が真剣なものだったことを意味している。山陽は右の書簡で、「勝負」、「私一分の才覚」、「天下の人に一人も追付れ不申了簡」などずいぶん勇ましい言葉を並べたてているが、「三都」とはまさに「才俊」たちが名誉と生活を賭けて真剣勝負をくりひろげる場であり、市場における知的競争は身分や門地を問わずおのれの力量に見合った対価を得られる世界だったのである。だからこそそこは、政治の世界に「功名」の機を見出し得なかった「年少気壮」な青年たちの、憧れの的だったのだ。

安藝藩士・築山嘉平に長大な書簡を書き送った翌年、山陽はついに念願の京都進出をとげた。決して円満な門出ではなく、世話してくれた茶山の顔に泥を塗るかたちとなった。茶山は激怒し、以後しばらく春水たちも山陽との面会を絶った。それでも山陽は満足だった。化政期を代表する文人としての、彼のその後の常勝ぶりについては、数多の評伝が伝えるとおりである。

なぜ歴史なのか

さて、以上見てきたことがらは、徳川後期における歴史の魅力を考える上でも重要である。

第一に、歴史は〈思想・文藝の市場〉で好評を計算できる分野だった。従来の歴史叙述は、軍記物語など和文で綴られることがほとんどである。漢文での日本史叙述は、山陽の世代にとってまだ新奇で珍しいものだった。叙事文としては、一部の徂徠学者が古文辞の練習として日本史を題材にしたものを書いたが、十八世紀前半の段階ではまだ難解な古文辞が大衆性を獲得するほど儒学的教養は大衆化しておらず、市場も拡充されていなかった。議論文（論賛や史論）に至っては、その流行は寛政期以降のことである。山陽史学の流行の背景を、よく知られていた歴史上の名場面が「新しく漢文に書きなおされること」で「別種の妙味」を帯び、「基礎的教養」として儒学を嗜むに至った十九世紀初めの武士たちの心をつかんだことに求める和辻哲郎の指摘は正鵠を射ている(27)。たしかに、漢学趣味の草莽化が生んだ亜インテリ層（特に武士）は、難解な経学よりも血沸き肉躍る歴史談義を好んだ(28)。漢文での日本史叙述は、厖大な蓄積をもつ経学などに比べれば、十分に新鮮で大衆的、つまり市場での魅力的な商品だったのである。

とはいえ、第二に、彼らが歴史を志向するより内在的な要因も存在した。「大に其力を文章に肆にせんと欲す」と述べた梶山立斎宛の書簡で、山陽はその志をこう敷衍している。

> 本邦古今にまれなる太平の世に生れあひ、文運大にひらくの会に出で、いまだ真の文なきは、吾儒の羞にあらずや。願くは父兄師友、一人の狂童に此一途の役を委任し玉はば、いささか家学を皇張して、前の大罪を償んと欲す。ヶ様に申せば、小技と云て、御笑あるべけれども、僕もと是等を小技とをもひ、功名を経済の上にあらはし、不《シカラズン》ば遊侠などして娯楽終身とをもひし故、此極に至れり。今をもふに蕭・曹の功名・諸循吏の治績・諸豪侠の素権なども、みな子長氏の区々筆端に籠罩す。〔……〕裴度の功勲も、柳州の一纍夫の不朽をなしたる業に及ばず。(29)

「文章」を「小技」と軽んじて「経済」を語り、政治的功名が叶わないなら一生を「遊侠」に費やそうとして道を踏み誤ったという前半部分は、自己の青年期への率直な反省であろう。ひょっとしたらそれすら繕われた仕草なのかもしれないが、いまは措く。重要なのは後半である。蕭は蕭何、曹は曹参、ともに漢の高祖に仕えて王朝の樹立に大功あった名臣であり、裴度は唐の名宰相である。山陽はここで、彼らが政治上で成し遂げた偉業も、「小技」であるはずの司馬遷や柳宗元の「筆端」、すなわち文筆には及ばないというのである。どういうことだろうか。

文筆に志して以来、彼が常に座右に置き範として仰いだのは、司馬遷と賈誼である。「窃かに之に擬せんと欲す（窃欲擬之）」と、歴史を書く上でも参考にしたらしい。(30) 山陽は両者が偉大である理由を、次のように説明している。

> 文を三代の後に論ずれば、二篇のみ。賈生の秦を論ずるや、事を論ずる者、以て焉に尚ふる莫し。司馬子長の項を紀すや、事を紀す者、以て焉に尚ふる莫し。秦の事は偉なり。賈生に非ずんば孰れか能く之を論ぜん。項の事は奇なり。子長に非ずんば孰れか能く之を紀さん。蓋し奇偉の事を世に為すは、必ず力有る者なり。而して焉を論じ、焉を紀すは、則ち文士なり。曰く論、曰く紀、文の体焉に尽く。士の文を学び詩を学ぶは、二篇にして足る。余は一文士のみ。酒酣なる毎に、二篇を出だして之を読みて、以て自ら快すと云ふ。

（論文於三代後、二篇而已。賈生之論秦也、論事者、莫以尚焉。司馬子長之紀項也、紀事者、莫以尚焉。秦之事偉矣。非賈生孰能論之。項之事奇矣。非子長孰能紀之。蓋為奇偉之事於世、必有力者。而論焉、紀焉、則文士也。曰論、曰紀、文之体尽焉。士之学文学詩、二篇足矣。余一文士耳。毎酒酣、出二篇読之、以自快云。）(31)

「論」と「紀」に分類される「文の体」云々は次節で触れよう。ここで注視したいのは、賈誼と司馬遷への眼差しであり、そこに含意される歴史家とはいったい何者なのかという問いである。山陽によれば、秦や項羽の成し遂げた事業は「奇偉」である。したがって、それを論じ、書き記すという事業も、凡庸な学者の手には不可能なことであり、賈誼や司馬遷のような傑物を待ってはじめて成就される。もちろん政治的な偉業を成し遂げるのは「力」ある者だけであるが、彼らを論じ、記し、歴史に刻み込むのはほかならぬ「文士」である。先の書簡でいえば、曹参や蕭何が「有力者」、司馬遷は「文士」であろう。かくして「今をもふに蕭・曹の功名・諸循吏の治績・諸豪俠の素権なども、みな子長氏の区々筆端に籠罩す」の意味も瞭然となる。蕭何たち政治的英雄の功名や事業も、あくまで「文士」たちの「区々筆端」を通してはじめて、永遠に伝えられるのである。そうであるとすれば、雄筆をふるって歴史を描く「文士」の事業は、政治的な偉業に勝るとも劣らないといえるのではないか。いやむしろ、裴度らの勲功も柳宗元の「不朽」には及ばないといえるのではないか。山陽は『大日本史』の編纂を主導した水戸光圀を評して、「義公英雄の姿を以て、治平の時に生まる。力を出す所無く、故に史に逞しくす（義公以英雄姿、生治平時。無所出力、故逞於史）(32)」というが、それはまさしく彼自身の自画像でもあった。――ここに、太平を生きる「文士」たちが、歴史に寄せた熱い想いの淵源があった(33)。

このことは、山陽の修史が、「政治的軍事的英雄のイメージ」を主要なモチーフとする、「挫折した英雄による英雄譚」（平石直昭(34)）というほどには、単純でなかったことを意味している。たしかに「古の賢聖豪傑」と自己を「一男児」

とひとくくりにとらえる山陽は、個々の史的場面を描くにあたり、幾人かの登場人物にはっきりと感情移入している。そうした自己投影が彼の歴史叙述に生彩を与えているのもたしかだろう。しかし、「政治的軍事的英雄」への自己投影は、状況がますます流動化する山陽以後の世代、すなわち幕末知識人により顕著な態度であって、山陽のそれとは少しく異なっている。「余は一文士のみ」。山陽たちは、政治的な英傑それ自体に自己を見立てたのではなく、彼らを書き記す「文士」というアイデンティティを抱いていたのである。

では、かかる自己規定と事業への認識に基づいて、頼山陽は具体的にどのような歴史叙述をおこなったのだろうか。いよいよ、彼の史書の世界にわけ入ろう。

第二節　頼山陽の史論

「文体」の論理

徳川時代の儒者の文集や遺稿をひもとくとき、現代の知識人の著作集や全集のように、作品が年代順に並べられているのを見ることは少ない。そこでは、「書」「論」「伝」「碑」「記」「序」(『山陽遺稿』文篇の項目である)といった体裁《ジャンル／スタイル》ごとに文章が分類され、整然と配列されている。ここでいう、あるいは近世において一般的に用いられる意味での「文体」である。(35)

漢文脈を担った近世の知識人たちは、自由な散文で自己の思想心情を表現したわけではない。漢文とはいわば型の文学である。たとえば君主が臣下にくだす文章でも、それが誰の名において、どのような目的で発表されるかによって、型が異なる。皇帝の出す文章であれば、公布するものは「詔」、官吏への辞令が「制」、意志の表示が「勅」、これが皇太子や皇后の名義であれば「令」となり、王侯であれば「教」となる。これらは劃然と区別され、それぞれに文の構成や表現、使われる語彙の種類にちがいがある。このような形式的制約はたしかに煩瑣であるが、一定の型のなかで工夫と研鑽を積みかさねる文章が、形式にとらわれない自由な表現と比べて迂遠であるわけではない。型との対峙を通して表現される状景や感情が、奔放に表出されたそれと比べて没個性的だというわけでもない。型の規範性を重視し、それをひたすら磨きあげたところに、漢文脈の特徴がある。そこでは、どのように、何を書きたいのかという問題は、どの型で文章を書くのかという問題にほかならなかったのである。

長い漢文学史において、この型の特徴が明示的に意識されるようになるのは、概ね漢末から魏晋にかけてである。意識的な分類のはやい例は魏の文帝の『典論』であり、そこでは「奏議」「書論」「銘誄」「詩賦」の四科に文章が分類される。以降、時代がくだるごとに類別は複雑多岐にわたり、『文選』(梁の昭明太子撰)では韻文・散文あわせて実に三十七もの体が区別されている。この『文選』は、それぞれに典範とすべき名文が編まれた文体別名文アンソロジーであり、ちょうどよい見本のついた文章読本としてひろく普及し、大きな影響を及ぼした。以後、『文章弁体』『文体明弁』など類書が多数編まれ、近世日本でも特に寛文から享保、宝暦にかけて陸続と出版されている[36]。文体の特徴を把握することが漢詩文学習の第一階梯である以上、この手の選集には根強い需要が存在したのである。

蘐園の重鎮・太宰春台も、文章を学ぶ際の要訣を次のように説いている。

文には体あり法あり。体なければ文といはず、法なければ文を成さず。体とは体裁なり。体は文選に分たるが如し。其文を熟読して、体裁の各別なることを知べし。明の呉訥が文章弁体、徐師曽が文体明弁に是を弁ずること甚詳なり。文を学ぶ者は、必是を看るべし。[37]

こと文章論につき師説に従うことの少なかった春台だが、ここで述べられている主張は概ね徂徠と変わらない。荻生徂徠も「文章の体、文選に具わる（文章之体、具于文選）」と述べ、[38]『文選』『文章弁体』『文体明弁』などを「吾党の学者必ず須らく座右に備へて一種を欠くべからず（吾党学者必須備座右不可欠一種）」として塾生に教示していた。[39]体裁を守らなければ文章にならないという主張も、何も古文辞に特有のものではない。文章において「体」を混同することは、人体において頭や腹、肩、腕、臂の区別を見失うようなものだとさえいわれたように、厳密な「文体」意識は漢文で何かを表現するにあたりまず踏まえなければならない基本であった。[40]古文辞を排撃した山本北山も、こう主張する。

文章は体を知るを先とす。凡そ序の体は此の如く、碑の体は此の如く、伝の体は此の如く、書の体は此の如くと云ふことは人々知所にして、予が所謂体を知るとは是には非ず。譬ば伝に史伝の体あり、家伝の体あり、碑に古跡名区の碑の体あり、丈夫の碑の体あり、女子の碑の体あり、他有位の人隠君子等の碑各其体あり。其余の諸体みな此くの如く、体中に体あり、熟く此を知らざる時は無法の文となる。[41]

ここで北山の説く類型は、おそらく『文体明弁』のそれを参考にしている。同書ではまず「伝」を「事迹を紀載して以て後世に伝ふ（紀載事迹以伝於後世）」と定義した上で、それをさらに「史伝」（歴史上の人物）、「家伝」（一家の事蹟）、「托伝」（市井の中でも後世に伝える価値のある人物）、「仮伝」（筆や竹など何らかの物を擬人化した伝記）の四品に分かち、また碑文に関しても、「碑文」「墓碑文」「墓碣文」「墓表」などを祭られる対象の性質にあわせて厳密に区別している。文体別名文アンソロジーの集大成ともいえる同書では、文体の別はいっそう詳細になり、細目をあわせればなべて一五〇を超える類型が立てられている。北山が文における正しい法の理解を重んじたことは前章で述べたが、彼は序碑伝書ではあきたらず、こうした細目まできちんと弁別すべきといいたいらしい。

しかし、いかに漢文が型の文学であるとはいえ、常に一五〇以上もの型を正確に区別するのはかなり困難ではないだろうか。細目はともかく、より集約的な類型も必要ではないだろうか。徳川日本では次のような主張もなされていた。『近世畸人伝』などで知られる、伴蒿蹊による作文入門書の一節である。

さて、もろこしにはさまざまの文の体あり。ここには記といひ、辞といひ、ものがたりといふ外は聞こえず。かしこはよろづのこと細やかなるに過て、くだくだしきにさへ及ぶ国風なり。ここは質素《すなほ》に事少きを尊ぶ風也。ゆめ、かしこの体多きをうらやむべからず。体多きも、記事・議論の二つには過ぎず。是ははじめにもいへることにて、此二つをよく心得ば、何やうにも書るべし(42)。

煩雑か素直かという日中比較論はそれとして興味を引くものがあるが、ここでの主題ではない。いま注目すべきは、「くだくだしき」中国の「文体」も畢竟「記事」と「議論」のふたつに集約できるという点である。

記事(あるいは叙事)文とは、出来事や来歴を事実そのままに記す文体を指し、魯国の年代記『春秋』が淵源だとされる。一方、議論文とは、事実ではなく意見を論じる文体を指し、三代帝王の言葉を載せる『書経』が淵源だとされる。もちろんこのふたつに文章を大別するという発想は、蒿蹊の独創ではない。それは「辞命」「議論」「叙事」「詩歌」という極めて斬新な文体論を打ち出した南宋の真徳秀にはじまる文章論であり、近世日本でもひろく受け容れられていた。藤原惺窩は「叙事十一法」「議論七法」という二分法のもと作文技法を論じたし(43)、荻生徂徠や頼山陽に同様の認識を見出すことも容易である。[44] そしてたしかに、両者は百余の細目をまとめる上位カテゴリとして有益なものであった。たとえば、出来事や景観の記録である「記」、故人を祭る「碑」、伝記作品である「伝」は叙事文にあたり、自己の見解を展開する「論」や、具体的な提案をさす「弁」は議論文にあたる、といった整理が可能となるのである。[45] それはたしかに数多のタテ糸をまとめるヨコ糸として機能し得た。[46]

ところで、以上のような「文体」区別は、漢文による歴史叙述の場合にも当然あてはまる。司馬遷の『史記』以来、歴史は叙事と議論を兼ねるものとされてきた。そしてひとくちに歴史を書くといっても、叙事文で書くのか議論文で書くのかによって全く性質が異なったし、それぞれのなかにも細目が存在した。たとえ煩瑣に見えようとも、こうした形式的制約のもと歴史を綴るのが近世における歴史の書き方、〈歴史書の作法〉[47]なのである。

では、当面の主役である頼山陽は、いかなる「文体」意識のもと、どのような歴史叙述に取り組んだのだろうか。いいかえればそれは、『日本外史』と『日本政記』という二冊の歴史書を通して、頼山陽が何を試みていたのかという問いでもある。叙事と議論という大別に沿って、分析を進めよう。

頼山陽の二正面作戦

歴史についての叙事文とは歴史的事実をそのまま書き記すことをいい、山陽など考証を事としない歴史家の場合、多くは著者が信頼できると認定した先行史書（『大日本史』『本朝通鑑』など）の縮約や、軍記物語（『平家物語』『太平記』など）の漢文翻訳により成り立っている。創作とは異なるので、基本的には想像にまかせて事実を曲げることはしない。しばしば、叙述の妙をファクトより優先したと指摘される山陽だが、そんな彼でも実証的な事実の探求は叙事の基本であり、史料の確定に余念はない（もちろん典拠となる情報源が現在の歴史学の水準からみて十分に史料たり得るかは別問題である）。そして、単なる翻訳文や史料の編纂ではなく、この叙事において新たな文章表現を確立することが、山陽にとって修史の目的のひとつであった。強烈に意識されていたのは、徂徠学派の古文辞である。

蘐の徒これをしらずして、喋々然曰、程朱、古文辞の体勢をしらず、今言を以て古言を視る、宋以後、叙事文なし、議論のみと。万口一談、牢不可破。これしかし我党の罪なり、我党かの記誦詞章、巧文麗辞などを藉口て、〔……〕文をはなれて理をとき、我論愈高して、彼の言愈験あり、これ寇欲に適するに非ずや。即ちその頗旁文に志す生徒も亦ただかの唐宋以後なる者に従事し、斉整方板、脆弱なるに安ず。〔……〕かつ議論のみにて叙事にをよばず。即ちその叙事も、古今半上落下にて、項羽紀などの生色淋漓たる風は寥々なり、みな蘐徒を圧服するに足らず。(48)

「議論」を偏重して「叙事」を軽んじているという徂徠の宋学批判とは、たとえば次のような箇所を指す。重要であるからこれも引く。

議論・叙事の二者、文章の大端なり。故に叙事の文を為す能はざる者は、尚ぶに足らざるのみ。六経の文の如きは皆叙事なり。左・騒・班・馬は能文の最たりと称す。豈に議論ならんや。且つ文章の大業、史に若くは莫きなり。故に叙事の文、学ばざるべからず。

（議論叙事二者、文章大端。故不能為叙事之文者、不足尚已。如六経之文皆叙事也。左騒班馬称能文之最。豈議論哉。且文章大業、莫史若也。故叙事之文、不可不学焉。(49)）

徂徠によれば、「文章には叙事を第一」とするにもかかわらず、宋学者たちは高遠な議論と「是非邪正之差別」にばかりやかましく、「高慢」に陥っている[50]。したがって彼らは古文辞で書かれた叙事文である六経をただしく読み解けない。古をよりよく知るには、ひとまず〈今ここ〉という時間的・空間的規定から脱して、過去の文物に習熟しなければならない。そこで徂徠がもちだすのが歴史である。「此国に居て、見ぬ異国の事をも承候は、耳に翼出来て飛行候ごとく、今之世に生れて、数千載の昔之事を今日にみるごとく存候事は、長き目なりと申事に候。されば見聞広く事実に行わたり候を学問と申事に候故、学問は歴史に極まり候事に候[51]」。歴史は古今の相違を確認した上で、過去の言語や事物にひろく通暁するための、すなわちいまを相対化して理想の古に至るための重要な階梯なのである。こうして徂徠は、歴史書における議論文を「人のうはさ計」と切り捨て、「事之有様を今日に見るがごとくかき取り候」叙事文を重視した。徂徠の門流がほぼ叙事文でしか歴史を語らなかったのも当然であった。

さて、右の書簡で山陽は、この徂徠の主張に一定の正当性を認めている。朱子学者たちが「理」を説くばかりで文に疎いこと、その文も議論ばかりで叙事を重んじないこと、数少ない叙事文も拙劣であること。山陽は何も徂徠の哲学的主張を是とするのではない。徂徠の言葉がもっともに聞こえるほど、文章に通じていなかった「我党の罪」を認めるのである。しかも、状況は山陽の頃でも変わっていなかった。山陽は同じ書簡で古文辞を評して「今此風をとろえたる様なれども、凡文を以て家に名くるもの、陽排陰取しをる様に存申候[52]」と述べている。おそらく、思想としての徂徠学がかまびすしい論難を経て退潮したのちも、文章を書く方法としての古文辞は、漢文で何かを表現しようとする人々の思考と筆先を深く規定するものであり続けた。この古文辞学の長い影から脱して、新たな文章表現を確立することが、稀代の名文家を自認する頼山陽が自己に課した課題だったのである。日本の文学がながく徂徠の「奴隷」に甘んじているという状況のなかで、その城砦を攻め落とすには糧道であるところの「文」を絶て、というわけだ[53]。

そして、山陽が新たな叙事文の確立に傾注した作品が、『日本外史』である。山陽は『外史』に取り組んではじめて、叙事について古人の苦心したところがわかったという[54]。それはおのれの作品が古人に比肩するという強烈な自負の裏返しであろう。しかも、単なる自惚れではなかった。平易簡明でリリカルな山陽の叙事文は、たしかに古文辞の駆逐に功を奏したのである。幕末から明治にかけて漢文の名品集が盛んに出版されたが、『今世名家文鈔』(嘉永二年刊)や『近世八大家文鈔』(明治十一年刊)といった代表的編著のなかに古文辞の余香を残す文章家は皆無である(むしろ山陽の衣鉢を継ぐ顔ぶれが多い[55])。かくして、『日本外史』の盛行も後押しとなり、山陽の叙事文は明治の普通文へとつながってゆくのであった[56]。

次いで、議論についての考察に移ろう。

歴史についての議論文とは、歴史上の人物や事件をとりあげ、一定の評価をくだして著者特有の分析を試みるもの、あるいは史上の出来事に沿って時事を論じるものをいう。山陽の場合であれば、『日本外史』の「外史氏曰」、『日本政記』の「頼襄曰」と書き出される箇所がそれにあたる。通常、叙事文の末尾に附されることが多い。それは本来、著者一己の見識を披露する場であり、山陽史論は雄弁な文勢も手伝ってひろく人口に膾炙してきた。明治初年に刊行された近世史論アンソロジー『日本名家史論鈔』が、「頼山陽の史論、遍く世に行はる。故に今復た載せず(頼山陽史論、遍行于世。故今不復載[57])」として山陽をほとんど採録していないのは、その盛行をうかがわせるに足る。

しかし、山陽の「論」には、かねてからひとつの疑義が呈されてきた。というのも「奇妙なことに、この論評の部分においても、山陽は殆ど独創性を発揮していない」(中村真一郎[58])からである。たとえば『日本外史』論賛について、その軽快な調子を別にしてつぶさに内容を吟味すれば、ほとんどが新井白石の剽窃ではないか。田口卯吉などはそういって、『日本外史』と『読史余論』を逐次照らし合わせて山陽を非難する本まで書いている[59]。

なぜ山陽は剽窃を疑われるような論賛を書いたのだろうか。軽薄才子の肖像を縁取るこの疑義を、山陽の学識不足に求めることも、成功者への妬心の産物とみなすことも、まちがっている。山陽は文政九(一八二六)年、親友であった篠崎小竹に宛てて、彼の生前からあった剽窃批判に対して次のような弁明を展開していた。

史賛と云もの、史論などの様に馳騁出奇候事もあしく、正論なれば不免踏襲の事出来候、コマリ候もの也。竪新意事も、余程あれども、一々左様にも不参候。白石は、余論仮名書也。漢文にいたしても、其論究竟の処、人以為帰於勧説候を恐れ候也、如何々々。(60)

注目すべきは、山陽がどうやら「史賛」と「史論」とを区別しているらしいことだ。彼によれば、「史論」であれば「馳騁出奇」、つまり他者よりすぐれて何か新しいことをいいだすこともできるが、「史賛」は「正論」であれば踏襲し、無理に「新意」を立てることをしない。したがって自分の論賛は、白石の見解を「正論」として踏襲しているのであって、それを剽窃と批判されても困る。「出奇」の「史論」と、「正論」の「史賛」。山陽は同様の区別を別の場所でも語っている。

史中の論賛、自ら是れ一体、後人の史論と同視すべからざるなり。史氏本叙事を主とし、議論を須ひず。特だ己の立伝の意を疏し、又伝中の未だ及ばざる所を補ふ。而して停筆躊躇して、今古を俯仰する処有り。以て読者の心を感発するに足る。是れ論賛の用有る所以なり。子長以後、此の意を得る者少なし。套語蠟を嚼み、毎伝蛇足す。否ずんば則ち勃窣議論、意義浅顕、往々にして傖父の面目を作す。然るに吾が外史の賛の如きも亦た自ら傖を免れざるを知るなり。

（史中論賛、自是一体、不可与後人史論同視也。史氏本主叙事、不須議論。特疏己立伝之意、又補伝中所未及。而有停筆躊躇、俯仰今古処。足以感発読者心。是論賛所以有用。子長以後、少得此意者。套語嚼蠟、毎伝蛇足。否則勃窣議論、意義浅顕、往往作傖父面目。然如吾外史賛亦自知不免傖也。[61]）

序論・論賛は、皆其の已むべからざる者を言ひ、自ら編述の意を叙ぶ。或いは叙事と相ひ発するを取り、敢へて甚だしくは高論せざれば、則ち前人と雷同する者有りとも、亦た存して之を置き、必ずしも新を標し異を領せず。（序論論賛、皆言其不可已者、自叙編述之意。或取与叙事相発、不敢甚高論、則有与前人雷同者、亦存而置之、不必標新領異。[62]）

「論賛」と「史論」はそれぞれ「体」が異なる以上、同視してはならない。「論賛」とは、「叙事」に対応するかたちで「立伝の意」ないし「伝中の未だ及ばざる所」を語るものであり、「新」「異」を目指すものではない。そこで先行学説に「雷同」する部分があるのは当然である。反対に、「新」「異」を標榜して「高論」を展開するのが、「史論」だともいえよう。そこでは自分なりの立論によって、先人たちのいわなかった新味を出すのが「体」としての主眼なのである。こうした区別は、先の小竹宛書簡と正確に対応している。

山陽はかつて、「和の文章、賦頌記序碑碣等にとどまり、時勢を論ずることなし、蘇氏の如き史論なし[63]」と述べていた。蘇氏というのは、山陽も愛読した蘇洵、蘇軾、蘇轍父子兄弟のことである。たしかに彼らの文集中には、多数の歴史を題材にした「論」がある。山陽はそうした「史論」が日本に少ないことを嘆いて——もちろん叙事を重んじた徂徠学派を想起してよい——、極めて意識的に、この新たなジャンルを打ち出そうと試みたのである。

そして『日本外史』の論が概ね「史賛」であるとすれば、山陽が自己の「史論」を展開してみせたのが『日本政記』であった。『外史』が全二十二巻中、十八の論文を収めるのに対し、『政記』は全十六巻中に九十二もの論を載せる。山陽が生前「論」の完成を急ぎ、論文だけを抄出して刊行するのもよいと考えていたことからして、『政記』が「議論」の書と位置づけられていたことはまちがいない(64)。そして「論」の内容も、『外史』とは全く異なるものであり、「馳騁出奇」の「史論」だと考えられる。

以上を踏まえるならば、『日本外史』の論賛を剽窃だということはできない。また、「天」や「勢」といった鍵概念のパッチワークを駆使して、『日本外史』と『日本政記』を、あるいは山陽史論とその他の論賛を、無思慮に併置してその思想を分析することにも慎重でなければならない。これらはいずれも、山陽からすれば「体」の区別を弁えない粗忽だからである。山陽は多くの漢学者と同様「文体」の規範性に意識的であり、忠実であった。そして、ここに目を止めてようやく、彼の二正面作戦が明らかになるのである。叙事の分野で古文辞に代わる新たな表現を確立すること、議論の分野で「史論」という新たなジャンルを打ち出すこと――。頼山陽の歴史叙述は、以上の視角から、新たに検討される必要がある。

もっとも、その全容の講究はやはり本書の課題ではないし、既に別のところで詳しく述べた(65)。とはいえ、実作に触れずに方法だけをあげつらうのは無意味だから、問題を議論文に限定した上で、いわゆる「山陽史論」の世界をすこしだけのぞいてみよう。とりあげるのは最も定番のスタイルのひとつ、人物論評である。

史論の世界

平清盛の長子であり、平家を屋台骨として支えた平重盛の生涯を飾る英雄的逸話の数々については、『平家物語』

以来、人口によく膾炙するところである。保元の乱での獅子奮迅から朝廷との対立融和に至るまで、山陽の『日本外史』もその活躍を伝えて余すところがない。なかでも、栄達につれて驕慢になる父と、不快を示しつつ駕馭することのできない後白河、つまりは父と君とのあいだで板挟みになった苦衷を吐いた「忠ならんと欲すれば則ち孝ならず。孝ならんと欲すれば則ち忠ならず。重盛の進退、此に窮れり(欲忠則不孝。欲孝則不忠。重盛進退、窮於此矣)」は、『日本外史』屈指の名場面として知られていよう。[66] しかも山陽は、平氏滅亡の際、周到にも故清盛の妻・時子にこう告白させていた。亡国の主・宗盛は本当は清盛の子でなく、男児を望まれながら女児を生んでしまった自分がこっそり「一傘工」の赤子と取り替えた。「宜なり、其の重盛に若かずして、以て此に至れるや(宜矣、其不若重盛、以至於此也)[67]」と。こうして読者は、一門の落日に再び重盛の英姿を想うことができる。重盛さえ生きていれば――平氏の余裔が続々と斬られていくなか、思わずそううめいた読者は少なくなかったであろう。そして論賛では、まさしくこうした感慨が、山陽一流の名調子で代弁されることになる。

平氏は重盛を除くの外、皆不学無術、其の功に矜り寵を擅にし、進んで止るを知らざる、曷ぞ尤むるに足らん。仮設重盛父に後れて死し、尽く其の為す所に反し、子弟を戒飭し、王室を輔翼せば、則ち藤原氏に接踵・比隆すと雖も可なり。而して源氏何に資って以て起らんや。

(平氏除重盛之外、皆不学無術、其矜功擅寵、進不知止、曷足尤焉。仮設重盛後父而死、尽反其所為、戒飭子弟、輔翼王室、則雖接踵比隆於藤原氏可也。而源氏何資以起哉。[68])

もちろん、軍記物語の英雄である平重盛は、「孝」と「忠」のはざまで思い悩む誠実の人であり、道徳にうるさい儒者の目から見ても称賛に足る士大夫だった。「文武の資(文武之資)」、「将相の器(将相之器)」、「蓋し祥麟威鳳、希世にして一見する者（蓋祥麟威鳳、希世而一見者）」（安積澹泊[69]）や、「智勇絶倫」（古賀侗庵[70]）、「至誠惻怛」（安積艮斎[71]）など、儒学的徳目の点から重盛を称賛する声は近世を通してひろく見られた。『日本外史』における頼山陽も、これらを「正論」とみなし敷衍しているのである。

しかし、『日本政記』になると論調は一変する。『外史』との対照は鮮やかで、目を見張るものがある。

夫の重盛の如きは、天下の所謂賢者に非ずや。而るに大将の闕くるに当りて、自ら請ひてこれに拝せらるるは、何ぞや。この時に当り、藤原成親等、鋭意焉に補せられんことを望む。而るに重盛兄弟、後進を以て超えて其の地に拠る。烏んぞ衆怒を激せざるを得んや。父は太政大臣となり、妹は后となり、己は左右大将となる。進みて止まるを知らず、以て上下の憤嫉を速く。難作るに及び、乃ち父に諫争するも、固より已に晩し。故に吾れ以為らく、「治承の難を作す者は、重盛首たり、而して成親等之に次ぐ」と。

（如夫重盛、非天下之所謂賢者乎。而当大将闕、自請拝之、何哉。当是時、藤原成親等、鋭意望補焉。而重盛兄弟、以後進超拠其地。烏得不激衆怒哉。父為太政大臣、妹為后、己為左右大将。進不知止、以速上下之憤嫉。及難作、乃諫争於父、固已晩矣。故吾以為、作治承之難者、重盛為首、而成親等次之[72]。）

山陽はここで、重盛は世のいうところの「賢者」ではないかという設問をわざわざ設けた上で、そうした重盛評価を徹底的に批判している。重盛は平氏全体が驕慢になりゆくなか、自身も退くことを知らずに官職を貪った。謙譲を勧めても聞き容れられないのは当然である。しかも重盛はその諫言をなすタイミングさえ見誤っていた。その「気」は尊ぶに足りない。いや、それどころか、平家の驕慢を却って助長した重盛こそが、「治承の難を作す者」ではなかったか。治承とは平家とともに壇ノ浦に沈んだ安徳天皇の年号であるから、ここで重盛は、平家の英雄どころかその滅亡の遠因に位置づけられているのである。

『日本政記』における重盛批判が興味深いのは、自身の死を祈ったという周知の論点に触れながら、そこに批判の要点がないところである[73]。山陽はこの史論を次のように書き出していた。

頼襄曰く、国の盛衰する所以は、士気の振ふと振はざるとを以てす。国朝の衰ふるや、其の公卿平時には奔競し、有事には逃避し、唯だ退きて其の廉を守るを知らず。是を以て進みて其の節に死する能はざるなり。故に凡そ士の気を養ふは、其の平時に在り。国の士の気を養ふも、亦た其の無事に在り。無事の退は、以て有事の進を望むべし。事ありて能く進むに果なる者は、事平らぐに及べば、則ち亦た退くに勇なり。其の気為るや一なり。（頼襄曰、国之所以盛衰者、以士気之振与不振。国朝之衰、其公卿平時奔競、有事逃避、唯不知退而守其廉。是以不能進而死其節也。故凡士之養気、在其平時。国之養士之気、亦在其無事。無事之退、可以望有事之進。有事而能果於進者、及事平、則亦勇於退。其為気一也[74]。）

すなわち問題は、出処進退の作法であり、山陽はそれを「士気」という言葉で表現している。もちろんこの「気」とは、宋学理気論でいうところの「気」ではない。山陽は経世の書『通議』で、自身の「士気」論を展開している[75]。まず気とは、士にとっての「血脈精神」であり、それがなければ役に立たない「土偶」に等しい。気ある士は、平時にあって利色に惑わず廉節を保ち、無事の日に潜む「衰乱の機（衰乱之機）」を洞察する「深識の士（深識之士）」である。権臣たちが私欲の充足に明け暮れるなか彼らは「病狂」と疎まれるが、有事にあって「節に伏し事に死す（伏節死事）」のは彼らにほかならない。その意味で、彼らの「気」こそが「国の国為る所以（国之所以為国）」であり「国の盛衰する所以」なのだ。そして、死すべきときに勇敢な者は、平時にあって退くことにも果敢であり、だからこそ

『政記』で「士の気を養ふは、其の平時に在り」といわれ、出処進退の問題となる。つまるところ、幕末に好んで用いられた「気節」に似た概念だと理解してよい。

山陽は、史上の人物を論評する際、「仁」や「孝」ではなくこの「士気」問題を好んだ。称徳孝謙天皇論では、「国の士気有るや、猶ほ家の柱有り、舟の檝有るがごときなり（国之有士気也、猶家之有柱也、舟之有檝也）」というテーゼのもと、道鏡の専横を座視した吉備真備が痛罵され、返す刀で和気清麻呂が称賛される[76]。後冷泉天皇論でも、藤原実資を「士気」ある大丈夫と論評している[77]。もちろん、和気清麻呂や藤原実資は、『大日本史』でも極めて高い評価が与えられている名臣だが、同書の論賛を書いた安積澹泊の筆は、前者を「至大至剛」、後者を「剛厳方正」と表現し、吉備真備を批判する際には「危ふくして持せず。顚へりて扶けざれば、則ち将た焉んぞ彼の相を用ひん（危而不持。顚而不扶、則将焉用彼相矣）」と『論語』の言葉を引証する[78]。山陽はこれら先行の議論と評価のベクトルを共有しながら、儒学的徳目ではなく「士気」という問題構成によって、独自性のある論述を達成しているのである。

そして時に、自前の概念を縦横に使いこなす人物論評は、これまでの歴史書が拾い損ねてきた人物にも歴史の光を射しあてた。『日本政記』の崇徳天皇論は、藤原憲清、いわゆる西行法師論である。山陽は浩瀚な『大日本史』でも「隠逸伝」で小さく扱われるに過ぎないこの人物を、巧みな問題構成を通して鮮やかに論じてみせた[79]。書き出しはこうである。

士に貴ぶ所は、其の時を知るを以てなり。時に勢有り、機有り。勢の推移する所、機の起伏する所は、必ずしも知り難きに非ざるなり。而るに之を知ること莫きは、蔽はるる所有るのみ。唯だ有識の士のみ、能く先んじて之を見、危きを去りて安きに就き、濁れるを去りて潔きに就く。挙世知らずして、己れ独り之を知り、之を知ること明らかなり。故に之を決すること果なり。
(所貴於士者、以其知時也。時有勢焉、有機焉。勢所推移、機所起伏、非必難知也。而莫之知者、有所蔽耳。唯有識之士、能先見之、去危就安、去濁就潔。挙世不知、而己独知之、知之明。故決之果。)(80)

「士」とは凡俗の知り得ない天下の「勢」「機」を察する「有識の士」である。『通議』にいう「深識の士」と同義であろう。山陽のみるところ、西行とはまさしくその意味で「士」と呼ぶにふさわしい人物であった。どういうことだろうか。

山陽はまず、西行の直面していた「事勢」を事細かに描き出す。上は朝廷をみれば君臣ともに廉恥を失い、閨門は乱れ、物心つかない幼帝が担ぎ出されては権臣たちが骨肉の争いを演じている。転じて在野勢力を見渡せば、武人たちが隠然と「党」をなし、朝廷畏れるに足らずと嗤っている。「紀綱」は弛緩し、大乱の「機」は既に兆していた。しかし人々は「争競」に汲々としてそのことに気付かないでいる。

こうした「事勢」のなかで西行が選んだ途は、どのようなものだっただろうか。官を辞して僧門に帰すことである。山陽はいう。もし西行に官位を貪る意志があれば、私欲に塗れた朝廷で信西くらいにはのしあがれただろう。あるいはもし、「姦雄」に頼ってまで「功名」を目指すほどの野心があれば、彼は大江広元くらいにはなれたであろう。しかし、純然たる「士」として「恥」を知る彼は、どちらの道も選ばなかった。山陽は、仏者として、あるいは清静の隠者として、西行を評価するのではない。信西や広元をも凌ぐ経世の才能を有しながら、「恥」あるが故に彼らのようになることを望まず、まさしく退くべきときに果敢に退いた政治的人間として評価するのである。そして現に、西行が官を辞したその年に、かの「悪左府」藤原頼長が内大臣となり、二十年を待たずして保元の乱が勃発した。それは運命の偶然ではなく、西行の識見の証左である。「是より、喪乱蔑資、海宇反覆す。而るに憲清 崫居川観、事外に超然たり。嗚呼、士と謂ふべきのみ（自是、喪乱蔑資、海宇反覆。而憲清嵓居川観、超然事外。嗚呼、可謂士也已）」。重盛の場合とちがって、山陽の言葉からは深い共感が読みとれよう。それはつまるところ、傑出した政治的才覚を抱きながら草莽に埋もれた〈挫折した士大夫〉という、彼の好んだ自己規定の一環であった。山陽はこの崇徳天皇論を、藤原為業兄弟に言及しながら、以下のように結んでいる。

藤原為業兄弟の如きは、官を辞して隠居し、史を著はして自ら遣る。蓋し亦た時の非を知るなり。前事を紬繹して、空文に託して以て自ら見はす。此れ則ち憲清の徒なり。（如藤原為業兄弟、辞官隠居、著史自遣。蓋亦知時之非也。紬繹前事、託空文以自見。此則憲清之徒也。）(81)

「辞官隠居」は為業が保元三（一一五八）年、大原に隠棲したことを指す。「著史」とあるのは『大鏡』の著者を為業とする説をふまえるのだろう。時勢の難を知り、大乱を逃れ、草莽で修史に励むという為業像が、山陽自身の自画像であったことはまちがいない。西行を論じてわざわざこのような一節を挿し込まなければ満足しない山陽の自意識を、稚気だと嘲笑うこともできよう。しかし、混沌の世に刀剣を振るう英雄ではなく、それをじっと眺めながら歴史を記す「文士」へ寄せる熱い共感は、幕末の志士たちとはやはり異質な「士」のイメージと、人間理解の奥行きを示しているのではないだろうか。

さて、最後にもう一度、平重盛に戻ろう。山陽は『外史』の叙事文で彼の活躍を余すことなく伝え、論賛で惜しみのない賛辞を贈り、『政記』で容赦のない論難を加えていた。両書のあいだで、彼の重盛評価が劇的に変化したわけではない。『政記』が本音で『外史』は建前だというのでもない。「文体」に忠実なのである。「叙事」では軍記物語や先行史書を頼りに事実を述べ、「史賛」では「正論」と認めたところを踏襲し、「史論」ではわざわざ天下の通論に言及した上で「奇」を狙った自説を展開してみせたのだ。しかもその際、「士気」や「勢」をはじめ様々な自前の概念が導入され、駆使された。その態度は、歴史書を経書の副読本のようにとらえ、儒学的理念を歴史の実地に徴していこうとするものとは明らかに異質である。そこではまるで、自分なりに用意した概念や論点をもとに、既存の評価を覆してゆくこと、その過程でおのれの見識を誇示することそれ自体が楽しまれているようではないだろうか。しかもこうした方法は、従来あまり論じられてこなかった人物に全く異なる視角から光をあてることにも成功していた。以上わずかに示した数個の事例は、山陽の識見のみならず、叙事・史賛・史論それぞれの個性をよく表わしているといえるのである。

そして、こうした特徴をもつ山陽の史書は、多くの読者の心をつかんだ。リリカルな叙事文は読む者を史的場面に惹き込み、慷慨を燃えあがらせた。議論文では、その雄弁も手伝って、読者は知らず知らずのうちに独自の語彙で彩られた彼の世界に魅了された。藩学の授業にあきたらない血気盛んな書生たちは、自分もこのような文章を書いてみたいと考え、多くの模倣者が生まれた。その影響は直接の門人に留まらない。各地で「史論」が書き散らされた。歴史上の事件や人物を、必ずしも朱子学的な徳目の観点に縛られずに自由に褒貶すること、それを題材に友人たちと「論」を闘わせることは、書生文人たちにとって第一に楽しいことだった。経書解釈はつまらない、詩文は無用な小技に過ぎない、そう考える多くの豪傑文士たちによって、江戸の漢文脈はたしかに相貌を変えたのである。

天保三(一八三二)年の夏、頼山陽は肺病で世を去った。享年五十三。『日本政記』の完成へ向けて筆を走らせるさなか、机に俯せての臨終だったという。本当かどうかはわからない。息子の三樹三郎は夏空のもとを遊びまわり、死に目に会えなかったというが、こちらはいかにもありそうな話である。

結局、『日本政記』は生前に完成しなかったが、弟子により書き継がれ、『日本外史』と並んで書肆を賑わせた。著書だけではない。近代に至るまで、書画や片々たる断簡すら好んで収集され続けた。真偽相半ばする逸話——いわば山陽伝説の類——がひとからひとへと伝わり、酒席に笑いと嘆声を添えた。幕末を経て明治へ至る漢文脈を大きく書き換えたと評するのは、過言だろうか。ある門人のひとりは、山陽をもてはやす活況をこう伝えている。「山陽没後著述之盛行於世こと近世希比。江都にては山陽の著述を集め、自称山陽学者有之候由、其盛可想。誠に仕合之人也」（森田節斎）(82)。

第三節　志士と文士のあいだ

頼山陽の死から四半世紀の時が流れ、安政も五年を数えた頃、京の書肆から一冊の詩集が出版された。表題を『近世名家詩鈔』といい、関重弘と藤田栗堂が編者に名を連ねている。三巻にわたって百名近い当代詩人の佳作を紹介する力作であるが、いわくつきのテクストでもある。刊行に前後して安政の大獄が世を震わせ、政治的実践に身を投じていた多くの詩人たちも罪を問われたからである。文久元（一八六一）年に出た第二版では、巻頭を飾っていた梁川星巌をはじめ、頼三樹三郎らの名前がこっそりと別人に入れ替わっている。当局をはばかったのであろう(83)。

それはさて措き、同書には江戸の儒者、藤森弘庵が序文を寄せている。弘庵も大獄に連座したが、軽罪に過ぎずじきに赦されていたから、どの版でも序文は削られていない。弘庵の文集中にあっても目を引く内容豊かな一文だから、すこし詳しく検討しよう。冒頭部は次のとおりである。

世俗の好尚する所、衣履玩好より、以て婦女の髻鬟掃眉の類に及ぶまで、大抵江戸に始まり、四方に流伝す。京摂は大都会なれば、流伝最も蚤けれども、猶ほ数年の後に在るがごとし。江戸は則ち其の流伝漸く遍きに及びて、旧尚既に廃れ新様を出だす。是れ余が平生耳にし目にする所なり。〔……〕享保の間、蘐園の徒李王を唱へて、京摂は乃ち安永・天明に盛んなり。其の相距たること殆ど三十年。此の時に当り、江戸の文士、稍々晩唐宋元を奉ずる者有り。迨びて文政に至り、其の風大に行はる。是に於いて当世諸家の詩を集め、刻して以て四方に伝ふ者、家に其の書有り。啻に汗牛充棟のみならざるも、亦た一時の好尚を見るべし。

（世俗所好尚、自衣履玩好、以及婦女髻鬟掃眉之類、大抵始於江戸、流伝四方。京摂大都会、流伝最蚤、猶在数年之後。江戸則及其流伝漸遍、旧尚既廃出新様。是余平生所耳而目也。〔……〕享保間、蘐園之徒唱李王、而京摂乃盛於安永天明。其相距殆三十年矣。当此之時、江戸之文士、稍有奉晩唐宋元者。迨至文政、其風大行。於是集当世諸家之詩、刻以伝四方者、家有其書。不啻汗牛充棟、亦可見一時之好尚矣。）[84]

弘庵はいかにも近世後期の文士らしい流行への感受性と、江戸生まれの自然な傲慢さを示している。[85] 衣服から婦女の髪型に至るまで、流行は江戸に始まり地方へ伝播し、あまねく海内にひろまる頃には江戸では新たなモードが生まれている。詩も同じである。かつて江戸で古文辞が流行り、三十年ほど遅れて京摂を賑わした。しかしその頃には江戸では性霊説が擡頭し、文政期には絶頂を迎えた。その詩風が、再び三十年ほどの時差を経て、今の京摂では主流であるらしい。京の編者からはるばる序文を求められ、どこかなつかしい風貌の詩作を眺めていると、ふと「今日」と「文政の際」との隔絶が痛感された。序文はこう続く。

近日以来人は其の無用を厭ひ、唱へて経済実用の学を為す。是に於いて海防に策有り、辺備に論有り。五尺の童子すら、詞章を称するを恥づ。〔……〕嗚呼、詞章の策論と、固より無用・有用の別有るなり。然れども文政の際、四方無事にして、海波驚かず、騒人韻士、文酒に徴逐して無用に流運するを得。而れども今日に在れば、則ち慷慨扼腕して有用を談ぜざるを得ず。彼此一時、亦た各々其の勢に遭ひて然るのみ。因りて当日を回顧すれば、反て無用の慕ふべきを覚ゆるなり。

（近日以来人厭其無用、唱為経済実用之学。於是海防有策、辺備有論。五尺之童子、恥称詞章。〔……〕嗚呼、詞章之与策論、固有無用有用之別也。然文政之際、四方無事、海波不驚、騒人韻士、得文酒徴逐流運於無用。而在今日、則不得不慷慨扼腕談有用。彼此一時、亦各遭其勢而然耳。因而回顧当日、反覚無用之可慕也。(86)）

近頃人々は「無用」を厭い、誰もが「経済実用の学」を唱えて、世上には海防策や辺防論が溢れかえっている。そんななか、詩文酒興に日々を過ごすことは、五尺の童子ですら恥ずかしいと思う所業だ。泰平を甘受できた文政期ならいざ知らず、切歯扼腕して「有用」を談ぜざるを得ない目下の情勢にあって、それは嗤われるべき「無用」にほかならない。弘庵は、ここではその無用をむしろ懐かしみながら、時勢の相違を鋭く観察している。傾聴すべき指摘であろう。たしかに幕末期、山陽の模倣者たちが世に溢れ、その著書が書肆を賑わせた。しかしそれでも、危機の時代に政治的主体として躍動する志士たちの姿は、前時代の文士たちとはあまりに異質である。勤王心や対外的危機感を理由に山陽たちを幕末思想史に捲き込むのではなく、むしろその相違にこそ目を凝らさなければならない。両者は異なる思想と心性をもち、異なる時と場を生きていたのである。

幕末期、文人的遊藝や文筆業そのものを「無用」の贅物として切り捨てる言説が多く見られた。「詩歌・茶湯・棋・書画・印・立花・能・謡・浄瑠璃、嗟々陋哉、厭べし厭べし(87)」とは、江戸遊学中の吉田松陰の言葉である。のちに渡海を企て獄に降った松陰は、おとなしく著述に励むことを勧める兄に対して「立功の出来ねば立言は古今のきまりものなり。可笑、可笑」[88]と哄笑する。松陰の薫陶を受けた高杉晋作も、「方今天下日に衰へ、醜虜猖獗す。白面の一書生輩と雖も、豈に区々として文章を事として終らんや（方今天下日衰、醜虜猖獗。実雖白面一書生輩、豈区々事於文章而終也）」と啖呵を切った上で、著述による功名を「馬鹿の事（馬鹿之事）」だと一蹴する。[89]「蓋し承平日々に久しく、文人柔弱たり。専ら吟詠に耽り書画を弄ぶ者有り、奇説を主張し人聴を駭かすを喜ぶ者有り、貴第に講読して以て時誉を邀むる者有り、好んで著書を刊し、以て材藝を矜る者有り。之の数者、方今文人俗儒の習にして、江都最も甚しと為す。所謂無用の学者なり（蓋承平日久、文人柔弱。有専耽吟詠弄書画者、有主張奇説喜駭人聴者、有講読貴第以邀時誉者、有好刊著書、以矜材藝者。之数者、方今文人俗儒之習、而江都為最甚。所謂無用之学者也」（関義臣）[90]、「世の文を為す者、晦盲邪僻にして、専ら新奇を以て相尚ぶ。沿習已に久しく、歳ごとに盛んに月ごとに繁し。其の間所謂彼れ此より善き者無くんば非ず。然れども亦た率ね道に益する所無くんば、則ち亦た嬉戯の具なるのみ（世之為文者、晦盲邪僻、専以新奇相尚。沿習已久、歳盛月繁。其間非無所謂彼善於此者。然亦率無所益於道也、則亦嬉戯之具而已耳）」（佐久間象山）[91]、「旧稿の序記論説の類、散佚して収めず。僅かに存する者は、皆昔年遊戯の余に作る所にして、今日の裏の志す所以に非ざるなり（旧稿序記論説之類、散佚不収。僅而存者、皆昔年遊戯之余所作、而非今日襄之所以志也）」（春日潜庵）[92]なども同様の主張であろう。彼ら「志士」たちの「志」は、もはや序記論説といった文章の練磨にはなく、〈思想・文藝の市場〉で新奇をあらそい名を求める文士たちは唾棄すべき無用者に過ぎなかった。「嬉戯の具」「遊戯の余」という言葉には、明確に否定的な価値判断が込められている。

もちろん、彼らによる厳しい「無用」の告発、「経世有用」の標榜は、近世を通して見られたスローガンの退屈な反復ではない。それは第一に、「今」が未曾有の危機的状況であるという認識のもと、おのれの生涯も学問も、「国家」や「御主人」に有為なものであるべきだという主張である。また第二に、かかる有用な学問——すなわち「実学」――にて自己を陶冶した「有志の士」こそが、今日の政務を担うべきだとする要請である。彼らの多くは、単に名君による事態の打開を呆然と待ち望んでいたのではない。我こそが現今の「落日」を「挽廻」[93]する政治的軍事的英雄であるという強烈な自負のもと、遺憾なく実力を発揮できる場を求めたのである。彼らが声をそろえて、能力に応じた人材登用や言路の洞開を唱えた所以である。

何とぞ我こそ弓馬・文学の道に達し、古代の聖賢君子・英雄豪傑の如く相成り、君の御為を働き、天下国家の御利益にも相成候大業を起し、親の名までも揚て酔生夢死の者にはなるまじと直に思付候者にて、此即志の発する所也。（橋本左内[94]）

小弟の志は、治平にも乱世にも同じく御用に相立度存込候へ共、先々治平の時は尋常倫俐なる人にて何事も間に遇ひ申候。乍然、世の変革など申節には小弟などの如きものに無之候ては、格別の御用には相立まじく候。（佐久間象山[95]）

僕之如き天下之事情に通じ、至る処として天下之人心を動す者、世に幾く人ぞや。是れ僕が才識憂世之所致か、天下豪傑之士所許、僕も亦敢非所譲候。慢心と云はば言へ、僕自棄るも、天下有志之士は不棄候。〔……〕方今得がたきは是人才に候。国の強弱は人物の多少に有之、人才を棄而、強国は古来無之候。方今僕が遍遊目撃する処も亦然り。（梅田雲浜[96]）

当時、志士たちのあいだで水戸を震源とする新たな思想潮流が流行していたというが、それもこうした現状認識と実存意識を背景としていた。たとえば藤田東湖の『弘道館記述義』は、保元の乱以降の混沌を論じて、次のように述べる。

道の世に在るは、猶ほ太陽の天に懸かるがごとし。保平已降、彝倫敗れたりと雖も、名分乱れたりと雖も、而も太陽の未だ地に墜ちざれば、則ち斯の道の人に存する者、亦た猶ほ自若たり。故に其の喪乱荐りに臻り禍変百出するに当りても、天又た必ず英偉絶特の人を其の間に生じて、以て天常民彝を扶植し、斯の道をして寓する所有りて、滅絶蕩尽するに至らざらしむ。〔……〕且つ夫れ太陽光を失へば則ち宇宙は長夜、大道滅絶すれば則ち人皆禽獣なり。天地の間豈に斯の理有る容けんや。然れば則ち太陽の見えざるは、雲霧障ればなり。而して赫赫炎炎たる者は自若たり。大道の行はれざるは、乱賊晦せばなり。而して光明正大なる者は、未だ嘗て滅絶せざるなり。（道之在世、猶太陽之懸於天。保平已降、彝倫雖敗、名分雖乱、而太陽未墜於地、則斯道存於人者、亦猶自若也。故当其喪乱荐臻禍変百出、天又必生英偉絶特之人於其間、以扶植天常民彝、使斯道有所寓、而不至於滅絶蕩尽矣。〔……〕且夫太陽失光則宇宙長夜、大道滅絶則人皆禽獣。天地間豈容有斯理。然則太陽之不見、雲霧障焉。而赫赫炎炎者自若也。大道之不行、乱賊晦焉。而光明正大者、未嘗滅絶也。）(97)

保平以降、たしかに人倫や名分は頽廃した。しかし、どれほど絶望的なときであろうと、宇宙が永遠の暗闇に閉ざされ、すべての人が禽獣同然にまで堕落することはあり得ない。「太陽」すなわち「大道」は、常に赫々と輝いている。もしその輝きが失われているとすれば、それは邪佞な人間によって光輝が遮られているからだ。したがって、天が「英偉絶特の人」を世に送るとき、かかる叢雲は切り開かれ、「道」は輝きをとりもどすだろう。東湖はかかる煽動的文句を並べたてたのち、「英偉絶特の人」の具体例として、平重盛、源義経、北条泰時および時宗や、後醍醐天皇とそのもとに集った英雄たちを挙げていく。おそらく本書の読者は、我こそが「大道」のために「乱賊」を打ち破る「英偉絶特の人」たろうと、源義経や楠正成のような英雄豪傑たろうと、発奮したであろう。この点、もうひとりの水戸の巨頭・会沢正志斎も同様である。吉田松陰は同志とともに『新論』を読んで、特に胸に響いた言葉として「英雄の天下を鼓舞するや、唯だ民の動かざるを恐る。庸人の一時を糊塗するや、唯だ民の或いは動かんことを恐る（英雄之鼓舞天下、唯恐民之不動。庸人之糊塗一時、唯恐民之或動）」を書き抜いている。(98) たしかに同書は現状の問題を長すぎた泰平による制度の弛緩に求め、随所で「英雄」の手による覚醒を標榜する。「天功」を助ける「豪傑」というモチーフも頻出する。危機の時代に情勢を挽回する英雄豪傑というイメージが、いくらか単純化されながら喜ばれたことは想像に難くない。(99)

次に掲げる言葉は、以上にみてきた志士たちの心性の最も集約された表現である。

嗚呼、今の時何時か。丈夫此の時に処すに、当に長鎗大剣を持ち兵を万里に笞ち、国家の為に非常の功を立つべし。何ぞ碌々として筆硯の間に畢らんや。〔……〕後世の文士、矻矻として字を検し語を習い、瑣瑣たる著作を以て大業盛事と為す。然れども其の書且に上梓して、暮には已に覆瓿たり。尚ほ且つ是を以て不朽を図らんと欲す。亦た愚ならずや。（橋本左内）

（嗚呼、今之時何時邪。丈夫処此時、当持長鎗大剣笞兵万里、為国家立非常之功。何碌碌畢生於筆硯間也哉。〔……〕後世文士、矻矻検字習語、以瑣瑣著作為大業盛事。然其書且上梓、而暮已覆瓿。尚且欲以是図不朽。不亦愚乎。）(100)

かならずかならず学者にも、詩人にも、歌よみにも何にも成んと思ふ事、狂人の心也。唯々楠正成尊の如き忠臣にならうと一向一心に思慮《オモ》ふべし。思て修行すべし。無事なる時には家業の余暇には他人の寝る間、遊ぶ間、千万の御恩奉謝の一端に著述すべし。御国に事ある時は、御為に天神地祇をいのり奉り、はかりごとをめぐらし事を成すべし。事ある時、書物をよみ著述などのみして黙々としてあるは、畜生とも何とも名付難し。誠に学者は無用なものと思はるべし。（佐久良東雄）[101]

たしかに彼らにとって、もはや功名を文筆業に求める必要はなかった。眼前には「事業」を打ち立てるべき政治状況があり、身命を賭すべき場があった。彼らはもう歴史というよく出来た劇の傍観者でも消費者でも、作者や演出家でもない。いま眼前でくりひろげられる「一大劇場」で躍動せんとする「劇場中の一人」（宮原寿三郎）である。[102]筆硯を投げ捨て鎗剣を握れという左内のメッセージに共感する人は多かっただろう。そして彼らからみれば、山陽など所詮「文士」に過ぎないと思えたとしても、何ら不思議ではない。橋本左内はある門人が頼山陽の詩を詠じているのを聞いて、次のように叱ったという。

予れ嘗て同に酌し、酔後頼子成の天草洋に泊すの詩を放吟す。先生奮然として声を励まして曰く、「止めよ、子成は一読書人為るに過ぎず、苟くも詩を取らんか、李杜在る有り、人を取らんか、岳武穆・文信国在る有り」と。先生の平生志す所、以て見るべきなり。
（予嘗同酌、酔後放吟頼子成泊天草洋詩。先生奮然励声曰、止、子成不過為一読書人、苟取詩乎、有李杜在、取人乎、有岳武穆文信国在。先生平生所志、可以見矣。[103]）

岳武穆は南宋の武臣で金との徹底抗戦を説いた岳飛、文信国は元への降伏を頑なに拒否して獄死した文天祥である。

幕末の政治情勢がしばしば南宋に比類されたことも相俟って、ともに忠臣烈士の典型として当時人気を博していた。左内は、頼山陽のような「読書人」(中国における士大夫層を指示する謂いではなく、無用な教養人、非政治的な文人といった否定的ニュアンスであろう)ではなく、こうした烈士たちを見本にせよという。幕末期、著作の流行とは裏腹に、山陽本人に対しては「頼襄以来京摂間文士輩鄙劣の風習に相成候趣」(佐久間象山)[104]など否定的言及が重ねられていたことは、強調されてよい。

本書第Ⅰ部が詳しくたどってきたように、徳川日本の知識人たちは、様々な永遠の夢をみた。経書解釈に、詩に、経世策に、模擬剽窃を経て古人と一体化することに、新たな事業の開拓によって一世を風靡することに。そして十八世紀の終わり、〝永遠性〟の希求は、頼山陽において歴史叙述と結びついた。〈歴史を描く〉ことで政治的英雄と歯列する「文士」というアイデンティティの確立である。もはや経書解釈などつまらなくなった。史論が、漢文脈の主流に躍り出た。しかし、それでもまだ、荻生徂徠が、服部南郭や太宰春台、井上金峨や山本北山がそうしてきたように、頼山陽も「文」に賭けた。それぞれにちがった仕方においてであることは、縷々述べてきたとおりであるとしても。

歴史上の英傑に自己を投影し、政治的実践に身を投じていった志士たちが、真に天下国家を憂い、そのための自己犠牲をも厭わない偉人であったのかは定かでない。国家のため御主人のためという言葉も、往々にして自己肯定の手段や鬱憤を晴らす方便だった。しかしそれでも、政治的功業の優越を唱える言説の氾濫が、文人的遊藝はおろか文筆業それ自体すら否定的表象へと追いやったという点は、事実でもあり重要でもある。経書に真理を尋ねる生涯も、文壇に赤幟を建てんと競い合う日々も、急速につまらないことになっていった。こうして、〝永遠性〟へのヴィジョンはより素朴なものとなる。歴史は〈描く〉のではなく〈作る〉ものだ。政治的英雄として功名を打ち立て、歴史に語り継がれよう――。

幕末知識人たちの「一大劇場」の始まりである。

第II部　詩人・歴史・革命——志士と文士の政治思想

第四章 テロルの倫理 吉田松陰

第一節 「真勤王」と「偽勤王」

陰惨な話から始めよう。

安政六(一八五九)年の春、萩の吉田松陰は狂態を呈していた。老中・間部詮勝の襲撃計画などいくつかの「義挙」を理由に野山獄の囚徒となった松陰は、獄中からも盛んに手紙を発して同志を使嗾し、慎重論を唱える知友や門弟と深い隔絶に陥り、ひとり悲歎に暮れていた。高杉晋作や久坂玄瑞といった高足から、桂小五郎(のちの木戸孝允)や来原良蔵など無二と頼る旧友までをことごとく絶交し、その「心死」を罵った。「僕愚昧にて人の胸中観徹すること不能、一言を聞て一歩きざみに責候故、果は絶交に至る。人間之事今にて思へば皆々偽也[1]」や、「道も義もなき世の中に相成、一日生居り候事もうるさき事に奉存候[2]」は、この頃の言葉である。自己陶酔の気味を加えたパセティックな口調が、彼の心事をよく物語っている。

孤独は、それでも松陰を信じて従った者——入江杉蔵と野村和作(のちの野村靖)の兄弟——に対する、同性愛的とすらいえる一体感をうながした。松陰はふたりの投獄を「不朽の快事」と寿いで、熱心に手紙を書き送っている。

足下不朽の大事を以て、阿弟に譲り、阿弟喜びて之を受く。而れども天猶ほ足下を不朽にせんと欲す。足下も亦た喜びて之を受くのみ。但だ慈母の情憐れむべし。然れども二子不朽なれば、母も亦た不朽なり。人生は欻忽、百年は夢幻、唯だ人の天地に参じて、動植に異なるは、不朽を去りて更に別法無し。〔……〕足下兄弟と吾と、一笑して地に入るも、亦た最後の一大快事なり。

（足下以不朽大事、譲于阿弟、阿弟喜而受之。而天猶欲不朽足下。足下亦喜而受之耳。但慈母之情可憐。然二子不朽、母亦不朽矣。人生欻忽、百年夢幻、唯人参天地、異動植、去不朽更無別法矣。〔……〕足下兄弟与吾、一笑入地、亦最後一大快事也。(3)）

大事を弟に譲るとあるのは、松陰が政治的策謀のためにふたりを脱藩させようとするも、老母を理由に入江が辞したことをいう。松陰もその選択を尊重した。しかし、「天」は入江を見捨てなかった。佐世八十郎（のちの前原一誠）らの粗忽から計画は露見し、入江も連座して獄に投じられたのである。世は夢幻、人生は束の間、そのなかで人間と動植物を隔てるものは「不朽」を為すか否かでしかない。ここにいう「不朽」とは、怯懦と因循がはびこるなかで華々しく死罪に処され、「三義士」として歴史に輝くことをいう。松陰はこの頃の詩文や書簡でうわごとのように同趣旨の発言をくりかえしている。「滄桑瞬息 人間の事。不朽 名を成せば生捐つるに堪ふ（滄桑瞬息人間事。不朽成名生堪捐）」、「世事は夢の如し、一の不朽を成せば足る（世事如夢、成一不朽足矣）」、「死すれば則ち義名朽ちず（死則義名不朽）(4)」……。もちろん、死はただ名誉欲を充たすだけの無意味なものではない。鮮血は逆賊の逆賊たる所以を明らかにし、遺された同志たちを発奮させるだろう。兄・杉梅太郎に宛てられた手紙には次のような言葉も見える。「此上は是非杉蔵に一命を棄てさせたし。杉蔵死して呉さへすれば、吾輩生残りても必一事はなすなり(5)」。安易な死へのロマンチシズムが彼の脳裡に巣食い、同じものが同志にも強いられていたのである。

松陰に心酔していた野村はさて措き、少しく分別を有する入江からすれば、たまったものではない。安政六年三月十四日、入江は松陰への反論を草した。入江杉蔵、字は子遠、このときわずかに二十三。明治の世を見ることなく命を落とした彼の、畢生の大文章である。

教命に曰く、「不朽の大事を以て、阿弟に譲り、阿弟喜びて之を受く。而れども天猶ほ某を不朽にせんと欲す。某も亦た喜びて之を受くのみ、云々」と。某甚だ喜ばざるなり。今者の罪を獲る、某甚だ悔咎して、自ら怪しむ所なり。故に数百言の痛情を陳べ、以て哀宥を望むに至る。然れども命を獲ざれば、即ち不幸のみ。日夜旻天に号泣し、神祇に祈願して、赦放を待つ。寧んぞ喜びて之を受ける者有らんや。又曰く、「和作縛に就けば、則ち相共に西山の義に効ひ、笑ひて地に入る」と。某決して能はざるなり。

（教命曰、以不朽大事、譲阿弟、阿弟喜而受之。而天猶欲不朽某。某亦喜而受之耳、云々。某甚不喜也。今者之獲罪、某所甚悔咎、而自怪也。故至陳数百言之痛情、以望哀宥。然而不獲命、即不幸耳。日夜号泣于旻天、祈願于神祇、而待赦放焉。寧有喜而受之者哉。又曰、和作就縛、則相共効西山之義、笑而入地。某決不能也。）(6)

喜んでともに不朽となるなど、とんでもない。勇敢な弟が死を決して脱藩したからには、自分は何としても助命を請い、老母に孝を尽くすつもりだ。これからは天下国家を粗暴に議論するのも止めようと思っている。先生は生を偸む態度として難ずるだろうか。そのような手紙はもう読みたくもない。「男児相知るのみ。何ぞ必ずしも己に同じくせんと欲せんや（男児相知而已。何必欲同己乎）」。入江の尺牘は、もし以上を不可とするならどうぞ絶交でもすればよいと、激しい口調で結ばれている。

この手紙を受けた松陰は一時ほど言葉もなく立ちつくしたが、しかし態度は改めない。むしろおのれの至誠への理解を求め、突き放すような入江の無情を責めた。(7) 孝の論理をもちだす入江に対して「僕已狂人、孔孟流儀の忠孝仁義を以て一々責られては一句も無之。只時事切歯流涕、何事も他は暗やみなり」と自棄をおこした。(8) この頃、周囲はしきりに「義卿、人に強ふ」と困惑したというが、(9) 入江に宛てられた次の一節などは、そうした悪弊がよくあらわれているといえよう。

世道士風、如何々々。実に目を当て見らるる世の中か。後世史筆如何なる所を書くか。小田村輩世の所謂学者、死而無益、罪而無功などと馬鹿を云て、官禄妻子を保全するを以て祖先への大孝として居る。古より忠臣義士誰が益の有無、功の有無を謀て後忠義したか。時事を見てたまらぬから前後を顧みず忠義をするではなきか。剰へ君意不可信の説あり、痛哭流涕ではなきか。(10)

短簡ながら、本章が以下に扱う興味深い論点がでそろっている。押しつけがましい呼びかけは、至誠の強制という彼の思想がはらむ問題を暗示しよう。「後世史筆」云々とは、まさしくいまを歴史的時間と認め、歴史からの視線を自らの倫理的支柱や政治運動のエートスに転化する彼の歴史意識の表現であろう。「益」や「功」と「忠義」を対比させるのは、この頃の彼が、生きて功名を貪る同志たちを虚偽と切り捨て、ただ死のみが忠義の貫徹として真の勤王たり得ると考えていたことの証左である。かくして吉田松陰は、歴史意識に支えられた暗い衝動に突き動かされて、「偽勤王」の藩政府と「真勤王」の同志という対比を、同志のあいだにまで持ちこんで、絶交と失意と罵詈と自棄に日々を費やしたのである。(11)

狂騒は、松陰の心境に大きな変化が訪れる四月まで続いた。

安政五(一八五八)年に始まり翌春に極点を迎える吉田松陰の矯激について、「あれは松陰が松陰でなくなる」と、好意的な論者からも戸惑いの声が聞こえてくる。(12) 批判的な者からすれば、「テロのイデオローグ」の正体が暴露されたということになろう。(13) なおもけなげに、「あくまで自らの信ずる道を行く決意を示した」と擁護する向きもある。(14) いずれにせよ、「日本人の心情にふれる」(15) らしい彼の足跡に向けられる眼差しには、好悪の情意が分厚くまとわりついている。妥当な解釈だろうか。入江とのやりとりに見られる諸問題について、松陰本来の姿からの逸脱としてお茶をにごすことは容易い。彼の偏狭な人柄の問題として片付けることも、国事に身を捧げる英雄的精神として称揚することも、同じように容易い。彼はひどくわかりやすい不寛容な奇人となり、愛すべき英雄となる。しかし、果たして、それだけなのだろうか。愛敬と冷笑のはざまで見えなくなっているものが、あるのではないだろうか。吉田松陰という一個の実存にとっても、徳川思想史の水脈としても。

もう一度、吉田松陰のたどった足跡と、そこからつむぎだされた思索の成果を検討しなおしてみよう。注意するのは、先にも触れた歴史意識と、永遠への夢である。松陰はよく歴史書を読んだ。史冊に同志を見つけて喜び、仇敵と出逢って憤り、まるで自分もその時代を生きているかのように歴史を眺め、いまを生きた。行動の指針を歴史から汲みとり、そしておのれもまた後世の歴史家から見つめられていると感じることで、独自の倫理や政治意識を育んだ。彼にあって〝永遠性獲得願望〟と歴史意識、それらと倫理や政治思想は密接に絡まり合っている。もちろん、序章で示唆し前章で示したように、それは幕末期にひろく見られた精神的態度である。しかし、その徹底ぶりにおいて、また徹底の末に自己の矛盾をものぞきこむ知性において、そしてその経過を伝える史料の豊富さにおいて、松陰はほかの豪傑気取りたちと一線を画している。好悪を交えず、先入観も速断もしりぞけて、もつれた綾をほぐしていこう。それは、歴史と結びついた〝永遠性獲得願望〟が政治化の時代にどのように作用したかについて、示唆に富む考察になるであろう[16]。

第二節　徳川後期における経学と史学

若き兵学師範の煩悶

吉田松陰は、天保元(一八三〇)年、長州藩士・杉百合之助と瀧のあいだに次子として生まれた。名は矩方、字は義卿、通称を寅次郎といい、別に二十一回猛士などとも号す。士分とはいえ家禄はわずか二十余で、農業もしながら生計を立てたという。もっとも、天保五(一八三四)年には叔父吉田大助の養子となって家督を継ぎ、こちらの家禄は五十七石だったから、一応は上士にあたる。また、吉田家は長州における山鹿流兵学の師範家であったから、松陰はわずか五歳にして兵学師範の職を継ぐことが定められたのである。

もうひとりの叔父玉木文之進の教育のもと、松陰は少年期から学才を発揮した。九歳にして藩校明倫館に出仕し、十一歳で兵学について御前講義をおこなっている。以後、藩主毛利敬親はよく松陰に目をかけた。若き秀才に驚くべきか、年端もいかぬ少年にまで家職の遂行を求める近世国家の原則に呆れるべきか、藩主敬親の人材好みを讃えるべきか、おそらくそのすべてであろう。とはいえ、若くして兵学を「本分の職(本分之職)」「元祖の業(元祖之業)」[17]として認識したことは、松陰の知的人格形成を考える上で重要である。史料の伝えるところによれば、兵学の師・山田含章斎は、若き後進を励まして「傑物の在る所、其の国必ず強し(傑物之所在、其国必強)」と教え、「維れ我が神州は万国の上游に屹立すれども、古より威を海外に耀かす者は、上は則ち神功、下は則ち時宗・秀吉の数人のみ。吾子年富み才足る。激昂以て勲名を万国に建つること能はざれば、則ち夫に非ざるなり(維我神州屹立万国之上游、自古耀威海外者、上則神功、下則時宗・秀吉数人耳。吾子年富才足。不能激昂以建勲名於万国、則非夫也)」と激励したという。[18]一身で国家を支える傑物、その名を四海にとどろかす政治的・軍事的英雄、そうなることが男子の本懐である。こうした教えは、日増しにつのる対外的危機感に触媒された時代の雰囲気とも、「磊々落々」や「狂愚」を自認し「白面の書生為るを屑しとせず(不屑為白面之書生)」と息巻くこの青年の気質とも、よく合致したものだっただろう。[19]かくして、西国萩の一隅に、戦乱に憧れ、天下の大事業を志す豪傑気質の若者が生まれた。そして嘉永四(一八五一)年の春、参勤交代に扈従して、青年は江戸の地を踏むことになる。

嘉永の江戸——それは天下泰平の二百余年が生み成した学藝の都である。

公儀直轄の学問所となった聖堂の書生寮には、各地の秀才たちが出自をこえて集い、拙い論弁にありあまる青春の力を費やした。聖堂に入り損ねた者は学問所儒者の私塾に通い、そのほか都下に帷をおろす数多の学師のもとを訪ねた。行き交う書生たちは郷里で既に一定の修行を積んできた者であるから、講義に足しげく通うよりも、書生同士の読書会や議論、名士との交流に精を出したようである。「天下の豪俊卓犖の士に交はり、経史に切劘し、文酒に周旋す(交天下豪俊卓犖之士、経史乎切劘、文酒乎周旋)」(松林飯山)。[20]かつて市場でくりひろげられた文士たちの競争は、学問所ネットワークという制度的担保を得て私塾や学校に代行されるようになり、〈文藝の共和国〉の担い手は職業文人から学問所エリートへと変貌を遂げていたのである。

松陰もはじめ、歓び勇んでこの世界に飛びこんだ。安積艮斎や古賀謹堂といった聖堂の儒者から、終生の師となる佐久間象山、山鹿流兵学の総裁・山鹿素水など、多くの学者の門をたたき、講釈や会読に参加した。しかし、所詮は田舎才子である。授業の準備に追われ、予習もままならないまま席に臨み、他藩の俊才たちに議論で負けをとった。肥後の横井小楠は、血気盛んな書生が集う学問所をまるで「諠譁場所」[21]だと歎いているが、江戸の学塾も事情は同じである。やがて松陰は「流石の大都、天下の人畏るべからざるはなし[22]」とめっきりしおらしくなり、「御国の井底蛙等吾藩耳を誇り、例して天下の士を軽じ候見識[23]」を恥じるようになった。読書日記ともいえる『辛亥日記』をひもとくと、五月五日には三十九枚、六日には五十七枚と読み継がれていた『通鑑』が、ひと月もすると急速にペースダウンし、六月七日の九枚を最後に読むのを止めてしまったことがわかる[24]。要するに、彼は挫折の味を知った。

正直で、脳裡によぎった思念の数々を言葉にして伝えなければ気の済まない松陰は、この頃陥った「方寸錯乱」について兄に長文の書簡を送っている。内容は頗るおもしろい。いわく、「先歴史は一つも知不申」。本史から学ぼうと考え『史記』を読み始めているが、二十一史の浩瀚さに眩暈がする。史論類には手が及びそうにもない。また、兵学家は歴史書のなかでも軍書や戦記類まで熟覧する必要があるが、いまだ「志のみ」。経学も四書集註くらいでは「行け申さず」。宋儒の語類や文集のほか、明清諸儒にも有益な発明をした人がいると聞く。なかでも重要なものは全集を手にとれと教えられたが、これもまた志のみ。「輿地学」も「砲術学」も「西洋兵書類」も「本朝武器制」も「文章」も「諸大名譜牒」(藩翰譜などを指すか)も「算術」も「七書」(武経七書であろう)も「武道の書」も皆々「一骨折れ申すべし」——。このままでは、「武士の一身」が成り立たない。

三年之修業位にて何も出来申間敷、天下英雄豪傑は多きものにて、其上に駕出仕候事は中々愚輩之鈍才にては俄かに出来可申とも思はれず、〔……〕一体武士之一身成立いたし候事、何共無覚束候故、愚劣ながらも緩々居候はば、何か一つとも可得申哉と存じ居候事に御座候[25]。

問題は、単に家学である兵学への懐疑に留まらない。兵学であれ、経学であれ、何か「根本とする処」を定めなければならない、でなければ「帯には短かし手拭には長し」の「仕様のなき代物」に終わってしまうという危惧である[26]。

他者と比べて傑出したいという欲望は浮薄な名利心と紙一重だが、誰に劣後することも、誰に恥じ入るいわれもない、おのれの人格を支える学問的根茎を求める熱意にいつわりはない。だからこそ懊悩は、「武士の一身」の問題とみなされていたのである。

若き兵学師範がこの煩悶にどのような決着を着けたのか、結局のところは定かでない。さしあたりつとに知られているのは、来たる冬、彼は逃げるように旅へ出て、そこからわずか十余年ばかりの「蹉跌の歴史」（徳富蘇峰）[27]が始まるということだけである。

経学と史学

ところで、この「方寸錯乱」について、松陰の家学が兵学であったことから、これまで特に兵学と儒学との関係が論じられてきた[28]。なるほど松陰は、先の書簡において両者のはざまで揺れる心境を吐露している。しかし、学問的根茎を求める葛藤が、実は経学と史学とのあいだでも交わされていたことについては、あまり知られていない。それは師・佐久間象山との見解の相違として、のちにこう振り返られている。

経学へ基かぬ学文にては捌け不申との御事、寅も左様思はぬにても無御座候。象山翁経学者にて往年従遊せし時も論語を熟読すべき由段々かたり、寅其時は「不甚然」と申、「歴史を読んで賢豪の事を観て志気を激発するに如かず」とのみ申居候処、象山云、「夫れでは間違が出来る」と。然遂不従其言。〔……〕史を観るの益あるに若ずと思ふ心遂に止ず。已に孔子も空言より行事が親切著明とて春秋を作り、孟子も動ともすれば、伊尹・周公・伯夷・柳下恵を初め昔聖賢の事実のみを称道す。然れば心を励し気を養ふは遂に賢豪の事実にしくものなし。抑

高説の経学へ基かぬ学文にては捌けぬとある捌けぬ廉々何事に哉、詳に教を承たし。(29)

松陰は熱弁を振るっている。たとえば経学をしなければ「道を見ること分明ならず」という者がいるが、そもそも「見得て分明、践得て真切」なものを「道」と呼ぶ。難解な経学、諸家の注釈までひもとかねば了解し得ないものであるはずがない。もちろん、歴史の上にも、たとえば正統論や簒奪の是非など、簡単には正邪を決めかねるハードケースが存在するが、それとて「古人の衆論」に「己が工夫」を加えれば「人間の大義」はおのずと明らかになる。そもそも、かかる経学重視の風潮は、「全体歴史家者と云ば重みがなく、経学者と云ば高大なる故、兎角経学々々と云悪習」に基づいており、憎むべきこと甚しい。結局、重要なのは「平生の工夫覚悟」であり、そのためには古人の言行という事実を味わうのが最もよい。だからこそ孔子は『春秋』を作り、孟子も高遠な理屈ではなく伊尹、周公、伯夷、柳下恵らの事蹟を通して「仁」や「知」を語った。「況んや靖献遺言や外史之平氏伝を見るに付ても、愈益激昂」。それでよいのである。

血気に逸る未熟者の軽言ではない。たとえば徳川後期の文士・頼山陽は、経学に関して次のような所見を有していた。

六経は漢土の物なり。六経の言ふべき者、漢土の人之を尽くす。而して日本人の敢て之を是非するは、猶ほ三家村の子弟、都下の演劇を月旦するがごとし。其の説は三家村に行はるべくして、都下に行はるべからず。藤・荻の此の間に張る。何ぞ以て之に異ならん。

(六経漢土物也。六経之可言者、漢土人尽之矣。而日本人敢是非之、猶三家村子弟、月旦都下演劇。其説可行三家村、不可行於都下。藤荻之張於此間。何以異之。)(30)

儒者たちは古来、唐虞三代と呼ばれる古代中国に人類の目指すべき理想の世界が実在し、その理想が一群の経書のなかに秘められていると考えてきた。だからこそ彼らは古代の言語で綴られた難解な書籍と格闘し、煩瑣な一字一句にこだわり、多くの著作をものしてきた。それは批判者たちの嘲ったような字句の詮索では決してなく、儒者たちはその字句のあいだに生の倫理と社会の規範、宇宙の真理を求めてきたのである。しかし、たしかにこれは奇妙な営みかもしれない。中国という特定の地域の遠い過去、一部は成立事情さえ定かでない群書である。そこに普遍的真理が秘められていると信じることは、後世異国に生きる者であればなおさら、自明の前提ではあり得ない。「六経」とは中国の本で、何かいうべきことがあれば中国人が論じている。「日本人」がこれについてあれこれするのは、田舎者が都会の演劇を論評するようなものだ。その説は田舎では通用するかもしれないが、都会の人からみれば滑稽である。伊藤仁斎や荻生徂徠が日本で隆盛しているのも、それと同じようなものではないか……。

一驚に値する発言だが、当時の儒学界の風潮と無縁ではない。二百年にわたる泰平に素朴な自負を抱き始めていた徳川後期の儒者たちは、禍乱の続く中国にかつてほど光輝を見出せなくなっていた。山陽と同じ世代に属する碩儒・古賀侗庵は、「強弱勇怯」の点で劣る「支那」が傲然と「中国」を自称し、他国を蔑視するのは滑稽だと喝破する。(31)春秋時代という時と場に限定された装置に過ぎない華夷の弁をふりまわす中国に、「夜郎自大」、「無義無礼」と容赦ない。(32)しかも、現実としての中国への冷笑は、理念としての中国の価値さえおびやかし、侗庵はもう堂々と「三代」の瑕疵さえ論じるのである。(33)もちろん、昌平黌で教鞭を執った侗庵は、それでも経書解釈に従事している。しかし、古が必ずしも理想でないとすれば、あるいは同じ理想をより身近な対象から学び得るとしたら、煩瑣な経書解釈に何の意味があるのだろう。日本人の経書解釈など田舎者の背伸びだとするあけすけな態度が生まれるのは必然であった。そして、だからこそ頼山陽は、「経業争論」など「古るくさし」といいきって、(34)「日東に生れたる儒の職分」は「和史」だと宣言した[35]。前章にて詳しくみた、歴史家の誕生である。

かかる学問的態度を示す頼山陽の成功は、江戸の漢文脈を大きく変えた。雨後のたけのこのように叢生した模倣者たちは、やはり史論を書き散らしたし、経書解釈には熱意を持たなかった。漢学の総本山、江戸の昌平黌でも事情は同じである。松陰より一年遅れて江戸の地を踏んだ岡鹿門――山陽の著作をひもとけば「三百年間の鴻儒碩学、仁斎、徂徠輩、畢生の精神を何事に耗せしやと思はる[36]」というほどの信奉者である――は、仙台養賢堂時代に経学の試験に苦戦して以来、四書を学ばなかったという。彼は注疏にまで励む師・安積艮斎の学風を「先輩の経学を刻苦せし事如此。但し吾が知る所に非ず」と一蹴し[37]、「宋学も朱陸も、清儒の折衷考証も、恐らくは大丈夫の為さざる所ならん」とする[38]。では、大丈夫にふさわしい学問とは何なのかといえば、やはり歴史である。学問とは「国家の用」に供するためのものだが、歴史を閲せば先人たちがいかに自己の学問を「実用」に施してきたかがわかるので、経書中の実益ある部分は歴史を通じて学ぶことができるというわけだ[39]。仙台に帰藩後、藩主への五経講釈にすら苦戦して、「遊学十歳に亘り五経進講が不能なら、何の面目あらん」と同僚から失笑される鹿門の姿はたしかに嘆かわしいが[40]、そんな彼が昌平黌で舎長まで務めた学問所エリートであったことが重要である。要するに、松陰も鹿門も、漢文脈が経学から離脱した時代を生きていたのである。

もちろん、山陽から松陰まで、彼らの意見は同じではない。ひとくちに歴史が重要だといっても、山陽が「和史」にこだわるのに対して、鹿門や松陰は中国史を好んでいる。また、前章で詳述したように、叙事か議論か、史論か史賛かといった細目が存在した。頼山陽に心酔する鹿門の重んじたのはむろん史論体であり、彼の文集は聖堂時代の佳作を多く収めている。

だが、松陰の場合はどうだろうか。極めて興味深いことに、吉田松陰は史論体を嫌っていた。門弟に与えた評語の一節にこの上なく率直な宣言がある。「但し吾史論を好まず(但吾不好史論)[41]」。

まずは松陰の文集を確認しておこう。

若年期の『未忍焚稿』『未焚稿』にはじまり、『野山獄文稿』を経て、松陰は安政三(一八五六)年から六年まで年次ごとに『幽室文稿』をまとめている。しかしこの厖大な遺稿のなかにあって、史論体の漢作文は『未焚稿』所収のわずか四篇――「平内府論」「曹参論」「北条早雲 課業人物論」「南北興亡論」――に過ぎず、しかも「平内府論」は藩校明倫館、「曹参論」は安積艮斎塾の課題作文であり、「北条早雲論」も同様である。四つという数字よりも、それらがすべて与えられた課題に過ぎないこと、「未焚」と名付けられた若書きの草案中にしか見当たらないことが、ここでは重要だろうか。つまり、吉田松陰は自ら積極的に史論を書いた知識人とはいえないのである。

では、なぜ彼は史論を書くことを好まなかったのだろうか。その答えは、次の一節から推察することができよう。安政六年の春、同志たちとの疎隔の淵で書かれた一文である。

僕は已に死人為り。復た生人と弁ぜざるなり。宜しく村塾に課題して、各々「吉田矩方論」一篇を作り、以て罵詈を縦にすべし。豈に公等に快ならずや。
(僕已為死人矣。不復与生人弁也。宜課題村塾、各作吉田矩方論一篇、以縦罵詈。豈不快于公等乎。[42])

同志という手足をもがれた自分はもはや死人同然だから、お前たちは「吉田矩方論」でも書いて好きに罵詈すればいいではないか。さぞ愉快だろう。あてつけがましい上に度しがたい稚気に満ちているが、怒りにまかせて書かれてあるだけ、彼の史論に対する態度がよくあらわれている。松陰にとって史論とは、後世の知識人の手になる過去の英雄たちへの無責任な罵詈雑言なのだ。それは打々発止の舌戦の種にはふさわしいかもしれないが、歴史に対する正しい向き合い方ではない。幕末の長州と浅からぬ関係をもった詩人・広瀬旭荘も、こう指摘する。

近ごろ一人 楠公湊川の死は未だ善を尽さざるを論ず。又た曰く「古人を論ずも亦た格物致知の一端なり」と。余 常に上国の文人・頼子成の後古人を論ずるを以て業と為し、数巻の文集を挙げて皆論なるを憎むなり。〔……〕僕の意然らず。我輩は庸劣にして自ら信ずること能はず。仮令古人の地に当るも、恐らくは狼狽迂豁にして復た言ふべき者無し。故に言は訒せざるを得ず。論は恕さざるを得ず。宋儒より苛論を喜び、後世年少僅かに筆すれば輒ち古人の瑕疵を論ずること、近日尤も甚だし。僕謂へらく「決して窮理の術に非ず、徒らに心術を壊すのみ」と。宋儒此を以て窮理と為す。彼れ一時なり。今は天下を挙げて皆論なり。

（近一人論楠公湊川之死未尽善。又曰論古人亦格物致知之一端。余常憎上国文人頼子成後以論古人為業、挙数巻文集皆論也。〔……〕僕意不然。我輩庸劣不能自信。仮令当古人地、恐狼狽迂豁無復可言者。故言不得不訒。論不得不恕。自宋儒喜苛論、後世年少僅筆輒論古人瑕疵、近日尤甚。僕謂決非窮理之術、徒壊心術耳。宋儒以此為窮理。彼一時也。今挙天下皆論也。(43)）

頼山陽が「出奇」を標榜したように、「史論」という文体は、自前の概念や論点をもとに新たな知見を打ち出して、既存の評価を覆してゆくこと自体を重んじていた。幕末の江戸に集った書生たちも、しばしばそうした観点から、楠正成や平重盛といった世評誉れ高き英雄たちに仮借なき論難を加えていた(44)。平家衰亡の真因は実は重盛にあるのではないか、湊川での正成の義烈は実は暴挙に過ぎないのではないか……。旭荘のいう「近一人」が誰なのかは判然としないが、あるいはそのいずれかを読む機会があったのかもしれない。旭荘によれば、それらは自分がもし歴史上の人物と同じ立場であればどのように振る舞ったかという想像力を欠いた、「心術」に仇なす「苛論」なのである。旭荘と同じく亀井昭陽に学んだ儒者・中村栗園も、史論に代表される「議論文」の横溢を厳しく咎めている。

吾れ窃かに怪しむに、今時の青衿子弟、偏見独識を以て、作りて議論の文を為し、妄りに古の名君賢相と英雄豪傑の事業とを是非し、毛を吹き垢を洗ひ、唯だ瑕疵をのみ之れ求む。此れ大いに心術の正を害ふこと有り。之が師為る者も、亦た議論の出づる所を深察せず、往往にして之が為に題を設け、以て之を慫慂して、曰く「青年の才気を益すは、議論の文を作るより善きはなし」と。子弟之を聞き、客気狂奔、高談異論して、顧忌する所無く、傲然として文士を以て自居す。而れども誠意正心・修身繕性の学に至りては、則ち視るに以て贅疣無用の物と為す。豈に之を何と謂はんや。

(吾窃怪、今時青衿子弟、以偏見独識、作為議論之文、妄是非古之名君賢相与英雄豪傑之事業、吹毛洗垢、唯瑕疵之求。此有大害乎心術之正焉。為之師者、亦不深察議論之所出、往往為之設題、以慫慂之、曰益青年才気、莫善於作議論之文。子弟聞之、客気狂奔、高談異論、無所顧忌、傲然以文士自居。而至誠意正心修身繕性之学、則視以為贅疣無用之物。豈謂之何哉。[45])

旭荘と直接の影響関係はないと思われるが、論旨はほぼ同様である。「偏見独識」に基づく「高談異論」など「客気狂奔」に過ぎないのではないか。妄りに英傑の事業を論評して傲然と「文士」を自認するのは「心術」を害するのではないか。才気伸長に最適として議論文を奨励している教師たちはいったい何を考えているのか。青年たちを中心とする史論体の流行に、ある種の浮薄さを認める声は多かった。世代的には「青衿子弟」に属する松陰だが、この点ではむしろ史論批判の潮流に棹差していたのである。

そして、かくして史論をしりぞける松陰が代わりに重んじたものこそ、史伝であった。

兄梅太郎に宛てた先の書簡を思い出そう。そこで松陰は、経学と史学を比較して、「賢豪の事実」によって志気を養う有益さを説いていた。その例証として、浅見絅斎の手になる『靖献遺言』や『日本外史』の「平氏伝」に言及していた。松陰にとって歴史上の英傑とは、「議論」の対象ではなく、「伝」に描かれる生き様を眺めて感奮興起すべき対象なのである。『靖献遺言』に描かれる文天祥や諸葛亮ら中国史上の烈士たち、『日本外史』に描かれる平家の群像は、なるほど慷慨を燃えあがらせよう。彼は歴史のなかに高貴な範例を見つけて歓び、その勝利に高揚し、その苦難に涙する。荻生徂徠は「炒豆を噛みて古人を罵る、絶大快事為り（嚙炒豆罵古人、為絶大快事）」といったというが、「吾輩は熬米を嚙て古人に及ばぬを流涕するが当然ではなきか(46)」。くだけた表白は彼が歴史といかに交わっていたかをよく示している。

しかも、『靖献遺言』と『日本外史』の素朴な併置が示しているように、松陰にあってかかる感奮の対象は必ずしも日本史上の英傑たちに限られていなかった。中国はもちろん、夷狄と蔑む西洋すら、彼の歴史意識から排除されることはない。獄舎から発せられた有名な書簡をふたつ引用しよう。


今後才略功業人は出来もしよう、忠義の種は最早滅絶と可被思召候。

晁錯・朱雲・屈原・楊継盛・翟義・徐敬業・燕太子丹・田光・侯嬴、此人々は勿体なき人様なり(47)。


独立不羈三千年来の大日本、一朝人の羈縛を受くること、血性ある者視るに忍ぶべけんや。那波列翁《ナポレオン》を起してフレーヘードを唱ねば腹悶医し難し(48)。

多くの先学が指摘するように、たしかに松陰は、江戸遊学中のいくつかの体験から自国の歴史への無知を自覚し、水戸学との邂逅を経て、「身は皇国に生れ、皇国の皇国為る所以を知らざれば、何を以てか天地に立たん（身生于皇国、不知皇国之所以為皇国、何以立于天地）」[49]という認識に至った。かくして「退屈」、「無益」、「くだくだしく読ても覚えられず」と愚痴をこぼしながら国史研鑽に努め[50]、それがまずは鎖国を否定する雄略論として、のちに独自の国体論として結実した。近年の研究では、ある時期をもって彼の読書傾向が国学に移ったことまで立証されている[51]。松陰と歴史という魅力的なテーマについて、多くの研究がこの〈「日本」の発見〉に注視してきた。

しかし、それでも、彼の遺した厖大な遺著をひもといてたしかなことは、彼が終生、少なくとも日本史と同じ程度には中国史に親しんでいたという事実である[52]。一通目の書簡において、思いつくまま列挙された人名に日本史上の人物が挙がらないことはもっと注目されてよい。松陰が手紙や文稿で頻繁にいいおよぶ名前を挙げてみよう。鄒浩、荊軻、胡銓、張東之、狄仁傑……、とりわけお気に入りは徐敬業と楊継盛だが、陳東や欧陽澈も忘れてはならない。南宋と明末を彩る英傑が多いのは、党派対立と外敵の侵攻による瓦解という経緯が幕末日本とよく似ていたからであろう。何も不思議なことではない。亡国の危機に忠勇を尽くし節義に殉じた者、動乱の時代に政治的偉業を成し遂げた者は、当然に日本以外にも存在する。松陰は明末の烈士に比して「大和武士も古ならばかくはある間布ものを」と嘆き、「古き書読めば種々思ふなりかからん時に吾生ればや」と詠じることとすらある[53]。浩瀚な歴史が教えるものは、各国の歴史的個性とそれに根差した相対主義の感覚だけではない。空間と時代を越えてたしかに偏在する同志たちの生と死、悪逆たちの所業と顚末、その光芒。二通目の書簡において、ナポレオンすらともに「自由」（vrijheid）を求める同胞であるかのように語られているのは、印象的である。

なぜ孟子だったのか

そして以上の事情は、松陰が獄舎で孟子との思想的対話に取り組んだ事由とも密接に関連していた。彼は単に四書の一冊、儒学の経典として『孟子』をひもといたのではない。「孟子の学、経史を兼ぬ」(54)。松陰は『孟子』を経学と史学を止揚した叡智の産物とみなし、学んだのである。

では、「経史を兼ぬ」とはどういう意味なのか。松陰は『孟子』離婁下第二十六章の「天下之言性也、則故而已矣」について、まさに我が意を得たりと注釈を施している。

すなわち、「性」とは「人心固有の理」であるが、それ自体は形も色も臭いもなく、経験的に認知できるものではない。あくまで客観的な行為として現われた事蹟(「故」＝「已に然るの跡」)からさかのぼることではじめて、善や道理を明らかにできる。孟子が、各種の徳目を説いて必ず堯舜や伊尹、柳下恵、孟施舎など具体的人物の言行を挙げるのも、赤子が井戸に落ちそうなときに、といった比喩を多用するのも、程朱のように精微な概念区分に基づく高遠な「議論」の体系を構築しないのも、すべて「事実」に基づく「教」を重んじたからであった。松陰はこうした孟子の「故」重視を、「凡そ空理を玩び実事を忽にするは学者の通病なり。〔……〕読書の術の如き、世或は経を好み史を廢する者あり。是れ大に非なり。吾常に史を読み古人の行事を看て、志を励すことを好む。是亦故而已矣の意なり」と、自らの歴史好みに引きつけて讃えている(55)。

しかし、松陰はここで厄介な問題に逢着する。孟子にならって、客観的事実からの遡及により人間性に内在する道理を知ろうとする場合、厄介なのは同じ道理が外形的には異なる行為として発現する場合である。たとえば出処進退を考えればよい。殷の紂王を諫めた三人の賢者のうち、微子は国を去り、箕子は発狂して囚奴となり、比干はなお諫めて処刑された。太公望は周の武王を助けてその紂王を放伐したが、伯夷と叔斉は同じその革命を諫めて餓死している。類例は史上にいくらでもあろう。仮に彼らの言行を一律の基準によって判断すれば、「青史中」にも「満世界」

にも「全人」はいなくなってしまう。(56)杓子定規に過去の偉人たちを論難し、伯夷のみを是として太公望や微子を痛罵する偏狭さは、松陰の好むところではない。

しかし、だとすればいったいどうすればよいのだろうか。事実に拠りながらなお事実の多様さに眩惑しないために、いかなる工夫が必要なのだろうか。明敏な松陰は、この困難を克服するための智恵もまた孟子のなかに見出したようだ。彼が注目するのは、離婁下第一章の「先聖後聖、其揆一也」や、万章上第七章の「聖人之行不同也。或遠或近、或去或不去。帰潔其身而已矣」である。(57)

これらの諸章が示すところによれば、聖賢たちのあいだで時に相反する言行が存在するのは、彼らの置かれた「時」、「地」、「事」、「勢」、あるいは各自の「性質好尚」の差異に基づく。したがって第一に、こうした相違を無視して一律にすべてを論じる態度がしりぞけられる。同じ論理は政治の世界にも適用され、後世において周の、日本において中国の制度を「模倣」する態度が峻拒される。しかし、だからといって、「時」や「地」や「勢」の異同にすべてを還元する原則を欠いた機会主義や、歴史的環境を理由にあらゆる悪逆を正当化する相対主義は、採るべきものではない。「先聖・後聖、其の揆は一なり(先聖後聖、其揆一也)」——『孟子』のテクストは第二に、かかる異同の内奥に横たわる「私心」なき「一誠」の存在をも教えてくれるのである。先の例でいえば、微子は微子、比干は比干、伯夷は伯夷、太公望は太公望の「仁」をなしたのであり、外形的行為にちがいはあれど、それらはひとしく同一の「仁」の発露にほかならない。「事実」を重んじながら「事実」の異同に惑わされることなく、その背後に潜む「心」の帰一を見抜かなければならないのだ。

こうして吉田松陰は、『孟子』というテクストに次のような叡智の結晶を見出した。「議論」ではなく「事実」から学べという学問的原則と、その原則が導きかねない機会主義や相対主義、杓子定規といった陥穽を乗り越える工夫と。

それは哲学と史学、歴史的想像力と普遍的人間性の巧みな止揚である。『孟子』はたしかに、松陰がおのれの思想を深めるための対話相手として、幽室における教化のテクストとして、この上なく相応しいものだったのである。

では、松陰はこの経史を兼ねる聖典から何を学んだのか。節を改め、彼の主著『講孟余話』の検討にとりかかろう。

第三節　獄舎の教学――『講孟余話』の思想世界

『講孟余話』とは何か

安政元(一八五四)年の三月、国禁を破りペリーの艦隊に乗りこんだ咎で捕らえられた松陰は、同年冬から萩の野山獄で、翌年の末からは自宅の一室で、幽囚の日々を送ることになった。しかし、囚われの不幸は、ささくれだつ彼の精神に安息と読書のいとまを与えた。まず、情勢が安定していた。ペリーが帰途に着いて以来、対外的危機感はいったん減退し、松陰をふくめ血戦を覚悟していた多くの激派すら、もはや「一大機会」は逸したのだから内政改革に励むべきだと考えた(58)。もちろん江戸城内では阿部正弘、水戸斉昭、井伊直弼らの暗闘が続いていたが、地方藩士のあずかり知るところではない。国内的な平穏が、ひとまずは安政四(一八五七)年冬のハリス江戸登城まで保たれたのである。また、それに応じて、松陰の身辺も落ち着いていた。獄舎にいるのだから当然である。もはや多くの学塾に通って書生と競いあうことも、脱藩して旅に出ることも、国禁を犯して海を渡ることもできない。しかし、彼はそこで教育者としての天分を発揮した。はじめは獄舎の囚人たちに、自宅謹慎後は親類ならびに近隣の子弟を相手に、学問を教えた。のちにひとつの政治結社として機能する松下村塾の主宰者となったのもこの頃である。そしてこの教育の過程で生まれた著作を『講孟余話』という。

別に『講孟割記』とも題するこの著作は、安政二(一八五五)年の六月十三日から翌年六月二十七日にかけておこなわれた松陰の『孟子』講義の記録である。それは環境的にも精神的にも平静を得た松陰が、自らの思索に最もまとまった姿を与えた里程標である。たしかに、途中に三ヶ月もの断絶を挟み、藩儒・山県太華から酷評を得ながら書き継がれた同書を、ひとつの作品世界をもつ著作として扱うことができるのかは議論があろう。とはいえ、概して主著の執筆にかける時間として一年は長いものではないし、太華の非難による論調の変化も主要な論点にかかわるものではない。時事から受ける刺戟も少なく、論意に自家撞着も見られない。ここでは同書を、「その瞬間その瞬間における彼の思想的表明」としてではなく、「作品論的[59]」に読み解くこととする。

もっとも、序説で自ら「聖賢に阿らぬ」と宣言するように、松陰は『孟子』をかなり自由に読み解いている[60]。したがって同書では、伊藤仁斎から岡白駒までいくつかの先行研究が参照されるものの、基本的には『孟子』読解としての正確さを争う著作ではない。結局、松陰が孟子に問うたものとは、彼ならびに同志たちはどう生きるべきかであり、何を目指すべきかであり、何をなすべきかである。本節ではこれを、理想的人格像、国体論、そして現状での当為という三つの論点に分節化し、順を追って考えてみたい。

論点α――理想的人格像

『孟子』全七篇でくりひろげられる様々な議論のうち最もよく知られているのは、「孟子道性善、言必称堯舜」(滕文公上第一章)や「聖人与我同類者」(告子上第七章)の諸章、すなわちのちに宋儒が〈聖人学んで至るべし〉と定式化したテーゼであろう。松陰も、孟子の言葉をそのまま敷衍しながら、「人性皆善」だから人は誰しも「君子」「聖人」になり得る可能態であり、したがって「学問政事皆聖人を以て師とすべきこと」が肝要だと説く[61]。しかし松陰は、それに続けて次のようにも述べていた。滕文公上第一章への注である。

今常人の通情を察するに、善を好み悪を悪むは固なれども、大氏十人並の人とならんと思ふ迄にて、百人千人万人に傑出せんと思ふ者更に少し。尭舜・文王は万世に傑出する人なり。今遽に是を師とせんとするは瞑眩の薬に非ずや(62)。

聖人とは、人性に内在する本来性に回帰した最も人らしい人ではない。松陰は「仲尼不為已甚者」（離婁下第十章）という孟子の「至正至中」の教えを峻拒して、道義を知らない「世俗」からすれば孔子は「太甚《はなはだし》」き存在にほかならず、むしろ「太甚」でなければ「流俗」「汚世」に染まった俗物に過ぎないとする(63)。尭舜や文王はそうした卓越者の典型にほかならず、儒学とは圭角なき中庸を勧める微温的な教学ではない。聖人を目指せという教えは、こうして俗人から「傑出」せよという意味で理解される。

この「傑出」の思考に、彼の政治的・軍事的英雄願望が影を落としているのはまちがいない。たとえば聖人も我も「同類者」だという告子上篇の議論を受けて、松陰はいかに高身長な人でも短軀の二倍もあるわけではないとする。同じ本性の共有を身長の高低に譬えるのは奇妙だが、それはまだよい。松陰は続けて、「雄才大略、古今一人と称す」豊臣秀吉も「巨人」ではないのだから、もし自分が志を得れば、朝鮮半島だけではなく満州や蝦夷、オーストラリアまで併呑して「功名の地」となさんと気焔をあげる(64)。聖人が軍事的英雄と重なり合い、それを目指して志を大きく持てという教えが同様の「功名」を目指せという訓示とすり替わるのである。「人何如せば大丈夫となり、英雄となることを得んか(65)」。目指すべき「大丈夫」はまた「英雄」でもあった。

もちろん、こうした功名や英雄的存在への渇仰は、松陰の人格の基底をなす武士的気概ともかかわっている。尽心下第三十八章を見てみよう。「余又常に謂ふ、兵家の貴ぶ所は戦陣の魁殿にあり。魁は先馳なり。殿は後殿なり。今日に在て此道を起隆せん者は、此道の先駆なり。〔……〕已に先駆を憚り又後殿を譲らば、尸上の恥辱、勃海を傾て是を濯ふ共、五百歳千歳を経て滅ずることなし。如何々々」。[66] 俗人から「傑出」して「道」を目指す者は、戦陣でいう先駆けであり、それに躊躇する者は臆病者の汚名をとる。しかも、単なる他者や後世に対する恥ではない。松陰は武士道を説いて「武士と云者は、飢ても寒ても、吾が持前の心懸を失はぬ程の事は申までもなきこと」と語るが、[67] 同じ「持前」の語は性善の説明にも用いられる。すなわち「仁義礼智の性」とはおのれの「持前」にほかならず、その「持前」を尽くすことで人は「聖人」に至ることができる。それを中途で諦めること（「自暴自棄」）は、せっかくの持前を腐らせること（「持ち腐り」）であり、「盛大雄偉」なる「吾が一身」をまるで「草木禽獣の一類」かのように辱める行為にほかならない。先駆けを諦め持前を腐らすことは、おのれに対する恥なのである。[68]

そして尽心上第十章において、松陰はついに自身の目指す理想的人格にふさわしい言葉を見つける。むろん、「文王無しと雖も猶ほ興る（雖無文王猶興）」かの「豪傑の士（豪傑之士）」である。

当今天下の士風亦頗る衰ふ。松本小邑と云ども、諸君能く心を戮せ、断然として古武士の風を以て自ら任じ、以て天下の先とならば、亦豪傑と云べし。今一介の士を以て天下の先とならんと云へば、自ら揣らざるに似たれ共、孔孟何者ぞ、程朱何者ぞ、亦是一介の士を以て天下後世の程式となること彼が如し。且前に歴挙する所の豪傑、亦皆素より王侯の位・韓魏の富あるに非ず。是を思ふて励まざる者は凡民にも及ばざるなり。[69]

松陰は、豪傑を定義して「万事自ら草創して敢て人の轍跡を践まぬことなり」とする。十八世紀の思想界において新機軸の開拓が「豪傑」という自己認識のもとおこなわれていたことを考えれば、妙を得た定義である。続けて様々な豪傑たちが歴挙される。陳勝、項羽、劉邦、神功皇后、北条時宗、豊臣秀吉……、あるいは航海の道を開いたマゼランやコロンブス、欧州統一を果たしたナポレオン、荻生徂徠と伊藤仁斎に加えて山鹿素行の名も挙がる。徂徠が仁斎を評して「豪傑」と呼ぶのは、「満世宋学世界」にあってその謬妄を切り開いたからだとするのは、仁斎評価としても「豪傑」概念の理解としても的当であろう。同じ理由から仁斎に先立つ山鹿素行の豪傑性が強調されるのも、彼の家学からして当然である。もちろん、松陰その人が目指すのは宋学の打破などではなく、「孔孟何者ぞ、程朱何者ぞ」との揚言は、尽心下第三十七章では「狂者」の心構えとして把捉され、「古人と云へば神か鬼か天人かにて、今人とは天壌の隔絶をなせる如き者と思ふ」のは「俗人の癖」であり、「上往聖を継ぎ、下万世を開く」気概の重要性が説かれている[70]。俗人世界から抜け出して天下の先駆けとなるのが「豪傑」であり、〈聖人学んで至るべし〉の松陰にとっての具体的なイメージであり、また「古武士の風」でもある。かくして武士的気概に支えられ軍事的英雄と重なりあった「道」の担い手こそが、松陰の目指した理想的人格の像であったといえよう。

論点β――国体論

次に『講孟余話』の主要なテーマのひとつである国体論に移ろう。

主要なテーマと呼ぶのは、同書が「国体」の相違に基づく日中の君臣関係のちがいを指摘することにはじまり、「抑劄記の開巻第一義は国体人倫にあり。故に首として君臣の大義を論ず。結末に至て、叨に此道を以て自ら任とするの意を著す」と結ばれることによる[71]。該書は何も全篇「国体」を力説する理論書ではないが、国体論が主要なモチーフのひとつであり、「道」を担う理想的人格像や、その担い手がどのような「任」を果たすべきなのかという論点とも密接に関連していることは疑いない。まずは同独論で知られる尽心篇末尾の一章から、その構造と特質を見定めていこう。

多くの先行研究が注目してきたように、松陰は「君臣父子夫婦長幼朋友」という基本的人倫関係を「天下公共の道」として「同」と定義する。対して、日本における「君臣の義」や匈奴における「壮健」重視の風習を、それぞれ特有の「一国の体」として「独」と定義する。もっとも以上の議論には、ただちに匈奴の事例は「国俗」に過ぎず「国体」ではないと注意が添えられる。松陰によれば、「聖人」の手により各国固有の「自然の俗」から善を採り悪を除いたものが「国体」である。匈奴でいえば、壮健重視という美徳(倫理的価値)が老弱を蔑視する悪習を伴わないかたちで顕現する政治制度や教えが考案されてはじめて「国体」といえる。むろん、日本は「君臣の義」において既にそれを成し遂げている[72]。

松陰は、以上の立場から「天地の間一理」として「我と人との差なく、我国と他の国との別なし」とする主張に対して論駁を加えている。念頭に置かれているのは山県太華だが、太華の主張はいまは措く。これは要するに、儒学的普遍主義と特殊主義的思考との対決なのだろうか。

大氐五大洲公共の道あり、各一洲公共の道あり、皇国・漢土・諸属国(南鮮安南琉球台湾の類)公共の道あり、六十六国公共の道あり、皆所謂同なり。其独に至ては一家の道、隣家に異なり、一村一郡の道、隣村隣郡に異なり、一国の道、隣国に異なる者あり。故に一家にては庭訓を守り、一村一郡にては村郡の古風を存し、一国に於ては国法を奉じ、皇国に居ては皇国の体を仰ぐ。然る後漢土聖人の道をも学ぶべし[73]。

まず基本的人倫など「五大洲公共の道」があり、日本や中国などいわば儒学文明圏における「公共の道」があり、あるいは日本(六十六国)における「公共の道」がある。すべて「同」である。日本固有の道は「独」ではないのかと疑問に思ってはならない。日本の「国体」は、日本の内部から見れば六十六国すべてに共通する「同」であり、全く同じものが外部との関係においては「独」と定義される。これをより小規模な共同体から見れば、一家には一家の、一村には一村の、そして一藩には一藩の教訓や風俗や法規範があり、これらはそれぞれ他家、他藩、他国との差異においては「独」である。くりかえすが、同じものがその家、その藩のうちでは「同」となる。したがって、ひとつの普遍が「同」で、多様な特殊が「独」だと固定的に理解すること自体がまちがっている。同じものを〈内〉《ウチ》から見るか、〈外〉《ソト》から見るか――この〈内／外〉の論理こそ、松陰同独論の肝だといえる。

空疎な概念操作を弄んでいるのではない。松陰がいいたいのは実にシンプルな政治的原則である。人は必ずある共同体の成員として生を遂げる以上、〈外〉ではなく〈内〉を重んじよ、自己の属する〈内〉の習慣や法、道徳的規範をおのれのものとして遵奉せよ、ということである。吉田松陰という個人を例にとってみよう。彼は兵学を職分とする吉田家の家長であり、長州藩の藩士であり、「皇国」の一員である。したがって、兵学の家の人間として、長州藩や「皇国」の一員として、その風習や法、倫理的規範に従って生きるべきである。むろん、他家の人間に兵学に励めと強制したり、他藩の士人に長州の国法を強制したり、他国の人間に「皇国」の規範を求めることはできない。〈内〉の論理の及ばない〈外〉の存在だからである(74)。尽心上第四十六章では、以上が「道の大本」にほかならないとして、はっきりこう論じられている。「道の大本を云はば、人と生れては人たる所以を知り、五倫を明にし、皇国に居ては皇国の体を知り、本藩に仕ては本藩の体を知り、以て根基を建、扨其上にて人々各其職掌を治むべし(75)」。

ただし、しばしば不注意な断案が目につくが、以上の議論を松陰国体論の精華だと捉えるべきではない。「同」と「独」をめぐる議論は、実は『講孟余話』全七巻をひもといても尽心下篇の第三十六章にしか見えず、それどころかほかの諸著作や厖大な文稿、書簡では論究されない話題である。言及の頻度と思想体系に占める地位とが必ず相関するわけではないが、たった一度の、それも論争的文脈における発言に、思想の骨格を求めるのはナンセンスであろう。ことに著名な同独論は、あくまで普遍的「一理」の立場から日本と中国の君臣関係のちがいを認めず、易姓革命の論理によって武家政権を正統化する「一老先生」への反論のためになされた議論なのである。松陰としては、日本に生まれた者は日本に生まれたという事実の故に日本の「国体」を重んじるべきだ、というあたりまえのことを述べたに過ぎない。だからこそ、本当に重要なのはここからなのだ。すなわち、では「君臣の義」に優れる日本の「国体」とはどのようなものであり、それに従い生きるとはどういうことなのか、である。

最も内容に富む議論は、尽心下篇の第十四章に見える。孟子はそこで、「貴」ぶべきは民であって、社稷がこれに次ぎ、それらに較べれば君主など軽いと、松陰にとってただならぬことを説いていた。すこし長くなるが、彼のくだしたコメンタリーを引用しよう。

異国の事は姑く置く。吾国は辱なくも国常立尊より、代々の神々を経て、伊弉諾尊・伊弉冊尊に至り、大八洲国及び山川草木人民を生み給ひ、又天下の主なる皇祖天照皇大神を生み玉へり。夫より以来列聖相承け、宝祚の隆天壌と動なく、万々代の後に伝はることなれば、国土山川草木人民、皆皇祖以来保守護持し玉ふ者なり。故に天下より視れば人君程尊き者はなし、人君より視れば人民程貴き者はなし。此君民は開闢以来一日も相離れ得る者に非ず。故に君あれば民あり、君なければ民なし。又民あれば君あり、民なければ君なし。此義を弁ぜずして此章を読まば、毛唐人の口真似して、天下は一人の天下に非ず、天下の天下なりなどと罵り、国体を忘却するに至る。惧るべきの甚しきなり(76)。

論旨は明快である。第一に、人民より見れば人君(ここでは天皇)ほど「尊」きものはない。なぜなら人臣は皇祖神の生み成した田を耕して生命の糧を得、皇祖神の生み成した土地に住まい、そして自らもまた皇祖神によって生み成された存在だからである。衣食から一個の実存に至るまで、すべて君の恩寵に支えられて存立するのであり、口にする米粒ひとつたりとも自己の「私有」ではない。しかし第二に、それは、天子が土地人民のすべてを意のままにできるということを意味しない。なぜなら土地人民はすべて皇祖神より代々護り伝えてきた宝だからである。したがって、人君より見れば人民ほど「貴」きものはない。生成と連綿というふたつの事実を両輪として、君民それぞれの尊貴がともに論証されるのである。説かれるところは、「上天子より下士庶人に至る迄、土地・人民・田宅皆己が私有に非ず、必ず受る所あり」[77]という、徹底した「私有」批判の論理である。それが、日本の「国体」にほかならない。

難しく考える必要はない。おそらく、囚人であれ村童であれ、松陰の教説を理解するのは容易かったと思われる。発想の源泉にさかのぼってみよう。まだ独自の国体論がかたち作られていない安政元年の十二月、獄舎の松陰は差入れの返礼をかねて妹・千代に女訓を与えていた[78]。いわく、「元祖巳下代々の先祖を敬ふべし」。およそ一家の開祖となった人物は、泥にまみれて戦場を駆けめぐり、長年の役儀を勤めあげ、主君から知行を賜い子孫へ伝えた。自分たちが安穏に生きることができるのも、その「御奉公」の艱難辛苦があってこそである。だから「この一粒も先祖の御蔭」と思い、「吾儘一杯」を慎まなければならない。他人の家に嫁いだらそこを自家と思ってよく奉公せよ。ありきたりな説教だが、用いられる論理は驚くほど先の国体論と似ている。同様のイエの倫理は、藩国家――毛利家という巨大なイエ――にも当然適用され、松陰は孟子の「諸侯之宝三。土地人民政事」(尽心下第二十八章)を敷衍して、三者ともに「祖宗より創業垂統する所」であり「子孫として保守護持す」べきものだと強調する[79]。したがって、世の諸侯は、泰平の安逸に溺れることなく、藩祖の「沐雨櫛風の労、甲冑生蝨の苦」に想いをはせて、藩政に精励しなければならない[80]。藩士とて事情は同じである。衣食から田畑まですべて藩主から賜る俸禄であり、それどころか父母もまたそうやって生きてきたのだから「未生の前」からすべて「君恩」である。おのれの「身体髪膚」すら自己の私有物とはみなされず、「感激の心」をもって「君恩」と「祖徳」に報いなければならない[81]。そして、「君恩」に報いることは、同じくそうしてきた父母の業を継ぐことを意味するから、「祖徳」に報いることにもなる。「故に天子より士庶人に至る迄、土地・人民・田宅を守て、子孫に伝て失墜せざるは、忠孝両全の道なり」[82]。イエの祖先や藩主との関係をそのまま皇祖神とその後継者に移せば、あの国体論が姿を現わすことになる[83]。

そして松陰の場合、前引の一節が示すように、かかる君恩と祖徳が織り成す「私有」批判の体系に、藩主はもちろん天皇すら包摂された。最上位の為政者すら何ひとつ「私有」しておらず、「祖徳」を重んじ祖先の業を次代へと継がなければならない。松陰国体論を、下位者の上位者に対する無限の忠誠を要求するものと単純化するのは誤りである。松陰は「人々親其親、長其長而天下平」という離婁上篇の文句をこう理解する。

若し君君たらずと云ども臣臣たらば天下尚平なり。臣臣たらずと云ども君君たらば天下尚平なり。此処工夫の入る所なり。君は君の道を尽して臣を感格すべし。臣は臣の道を尽して君を感格すべし。父子兄弟夫婦も一理なり。此義中々小ざかしき者の知る所に非ず[84]。

松陰の君臣観のきわだって特徴的なところである。君か臣か、どちらか一方がその「道」を尽くせば他方に「感格」できるから、どちらかが「道」を尽くせばそれでよい。臣民が悪辣でも君主次第で治平は保たれるし、同じことの裏返しとして、君が無道でも臣下次第で世は治まる。平清盛や北条義時といった権臣が跋扈しても、後白河や後鳥羽に「反求在身の工夫」があれば事態は収束できただろうし、「暴君頑父」でも臣子が忠を尽くせば「感格」があり、むしろ暗君に尽くしてこそ「真の忠孝」と讃えられる[85]。下位者への献身的忠誠の要請は、上位者への道徳的資質の要求と同一の論理に基づくのである。松陰が藩主であれ天皇であれ、その個人的意向の遵奉を「忠」としないのも当然である。

しかし松陰の場合、こうした君臣関係の片務性は、次のような帰結を導いていた。全く同じ孟子の文言を引きながら、松陰は勤王僧・月性に宛ててこう語っている。

孟子言ふこと有り、「人々其の親を親とし、其の長を長とすれば、天下平らかなり」と。是の故に朝廷権を失するは、罪摂関将軍に在り。摂関権を専らにするは、罪其の官属に在り。将軍権を攘むは、罪其の臣僕に在り。何となれば、臣属固より規諫の道を失して、逆を長ずるの罪有ればなり。是に由りて之を言へば、今の天下の貴賤尊卑、智愚賢不肖、一として道を失ひ罪有るの人に非ざる無きなり。(孟子有言、人々親其親、長其長、天下平矣。是故朝廷失権、罪在摂関将軍。摂関専権、罪在其官属。将軍攘権、罪在其臣僕。何也、臣属固失規諫之道、而有長逆之罪也。由是言之、今天下貴賤尊卑、智愚賢不肖、無一非失道有罪之人也。)(86)

この送序が書かれたひと月ほど前、安政三年の六月はじめ、松陰は弟子入りしたばかりの久坂玄瑞の論策をひどく難詰したことがあった(87)。久坂の議論は夷狄の外交使節を斬り殺せという素朴な愚論だが、松陰はこれを、「議論浮泛」にして「思慮粗浅」、「慷慨」を装うだけの空論としてしりぞけている。いわく、「天下に為すべからざるの地無く、為すべからざるの身無し(天下無不可為之地、無不可為之身)」。何か事を論ずる場合、必ず「己が地・己が身(己地己身)」より議論を起こすのが「著実」である。将軍であれば将軍、百姓であれば百姓、久坂であれば医者、松陰であれば囚徒の立場から立論しなければならない。そして身近な人から「化」してゆかなければならない。長州の一儒医でしかないお前が使節襲撃を企てたところで何になる。「聖賢の貴ぶ所は、議論に在らずして、事業に在り。多言を費やすこと無く、積誠之を蓄へよ(聖賢所貴、不在議論、而在事業。無費多言、積誠蓄之)」。

より過激な倒幕論を唱えていた勤王僧に対して、幽囚の身で幕府を罵るのは「空言」に過ぎず、むしろ幕府の失策はそれを諫めなかった藩主たちの、藩主の過失はそれを諫めなかった我々の「罪」なのだと力説したとき、松陰の胸に去来していたのは久坂に贈った言葉だった。彼がこだわっているのは至極平凡な事実である。松陰吉田寅次郎は「臣」であって「君」ではない。ならば知るべきもの、尽くすべきものは君道ではなく臣道である。君臣関係の片務的性格は、松陰その人が臣であるという事実から、臣たる者はどうあるべきなのかという問題へと収斂するのである。臣である松陰が考えるべきは臣道であり、尽くすべきは臣道であり、それで十分なのだ。

かくして松陰は、ひとつの問いにたどりついた。臣たる者、要するに我々は、何をなすべきか。

論点γ——何をなすべきか

『孟子』講義が始まったのと同じ安政二年、松陰は『獄舎問答』という一文をものし、時務策を開陳している。中核をなすテーゼは、「大砲射術の如きは当今の急務に非ず」。米露とのあいだで和親が結ばれた以上、もはや攘夷の好機会は去っている。徒らに軍備を増強するのではなく、「民生」「民心」にこそ力を尽くすべきだ。ましてや夷狄と蔑む西洋でさえ貧院、病院の類を多く設け、民政に務めている。「我が神国の御宝」である人民を「犬馬土芥」のごとく扱っていいはずがない[88]。

併行して執筆された同書の時務策は、『講孟余話』の語るそれと軌を一にしている。松陰が『孟子』から導く方策は仁政、それも、戦略的事由に基づく仁政論である。松陰によれば、富国強兵のもといは「武備」ではなく「民心を得る」かどうかにある。平時に民心さえ収めておけば、有事にあたり自在に命令に従わせることが可能となるし、それどころか「四方忠義の士」[89]の自発的決起まで期待できる。こうして「上下一致」すること「一塊石」のごとき国家が軍事的にも最も卓越する。もちろん、戦時における積極的協力を期待できるほどに民心を収攬するには、ただ「仁心」「仁聞」があるだけではいけない。「実恵」を民に感得させるべく、田制、税制、病院、人材抜擢など一連の政策が要請される。[90]「仁者無敵」——松陰は周末乱世に迂遠と呼ばれた「孟子の策」から、戦勝のための兵学的リアリズムを読み取るのである。

では、こうした望ましい国策を実施するには、王侯貴顕ではない士人はどうすればよいのだろうか。ここからが本題である。

格率はひとまず単純なかたちで定式化できる。諫言である。諫言はそれが至誠に基づくものであれば相手の感悟をうながすことができ、かくして藩士は藩主を、そのことを通して幕府を動かし、国策を定めて尊王攘夷を遂行する。尽心上篇にいう「上列侯より下大夫士庶に至る迄、心を協へ、力を戮せ、相共に幕府を諫争し、天朝を尊奉し、外夷を撻伐せん」[91]が、さしあたりの結論となる。

とはいえ、ここでこだわりたいのは、私心なき至誠という諫言主体に求められる精神的態様の内実である。まずは離婁下第十二章を読み解くところから、問題に接近してみよう。

『孟子』全八篇二六〇章のなかでも、同章の経文はとても短い。「孟子曰、大人者、不失其赤子之心者也」。朱熹は「赤子の心」を「純一無偽の本然（純一無偽之本然）」と解釈し、「物」に惑わされずこの本性を拡充するのが「大人」すなわち有徳者たる所以だとする。私欲を払った本来性の発現を重んじる教説と理解してよい。松陰は、おそらく主観的には集註に準じながら、しかし一風変わった注釈を施している。

純一なれば些とも利害を計較するの念なく、無偽なれば些とも機変巧詐の行なし。故に富貴貧賤死生苦楽一つも外物の為めに誘せらるることなく、鉄石の腸を以て万事に酬酢す。天下何事かなすべからざらん。[92]

松陰は「純一無偽」という定義を踏襲しながら、「本然」や「拡充」には目を向けない。代わって主題にせりあがるのが「外物」に惑わされるなという点である。尽心上第三章で、「我に在るもの」として「仁義礼智」を、「外に在るもの」として「富貴利達」を挙げ、前者ではなく後者に汲々とする態度を非難するのと同じであろう(93)。彼が重んずるのは、利害や結果、世の毀誉を顧みない鉄腸の覚悟をもっておのれの「分」を尽くすこと、「我に在ては道を明にし義を正ふし、言べきを言、為すべきを為す」ことである(94)。「赤子の心」とは、どこか武士の覚悟にも似た、かかる精神的態度を指す。

もちろん、内なる道徳律のひたむきな実践は、結果として彼を世間からの囂々たる非難に陥れ、罪人の窮地に追い込むかもしれない。それでもよい、と松陰はいう。「世間の毀誉」など当てにならないし、あるいは罪を獲たとしても、「身にあるの罪」より「心にあるの恥」の方が重いではないか。

松陰は、告子上篇の第十一、十二、十三章をまとめて、次のように論じている。まず第十一章で孟子は、人は飼育している犬や鶏が逃げ出せば探し回るが、おのれの「本心」を失っても気がつかないという。第十二章でも同じく、薬指が曲がらなくなったとき、人はさして不便でなくとも医者を探し求めるのに、「心」が人より劣っていても気にも留めないと嘆く。そして第十三章では、草木の養い方はみなが知っているが、おのれを養う仕方を誰も知らないと憤慨する。松陰によれば、これらはすべて、卑近な事実に基づいて道理を教えようとする孟子らしい教説である。「俗人」は「耳目四体」など「他人の見る所」ばかりを気にして、人知れぬ「心」の修養を怠る。しかし、心ほど人のよく知るところはなし。たとえば史上に名高い奸雄、曹操や司馬懿、王莽らを思い合わせてみよう。彼らは「智術」によって一時を「籠絡」したが、「天下万世の公論」は邪心を見逃しはしなかった。「是を思へば耳目四体は見る人のみ知る。必しも修飾せずして可なり。心に至ては天下万世の知、畏るべきの至と云ふべし。然ども是亦頼母敷の至と云べし」[95]。たとえ俗世から非議され、身に罪を獲ようとも、天下後世はその「心」をわかってくれる。「畏るべきの至」にして「頼母敷の至」こそ、歴史の審判にほかならない。

そして、この歴史への期待こそが、時に危激にわたる彼の行動を支えていた。『講孟余話』の冒頭を飾る次の一節は、全篇の理路を貫いて、以上みてきた態度の集約的表現たり得ている。

世の君に事ることを論ずる者謂らく、功業立ざれば国家に益なしと。是大に誤なり。道を明にして功を計らず、義を正して利を計らずとこそ云へ、君に事へて遭はざる時は、諫死するも可なり、幽囚するも可なり、饑餓するも可なり。是等の事に遭へば其身は功業も名誉も無き如くなれども、人臣の道を失はず、永く後世の模範となり、必ず其風を観感して興起する者あり。遂には其国風一定して、賢愚貴賤なべて節義を崇尚する如くなるなり。然れば其身に於て功業名誉なき如くなれども、千百歳へかけて其忠たる、豈挙て数ふべけんや。是を大忠と云なり[96]。

偶不遇は天命である以上、理想の主君に出会えるかどうかはわからない。もし主君がまちがっているなら、諫言し、その結果処断されても構わない。なるほどむなしい死は華やかな功業からも名誉からもほど遠い。しかし、その生は永世の「模範」となることで、「千百歳」を超える輝きを手に入れる――。

告子篇講義と時期的にも併行して書かれた小文「七生説」は、右のヴィジョンに理気論による理論的骨格をあたえたものとして、あわせて参照すべきものである[97]。内容はこうだ。天には「一理」があり、人にあっては「心」である。一方、父子連綿と続く「一気」があり、個人にあっては「体」を成す。したがって、体は「私」、心は「公」、私を使役して公に殉ずる者を「大人」といい、その反対の者を「小人」と呼ぶ。『講孟余話』の議論を踏まえているのは瞭然であろう。そして松陰は、小人はその有限な生の終焉とともに腐乱し朽ちるが、大人は死して永遠だとする。その証左が、楠正成である。

『太平記』の伝える楠正成の最期は凄絶である。湊川の乱戦のなか、敗色濃厚な戦況を眺め、弟・正季に問う。死して何を為すか。正季は、七度生まれて国賊を誅すと答える。我が心を獲たりと、ふたりは向き合って刺しちがえ、絶命する。

松陰は、かつて江戸遊学へ向かう途上、湊川の古戦場を訪ねて正成の墓に参ったことを思い出す。涙を流したという。よく知られているように、正成の墓は元禄五(一六九二)年に水戸光圀が建立したものであり、水戸に寄寓していた明の遺臣・朱舜水の碑文が刻まれている。それを読んで、再び涙したという。流れた涕はたしかな手触りとともにやがてひとつの実感に凝固する。正成、光圀、舜水、時代も出生の地も異なる三人の「理」がひと続きであり、自分もまたそこに連なっていると。かくして楠正成は、その凄絶な死の故に後世の志士たちを「興起」し続けることで、永遠の生を手に入れた。再びの生を得ること、どうして七度に留まろうか。松陰はこの小文を結んで、いかにも幕末期の志士らしい〝永遠性〟のヴィジョンを宣言する。

余不肖なれども聖賢の心を存し、忠孝の志を立て、国威を張り海賊を滅ぼすを以て、妄りに己が任と為す。一跌再跌、不忠不孝の人と為る。復た面目の世人に見るなし。然れども斯の心已に楠公諸人と、斯の理を同じくす。安んぞ気体に随ひ腐爛潰敗するを得んや。必ずや後の人をして、亦た余を観て興起せしめ、七生に至りて、而る後可と為すのみ。噫、是れ我に在るなり。

(余不肖存聖賢之心、立忠孝之志、以張国威滅海賊、妄為己任。一跌再跌、為不忠不孝之人。無復面目見世人。然斯心已与楠公諸人、同斯理。安得随気体而腐爛潰敗哉。必也使後之人、亦観乎余而興起、至于七生、而後為可耳矣。噫、是在我也。(98))

「七生賊滅」の四字は、松下村塾の壁に掲げられたという。粗野な字面に眉を顰めて一笑に付すべきではない。それは歴史上の英傑の事実を見て感奮し、自らもまた歴史の法廷で正当に評価されることを期待して政治的過激主義すら正当化した彼の、〃永遠性〃の夢の端正な表現であった。

しかし、このよく出来た実践哲学にも、いくつかのほころびが透けて見える。

第一に、彼を青年期から突き動かしてきた政治的・軍事的英雄願望との整合性である。『講孟余話』で松陰は、くりかえし、利害や結果を計算して行為することの非を説いた。あくまでやむにやまれぬ至誠の発動でなければ人を感興させることはできず、至誠によって人を動かそうと考えた時点でもはやそれは至誠でない(99)。「功」より「道」、「利」より「義」という軽重判断は、全篇を通して一貫している。だが、歴史書をひもといてみても、「凡そ英雄豪傑の事を天下に立て、謀を万世に貽すは、必ず先づ其の志を大にし、其の略を雄にし、時勢を察し、事機を審らかにして、先後緩急、先づ之を内に定め、操縮張弛、徐ろに之を外に応ず(凡英雄豪傑之立事于天下、貽謀于万世、必先大其志、雄其略、察時勢、審事機、先後緩急、先定之於内、操縮張弛、徐応之於外)」であった(100)。それは道義に殉じて功なく生を終える存在ではあり得ない。そのことは、渡海に失敗して「功業未だ成らずして将に徒死せんとす。英雄の心緒乱るること糸の如し(功業未成将徒死。英雄心緒乱如糸)」とうめいた松陰自身よく痛感していただろう(101)。松陰は「古来の「英雄的忠臣」を、「偉人」や「功臣」と区別することなく素朴に崇拝していた」と藤田省三は指摘するが(102)、強いていえば英雄として生きることと義士として死ぬことのはざまにおのれを置き、自分はいったい何者なのかを問うたところに、彼をして凡百の志士と一線を分かつ所以がある。素朴で平板にすら見える彼の自画像に潜む矛盾である。

もちろん、『講孟余話』の段階では矛盾はさして深刻ではない。先に見たように、「後世の模範」となることではるかに大きな「功業名誉」を手に入れるという理屈によって、英雄と義士のあいだにすんなりと調和が与えられているからである。歴史への期待を媒介として、今世の偽英雄となるより、後世の真英雄たれという楽観的なヴィジョンが成り立つ。ただし第二に、この歴史への期待という点にも、実は問題が潜んでいた。そして松陰はそのことを自覚している。

天爵と人爵をめぐる著名な議論が展開される、告子上篇の第十六章をのぞいてみよう。そこではまず、「公卿大夫」など現世の政治権力により与えられる爵位を人爵、それに対して不遇に終わった孔孟が堯舜に比肩されたり、天子の位にいた桀紂が卑賤の士にすら蔑如されたり、「千載論定」を経て与えられる毀誉を天爵とする考えが示される。一見、松陰の持論のようにも見える。しかし彼は、「余云く然らず」と、この説に非を唱えるのだ。

> 他人の敬重し後世の尊崇する如き、亦是人爵の類のみ。楽善不倦の四字を深く味ふべし。他人へも後人へも拘ることに非ず。〔……〕皆己に楽みて倦まざる所ありて、外物の貧富貴賤、吾心の損益をなすに足らざるを云なり。(103)

松陰は、世俗の毀誉を顧みない至誠の貫徹を重んじ、その結果「身」に罪を獲ても構わないと考えた。おのれのみなす正義が俗世から正しく評価されないという、こうした俗世への信頼の低さが、彼に「奇」「愚」「狂」という自己意識と後世への期待を与えてきた。多くの志士たちも同じである。しかし、後の世にその「心」を正しく認められ、同志を感発し続けることに永遠の夢を見るのは、世俗の毀誉が後世の毀誉にすり替わっただけともいえた。名誉とは結局、外形的行為に対して他者から与えられた賛意である。今世であれ後世であれ、それが他者の視線への従属を意味することにちがいはない。続く第十七章ではっきりとこう言い切っている。「人に倚て貴く、人に倚て賤きは、大丈夫の深く恥る所なり」――「大丈夫自立の処なかるべからず」(104)。

なかなか厄介な問題だが、この独立心と名誉心をめぐる葛藤への処方箋も、松陰は孟子のなかに見出している。肝となるのは離婁下篇の「人有不為也、而後可以有為」。集註はあっさりしていて、「為ざること有るは、択ぶ所を知ればなり(有不為、知所択也)」とする。想定されているのは、諫言に耳を傾けない君主はそもそも諫めなかったという百里奚などであろう。それはむしろ、利害や結果を勘案して不作為という選択も辞さない英雄の「知」のはたらきを含意している。(105) しかし松陰は、全く異なる角度からこの章句を論じてみせた。第八章は智者ではなく狂猥を論じているというのだ。

松陰によれば、「猥者」とは為さざる者であり、周に仕えることを峻拒して餓死した伯夷や、光武帝の招聘に応じなかった隠者・厳光を指す。対して「狂者」とは有為の者をいい、軽身から宰相に登った伊尹や太公望を指す。彼らはまるで異質な人種に見えるが、それは皮相な理解である。市井に埋もれて農業や釣りに明け暮れていた頃の伊尹や太公望に、「富貴利達」を願う気持ちがあっただろうか。「天下の事」に心動かされていただろうか。むしろそうしたすべてに惑わされることなく、おのれの内にある「道徳の域」に心を遊ばせていたからこそ、彼らはいったん用いられたとき、大事業を成すことができたのではないか。「不為の志確乎」だからこそ「為す」ことができる。同じように、伯夷や厳光のような者こそ、位を得れば英雄的偉業をなすこと「必せり」だと、松陰は結論する。(106)

平板な注解に見えるかもしれない。しかし、義士と英雄、名誉と独立のはざまで発せられる彼の問いに即すとき、ここで松陰はひとつの調和にたどり着いている。英雄として時勢や利害を洞察して功業を建てるか、義士として道に殉じて功なく死ぬかについていえば、道義に殉じることで後世の模範となり、今世の勲功よりはるかに偉大な「功業名誉」を手にすることができる。もっとも、卓然自立を重んじる士大夫の理想からいって、俗世であれ後世であれ、他者の視線によって自己の行為を左右することは望ましくない。求められるのは、山野に埋もれ市井に没し、「不為」の境涯に内なる道徳を全うできる態度である。しかし、不安に思う必要はない。かかる独立の士こそ、時に遇えば大業が可能なのである。英雄への憧憬は時に義士たることを妨げるが、純然たる義士となることに英雄性は附随する。同じく、名誉への拘泥は独立を脅かすが、卓然自立の士にはやがて名誉も附随する。ならばいま、我らがなすべきは、卓然自立の義士として至誠を尽くすよりほかにない。かくも純粋な境地より発せられる諫言は、人君をも喚起せしめ、やがては国家を動かすだろう。仮に時勢に妨げられて名君を得ず、俗世の無理解のうちに生涯を終えたとしても、後世の同志たちがその生き様に感奮し、そのことによって我らは永遠となる。

『講孟余話』は幸福な本である。それは安政二年から三年にかけて、激動の時代に短い生涯を燃焼させた知識人が、束の間の平穏に思索を深め、自己に潜む矛盾をものぞきこみながら調和を描き得た一冊である。

しかし、調和は持続しないだろう。『講孟余話』は里程標であって、彼の決算書ではなかった。じきに訪れる事態の流動化のなかで、調和はすこしずつ崩れ、やがて彼は再び自己は何者なのかを問いなおすことになる。凡庸なテロリズムに附帯する陰惨と滑稽を伴いながら。

次節では、その過程をやや駆け足にたどってみたい。留意するのは次のトリプティックである。まずは条約締結と将軍継嗣の二問題が絡まりながら大獄へと至るめまぐるしい時局の推移、次いでそのつどに応じた松陰の時務策、そして歴史とともに歩む松陰がその施策を考案するにあたりどのような歴史的場面にいまをなぞらえ、おのれを見立てたかという歴史意識である。管見の限り、この三幅対を適切に把握しながら松陰の短い後半生を描いた先行研究はない。安政四年の十二月から、検討を始めていこう。

第四節　テロルの季節――義士と英雄のあいだ

吉田松陰と安政五年の政局

最初に平静を破ったのは、初代駐日領事タウンゼント・ハリスだった。

貿易業を経て官途に就いたばかりのハリスは、安政三(一八五六)年七月に日本に赴任して以来、持ち前の謹厳さで職務を遂行していった。その成果のひとつが、幕吏の反対を押しのけて敢行された安政四年十二月の江戸登城、将軍家定との謁見である。教養と儀礼の体系を失った後世からこの衝撃を追体験することは容易でない。慎重に演じられてきたいくつかの礼式が無視され、城下の盟の故事が想起され、それはハリスがペリーよりもはるかに強硬であること、徳川政権の対応が完全に後手にまわっていること、すなわち属国化に近いかたちでの条約締結が現実味を帯びてきたことを鮮烈に印象付けた。松陰もすぐさま「皇国之御恥辱」と嘆き、「三千年之皇国も今は墨夷之属国と相成可申勢に相見候」を憂いた(107)。騒々しい安政五年の幕開けである。

事態はめまぐるしく動いた。二月には老中・堀田正睦自らが京都に入り、条約勅許を請うた。将軍継嗣問題も含めて様々な思惑が交錯するなか、公卿、諸藩の密偵、浪士や儒者、詩人が入り乱れての暗闘がくりひろげられた。もっとも、萩で蟄居している松陰にはあまり関係がない。松陰の周囲があわただしくなるのは、三月二十日、朝廷が勅許を正式に拒絶し、諸藩の意見をまとめて再考せよと堀田に命じてからである。堀田は「落涙」して東帰したという(108)。

松陰は、勅許拒絶を四月十二日頃知ったらしい(109)。「死者再生の心地(110)」と震い立ち、すぐさま時務策を二篇ものした。「対策一道」(四月中旬)と「愚論」(五月上旬)である(111)。ハリスとの具体的な交渉案に紙幅が割かれているが、ここでは立ち入らない。重要なのは次の二点である。まず、この時点の松陰はまだ徳川政府を重んじている。徳川が叡慮を顧みず承久の変が再来するのではないかという懸念に対し、「征夷は決して然らざるなり（征夷決不然也）」と、「皇神の旨（皇神之旨）」たる勅諚を遵奉することが予期されている。対して、問題はむしろ叡慮だとみなされている。松陰は、神功皇后などの例を引きながら、積極的対外進出こそが日本本来の外交政策であり、鎖国はあくまで三代家光以降の「末世の弊政（末世之弊政）」に過ぎないと力説する。したがって、朝廷が鎖国の考えを改めなければ、「材臣智士」は叡慮を軽んじ江戸を支持するだろう。「神功皇后以来の真の雄略」に朝廷が立ち返らなければ幕府を「心服」させることはできず、「二百年来諸藩の統領」を務めてきた幕府を心服させなければ挙国一致は難しい。近頃、徳川を誹謗する言説が多く見られるが、それらは「阿諛と嫉妬」に基づく妄言であるから真に受けるべきではない。ましてや加賀や薩摩などの雄藩に頼っても「義仲ならざれば董卓に御座候」。まずは「時勢」を洞察し、「御変革」あれ。「宜しく今日より策を決し、上は祖宗の遺法に遵ひ、下は徳川の旧軌を尋ね、遠謀雄略を以て事と為すべし（宜自今日決策、可上遵祖宗之遺法、下尋徳川之旧軌、以遠謀雄略為事）」という「対策一道」の文句は、その主張の端正な要約である。二篇は京都の詩人・梁川星巌を通して朝廷に献上された[112]。

そして、かかる積極的な献策斡旋が示すように、幽囚を経て動き始めた松陰の自己意識は英雄であった。興味深いのは、東行する久坂玄瑞に贈られた送序（二月上旬）である[113]。そこで松陰は、鼎革にあたり節を守って二朝に仕えることを峻拒した胡三省や魏叔子と、新王朝に出仕して活躍した許魯斎や陸隴其とを比較して、前者を「亡国の一清節の士（亡国一清節士）」に過ぎないと軽んじる俗論を否定する。なるほど松陰らしい。しかしすぐに続けて、「而れども成す所無くして死せり（而無所成而死）」と、節義を全うした彼らの生涯が何ら功業なきままに終わったことに注意をむける。松陰は六月、同じ序文に自らこう附記している[114]。いま必要なのは「機宜」にかなった「果断」である。「翟義・徐敬業は吾敢て為さず、夷斉・陶潜は吾為すを欲せず、頗る鄭延年《〔ママ〕》の挙を慕ふ（翟義・徐敬業吾不敢為、夷斉・陶潜吾不欲為、頗慕鄭延年之挙）」。頻出する名前だから説明を加えておくと、翟義は前漢の人、劉秀に先んじて王莽打倒の兵を挙げて敗北し、三族まで誅された。徐敬業は唐の人、則天武后に対して挙兵するも、同様に敗死を遂げた人物である。ともに敗死を顧みない挙兵で知られたいかにも松陰好みの人物である。しかしここで松陰は、伯夷や陶淵明のような隠士はおろか、彼ら義士にすら倣うつもりはないという。慕われるのは延平、しつこく生き延び清に抗った鄭成功である。もちろん彼は亡国の英雄だが、「天旨汗発」を得たいま「幕吏或いは昏迷有れども、久しからずして将に屈せんとす(幕吏或有昏迷、不久将屈)」と、松陰の口吻に哀調は感じられない。事態の推移に楽観的だったことがうかがわれる。

気のよいオプティミズムが最初に試練を迎えたのは、井伊直弼による勅許なき調印断行(六月十九日)である。一報は七月十二日、京からの飛脚により萩にもたらされ、相前後して様々なうわさが舞い込んだ[115]。彦根では城郭の増築がなされ、藩士に血判が求められているとか、井伊が四千の精鋭を率いて上京するとか、孝明天皇を押籠にするつもりだとか……。滞京の門人・中谷正亮は、まるで承久の変を今世に見るがごとき時勢に感慨をこめて、松陰に手紙を書き送っている。

承久之事目前に有之候様相考申候。〔……〕小生初め書生輩之講史候て承久抔の事に到り候ては、此時には天下に一人有志之者無之哉と涙を流し歯を喰しばり候得共、今日に到り候ては銘々尻込に致し人に譲り時を待抔と申、必竟太平柔弱之習気に御座候。承久時抔にも其等之有志は沢山に有之候様被考候。脇目井目の諺之如、其局に当り候ては気付兼る者相見申候[116]。

危急の報せを受けて、松陰はまたしても即座に論策を書きなぐり、藩政府に訴えかけた。内容は明断である[117]。まず、違勅により幕府の罪は明らかになった。ひとまず幕府を諫め、同時に朝廷へ密奏して比叡山行幸を勧めよ。その上で彼らが態度を改めなければ、大老を比叡山に召し出して説諭せよ。なお「逆節」を示すのであれば放伐するより致し方ない。もちろん朝廷を支える長州を幕府が「叛」とみなし、逆に追討を受ける怖れがあるが、そのときは一藩を挙げて滅んでよい。「功利」「死生」を顧みず「道義」に殉じるのが「士大夫」の志である。それは「不道不義」の上の安息よりはるかに優る。

とはいえ、義士としての敗死が一方的に強調されていたかというと、そうでもない。「英雄の事を謀るや、未だ必ずしも利害を計較せずんばあらず（英雄謀事、未必不計較利害）」。英雄としての時勢・利害の計算も重要であり、そしてこの点からも以上の時務策は支持されていた。というのも、幕府の罪が明らかになった以上「億兆の公憤（億兆之公憤）」を期待できるし、幕府が外夷の力を借りて諸侯への圧迫を強める前に事を起こす方が賢明だからである。諫言・恩誼・忠誠の階層性からもはや幕府は滑落するが、まだ松陰は『講孟余話』で示された調和に踏みとどまっているといいえよう。いいかえれば、内なる道徳律の命じる当為と、外的情勢判断の導く結果とが一致する、幸福な時間を生きているのである。八月十八日の飛脚が告げた水戸への密勅降下は、世界がなお正義を失っていないことを暗示するかに思われた(118)。

しかし、九月二十七日の日付をもつ「時勢論」になると、論調はより深刻さを増す(119)。時局はことごとく呑気な期待を裏切っていた。幕府は態度を改めず、勅下もむなしく雄藩に動きはない。にもかかわらず、朝廷に更なる「御処置」の様子はない。幕府は反発が強まる前に和親の既成事実を積み上げ、それによって正議派の雄藩や浪士に圧力を加えている。契丹の力を借りて王位を奪った石敬瑭（後晋の高祖）という不穏な轍が脳裡をよぎる(120)。「天朝格別の御英断なされずでは、神州は必ず夷狄の有となるべく、皇太神の神勅も今日切なり、三種の神器も今日切なり。豈痛哭に堪べけんや」。

では、この衰勢を挽回できる英断とは何なのか。それは自藩の行末を案ずるばかりの諸藩を恃むことではあり得ない。ここに至ってはじめて、「草莽」が政治的アクターとして浮上する。水戸藩ではなく、ひろく「天下」に勅をくだせ。「あらゆる忠臣義士」を輦下に招集せよ。そうすれば、楠正成、新田義貞、児島高徳、菊池武重のような英傑たちが、陸続と現われるであろう。英雄崛起のオプティミズムはこの頃の勤王家に珍しいものではないが、むしろ松陰の来歴をたどるとき、ついに彼が徳川も毛利も飛び越えて、自らを含めた草莽と禁裏の直結を夢想するに至ったことが重要である。「論ずる所の大意謂へらく、当今征夷は跋扈し、諸侯は観望す。皆恃むに足らず。恃むべき所の者は、草莽の英雄のみ(所論大意謂、当今征夷跋扈、諸侯観望。皆不足恃。所可恃者、草莽英雄而已)」[121]。松陰はこの献策に「草莽臣藤原矩方」と署名して、激派の公家・大原重徳に届けた。忠誠の階層秩序から征夷に続いて諸侯も抜け落ち、求められる当為も諫言の微温性を脱していく。テロルの季節が始まったのだ。冬から翌春にかけての狂騒である。

安政五年の冬、松陰は無数の計画を案出した。それは捕縛された梅田雲浜の救出や水野忠央の襲撃、藩人事の一新など多岐にわたるが、いずれも詳論に足るものではない。大原重徳を長州に擁立する大原策、上京する間部詮勝を襲う要撃策、参勤交代に向かう藩主を伏見で直諫して京都に駐屯させる要駕策の三つをふまえておけば、ここでは十分である[122]。

こうした策謀とすら呼びがたい杜撰な政治的計画に熱中する松陰の姿は、しばしば政治的リアリズムを喪失した狂態とみなされてきた。一理あろう。ただし、松陰の主観に照らせば、以上の策動も客観的情勢判断を踏まえたものであったことを忘れてはならない。たとえば要撃策は、薩摩と越前を中心とする雄藩連合による井伊打倒計画の報せを受け、後れを取るべきではないという判断から起案されている[123]。死と永遠の美学はまだ彼を囚えていない。当人はなお英雄的事業によって功名を立てるつもりなのである。だからこそ「山林の囚奴」になれという勧めを一蹴して、「余は之不忠不孝にして、功名を貪るなり（余之不忠不孝、貪功名矣）」と啖呵を切る[124]。ただし、口調にすこし破れかぶれの気味が漂い始めていることは、注意しておいてよい。

毛利敬親を戴く藩政府は、よく松陰を許容したというべきであろう。まだ天下が泰平だった頃の呑気な兵学講義以来、藩主は松陰を重んじた。益田右衛門介や周布政之助といった重臣層もみな歳若く、松陰の論策によく耳を傾けた。しかし、彼のテロリズムが幕閣襲撃を企図するに及んで、藩は松陰に厳囚を命じ、十二月五日には再び野山獄に投じた。寒夜に消沈はなかった。収監の夜、門人たちが塾に集って酒杯を傾けると、昂奮が内実を欠く故にすみやかに伝播して、投獄の理由を問いただすべく藩重役の邸宅に詰めかけるべしとの声が挙がり、あわせて七人もの門人が捕縛されている。その夜のことを松陰も詳しく書き記しているが、むしろ連座したある門人の日記がよく雰囲気を伝えている。

松下塾に至る。先に松嶋・杉蔵在り。是れより議論沸騰して酒数杯を傾け、而れども未だ酔はざるなり。瑞益曰く、「公等速やかに二三杯を傾け、往きて周布政之助を詰責すべし」と。先生 枋得の詩且つ東湖の詩を高吟し、一坐皆和す。愉快亦た甚だし。先生は当今第一流の卓傑なり。我が輩の師事するも亦た面目あり。先生慨然として曰く、「吾が投獄や、吾に於いては実に面目あり。吾局に入りて長州勤王の事去れば、則ち君公の恥辱之を如何せん。豈に憂へざらんや」と。一坐の義気一言を以て益々振へば、則ち奮然として皆起つ。将に周布に往かんとするや、先生又壮士一たび去りて又帰らずの句を吟す。且つ戸外に送りて曰く、「義士報讐の夜に似る、又易水の別に似るなり」と。時に夜将に四更にならんとす。雪白く風寒し。壮士 意気凜々として満街の氷を蹈破す。（至松下塾。先松嶋・杉蔵在。自是議論沸騰傾酒数杯、而未酔也。瑞益曰、公等速傾二三杯、往而可詰責周布政

之助矣。先生高吟枋得之詩且東湖之詩、一坐皆和。愉快亦甚矣。先生当今第一流之卓傑也。我輩師事亦面目矣。先生慨然曰、吾投獄也、於吾実面目也矣。吾入局而長州勤王之事去、則君公之恥辱如之何。豈不憂乎。一坐義気以一言益振、則奮然皆起。将往於周布、先生又吟壮士一去又不帰句。且送戸外曰、似義士報讐夜、又似易水別也。時夜将四更。雪白風寒。壮士意気凜々蹈破満街氷。(125)

こうして、安政五年の年が暮れた。

死と永遠の過激主義

高揚に水を差したのは、狂騒の萩から遠く離れた江戸に遊学している同志たちだった。彼らからみれば、村塾で一部の門弟と暗い昂奮に突きはしる松陰の姿は、異様だった。高杉、久坂、中谷らが連名で松陰を諫める一文を草し、代表して桂小五郎が帰藩した。松陰との面会は、一月十日の夜だったという。翌日、松陰は胸につかえたしこりを苦しげに吐露している。

沢山な御家来之事、吾輩のみが忠臣に無之候。吾輩皆々先駆て死んで見せたら観感而起るものもあらん。夫がなき程では何方時を待たりとて時はこぬなり。且今の逆焰は誰が是を激したるぞ、吾輩に非ずや。吾輩なければ此逆焰千年立てもなし。吾輩あれば此逆焰はいつでもある。忠義と申ものは鬼の留守の間に茶にして呑やうなものではなし。〔……〕桂は僕無二之同志友なれど先夜此談に及ぶこと不能、今以残念に覚候。江戸居の諸友久坂・中谷・高杉なども皆僕と所見違ふなり。其分れる所は僕は忠義をする積り、諸友は功業をなす積り。乍去人々各所長あり、諸友を不可とするには非ず。尤も功業をなす積りの人は天下皆是。忠義をなす積りは唯吾同志数人のみ。

吾等功業に不足して忠義に余りあり。幾回も罪名論行詰ざる事僕一生之過なり。(126)

苦衷は二十二日、桂が萩の同志たちに対して獄舎の松陰と書簡のやりとりをしないよう工作したことによって、いっそう深まった。松陰は、最もよき理解者であったあの入江杉蔵に宛てて、こう述べている。

子遠々々、子に非ずんば孰か吾を知らん。吾に非ずんば孰か子を知らん。子は家にして吾は獄、各々繋がるるに徽纆を以てし、相対して泣くこと能はず。悲しむべし恨むべし。然りと雖も桂の言は吾を愛するなり。吾敢へて怨みず。吾が言狂なるも、亦た国を憂へばなり。国を憂へば友に負く。友を愛すれば国に負く。桂は特だ吾を愛するのみに非ず、子と佐世・岡部とを愛す。其の愛や姑息、吾は深く之を惜しむ。其の或いは国に負くは、吾更に之を惜しむ。其の自ら愛するに至りては、吾 将に色を正して之を責めんとす。嗚呼、渠れも亦た仁人、我も亦た義士、天地の間に並立して、詎庸ぞ傷まんや。子遠足下、足下先づ死せよ。〔……〕諸友交々吾を棄て、吾が生楽しむべき者無し。然りと雖も吾豈に一身の為に之を悲しまんや。

(子遠子遠、非子孰知吾。非吾孰知子。子家而吾獄、各繫以徽纆、不能相対而泣。可悲可恨。雖然桂言愛吾也。吾不敢怨。吾言狂矣、亦憂国也。憂国負友。愛友負国。桂非特愛吾、愛子与佐世岡部。其愛姑息、吾深惜之。其或負国、吾更惜之。其至自愛、吾将正色責之。嗚呼、渠亦仁人、我亦義士、並立于天地間、詎庸傷焉。子遠足下、足下先死焉。〔……〕諸友交棄吾、吾生無可楽者矣。雖然吾豈為一身悲之哉。(127))

引用を重ねたのは、くだくだしい説明よりも、すこしずつ口語体に近づいていく文調や、反復の多い論理から、彼の心境がよく伝わると思うからである。

「忠義」と「功業」の対比や、「死」と「義士」のロマンチシズムについては、すぐあとで触れよう。ひとまず確認すべきは、ここに至って、これまで彼を支えてきた〈俗世間・幕府・藩政府〉対〈同志たち〉という図式が崩れ、〈同志たち〉対〈松陰〉というかたちで再定立されたことだ。彼は高杉・久坂ら高足たちを次々と絶交し[128]、それでも彼を支持する少数の門人たちにも諸友との絶交を勧め[129]、もっと「誠」にならなければ「天地」に「対越」できないと慚愧に震え[130]、返す刀で同志たちの「心」の死を糾弾する。身は朽ちても心は不滅の者を「不朽の人（不朽之人）」といい、身も朽ちる前に心が死んでしまった者を「行屍の人（行屍之人）」という[131]。諸友はむさと不朽を手放して「天地間無名の男児」に身をやつしてしまった[132]。もちろん、「身」や「心」の概念構成は、『講孟余話』および「七生説」と変わっていない。

眼前に仲間を失った松陰は、歴史に友と指針を求め、慰みと更なる慷慨を得ている。殉難者たちの悲愴な死のロマンチシズムに、彼はおのれを重ね身を浸した。「吾漢土の歴代に於いて、最も朱明を喜ぶ（吾於漢土歴代、最喜朱明）」といって明史に耽り、靖難の変や李自成の乱において「死節」を貫いた「激烈悲壮」に感激した[133]。この頃の彼にとってのアイドルは、もはや豊臣秀吉や鄭成功ではない。則天武后に抗って戦死した徐敬業であり、諫言により死罪になった陳東や欧陽澈であり、権臣を痛罵して処刑された楊継盛である。ことに楊継盛への傾倒は尋常ではない。「中々一通りの男ではない」と称賛し[134]、「椒山が狗死でなきこと分り候へば同志の人なり」とまでいいきっている[135]。功業よりも鮮烈な敗死によって歴史に輝く者こそが、この頃の松陰の同志である。あるいは、孤独な思索は、かつて彼とともに歩んだ亡友たちさえよみがえらせたようだ。三月の中頃、ともにペリーの艦隊に乗り込んで獄中で病死した金子重輔や、かつて論争を交わした宇都宮黙霖らを思い出して、「幽明一致、理気貫通、亡者存するが如く、死者生けるが如し。則ち死生哀しむに足らずして、神通の妙、真に羨むべし。吾是に於いて、益々七生の然る所以を悟る（幽明一致、理気貫通、亡者如存、死者如生。則死生不足哀、而神通之妙、真可羨矣。吾於是、益悟七生之所以然[136]）」と書いている。基調をなす論理もまた「七生説」と変わりない。松陰のなかで、金子や黙霖らが徐敬業や楊継盛らと一体となり、かつて湊川で感じた楠正成や朱舜水との交合とも重なって、〈死而不朽〉の理念を告げる。こうして松陰は熱烈に死を求めた。周囲に死罪への斡旋を依頼し、自ら餓死を計って断食を試みてもいる。四月二日と四日に入江の弟・野村和作に宛てられた書簡では、死の意義がこう力説される。

僕が死を求むるは生て事をなすべき目途なし。死て人を感ずる一理あらんかと申所と、此度の大事に一人も死ぬもののなき、余りも余りも日本人が臆病になり切たがむごいから、一人なりと死で見せたら朋友故旧生残たもの共も少しは力を致して呉ふかと云迄なり。(137)

雑駁だが注視すべき内容を含んでいよう。

まず第一に、彼はこの時点で「生て事をなすべき目途なし」と判断していた。夷狄が幕府を、幕府が朝廷と諸藩を、諸藩が国内の士人を「箝制」する抑圧の体系は、「和漢古今歴史にて見及ぬ悪兆」である。世が乱れてこそ「草莽崛起の豪傑」の出番が来るが、このままでは治世から乱世を欠いて亡国に至るほかない。したがって、生き延びても「不義の人」にならずに済むことは難しく、のちに「守節」に苦しむくらいなら「此度死すれば永く義士」でよい。(138) 同志たちはしきりと「時勢」をもちだし、「時」、「徳」、「力」を慎重に計算して「功業」をなすつもりらしいが、「忠義」とはそのようなものではない。松陰は、時勢を計較する「智者」了簡の者らでせいぜい「国家の一美事」でもなせばよいといいはなち、しかし自分はかかる「常套世界」に加わるべきではないアウトサイダー(「痘面」した「狂愚」の「罪人」)だから、はやく死罪にしてくれと訴える。(139)「時勢」「智」「才略」「功名」などの語彙により彩られた英雄的生はもはや忠義と両全せず、亡国にあたり忠義を全うできるのは義士的死のみだと、切迫した思いがここにはある。

しかし第二に、松陰は、その死が歴史から視られていることを強烈に意識している。「日本人が臆病になり切たがむごい」とは、「青史を汚すではないか(140)」といいかえられ、それは歴史意識が緊迫した使命感をはぐくむ様をよく示している。「天下後世の公論(141)」、「天下後世へ対し少も面目もあれど(142)」、あるいは第一節でも紹介した「後世史筆如何なる所を書くか(143)」なども同様であろう。とはいえ率直な心情の吐露にふさわしいのはやはり詩歌だから、ここでは三月十五日に詠まれた一篇を引いておこう。

始吾已許之　始めより吾れ已にこれを許す
豈死以負心　豈に死すとも以て心に負かんや
〔……〕
昔謂死如飴　昔謂へらく死は飴の如しと
今豈更呻吟　今豈に更に呻吟せんや
後視今猶古　後の今を視ること猶ほ古のごとし
吾視古猶今　吾の古を視ること猶ほ今のごとし
世上紛々者　世上の紛々たる者
寧知伯牙音　寧んぞ伯牙の音を知らんや(144)

末句にいう「伯牙の音」とは、かつて服部南郭が平野金華との友情をなぞらえた、あの伯牙と鍾子期の故事を指す。松陰のかき鳴らす琴の音を、機微にまで分け入り理解してくれる者はいない。しかし孤立は歴史に慰みを見る。松陰が「古」の英傑たちを自己になぞらえ「今」によみがえらせたように、「後」の同志たちもまた松陰に永遠の生を与えるだろう。もちろんここでも「心」こそ天下後世に明らかなのだと説いた『講孟余話』を想起してよい。しかし、後世への期待もまた他者の視線への従属を意味するのではないかという危惧は、この頃の松陰にはあまり見られない。むしろ自己の政治的実践に起因する様々な問題を「天下後世の公論」に丸投げすることで、自省の機会が奪われていることは、注意されてよい。

そして第三に、以上の検討からも明らかなように、松陰はまだ死によって他者を感発し、より大きな名誉と功業を得るというヴィジョンにこだわっている。いいかえれば、死のもたらす政治的効果が期待されている。それは遠い後世への感奮だけではない。より身近な存在として、生ける屍と化してしまった周囲の者も、「死友に負てはすまぬ」と感じ、覚悟を決めることが期待されている(145)。死は至誠に基づくものである限りすみやかに他者に伝播し、やがて国政をも動かすはずである。「一人能く死し、十人亦た死し、百人千人亦た死す。死して千百に至れば、亦た安んぞ其の一益無きを保せんや(一人能死、十人亦死、百人千人亦死。死至千百、亦安保其無一益)(146)」。永遠の論理が政治的過激化を支え、そこから生じる失敗の数々についての反省を歴史に委ねることで放擲し、ひたすら行動のエートスと死への勇気だけが溢れだす。そしてこの論理を、それでも松陰を支持した入江らにまで強いたことが、第一節で瞥見した騒動を招きもした。多くの知友は、とてもつきあいきれないとの思いであっただろう。

汝は汝、我は我

しかし、転機は突然に訪れた。

きっかけはやはり歴史である。松陰は獄舎のなかで焦燥に身を焦がしながら、それでも古人との対話を続けていた。彼はそうやって生きてきたのであり、そのようにしか生きられなかった。四月のはじめ、松陰はある著作に出会ってさも感慨深そうにつぶやいている。「書や畏るべきかな。巧みに吾人の心を移す（書也可畏哉。巧移吾人心）[147]」。このときめぐり会った歴史書の名を、『続蔵書』という。

『続蔵書』は明代を扱う紀伝体の史書で、著者は明末異端の儒者・李贄である[148]。続とあるのは、戦国期から元末までを扱う『蔵書』の続篇であることによるが、松陰は『蔵書』を読んでいないのでいまは措く。また、史家としての卓吾の特徴はその特異な列伝の組み方――「開国名臣」「開国功臣」「内閣輔臣」「理学名臣」等の特有なカテゴライズ――にあるが、松陰の史眼はそこにも向けられていない。あるいはいつものように、史上に同志を見つけようと気軽に読み始めたのかもしれない。しかし、それは大きな出会いとなった。

松陰はまず四月二日、『続蔵書』の「遜国名臣」を読んだらしい。感想はとてもわかりやすい[149]。松陰が用いるのは「智」と「忠」の対比である。智者は時勢を洞察して世を遁れ、名誉の代わりに一家の安寧を得る。対して忠臣は大義に殉じて十族まで亡ぶも、不朽の名を得る。松陰はそれぞれ得失ありとするが、後者に肩入れしているのは歴然である。一族の保身のために「千古」の名を捨てるよりも、永楽帝への屈従を拒否した方孝孺のような「一死」が優る。ことに嫌悪されているのは、「智」を標榜する偽英雄たち、ここでは靖難の変に臨んで建文帝に殉ずることなく、永楽帝の宰相として辣腕を振るった楊栄、楊士奇、楊溥の三楊である。かつて二朝に仕えた許魯斎や陸隴其を非難したのと何ら変わりはない。

しかし、五日に「靖難内閣」を読み、松陰の心に動揺が走る[150]。やはりとてもシンプルなものだ。仮に永楽帝と、それを支えた三楊らがいなければ、明は宋と同じく夷狄の侵略に屈したのではないか。明朝二百年の偉業は、まさに彼らの手により築かれたものではなかったか。同様の評価のゆらぎは、たとえば徐階に関しても生じた[151]。明の嘉靖帝に仕えた徐階は、権臣・厳嵩におもねってあの楊継盛を見殺しにした。しかし、皇帝からの信任を固めたのち、厳嵩の排斥に成功したのはほかならぬこの徐階だった。ひょっとしたら、方孝孺より三楊、楊継盛より徐階こそが真に敬慕すべき同志なのではないか。松陰は同じ頃、萩を訪れた北山安世（佐久間象山の甥である）に宛てて、三楊らは建文帝には不「忠」だったが、明という国家には「功」ある「智」者だったと述べている[152]。もちろんただちに、何の功もなく栄達を貪って複数の主君を渡り歩いたり（たとえば馮道）、亡国の王族に連なる者が異朝に仕えたりすることは許されないと念を押す（たとえば耶律楚材）。しかし、もはや「智」は、時勢や彼我の力量を慎重に計って姑息に生き延び功業を図る態度は、否定対象ではなくなっている。松陰は書簡を「愚者の千慮、試みに智者の為に之を陳ぶ（愚者千慮、試為智者陳之）」と結んでおり、あくまで智者・北山に対する愚者・松陰という自己規定を貫いてはいるが、両者のあいだで彼の心に揺らぎが生じているのを見てとるのは容易い。やがて死の論理は後背に退いて、建文帝を浅野長矩に、方孝孺を大石良雄になぞらえ、「併し大業は爰ではない」とされるであろう。「成祖（永楽帝）や三楊肌でなくてはいかん」と説かれるであろう[153]。決定的といってよい十四日の書簡では、実にあっさりこう告白される。――「併し命が惜しい」。

なぜと云に吾両人死せば一時は流涕して呉れるものはあらん。併如何に感じても吾目中には吾輩程に志を篤くし、時勢を洞観したる人はなし。然ればうぬぼれながら吉田義卿為神州自愛すべし。且今迄の所置遺憾なきこと能はず。夫は何かと云ふに、政府を相手にしたが一生の誤なり。此後は屹と草莽と案をかへて今一手段遣て見よう。然れば五年は十年繋せられても吾尚四十歳のみ。足下更に弱《ワカ》し。只今の縊死せようとまで思たる志を終身忘れさへせねば事必づ成るべし。〔……〕読書最も能く人を移す。畏るべきかな書や。吾昨建文諸臣伝を読み、頻りに一死を欲す。今永楽諸臣伝を読み、頻りに一功を成さんと欲す。（読書最能移人。可畏哉書也。吾昨読建文諸臣伝、頻欲一死。今読永楽諸臣伝、頻欲成一功[154]。）

この書簡を手にした入江は、笑い転げたらしい。松陰はその旨を書き添えて、同じ手紙を野村にも贈っている。『続蔵書』に触れて松陰は、死なねばならぬという切迫感から抜け出した。同時に「獄に安坐して人に遣らせる積り」でテロリズムを指導してきたこれまでが省みられ[155]、「強て死を求むる」より「十分死なれる程功を立つるがよし」とされた[156]。また、その暴挙の内容についても、結局のところ非常手段により藩政府を動かそうとしてきた点が自省され、あの著名な啖呵が口を突く。「草莽崛起、豈仮他人之力哉。乍恐天朝も幕府吾藩も入らぬ。只六尺の微軀が入用[157]」。もはや毛利や禁裏すら度外に置いて、しかし少なくとも藩や朝廷のために何かをなそうとする、「六尺の微軀」が立ち現われる。

ただし、前引の書簡は、この時期に訪れた変化が「一死」から「一功」へ、すなわち愚者から智者、義士から英雄への転生であったかのように読めて、ミスリーディングでもある。もうすこし、松陰の至った境地について詳しく見てみよう。参考になるのは高杉晋作と、やはり入江に宛てられた次の文面である。

子遠々々、憤慨する事は止むべし。義卿は命が惜ひか、腹がきまらぬか、学問が進んだか、忠孝の心が薄く成たか、他人の評は何ともあれ、自然ときめた。死を求めもせず死を辞しもせず、獄に在ては獄で出来る事をする、獄を出ては出て出来る事をする。時は云はず勢は云はず出来る事をして行当つれば、又獄になりと首の座になりと行く所に行く[158]。

死好むべきに非ず、亦た悪むべきにも非ず。道尽き心安んずる、便ち是が死所なり。世に身は生きて心は死す者有り。身は亡べども魂は存する者有り。心死すれば生きて益無きなり。魂存すれば亡びて損無し(死非可好、亦非可悪。道尽心安、便是死所。世有身生而心死者。有身亡而魂存者。心死生無益也。魂存亡無損)。又一種大才略ある人辱を忍て事をなす、妙(明徐階が楊継盛を助けざるが如し)。又一種私欲なく私心なきもの生を偸む不妨(文天祥厓山に死せず生を燕獄に偸む四年是なり)。死して不朽の見込みあらばいつでも死ぬべし。生て大業の見込みあらばいつでも生くべし。僕が所見にては生死は度外に措て唯言べきを言ふのみ。(159)

松陰はこの新たにたどりついた境地を「自然説」と名付けているが、自然という言葉にこだわると却って意味がよくわからなくなるから、気にせずともよい。およそ次のようなことが説かれている。生も、死も、二度とは戻らない一場の時の、行為の結果である。偽り多き世の中だが、死のみが誠でも、生を偸む卑屈や詐謀がただちに峻拒されるべきでもない。もちろん、功業なき生、不朽なき死は無意味である。目指すべきはやはり「不朽」であり、「何か腹のいえる様な事」をやる必要がある。(160) ただしそれは、その時その場でできることをやって、行き着くところへ行き着いた結果である。世間の毀誉だけでなく、同志との異同も気にするべきではない。楊継盛のように直諫して死ぬのもよいし、徐階のようにそれを見捨ててのちに功を成してもよい。陸秀夫のように幼帝を抱いて海に沈んでもいいし、文天祥のように戦死を免れ獄舎で生を偸んでもよい。いずれとも、単なる自棄でも因循でもなく、その時その場でそれぞれがなすべきことをなした結果であれば、敬重するに足るのである。

ずいぶん遠くまで来た気もするが、本章にとって、見慣れた理屈である。松陰はひどい紆余曲折を経て、あの「経史」を兼ねる聖典の叡智に帰ってきたのである。彼はいつしか生死と邪正を固定的に見て、単一の規準で自己と他者を裁断していた。伯夷ひとりをよしとして、比干や太公望をしりぞけるかのように。死ぬる者こそ道義であり、生きる者は虚偽であった。「満天下」に「全人」を見つけられずに世を呪い、呪うことしかできない自分をまた呪い、果ては死を願った。外形的行為の裏に潜む「心」の帰一を顧みることをすっかり忘れ、「時」「地」「事」「勢」、あるいは各自の「性質好尚」の異同を口にすることは、因循姑息と切り捨てられた。それが、同志との対立を招き、彼の心を苦しめてもきた。

『孟子』公孫丑上の第九章は、「事実」に基づく教えを重んずる孟子らしい一節である。そこで孟子は、伯夷と柳下恵を対比させる。伯夷は、然るべき君でなければ仕えないし、然るべき友でなければ交わらない。悪を激しく憎み、まるで自分まで穢れるといわんばかりに人付き合いを限定する。一方、柳下恵は、暗君に仕え小官に勤めるのも恥としない。悠々と汚世のなかを生きて、自らの正しさを失わない。だから柳下恵は次のようにいう。「爾《なんじ》は爾為り、我は我為り(爾為爾、我為我)」。

孟子は両者の生き方を比較して、伯夷は「隘」、柳下恵は「不恭」だとたしなめる。朱熹も、聖徳であれ「偏」に陥れば弊害が生じるという教訓を述べ、あとは平板な語釈に終始する。それぞれの態度が招き得る弊害を戒め、「伯夷の清」と「柳下恵の和」を綜合する必要を説く点、松陰の『講孟余話』(161)も既成路線を踏みはずすものではない。しかし彼はひっそりとこう書き添えていた。「余尤も柳下恵の行を愛す」。この言葉に、「対峙する精神」と「独立の思想」を見出すのは、ある倫理学者の卓見である。(162)

第五節　自己の作品化

ひとまずの狂騒をくぐり抜けた先、更に訪れたであろう蹉跌と暴挙とが、仄暗さを加えたものか、それとも明るいものになったのかは、わからない。松陰が「死生の悟り」とか「自然説」とか仰々しくいう境地にたどりついたとき、歴史が彼に用意した舞台はわずか一幕を残すだけだった。

安政六年七月から始まった松陰の尋問について、単純化された俗説がひろまっている。梅田雲浜との密議を疑う奉行たちに対して、わざわざ自分には死罪がふたつあると、律義にも問われてすらいない西下策と要撃策を自白したというものである。[163] それは裁判の席ですら至誠貫通を信じた彼の素朴さを示すものとして、愛すべき奇人の形象を縁取ってきた。

しかし同じ尋問で、松陰がむしろ徳川におもねる姿勢を打ち出していたことについては、あまり知られていない。松陰は薩摩の日下部伊三次が取調べにおいて傲然と幕政を罵り、これで死罪になっても構わないと啖呵を切ったことに触れ、しかし自分はそうしなかったと述べている。[164] 彼がもちだすのは例によって中国史だ。しばしば上官に直諫した唐の名臣・段秀実は、郭曦の横暴には丁重に諫めて改心をうながし、謀叛を企てた朱泚には痛烈な論難を加えて処刑された。「英雄自ら時措の宜しきあり、要は内省不疚にあり」。日下部は後者を選択したが、自分は前者を試みたのだと松陰は語る。具体的には、攘夷に固執する朝廷をたしなめた「対策一道」の内容を語り、「幕府違勅の已むを得ざる」を確認した上で、「当今的当の処置」について献言したらしい。したがって松陰は、安政五年からの江戸と京都のつば迫り合いに関して前者の姿勢に理解を示したわけで、まさか死罪にはなるまいと楽観したのもそれなりに理由のあることだった。間部要撃策も、慎重に「要諫」(諫言する)とされていた。

もちろん松陰の認識は甘かった。七月九日の初尋問以後、丁寧な取調べがおこなわれることはついぞなく、十月十六日の口上書への署名に及び、松陰は自らが謀られていたことを悟った。そこには松陰が苦心して弁論した献言は何ひとつ記載されておらず、要諫も「切払」の予定だったとされていた。すぐさま死が覚悟される。翌十七日の書簡には、既に刑場の露と消えていた頼三樹三郎と橋本左内に言及し、彼らの仲間入りができるならば本望であり、「只天下後世の賢者吾志を知て呉よかし」とある。[165] 二十日頃に萩へ贈られた手紙にも、死して不朽の覚悟が示され、楊継盛らの名前を挙げて「一死」によりその「亜」となるのだと、ずいぶん勇ましいことが書いてある。[166] いずれも見慣れた名前と論理であろう。

はじめに生き延びようと幕政を擁護したことを、「松陰らしからぬ態度」であり遺憾だとするのは、[167] のちの死の覚悟を挫折の末にかつての論理に回帰したとみること同様、松陰の変化をとらえ損ねている。彼はただ、その時その場でなすべきと思われたことをおこない、その結果に従容とするに過ぎない。生きて何かをなす見込みがあると判断したから敢えて死を求めず「英雄」として振る舞い、しかし死が目前に迫ったので「義士」として覚悟を固めたのである。そして十月二十五日、彼は最後の著作にとりかかるべく筆を執った。その著作は『留魂録』と名付けられている。「身はたとひ武蔵の野辺に朽ちぬとも留め置かまし大和魂」という和歌を巻頭に掲げるこの著作は、萩を立つときの門弟とのやりとりから数次の取調べの様子までを簡潔に記し、獄中で得た新たな同志や構想のことが添えられる、簡粗な一冊である。なかでも長短にかかわらず人の生涯には春夏秋冬があり、おのれもまた「秀実の時」を迎えたのだと説き、その果実が「秕」なのか「粟」なのかは知らないが、ぜひ「種子」を継いでいって欲しいと語りかけるくだりは、生彩に富む。[168] 後世への期待に支えられた不朽の論理、なすべきはなしたという自足、その評価を歴史に委ねている点について、これ以上論ずる必要はあるまい。しかし、その「秀実の時」にあたって、自らがどのような経緯でいまの境涯に至り、その過程で何を考えていたのかを書き残そうとする欲望のかたちについては、もうすこし検討する余地がある。

振り返ってみれば、決して始めてのことではなかった。

たとえば安政のはじめ、彼は『幽囚録』と『回顧録』という対なす二篇をものしていた。『留魂録』とタイトルも似るのは偶然ではない。前者はペリーの艦隊になぜ乗り込もうとしたのかを語る論弁書であり、後者は実際の顚末を描くドキュメンタリーである。蒸気船の発明も視野に入れた世界地理認識と海外進出の提唱、それを支える日本史の再解釈を開陳する『幽囚録』は初期松陰の思想を知る上で最も重要なテクストであり、乗り込む機会を得ずに右往左往するドタバタから江戸の獄中生活までを感傷的に、時に喜劇的に描く『回顧録』は、松陰の著作のなかでも秀美な部類に入る。それぞれに附録もあって、前者には佐久間象山と交わした詩作や、金子重輔の行状が、後者には「三月二十七夜記」と題された短文が収められている。二十七日は渡海決行の日付であり、「記」は一夜の出来事をいきいきと描く記録文学である。いま目を留めるべき箇所は、その末尾にある。

後人　紙上に英雄を論ず。悲しいかな。吾等の事、後世史氏必ず書して云はん。「長門の浪人吉田寅二郎・渋木松太郎、夷船に乗り海外に出でんと謀るも、事覚はれ捕はる。寅等奇を好みて術無し。故に此に至る」と。
（後人紙上論英雄。悲夫。吾等之事、後世史氏必書云。長門浪人吉田寅二郎・渋木松太郎、謀乗夷船出海外、事覚見捕。寅等好奇無術。故至此。[169]）

吉田松陰が、政治的・軍事的英雄に憧れ、その名を永く後世にまで留めたいと夢見ていたこと、死してなおその生き様によって後世を感発し続け、そのことにより「不朽」を得るという〝永遠性〟のヴィジョンを抱いていたこと、それが暗いテロリズムを支え、晩年の死生観をも規定していたことは、以上詳しく検討してきたとおりである。しかしこのヴィジョンは、彼の生き様、あるいは死に様が、世上に正しく伝わらなければ意味をなさない。自分がいったい何を考え、どのように行動したのか、それを後世に書き残す必要があった。歴史への期待、あるいは歴史からの視線によって政治的エートスと孤独な倫理を育んできた彼の足跡は、おのれの生涯をひとつの作品として書き残そうという願望に駆動されていたのである。だからこそ彼は、幕吏が渡海に至る事情を同情的に聞き容れ、よく出来た口上書に仕上げてくれたとき、「口書も思儘に出来、寅次郎が小伝と申べし」と喜んだ。[170]『幽囚録』に関して、後世の読者がこれを読んで「欣躍慟哭」する様を想起し、言い知れぬ愉悦に酔い痴れた。[171]彼は事あるごとに同様の文章を著わしている。安政五年の冬に再投獄された折には、その経緯を詳述する「厳囚紀事」と「投獄紀事」という二篇のドキュメンタリーを書き、しかもそれを他藩の浪士に与えている。知友からは藩の恥を天下にさらすのかと難詰されたが、松陰は知ってもらいたいのである。彼が再投獄において「罪名」にこだわったのも、同様の事情として理解できよう。曖昧な罪状により裁かれるのが不本意だったのではなく、何をおこなったのか不分明なまま刑に処されることを恐れたのである。彼が最後の尋問に対して、「委細に陳白せば、余が死後委細の口書天下に流伝すべし」という奇態な期待に胸をふくらませていたのも、自らの論弁が口上書に正しく記載されなかったことに深く失望したのも、以上の事情を踏まえれば当然であろう。安政六年の春には、野村に宛ててこう教示していた。

僕曾て此獄に居た時の稿御目に懸くべし。戊午の義卿とは別物なり。己未已後は又一物と成て見せよう。詩文失稿せぬ様にせよ。是が一人の史記なれば、是を失ては盛衰治乱が分り不申。[172]

年次ごとに編んだ文稿を指して自ら「一人の史記」と評すのは、常に歴史とともに歩み、自己もまた歴史とみなした彼の歴史意識の巧みな表現である。嗤うべき稚気だろうか。誇大妄想だろうか。しかし、たしかに、彼が孔子の口吻をまねて「猛士の罪すべき処全くここに在り、その功すべき処も亦全くここに在り」と誇った戊午と己未、二冊の文稿があるからこそ、本章のように、安政五年から六年にかけての彼の心事を某月某日というレベルで再構成できるのである。「立功の出来ねば立言は古今のきまりものなり」[173]と嗤って文筆業を卑しむ松陰が、それでも多量の「文」を残した所以も、まさしくここにある。政治化の時代に短い生を終えたにもかかわらず、幕末知識人のなかでも突出する松陰史料の豊富さは、彼の門人たちが明治の成功者になったという理由のみに由来するのではない。浩瀚な全集は、おのれを書き残したいという夢の跡、その熾烈なる欲望の堆積として、読まれてよい。

『留魂録』執筆の二日後、安政六年十月二十七日、吉田松陰は処刑された。口吟された辞世とは別に、絶筆の歌が一首遺されている。

十月二十七日呼出の声をきゝて
此程に思ひ定めし出立はけふきくこそ嬉しかりける[174]

傍点は原文の表記であり、第四句が言葉足らずだと気になったが、なおすいとまもないので点を打った。享年三十。刑場へ向かう今際のきわまで、おのれの生涯をひとつの作品として書き残そうと努めた吉田松陰は、あるいは、志士の貌をした文士であったのかもしれない。

第五章　内乱の政治学　真木和泉

第一節　彗星を観るひと

幕末期、多くの天変地異が列島を襲った。ことに著名な安政二（一八五五）年の江戸大地震だけではない。その前年には伊賀、東海、南海、東予海峡で、その翌年には八戸沖で、いずれも推定マグニチュード七・〇を前後する大きな地震があった。頻発する余震は千余を数え、多くの人命が失われ、城下では棺桶を使い果たして酒樽や天水桶を代わりに用いたという[1]。しかし、それでも、安政五（一八五八）年に流行したコレラに比べれば、被害は少なかったかもしれない。「虎狼痢」という見るにおぞましい字面を与えられた死病は、長崎に始まって全国規模のパンデミックに発展し、梁川星巌や歌川広重をはじめ地震を生き延びた数多の命を奪っていった。妖怪狐のしわざとか、西洋夷狄が「疫兎」を放ったとか、様々な噂がまことしやかにささやかれた[2]。ある儒者の報告によれば、死者は大坂だけで四万余に及び、致死率の高さから発症後自殺する者も現われ、死骸を焼く煙が空を覆って火事のようだったという[3]。たしかに明治維新は、フランスやロシアのそれに比べて流血の少ない革命であったかもしれないが、政治的動乱で喪われた以上の命が厄災で散っていたことを忘れてはならない。列島は死臭に満ちており、それは「今」がただならぬ時であるとの自覚をうながし、高まった民衆の霊感はやがて「ええじゃないか」の狂騒を経て「瓦解」を迎えるのである。

ところで、この霊感を刺戟した天変地異のひとつに、彗星があった。ペリー来航の翌月にあたる嘉永六(一八五三)年の七月、水戸への密勅が世を震わせた安政五年の八月から九月にかけて、そして激派が勢力を拡大しつつあった文久元(一八六一)年の五月。まるで政治史と歩調を合わせるかのように、列島の夜空に星が光った。もちろん、陽気な天体観測になるはずもない。当時の基礎教養であった儒学は、規則正しい天体の運行に「天理」のたしかな実在を見、北辰をめぐる円環に有徳君主を中心とするあるべき政治秩序の原型を読み取っていたから、常軌を逸してまたたく光芒は、ただならぬ予感を与えるに十分なものだった。朝廷では祈禱がおこなわれ、知識人たちは口々に不穏な予感をもらしている。「幕庭　朝廷に逼るの兆(幕庭逼朝廷之兆)」(松林飯山)、「俄国　漢土を侵すの兆(俄国侵漢土之兆)」(中西重之)、「天意知るべからずと雖も、人事既に然り、噫(天意雖不可知、人事既然矣、噫)」(江木鰐水)(4)。多くの人々が死臭のなかで夜空を見上げ、得体の知れない鮮烈な印象に身を震わせたのである。

本章の主人公、久留米の神官・真木和泉守保臣もそのひとりである。

真木は文化十(一八一三)年、久留米水天宮の神官・真木旋臣と柳子のあいだに生まれた。幼名は湊、後に保臣、号を紫灘といい、若くして大宮司の職を継いで従五位下和泉守に叙任されたことから和泉守や和泉と呼ばれる。吉田松陰より二十ほど年長にあたり、佐久間象山(文化八年生)や横井小楠(文化六年生)とほぼ同世代である。太平の旧体制下に知的人格形成を終えた最後の世代ともいえよう。

本書にとってとりわけ注目すべき逸話は、十六の歳に『大日本史』を筆写して水天宮へ奉納したというものだろうか。儒学を国友耳山と宮原桑州から、国学を宮崎信敦から学んでいる。本紀と列伝だけで二四三巻を数えるテクストを写し取る作業は、真木のなかに、まだ茫としたものであれ鋭敏な歴史感覚と水戸への関心を育んだであろう。弘化元(一八四四)年、その影響もあってか、真木は水戸を訪れる。

滞在はわずか七日ほどだったが、会沢正志斎のもとを四度も訪ね、のちに夢に見るほどこの学者を尊信した。もっともこれは真木に限った話ではなく、同じ頃、踵を接するように木村三郎や村上守太郎ら野心溢れる久留米藩士たちが水戸を訪れ、会沢に親炙した。幕末久留米の政局を騒がせた「天保学連」の誕生である。「天保学」とは、いまでいう後期水戸学を指している。

いったい水戸の何が若く有為な地方藩士の心を捉えたのだろうか。御三家の名望などでは断じてないし、尊王攘夷の掛け声だという理解も、なるほど一理あるが、天保・弘化期という時代の空気をいささかペリー来航以後に引きつけ過ぎていよう。むしろ久留米の事例からうかがえるのは、水戸は英主・斉昭の盛名とともに天保年間の藩政改革によって注目を集めていたという事実であり、「天保学」とは斉昭の藩政改革とブレーンたちの学説とが渾然と溶け合ってひとつのイメージに凝固したものだったということである。若き真木の声を聞こう。武士とは元来、「柔順にしてことば少なく、はづかに先列といふ程の人に対しては、我存寄も容易にいはず。身がまへのみしてやり過ぐす」穏和な組織人ではない[5]。学問とは本来、「風流文雅」「巧言取容」のための営みではない[6]。「天保学」の核心をなすのは、長き太平のなかで堕落したすべて――士風、学問、政治、武備、道徳――を穿つ事業のすすめであり、天保九(一八三八)年に撰定された「弘道館記」の次の言葉こそがその神髄だった。「忠孝二无く、文武岐れず、学問事業、其の効を殊にせず(忠孝无二、文武不岐、学問事業、不殊其効)[7]」。

すこし長くなるが、「天保学」徒・真木の学問観がよく現われているくだりを引いておこう。朱子学の弊害を説く一節である。

就中性理の学などは聞けば左あるべき事なれど、ややもすれば禅法師の口気に似て、其論高きほどいよいよ日用に益なく覚ゆる也。孔門の高足弟子子貢のごときも、性与天道は不可得聞といひ、孔聖も罕に宣べ給ひしよしにて、今の君子の様に、口を開けば只管に性を云ふ様にはあらず。〔……〕仁斎先生の道は卑近のものぞといはれしも、よしありげに聞こゆるなり。趙宋の世など朱子のごときは、性理の事は其学の貴ぶ所なれど、全体の事、性理に拘泥せられし人にはあらず。されど其前後の人あまり性理の学に泥み、我心も身も其理窟に細られて、天運の隆替は人事にあることも弁へず、一身すら潔くすれば、それにて事すむと心得て、端拱して道を講じ、静坐して理を窮むる中に、いつの間にか国は夷狄にとられてしらぬ世界となりて、はと俄に目を覚ましても、兼ねて学ばぬ事なれば、兵を挙げて恢復するわざもしえず。〔……〕後の君子の申様に、一身すら十分に修まれば人を治むる事は時にとり如何様にもなると心得るは、則ち一偏の論にて、大なるひが事と心得べし。(8)

依拠するところは、なるほど会沢正志斎の学問観である。正志斎は「心性」や「就物窮理」など宋学の枢要なテーゼを「高妙」に堕した「新奇」な謬論とみなし、後儒において「学問」と「事業」がふたつに分かれたことを歎いていた。また、それが朱熹の罪というよりも、本来は乱れた世を救う「実用」の学だった朱熹の教説を誤解して、「事業」を離れた「空論」に変えてしまった後継者たちの問題だと考えていた。そして、空理の体系に堕した宋学に対して、道の日用卑近を説いた伊藤仁斎を重んじていた。(9) しかし、真木の場合、高遠を嫌う仁斎の教えは国防のための実学に帰着し、宋学の「空理」批判もまた「堯舜の盛徳も、大業なくては、盛徳と云ふに足らず」という強い政治志向を導いていた。(10) かくして彼は、『論語』すら孔子が「先王の方策」の「是非得失」を語った政治的テクストだと位置づけ、(11) 五経を指して「聖人己を修め人を治むるの跡のみ(聖人修己治人之跡耳)」と喝破する。(12)「跡」の一語に、吉田松陰のような独自の意味付けがあるわけではない。事業を担い得るものへと学問を高めるのではなく、あらゆる学問を事業への有為性においてのみとらえる思考は、少なくとも水戸の大儒のものではない。

ともあれ、かように「事業」への情熱と使命感に燃える天保学連の面々が、単なる学問上の一派を超えて政治集団と化したのは当然だった。「殊更気節慷慨を尚び、急功をいそぎ、諸事奇激に過ぎ、ややもすれば俠気功名に流れ候」(本庄一郎)[13]と藩内保守派から罵られながら、彼らは敢然と藩政改革を試みた。横井小楠たち肥後「実学党」と似たものだと考えてよい。折しも久留米藩主・有馬頼永は、斉昭や島津斉彬に憧れる夢見がちな青年藩主であり、久留米には改革の気運が高まっていた。「図を閲して警備を論じ、甲を撫でて功名を説く。一気猶ほ勃々たるごとし。書生軽んずべからず(閲図論警備、撫甲説功名。一気猶勃々。書生不可軽)」と、真木の鼻息も荒い[14]。

しかし、若き書生と藩主の夢は、あっけなく挫折する。弘化三(一八四六)年に頼永がわずか二十五で早逝すると、改革派は活動方針をめぐって「外連」と「内連」に分裂し、保守派も交えた政争に月日が費やされた。その詳細は、いつの世にも見られる政治の論理と書生政治の愚かしさ、更にはいくつかの奇妙な事件を伴って興味をそそるものがあるが、いまは措こう。嘉永五(一八五二)年、政争に敗れた真木には無期限の蟄居処分がくだされ、山梔窩《くちなしのや》と名付けられた小屋での幽囚の日々が始まった。

幽囚は、比較的自由なものだったようである。真木のもとにはしばしば知友が訪れ、諸国の風聞を伝えた。蟄居先の水田天満宮での和歌会にもよく出かけた。楽律に造詣の深かった真木は、神楽の作曲なども手がけている。しかしそれでも、いつ終わるとも知れない幽囚の日々は、既に不惑を迎えていた真木の心を蝕んだ。「日月の疾き(日月之疾)」に慄き[15]、「劣々朽果」を恐怖し[16]、思わず「此儘に而歳日を積申候はば、陰気凝結、犯上誣下、如何之事に可相成哉も難測」と漏らした[17]。「十年空しく抱く経綸の材。車馬の声無き諸葛の廬(十年空抱経綸材。車馬無声諸葛廬)」とは、おそらくこの間の心事を詠むものと思われる[18]。野心を胸にくすぶらせ、動乱の世に導いてくれる明君の来訪を夢想しながら、真木はペリー来航後の時勢をじっと見つめている。やがて条約が締結され、それを指揮した大老の首が飛ぶのを、真木はじっと見つめている。時折、煌めく夜空を見上げながら。

文久元年五月二十五日の夜、列島の空を何度目かの彗星がよぎった。奇しくも同日は楠正成の命日であり、したがって真木が毎年続けていた楠公祭の夜だったこともあり、とりわけ深い印象を残したようだ。日記には次のようにある。

彗有りて亥位に出づ。光芒夘辰の間を指し、其の尖天漢を衝く。天を竟ると謂ふべきなり。而れども殺気凜々として、観る者 寒心股栗す。予彗を観ること三たびにして、此を以て第一と為す。因りて謂へらく、「頻年洋夷猖獗、鄂夷 今対馬に逼る。其の禍心を懐くこと、測るべからざる者有りや。亥は即ち其の国なり。未だ我を蓋はざるなり。嗚呼天の人君を愛すこと此の如く其れ至れり。而れども之を悟ること無ければ、天亦た之を如何せん」と。
（有彗出于亥位。光芒指夘辰之間、其尖衝天漢。可謂竟天也。而殺気凜々、観者寒心股栗。予観彗三、以此為第一。因謂、頻年洋夷猖獗、鄂夷今逼対馬。其懐禍心、有不可測者耶。亥即其国也。未蓋我也。嗚呼天愛人君如此其至矣。而無悟之、天亦如之何。[19]）

「殺気凜々」の凄然たる印象に身を委ねて、真木は奇妙な一篇をものしている。
タイトルは「神讖」[20]。夢枕に烏帽子と白直衣をまとった老人が現われ、「将来の事（将来之事）」を告げたという趣向である。起句は文久元年五月、「彗北斗の側に出づ（彗出于北斗側）」。その翌月にはロシア船ポサドニック号の上陸に苦しんでいた対馬藩が中央政府の許可を待たずに攘夷を決行し、すぐさまロシアが報復として対馬や壱岐を占拠する。それに呼応するかたちで、八月にはイギリスが大坂湾に侵入し、掠奪の限りを尽くす。これに対して日本側では、「義徒」が長崎、横浜、江戸の商館を襲撃するも、更にその報復としてイギリス、アメリカ、ロシア、フランスが来襲。幕府はオランダに調停を依頼するもむなしく、大坂、兵庫、堺の開港や伏見に大使館を設置することを約して事態を妥結する。かくして年の瀬には、諸外国と手を結んだ幕府とそれに反抗する諸勢力という図式ができあがる。伏見で攘夷を決行した「義徒」や、「奉詔勤王」に励む西南雄藩と、孝明天皇を彦根へ遷そうとする幕府軍とのあいだで軍事衝突が起こり、彦根城は陥落、禁裏が数百年閉じ込められていた御所を捨てて大坂へ親征、幕府に対して攘夷の詔勅をくだす。これが文久二年の二月である。しかし、幕府は勅諚を遵奉せず、あまつさえ輪王寺宮の擁立を図るも親王は逃走。ついに八月、反徳川を掲げる「流賊」が江戸に迫り、幕府は江戸防衛を夷狄に依頼して甲斐へと遁走する。事態はめまぐるしく旋回し、九月、江戸城に拠る夷狄の撃退を掲げて、ついに堂々たる「巡狩」(天皇親征)が決行される——。

愚にもつかない内容である。多くの先学が指摘する彼の強い名分論的思考と政治的リアリズムの欠如が表われてもいよう。しかし、まず注意すべきは、西洋諸国から禁裏と公儀、雄藩から「義徒」や「流賊」までが入り乱れるその動乱のイメージである。いかに幕府を諫めるか、いかに京における主導権を握るかに齷齪としてきた志士たちに、これほど闡明な動乱の「今」をイメージできた者はいない。そして奇しくも、文久元年の年の瀬には、島津久光の挙兵上京をめぐるうわさが飛び交うなか、清河八郎がもたらした偽文書に西南諸藩の激派が次々と釣り出され、事態は急速に動き出していた。真木もまた、文久二年二月十六日、山梔窩から脱走して渦中の人となる。この時既に齢五十。元治元(一八六四)年の夏、禁門の変で死を迎えるまで、真木は激派が最も激派らしく振る舞った時期の理論的指導者として、政治的生活におのれを燃焼させた。

以下、めまぐるしく動く文久・元治の政局を考慮に容れながら、しかし運動の論理に真木を回収することなく、わずか二年ばかりの彼の活動と思索をたどっていく。留意するのは、矯激かつ無思慮に見える真木の提言と実践を「政治的リアリズム」や「近代的国家構想」の有無といった尺度で論断するのではなく、むしろそうした実践を支えた彼の状況認識や歴史意識を基礎範疇にまでさかのぼって点検し、その思考の特質を描くことにある。それは、幕末知識人における歴史意識と政治的実践、そして〝永遠性獲得願望〟の、吉田松陰とは重なりながらも異なる姿を垣間見せてくれるだろう。(21)

第二節　歴史の屑籠

幕末思想史における「勢」の位相

混乱した時代に大きな役割を果たすのは、往々にして緻密で精巧な言葉ではない。「尊王」「攘夷」あるいは「復古」は、何らかのイメージを強く惹起するとともに、雑多な内容や期待を込めることができるという点で、秩序変動期にあつらえむきの言葉である。「御変革」とか「人心」とか「公論」といった言葉も、ひとたび学者の書斎を出れば、曖昧であるが故に効果的でもある術語として猛威を振るう。古典の原義にさかのぼって意味を確認する者などないし、その必要もない。

「勢」もまた、そうした言葉のひとつである。(22)

それはある個人や集団の有する実力の総称であり（権勢）、そうした諸アクターの織り成す布置関係の分析用語でもある（情勢）。時間軸上の幅を伴って、ある状況から別の状況への推移を表わす概念であり（時勢）、より長期的、場合によっては歴史的・文明史的と呼んでよいスパンの変遷を含意する言葉である（大勢）。あるいは単に、やむを得ざることの形容であることも少なくない。特に思想史研究において厄介なのは、それが天理に支えられた合理的法則では説明できない非合理的事象を指す場合もあれば、むしろ天理に支えられた勢、すなわち天運の別の表現でもあり得ることで、こうした点の混同が議論をややこしくしてきた。もちろん、いずれかひとつが正しい本義で、ほかが誤用だということはない。

したがって、興味深いのは、同じく「勢」に訴えながら、論者の現状認識によって全く正反対の帰結が導き出されるという点である。吉田松陰との論争で知られる長州藩儒・山県太華を見てみよう。

自ら編纂した近世史論アンソロジー『国史纂論』において、太華は天智天皇による大化の改新について次のような論評を展開している。いわく、大化の改新に始まる中国の制度文物の模倣に対して、古代の簡素質朴の美俗を破壊するものだったと歎く論者(直接には国学者を念頭に置くと思われるが後述するように頼山陽も類似の立論をおこなう)がいるが、彼らは「天地自然の理」を知らない。春の陽光が万物を生み、夏の生気が健やかに育て、秋冬の殺気がいったん枯らして再びの春を待つように、天地には「気運の変」がある。太華によれば、質朴の世が次第に開けて繁華になるのも、それと同じことだった。

天地の気運も亦た然り。其の初めや、淳朴未だ散ぜず。風気の漸く開け淳変じ朴化するに及びて、文明の光華、郁郁乎として盛んなり。盛極りて衰へ、禍乱乃ち生ず。乱極りて禍稔し、而して後其の治に復す。是れ天地気運の変化なり。故に治乱盛衰は、則ち天地の気運にして、人情趣向も亦た時と推遷す。是れ自然の勢なり。故に聖人 変に通ずるの道有り。時に随ひて変化し、其の道窮まらず。

(天地之気運亦然。其初也、淳朴未散。及風気漸開淳変朴化、而文明光華、郁郁乎盛矣。盛極而衰、禍乱乃生。乱極禍稔、而後復其治。是天地気運之変化也。故治乱盛衰、則天地之気運、而人情趣向亦与時推遷。是自然之勢也。故聖人有通変之道。随時而変化、其道不窮矣。(23))

郁々たる文明とは、もちろんギゾーやバックルではなく、『論語』八佾篇の「周監於二代、郁々乎文哉」や『易経』の一節「見龍在田、天下文明」に基づく。それは君徳に支えられ礼楽燦然たる周の世――新しい物が溢れ、輝き、しかもそれらが礼楽によって節度と文彩を施された様をいう。太華によれば、古代の簡素質朴が変じて「文明」に赴くのは、「天地の気運」にして「自然の勢」である。春夏秋冬のアナロジーは前近代の歴史意識にお決まりの循環史観を示すから、「歴史を察するに、人生の始は莽昧にして、次第に文明開化に赴くものなり」(24)と述べた慶応三(一八六七)年の福沢諭吉との差異はたしかに大きい。とはいえ、ここで太華の説く「勢」がいわば開化の理法ともいうべき内容をもち、「天地自然の理」の歴史的発現にほかならないことは注目に値する。こうした概念構成の論理的帰結として、太華の描く歴史における英雄豪傑の役割は小さくなるだろう。天智による国制確立もこの「気運の自然」に沿って礼文を整備したに過ぎないのだ。

同じ論理が、武家政権の成立過程に適用されると、どうなるだろうか。吉田松陰の『講孟余話』に与えた評語のなかに目を見張る箇所がある。

漢に封建郡県、三国、南北朝、或は北胡、中国に拠有つの変あり。和に王代、武家の代、南北両朝、或は豊臣氏匹夫より起て天下を領する等の別あり。皆天地の勢、時を追て変ずるものなり。時勢の変此に至りて人力の挽回すること能はざる所、即ちこれ天と云べし。(25)

もし然らばこれ〔朝権回復の試み〕天命を知らざるなり。天地の間時勢様々と移り変り行くは、即ち天にて人力の及ぶ所にてはこれ無なり。故に天命に安んずるの外致方はこれなきことなり。もし天命に安んぜずして、人力にて是を挽回せんとせば、却て大なる禍を引起さんも知るべからず。後鳥羽帝、後醍醐帝のことを観て知るべきなり。[26]

寛政正学派のひとり柴野栗山が御陵の荒廃を歎いた「神武山陵」は、近世後期を代表する勤王詩として知られている。[27] もちろん、公儀直轄の学問所の儒者だから、復古を夢想したわけでも、武家政権に否定的だったわけでもない。現に禁裏が無力であったからこそ、そしてほかならぬ公儀の指導者が大政委任論の持ち主であったからこそ、葛藤なく抱かれた素朴な敬意である。それに比べて、太華の立論はどうだろうか。武家政権の成立も「天地の勢」「時勢の変」の当然であり、「人力」によって動かし得ない「天」である。これに逆らうのは、開化の理法に背いて古代の質朴を慕うのと同じ愚劣であり、後鳥羽や後醍醐はまさにその失を犯した。太華はかかる観点から、武家政権を覇者とみなし諸侯を王臣と考える見解を否定し、現に参勤交代では伏見を素通りして「禁裏を見ること全く路人に異らず」[28]ではないかと、たたみかけるようにその無力を力説する。これを聞いた松陰が、「太華豈に天朝に宿怨あるか」と驚き、「路人など云こと人倫の口から出るか」と憤り、「天命」とは「痴姥の因果約束」のようなものではないと声を震わせたのは当然である。近世後期にあって異例のあけすけさを示しているのは太華の方なのだ。そして、明敏な松陰が感じとったように、太華の「勢」はたしかに抗い得ぬ「因果」のようであり、現状を「勢」の帰結として肯定する政治的態度と結びついていた。より正確にいえば、現状への安心と満足感とが、彼の「勢」にそうした特質を与えていた。太華は京都に血統を正しく伝える天子、江戸に土地人民を司る将軍がいる現今の体制を「天下盤石の勢」と寿ぎ、風雲急を告げるペリーの来航もただ交易を請うのみだから大騒ぎするなと考えている。[29] 安政年間を迎えてなお、老儒の目にいまは太平だった。

したがって、同じ充足を共有し得ない者たち、幕末期を彩る多くの志士たちは、全く別様の帰結を「勢」から導くだろう。「勢」は、現状への危機意識と、今が変動期であるという歴史認識を背景とするとき、雑味なきアジテイトの言葉と化す。勢を見逃すな、時勢は傍観を許さない、大勢に呑まれる前に先んじて機会を制すべし、それが英雄の英雄たる所以ではないか――。「勢」は類縁性を有する「変」、「機」、「断」、「英雄豪傑」といった諸範疇とからみ合い、定型の言説を生み出していく。目についた用例をいくつか拾ってみよう。

右之通名分相立候大義を以、先一番に朝廷より御英断不被在者、何を以か天下之武士振発一致可仕哉。〔……〕方今天下之勢、可一変之時に候。強弱は勢ひ、勢は人に由て変候者に御座候。朝廷之御決不決に由て、天下立処に興廃仕候。所謂決は智と断と申候。(梅田雲浜[30])

只今の時勢実に難再得、決て不可失の大機会に御坐候。誠に恐懼至極恐多き申分に御坐候得共、目前の小利害に御係累無之、遠大之御深慮被為在度御儀と奉存候。〔……〕何卒皇国重大の儀、天下安危の所関係を深く被為在御遠図、非常之御英断を以て正大光明の御措置被為在度奉仰願候。(有馬新七[31])

然るに当時の勢は、江戸旗本を初め、府内の人民に至るまで、聊物を弁へたるものは、皆幕府を恨み侮り候程の事にて、まして諸国の士民は、路頭の噺に迄、不断悪口軽蔑致候程に至り候。幕府を如何に扶け候とも、徒骨折にて、兎ても角ても行はれ間鋪、迂論窮るといふべし。〔……〕古来より英雄豪傑の処置、多くは勢に拠て、形には拘り不申歟。(平野国臣[32])

然らざるを得ずの勢有れば、則ち必ず然らざるを得ずの務有り。苟くも其の勢を燭し、其の機を審らかにし、以て務むべきを務むれば、彼れ強と雖も、此れ弱と雖も、豈に為べからざる者有らんや。唯だ豪傑の士のみ、此に見ること有り。人の未だ憂へざるを憂ひ、人の未だ言はざるを言ふ。世察せず。毀りて曰く、「豪言忌まず」と。其の人を弾指し、以て狂夫と為し、痴子と為す。(芳野桜陰)

(有不得不然之勢、則必有不得不然之務焉。苟燭其勢、審其機、以務可務、彼雖強、此雖弱、豈有不可為者哉。唯豪傑之士、有見於此。憂人之未憂、言人之未言。世不察。毀曰、豪言不忌。弾指其人、以為狂夫、為痴子。)(33)

個々の政治的文脈を丁寧に解きほぐし、その「勢」や「断」の内実を探ることはここでの関心ではない。秩序変動期に激派の口を突く「勢」の語感、そこに乗せられた気分が伝われればそれで足る。結局のところ、太華も激派たちも、現状のなかから自分の利益や嗜好に沿う側面だけを抜きだして不可避の必然と言挙げしているに過ぎないのだが、そんなことを責めても詮無きことであろう。そして、以下に説く真木和泉の「勢」も、このヴァリエーションのひとつとみなして問題ない。

とはいえ、ある程度まで概念分析を試みていること、その過程で会沢正志斎や頼山陽など先学との継受関係が比較的はっきりうかがえること、そしてこれらの諸概念を政治状況の分析と、歴史のなかでおのれの位置を見定めるための基礎範疇として自らのものとしたこと。以上の諸点から、真木は頗る興味深い。では、その所論とはいかなるものだったろうか。正志斎など先行知識人たちに必要な限りで目を配りながら、検討を進めていこう。

基礎範疇の検討Ⅰ

真木が自身の分析枠組を語る文章は多い。「勢断労三条」や「時務策」、「義挙策別篇」など数篇にわたってほぼ同様の議論が展開されている。とりわけ、「勢」、「形」、「機」の関係を説く「時務策」は、前半が今井氏宛書簡(文久二年五月二十九日付）、後半が「義挙策別篇」（文久二年秋）と重複しており、もとはひとつの論策として文久二年段階での真木の思想を示すものだったとみてまちがいない(34)。そこでは、まず、概念間の関係が次のように整理されている。

> 凡そ天下之事、治るも乱るも、興るも亡るも、都て機・形・勢と申物の由、承り居申候。早く機を察て何事にも我より先を取候得ば、興るものは愈興り、亡るものも亡滅に至らずして取留出来る物に候。勢顕候ては稍六ヶ敷候。最興る方には破竹のはづみ有て中々脇より取留抔出来る物にはあらず。形出来候ては、最早無致方、如何程の有道有徳の人有ても頓と手の付処もなく候(35)。

真木によれば、「勢」は、初発において「天運」に生じる。この初発においてのみというところが肝心で、それは「亡ぶもの」から「興るもの」への巨視的な変遷を含意しつつ、道義的な色彩——天による正義の回復——を帯びたものではない。「勢」の発生は単なる現状への変化の兆しであり、いったん波紋が生じると、あとはいかに巧みに勢を導くことができるかという政治力学の話になる。それが「天運に生て人為に熾になるもの(36)」といわれる所以であり、あとは「機」を制する方策次第で「狡猾の人」や「不義の人」、更には「天」も「人」も厭う悪人であれ成功を収めることができる。「勢」は既に「天」の手を離れ、「先んずれば人を制す、後るれば人に制せらる」というシンプルな政治的原則が場を支配する(37)。しかし、策謀も含めた人間の営為が意味をもつのもここまでで、巧みに誘導された「勢」が「焔」と化すと、もはや天運も人為も離れて、制御不能の不可抗力（やむを得ざるの勢）となる。しばしば「勢に乗る」ことを標榜する者がいるが、「勢」が顕われてからはもう「まはされ」るほかなく、機をつかんだ者が「破竹のはづみ」を得て敗者をなぎ倒していくばかりである。かくして「勢」が決定的かつより固定的になったものを「形」という。「形」が出来あがれば、状況はもはや「機」の束ではなくなる。それが道義的には正しくない状態であったとしても、もはやいかなる聖賢豪傑ですら動かすことのできない現実となる。「されば今日の事は、即今天運に生ずる勢を今一層吹き立て煽り立てたまひて、益々熾んならしめ、天より墜つるごとく人意の表に出で、疾風迅雷神速に挙げたまはば、国勢勃然と起り、人気鬱然と振ひ、憂懼におぼしめす処の醜夷の如きも、おのづから跡を屏けて、再び東海に帆影も見せぬ様になりなん」とは、その主張の端的な要約である。[38]

では、この「機」を制して「勢」を煽り立てる上で必要な資質とは何だろうか。

ひとつは、「疾風迅雷神速」すなわち速やかな決断である。動乱の政治学である真木の場合、誰が決断主体かはさして問題ではなく、ただ求められるのはアモルフな状況下で先を取るための政治資源の貴重さを特筆して、君主の「英断有決」により「人の意外に出る事」を重んじている。太平の常である「優游不断」や「吟味僉議」を非難し、時間という政治資源の迅速性である。真木はかかる観点から、太平の因循に溺れる人心を驚かせてひきしめるという点と、相手の意表を突くことで「思ふまま」に操作できるという点とが両ながら含意されている。「上之挙動常に一着づつ意表に被為出候様被遊候はば、英邁の不可及に屈服仕候て、如何様の駿逸の者も上之範囲中に被扱候様相成可申と奉存候」であり、[39]「世の中も打かはらんとする時には、唯今までの仕来在来のままにては、大事業は出来ぬ事なり。されば此度の事などかならず驚くべき一挙はあるべしとおもはる。〔……〕英豪ともいふべき人は、必ず人心を悚動させて事業を引揚る事をすべし」というわけだ。[40]

そして、この「意外」の処置に必要なものが、権謀術数である。真木は堂々と、天下を治めるためには仁義が欠かせないのと同様に、天下を取るにも「詐術」は欠かせないと説く。[41] たとえば織田信長は、「惨」や「暴戻」をも厭わず「詐謀百出」であったが、だからこそ「凡そ戦攻争奪の間、骨肉君臣の際に至り、皆人意の表に出づ(凡戦攻争奪之間、至骨肉君臣之際、皆出人意之表)」ことができた。もちろん、詐謀はあくまで政治的競争(機の取り合い)を勝ち抜くための手段であって、肯定されるのは能動的ニヒリストではない。[42] 真木は信長の「志」が終始一貫して「内に大難を平らげて、政を天子に帰し、外に蛮夷を攘ひて、民其の土に安んず（内平大難、而帰政于天子、外攘蛮夷、而民安其土）」であったことを強調する。この志の正しさと詐謀の駆使とが両輪となって、真木におけるあるべき政治主体の像をかたちづくる。迅速な決断と仮借なき術策によって人の意表を突き、先んじて機を制し、勢を煽り、おのれに有利な形をつくれ。彼が西郷隆盛に勧めて「皇朝傾覆」との軽重を謀れば「便宜」や「権道」もやむを得ないと述べたのも、あるいはのちに決断の偽造に手を染めたのも、何ら不思議なことではなかったのである。[43]

基礎範疇の検討Ⅱ

さて、以上の検討は、真木自身も時折「兵家抔に而大切仕候勢と申者」と口にするように、[44]その所論が秩序の流動化に応じた兵学的リアリズムの教えだということを裏付けている。とはいえ、「勢」の語が特徴的なのは、こうした状況における政治力学と同時に、時間軸上の歴史的推移をも含意できるという点にあった。次に頼山陽『日本政記』への批評文である「読政記」をたよりに、後者の意味における真木の「勢」を見てみよう。真木における理想の古代像を知る上でも重要な、内容に富む一篇である。

「読政記」において真木は、浩瀚な『大日本史』に比して『日本政記』が通史として高い利便性をもつことを讃えたのち、次のような大勢三変の構図を読み取っている。

まず、「天祖」（アマテラス）の遺訓を受けた「太祖」（神武）に始まる古代の王政は、神道を軸に「教政」が一致しており、「文武」も一途であった。のちに儒学が輸入されたが、それも古来の教えの枠を出るものではない。しかし仏教が流入するに及び、「我道」が廃れ「人情」は劣化し、人々は「狡猾」になった。この教えの崩壊が一変にあたる。次いで、天智天皇のもとおこなわれた大化の改新により、国制が郡県に改められ、「文教」を重んじ武を軽視するようになった。かくして文武がふたつに分かれ、衣冠や儀容の細目がこだわられる一方、武備は疎かとなり、「国力」が衰退した。この国制の崩壊が二変にあたる。そしてついに、見る影もなく文弱化した朝廷は保元の乱において武家を駕馭することができず、権柄が下に移り、「封建の勢(封建之勢)」がかたちを成した。以後、政治は「武断」に基づき、「名分」も「礼文」も地を払って今日に至る。これが三変である。神武より今日まで二五〇〇年、一変が生じるまでの一二〇〇年に生きた者はなんと幸運で、のちに生きる者はなんと不幸なのだろう。真木は嘆声を挙げたのち、「西洋教」の流入による更なる四変の接近を告げて、論文の前半を結んでいる(45)。

注意の要る議論である。いくつかの先行研究が指摘するように、『日本政記』への批評であるにもかかわらず、そもそも同書はかかる三変を提起する史書ではない(46)。キリスト教への言及も含め、おそらく真木の念頭にあるのは会沢正志斎の『新論』国体上篇であろう。正志斎はそこで、日本史を通覧しながら、治乱の推移や政教の堕落を「時勢の変(時勢之変)」「邪説の害(邪説之害)」として論じていた。たしかに仏教批判や儒学と日本古来の教えの一致、保元以降の権柄の下降といった指摘は両書に共通するから、真木のなかでふたつが溶け合って理解されても不自然ではない。山陽や正志斎に見られる神道批判が欠落しているのは、彼の家職からしてやむを得ない。

ただし、大化の改新の評価については、より注意深く観察する必要がある。天智天皇を中興の祖と崇める真木が、なぜここでは文武が分かれる起点として批判的な言及をするのか。会沢正志斎の『新論』に該当する記述はない。では、『日本政記』はどうだろうか。

大凡そ国朝、簡質を以て民を治め、上下心を同じくし、国一人の如し。是れ国勢の四外を威する所以なり。隋氏に通ずるに及び、質を変じて文と為し、殆ど其の故を失す。天智に至るに及び、百度大いに定まり、後世改むること莫し。大抵李唐の制を取り、而して唐氏に勝る所以は、曰く、吏を立つること簡、民に取ること廉と。是れ我が邦固有の美を失はざればなり。後王の模倣に過ぎ、文縟太甚しく、刻剝に務むるは、則ち祖宗立法の意に違せず。而して武門の治、民反て之を便とす。未だ必ずしも此に由らずんばあらず。
(大凡国朝、以簡質治民、上下同心、国如一人。是国勢所以威四外也。及通隋氏、変質為文、殆失其故。及至天智、百度大定、後世莫改。大抵取於李唐之制、而所以勝於唐氏者、曰、立吏簡、取民廉。是不失我邦固有之美也。後王之過於模倣、文縟太甚、務於刻剝、則不達祖宗立法之意。而武門之治、民反便之。未必不由於此。[47])

山陽もまた、暴虐な雄略から仏法に惑う用明へと至る古代王政の衰微を指摘し、それを立てなおした中興の英主として天智を高く評価する。しかし、その卓越さの証しは、中国の礼楽刑政を模倣してこの国に制度を打ち立てた点にあるのではない。かつて徂徠学派たちが思い描いた礼楽華やかな古代王政観と山陽は無縁である[48]。天智の英主たる所以は、そうした中国の礼物を導入しながら、簡質を旨とする「我が邦固有の美[49]」を失わない工夫を凝らした点にあるのだ。ここでは真木のこだわる「文武」についての言及はないが、『日本外史』の冒頭には次のようにある。

蓋し我が朝の初めて国を建つるや、政体簡易、文武一途にして、海内を挙げて皆兵なり。而して天子之が元帥と為り、大臣・大連之が偏裨と為り、未だ嘗て別に将帥を置かざるなり。豈に復た所謂武門・武士なる者有らんや。〔……〕是を以て大権上に在り、能く海内を制服し、施きて三韓・粛慎に及ぶまで、来王せざる無きなり。中世に至るに及びて、唐制を摸倣し、官を文武に分つ。乃ち特に将帥を置き、六衛の将は、天子の親兵を将ゐ、兵部は八省の一に居る。
(蓋我朝之初建国也、政体簡易、文武一途、挙海内皆兵。而天子為之元帥、大臣大連為之偏裨、未嘗別置将帥也。豈復有所謂武門武士者哉。〔……〕是以大権在上、能制服海内、施及三韓粛慎、無不来王也。及至中世、摸倣唐制、官分文武。乃特置将帥、六衛之将、将天子親兵、而兵部居八省之一。)[50]

「政体簡易」「文武一途」の理想が実現していた古代では、事があれば為政者たちがそのまま軍人となって指揮をとったから、いわゆる「武士」なるものは存在しなかった。そして、だからこそ「大権」は上にあり、朝政は安定していた。ところが、唐制の模倣をはじめてから文武がふたつに分かれ、軍事を専門とする役職が生まれていった。もっとも、山陽はそれでも藤原氏の専横以後よりは優ると論を継ぐので、右を唐制模倣への警句と読むのは早計なのだが、これを先の『日本政記』の記述と合わせれば、ひとまず「読政記」のような大化の改新観が導かれよう。かつて文学史家・前田愛は、「山陽のイメージする古代王政の理想像には、鎌倉幕府の武断政治が規範として取り込まれているふしがある」と指摘したが[51]、山陽とちがって武家政権を総体として否認し、後の一二〇〇年を生きる者の不幸に涙する真木にあってすら、その夢世の基本的なイメージはむしろ武家社会の制度であり風俗だった。「当時の武門の風」、「勇武質朴の風」こそ、真木にとって「神皇の本意」、「建国の大意」なのである[52]。この点は、彼の具体的な政策提言や構想においても基底をなす、重要なものである。

さて、「読政記」に戻ろう。真木はその前半部で、大勢の三変から更なる四変の到来を説き起こし、千有余年にわたる頽落の歴史をたどってきた。しかし、そのことは、歴史を現状へと至る必然の連鎖とみなし、崩れゆく世をただ嘆く態度を帰結しない。「保元・建久の際、国勢一変するは、朝廷の処置当を失するに本づく(保元・建久之際、国勢一変、本於朝廷処置失当)」(頼山陽)[53]。「処置」の宜さえ得れば、勢もある程度までコントロールできるのだろう。「夫れ英雄は変を通じ神化し、為すべからざるの時無く、為すべからざるの事無し。〔……〕今時勢の変や、邪説の害や、天下其の弊に勝へずと雖も、之を更張して作新せんと欲せば、処する所以の方何如を顧みるのみ(夫英雄通変神化、無不可為之時、無不可為之事。〔……〕今時勢之変也、邪説之害也、雖天下不勝其弊、而欲更張作新之、顧所以処之方何如耳〕」（会沢正志斎[54]）。そうした処置をなせる「英雄」さえいれば、「時勢の変」「邪説の害」も挽回できるのであろう。歴史は作り得る。名宛人や処方箋の内容は様々であれ、彼らはひとしく歴史から行為のエートスとパトスを汲みとった。堕落と危機の剔抉は、それを矯めなおして歴史を動かす人為を喚起するためにこそある。

だからこそ真木は、「読政記」を次のように締めくくるのだ。

我既に向の仏に壊れ、文武に拆棄する者有り。之に因り今又此の大変機なる者有れば、則ち恐らくは復た如何ともすべからざるに至らん。而れども勢の因る者は、聖人と雖も之を如何ともすべからず。然れども将に東に変はらんとする者、之を遷し西に変へるに術有り。将に南に変はらんとする者、之を遷し北に変へるに術有り。唯だ機変に通じる者のみ、能く此の術を知る。故に其の事を処するや、必ず先づ能く勢の因る所を観て、而して変の生ずる所に応じて、常に之に先んずれば、則ち其の因る所・生ずる所の者、却て我の功を助く。何ぞ恐懼すること之有らんや。今其の変の生ずるに乗じ、反て太祖の旧に復り、而して政教並び行はれ、文武並び立ち、人心の固、国体の厳なる者、之が為に術無きに非ざるなり。易に曰く、「上に窮まれば下に反る」と。書に曰く、「天工は人其れ之に代はる」と。将に変はらんとするは蓋し天意なれども、坐して之を観る、豈に「天工に居る」と謂ふべけんや。

（我既有向之壊于仏、拆棄于文武者。因之今又有此大変機者、則恐至于不可復如何也。而勢之因者、雖聖人不可如之何。然而将変於東者、遷之変於西有術。将変於南者、遷之変於北有術。唯通機変者、能知此術。故其処事也、必先能観勢之所因、而応変之所生、而常先之、則其所因所生者、却助我之功。何恐懼之有乎。今乗其変之生、反復太祖之旧、而政教並行、文武並立、人心之固、国体之厳者、為之非無術也。易曰、窮上反下。書曰、天工人其代之。将変者蓋天意、而坐観之、豈可謂居天工乎哉。[55])

説かれるところは「時務策」等にみた彼の「勢」論と変わらない。「勢」の起因は天運であるから、聖人とて自在にできるものではない。しかし、いったん動き始めた「勢」に働きかけ、その「機」を巧みに制し、変化の方向を導くことは可能である。結びでたたみかけられる引用は、衰亡の際にこそ隆盛への糸口があることと、天のはたらきを支える人為の重要性を説くことに主眼がある。天意傍観すべからず、求められるのは変に乗じ事に処す「術」であること、人君と有志者はゆめゆめ忘れるなかれ……。

「倒幕」の歴史意識

三変の衰退から四変目の危機を述べ来たり、人為の「術」で締めくくられる「読政記」の行論は、いったい何を示すだろうか。いいかえれば、山陽であれ正志斎であれ、その著作を通していかなる歴史意識、あるいは歴史的想像力が真木のなかで培われたのだろうか。端的にいえば、それは、歴史上にくりかえされてきた大変のなかでいまを眺める視線であり、二千有余の歳月にまたがる巨大なうねりの、その変化の結節点としていまをとらえる想像力である。そして、その結節点にあたり、有志者の担うべき歴史的使命があるとする確信であり、焦れである。山陽や正志斎理解が正しいかどうかはどうでもよい。こうして、真木のなかに倒幕の歴史意識が花開いた。

愚老三四年来天運相考候に益盛と益衰との出合にて、益衰者は為事成事不都合に而已に可有之と存候。併七百年来の事態、吾輩の了簡通り手易くは参り申間敷候へ共、極意盛衰異所候様には相成可申。[56]

畢竟皇威伸び候而幕威屈し候模様を相考へ候に於而宜敷験に御座候。個様之事、兵家抔に而大切仕候勢と申者と奉存候。〔……〕個様に相成候而は、興り候方は仕損じ之事も却而宜敷事に相成、衰候方は偶に宜敷事御座候而も却って間之抜け候様に至り候。(57)

勢と申者容易に人為に而は不被致者に御座候処、此節諸侯方表立入衛、士林民間に至迄京師に眼を注候事、実に千歳一時、往昔は其例無之、後来も可知事に御座候。個様之勢を得候而、尋常之事共謀候而可宜哉。第一等に出候而、三千年之旧に可復事に可有之。万一尋常に出候而優遊差過候はば、乍恐主上も公卿も下は諸藩有志之面々も先王後世に申訳無之次第に可有之。(58)

真木にとっていまは、「益盛」と「益衰」の交わる時点であり、当然前者は京の禁裏を指し、後者は江戸の武家政権を指す。この盛衰の交差は人為によらない「天運」であり、その発現としての「勢」であり、かかる情勢のなかでは擡頭する側は失策を犯してもうまくいき、衰える側は何をやってもうまくいかない。このような時勢は勤王家にとってまたとない好機であるから、目標を高く掲げ、妥協せず、滅びゆく者を歴史の屑籠に抛り込んで、「三千年の旧」への回帰を目指すべきだ。実にシンプルな、倒幕と王政復古の主張である。

したがって興味深いことに、文久の政局に躍り出た真木がしきりに難じたのは、公儀ではなく禁裏だった。たとえば文久二年七月の日付をもつ「呈大原左衛門督書」をのぞいてみよう。真木は朝廷への不満を三箇条に分けて詳説している。(59) 第一は幕府への寛容。いくたびも勅諚に背き、廃立まで試みる幕府の罪は既に明らかである。有罪の「一大臣」すら処罰できないようでは自ら刑罰の大権を損ねているに等しく、進んで「華」であることを放棄してなお「夷」を憎むなど、嗤うべき所業ではないか。「朝廷の事を解せざる、何ぞ甚しきや(朝廷之不解事、何甚也)」。

ふたつめは天皇自身の自覚と努力。アジア諸国を制して列島に迫る西洋の侵略を打ち破るには、何より理想の治世を目指して帝自ら努力しなければならない。しかし朝廷は、攘夷を幕府に委ねて安穏としている。なぜかかる大事をひとまかせにして、それでもうまくいくと考えているのか。「朝廷の人に強ふ、亦た何ぞ甚しきや（朝廷之強人、亦何甚也）」。更に第三に、果たして「今日」の責務は、単なる国土防衛に留まるのだろうか。この国から「道」が失われて久しい。政治は武家に堕し、教化は仏僧に牛耳られている。なるほど、それらは「時勢」の必然として「聖人」ですらどうにもできないことだったかもしれない。しかし、いまはどうか。「今や時と勢と、既に我に帰し、而れども之を辞して取らず。何ぞ惑ふことの甚しきや（今也時与勢、既帰于我、而辞之而不取。何惑之甚也）」。

決めの文句をみたびくりかえす執拗な筆致は、激しく、明快で、力強い。真木には、叡慮を絶対視する挺身の美学などかけらもない[60]。あるのはおのれが歴史の変化とともに歩んでいると信じる革命家の大胆さであり、自らが歴史の主役であることを自覚しない者への憤怒である。だからこそ、彼は和宮降嫁に象徴される公武合体路線に落胆し[61]、「天より絶たれ」「自ら斃るる勢」の幕府に手を伸ばしてともに溺れ死のうとする朝廷の暗愚を痛罵した[62]。「義挙策別篇」では、ほとんど挑発的といってよい調子が口を突く。

> 矢張彼〔徳川政権〕の累世の威力を怖れ給ひて、彼によらざれば攘夷はなるまじ、侯伯も勅を奉ずまじとおぼしめすにはあらぬか。固より久しく勅を奉ぜぬ彼の家風なるを。如何なる御徳を以て動かし給はんとおぼしめし給へるにか。覚束なき事なり[63]。

かくして、真木が朝廷に求めるのは、攘夷に留まらずより遠大な「志」を掲げ、そのために自ら政治的実践に励み、その「労」に挫けないことであった。興味深いことに、真木はかかる観点から夷狄と蔑むペリーにすら好感を寄せている。戦乱を恐れたとある城主が巫女にペリーの生霊を憑依させるという趣向の一篇、『亜津左物語』を見てみよう[64]。祈禱の末に目を見開いた巫女は、「あやしき声」にてこう語る。「八重の潮路をかきわけ、たつ波をしのぎて、千里の海をわたりきぬることは、吾国のためをおもへばなり」。自分は幼き頃よりアメリカを想う「真心」深く、歴史が浅く万事備わらぬこの国をすこしでもよい国にすべく腐心してきた。万里の波濤を超えて交易を請いに来たのもそのためである。もし軍事的反撃にあえば、「やまと人をおそるるこころなく、死なんとおもひさだめて」戦うつもりだが、むろん有事に及ぶ意図などありはしない。日本が京と江戸の二重統治体制であることは承知しているから、「まことの大きみ」を無視して事を運ぼうとする江戸の脆弱な基盤を穿ち、交渉を有利にすすめる算段である。ところが「江戸のつかさ人たち」は、のらりくらりと月日をかせいで軍備を整え、開戦の機会をうかがっているようだ。天の神は「真心」ある者を助けると聞く。果たしていま、我と貴国と、どちらを嘉すだろうか。「このたびふねを死ぬべき所にかけて事をはかるは、わがあめりか人の真心也。われにかくのごとき真心ありて、大やまと人には真心なし」——「このたびの事は、わが志をうべき時なり」。奇抜な趣向だが、これまでの検討を踏まえれば、いかにも真木らしい主張である。「労」を厭わず「志」を貫き、「時」を見誤ることなくおのれの使命を果たす者として、たしかにペリーは讃歌にあずかるに値した。言外に潜むのは、夷狄にすらかかる英傑がいるにもかかわらず……という「まことの大きみ」への問いである。蔑む相手にすら真心を認める筆致からは、異なるものへの豊かな感受性というよりも、革命家の焦れが透けて見える。

構想と展望

では、真木は、倒幕を視野に入れる革命家として、具体的にはどのような構想を描いていたのだろうか。具体的な実践プランの詳述は本章の関心ではないが、以上の状況認識と歴史意識がいかなる政策パッケージとして結実するのかは、一瞥しておいてよい。それは激変する政局や名宛人の相違によって力点を変えながら、基本的にはシンプルな骨子で貫かれている。以下、文久元年三月の「経緯愚説」、二年夏の「義挙策別篇」と「呈大原左衛門督書」、三年七月の「五事建策」を軸に諸論策に共通する部分を要約しよう。

真木によれば、平穏な治世よりも禍乱の続く時代の方が大事業にはふさわしく、桀紂や長髄彦がいたからこそ湯武や神武ほどの偉業が可能だった。そして、現今の対外危機と仏教の弊害は、過去のいずれをも度越している。したがって、だからこそ、「失すべからざるの機(不可失之機)」にさえ乗じれば未曾有の変革が達成できるはずである[65]。それは、具体的には以下のプロセスを踏んでおこなわれる。

まず、衆議に稟議を重ねる意思決定過程の「鄭重」を脱し、機会をのがさない「英断」を可能にすべく、新たな決議機関の創設が求められる。嵯峨天皇の蔵人所や後醍醐天皇の記録所などが念頭に置かれているらしい。公家、諸侯、あるいは草莽のなかから有為な者を五人ほど選出して一機関となし、天皇自らが日々そこに出席して政務を執る。もちろんあくまで「一時の設」に過ぎず、本格的な官制は政権回復後に施行すべきとされるが、さしあたりこの決議機関を軸に迅速な行動が求められる。

迅速な行動とはなにか。第一は、諸侯の京都・大坂への招集であり、あわせて京都所司代や大坂城代を東へ追い払う。寺田屋騒動で一役買ったことからしばしば誤解されるが、真木は浪士による反乱が既成秩序を動かすのは「郡県」の世においてのみであり、「封建」のもとでは有力諸侯を主体とした運動でなければ意味がないと考え、浪士義挙には一貫して否定的である。ちなみに草莽の志士がしばしばおのれをなぞらえた楠正成や名和長年も、真木は「列国諸侯」だったとみている[66]。松陰の路線を継いだ久坂たちとの最大のちがいである[67]。

その上で第二に、攘夷敢行を掲げて大坂へ行幸する。「親征」の発駕である。これが真木の論策の要を成す部分であり、「おのれにくき禽獣め」という覚悟を先んじて行動で示し「人気」を「一振」すること、軍国体制への移行によりすべてに煩瑣な「旧套」を脱して「簡易」へ立ち返ること、更に最も重要な点として、尾張以西の攘夷は朝廷が主導すると宣言して、畿内の「土地人民の権(土地人民之権)」を武家政権からとりかえすことが企図されている(68)。この点につき、とりもどす土地人民が畿内に限定されており、東日本の攘夷は幕府に委ねられていることから、真木に倒幕の意思がなかったと読むこともできるが、暗黙のうちに王政復古を明治維新モデルで考え郡県化と等置する故の誤読である。真木が上古の政治体制と認めるのは「封建」であるから、全国の土地人民を朝廷が一元的に掌握する必要はそもそもない。また公儀への攘夷委任も、徳川に実行の用意のないことが念頭に置かれており、勅意不履行を理由とした東征へと流れることが企図されている。なお、大坂行幸にあわせて住吉神社などへの奉幣を説くあたり、いかにも真木らしいところである。

さて、かくして第三に、攘夷不履行の罪を咎めるべく、東への巡幸が始まる。もちろん雄藩を引き連れ「文武混合」の重武装であり、万事簡易を旨としながら烏帽子や直垂、糸巻の太刀の配色にまで気を配っているところがやはり真木らしい。肝心の巡幸では、箱根で「乱賊処置」をおこない、江戸を開城させる。あとは悠々たる天下一周。江戸に親王を置き、仙台へめぐり、北陸を経て大坂に還り、賞罰をおこなってのち国制の確立にとりかかる。まずは「封建の大制」を定めて諸侯を布置し、九等の位階をととのえ、種々の「礼楽」を製作する。ただし、革命後の制度の細目はほとんど項目列挙に終わっており、全容はよくわからない(69)。さしあたり、暦や度量、冠婚葬祭や服飾、職制、税制などを「神代の旧」に復すことが目指されていたようだ。かくして今世によみがえった古代の王政は、簡素だが優美で、文教に富みながら力強い。「然る後に皇化を四表に被らしめ、仏氏、耶蘇の邪教を払ひ、西洋海東の民までも天地の正道を戴き、倫理の難有事を知りて、君臣父子の正しき道を楽しましめん」(「義挙策別篇」)とは、ほとんど夢物語であろう(70)。

ちなみに、以上から明らかなように、真木にあって攘夷は始めの口実に過ぎず、論策の多くは東巡へと至る倒幕策に傾斜する。土地人民をとりもどした朝廷が対外戦争に成功するのか大いに疑わしいが、あるいは攘夷そのものにはほとんど興味がなかったのかもしれない。「其の頃は正義家のなべて口を開けば、外夷を払はんよりも、先づ朝敵を除くべしとの輿論なりければ」とは、この頃久坂たちの世話になっていた梅田雲浜の姪子の回顧である(71)。

第三節　永遠への進軍

八月十八日の政変

文久元年十二月六日、偽文書を抱えて山梔窩に真木を訪ねた清河八郎は、日記にその印象を書き留めている。

下村より水田迄、八里の処、夜分に入りて相達す。水田と申すは天満宮の鎮守処にて、太宰府に続きたる九州第二天満宮なり。〔……〕則忍び忍びに小室に到るに、和泉守自ら手燭を点じ、雨戸より迎ひに出で、其体五十位の惣髪、人物至てよろしく、一見して九州第一の品格顕はる。頗る威容ありき(72)。

清河はいかにも衆望を得る大人物だと得心して、自分も「信の知己」であるかのように感じ、思わず腹を割って話をしたという。

翌年、清河に釣り出されて京にのぼった真木は、公家や激派指導層から人望を集めた。激派のなかでは年長であったこと、叙任の経歴、和漢にわたる学識のほか、清河にも強い印象を与えた容貌雄偉が手伝っていたように思う。面と向かってその声を聞くとき、真木は場を圧する力強さと説得力をそなえていた。それもまた個人の有する政治力のひとつである。

折しも、薩摩に先を越されたと焦る長州や土佐が挙兵上京を敢行し、勅使を連れては江戸を圧迫、激派の春が訪れていた。寺田屋で急進派を鎮圧した久光も、わざわざ江戸からの帰路にイギリス人を斬って殺し、火に油を注いでいる。文久二年十月には、以上の雄藩のほか仙台、熊本、岡山など十四藩に対して武家伝奏を経ずに勅旨が発せられ、翌年三月までに実に六十を超える諸藩が京に駆け参じた。この列島挙げての上洛騒ぎの極致が、文久三年春の将軍上洛であることはいうまでもない。二三〇年にわたって、日光社参を除いて決して江戸を離れなかった大君の上洛は、「御威光」の失墜を強烈に印象づける政治的儀礼となった。大坂に門戸を張っていた詩人・広瀬旭荘は、郷里にこう書き送っている。

公儀之御威光は先落地、書物に戴候乱世は常に見候へ共、面り乱世は此節見候。〔……〕今は侯国京に探索の人を不出者無之、中川小倉二侯は探索不行届故しくじりと相成候、何れ公辺の威光を痛く削候上は、土地の論可起候、〔……〕今も世上一統の説は、五畿五国は京師に上ヶ候様に御沙汰有之と申候、全々虚説と察候へ共、加州をきり取の説も有之、御上洛にて十分御威光を削り、其より次第に事起り可申候、九州辺とは時勢誠に変し居候、日々殺人如草、上より些子の制禁無之、浪華の人気十に九は京師のヒーキ也。(73)

旭荘の伝えるところ、世上では「公儀」を「徳川家」と呼び、文面に表わす上で欠字を用いなかったという。(74) 人々は勅使には平伏し、将軍は手軽に扱ったという。(75) ここぞとばかりに軽挙うごめく激派らを鼻で笑うことは容易いが、このときたしかに、東の命運はまさに尽きんとし、天意は西へ向かっているかに見えたのである。真木はおのれが歴史とともにあることをいっそう強く感じたであろう。次は行幸だ。真木は「寸暇」も惜しんで「日夜奔走」し、[76]三条実美らに積極的にはたらきかけ、この意表を突く一手の断行に邁進した。そしてついに八月十三日、大和行幸の詔が発せられる。真木はすかさず久留米藩の重臣に宛てて、「公家一統驚愕」の「宸断」がくだされたことを告げ、はやく上京するよう急かしている。[77]「勢」は「焰」と化したのだろうか。こうして十八日の朝を迎えた。

舞台裏の克明な再現は、汗牛充棟の政治史研究に譲ろう。そもそも孝明天皇その人が、疑いなく朝権回復と攘夷を夢見る動乱の天皇ではあったものの、攘夷・倒幕の親征軍を挙げることなど全く望んでいないのだから、政局を覆すことはさほど難しくない。八月十八日の朝には御所を会津や薩摩の藩兵が固め、三条や真木らは参内すら許されず、御幸の中止が告げられた。孝明から「暴烈」と罵られた三条らには謹慎処分がくだり、長州には御所警衛の任から外れる旨が通達された。真木は長州藩の面々とともに、七公卿を連れて西へ向かう。萩に帰着したのは二十八日だった。

九月三日、毛利敬親に拝謁したのち提出された上書は、真木がこの間の事情をどうとらえていたかを知る上で重要なものである。

去る八月十八日之禍難、保臣儀は早朝より奔走、始終之様子一々目撃仕候儀に御座候へば、大概承知罷在候処、只々夜半より俄に起り、箇様迄固まり居候事を覆し候手段は見事に候へ共、流石に邪道に候へば、其跡は極々拙く、三歳の童子も笑候事のみに御座候。〔……〕此節平城行幸、暫く御逗留、御親征軍議被為遊候儀は五圻御召上より始まり候て、万事復古、前代無比、御中興出来候様之御基本に御座候処、残念とも遺憾とも可申様は無御座候。[78]

状況認識を支える基礎範疇は変わっていない。真木は盛者と衰者の交わる時勢を冷静に見つめ、時宜にかなった「英断」にまでこぎつけたはずであった。「前代無比」の大事業は、目前に迫っていたはずであった。十八日の政変とは、かくも「形」を成しつつあった怒濤の流れを権謀により方向転換させた、驚くべき一手だったのである。だからこそ真木は、思わず「見事」と漏らした。「残念」や「遺憾」の語は、してやられた敗北感を漂わせる。いくら詐術であると難じても、目的達成のための権詐を肯定していたのはほかならぬ真木である。「神武三千年之天下も先づ是限り」、「天朝復古の気運消沈之至り」、「流離落魄」、「心緒乱麻」(79)……、落胆は覆うべくもない。

もちろん失意に沈むには早すぎた。成りつつあった「形」が崩れ、再び「機」の制し合いへと歴史が振れ戻っただけに過ぎない。真木も「十八日以後皆機会也」(80)との認識のもと「七ころび八おき」(81)を誓う。なかでも注意すべき文書は、元治元年六月の日付をもつ朝廷への上奏文であろう。(82)そこでは、攘夷の必要性、君臣の義と華夷の弁の大切さが熱弁され、前日と様変わりした「叡慮」が咎められる。「古今創業中興之事蹟を熟覧仕候に、枕戈横槊之労、坐薪嘗胆之苦無くして成就仕候者は、万々有之間敷」――真木の持論であろう、「近時之蛮夷之拓国広地、或は旧地を恢復し、独立不羈之国と相成候も、悉皆剣槊相摩し弾丸雨注之際に成就仕候」――夷狄ですらそうしているのである。上奏文は久坂ほか長州激派の重鎮たちと連名の形式をとっているが、長州藩主への宥恕を請うよりも労苦を拒んだ天皇を難詰する異様な筆致は、真木が本文を執筆したことをうかがわせる。もちろん、このような上書は禁裏の心象を悪くするだけだっただろう。奇しくも元治元年は、古より変乱が起こるとされてきた甲子の歳である。「天道一周、真之太平に趣候哉。真之乱紊に陥可申哉」(83)。歴史との一体感に酔いしれていた頃の迷いなき力強さは、戻らない。

元治元年六月十六日、長州は軍勢を京へ遣った。音頭を取ったのは真木と久坂で、藩主の冤罪を訴え、君側の奸を除くことを目的とした。先鋒は総勢一五〇〇ほどで、遅れて世子・毛利定広、そして藩主・敬親が出征する段取りである。二十一日大坂着、二十三日には伏見を北上し、朝廷へ上奏文をたてまつる。望ましい返答などあろうはずがない。京では一橋慶喜の指揮のもと、薩摩や会津が臨戦態勢に入る。この間、真木の手になる陳情書や嘆願書、松平容保に対する弾劾書などが多く提出されたが、検討に値する内容ではない。

七月十七日、即日退去の朝旨を受けて最後の軍議が開かれた。第三隊総督の来島又兵衛が強硬論を唱え、久坂玄瑞が大坂退去を訴えた。両者のあいだで激論と罵詈が交わされてのち、真木に意見が求められ、真木は来島を支持した。進発が決定する。久坂は顔面蒼白になったという。

「大日本史恐敷候」

年長者にあたる来島や真木が思慮を失った暴挙を支持したことにつき、徳富蘇峰は「軽挙妄動」とあきれはて、一部の突進論に引きずられたのは残念だと歎いている[84]。一方、葦津珍彦などは、「男子大往生への一路を直進するという点において」むしろ「感嘆」するという[85]。いずれもその見識と性格を示す意見だが、真木に沿った論評とはいいがたい。

この頃の真木の心事を伝える資料は多くない。久坂たちと連名で草した上書類が大半を占め、母や娘への手紙がいくつか残る程度である。そのなかで注目を集めてきたのが、変事の生存者が伝える述懐「形は尊氏に似るも心は楠公なり」であり[86]、またかつての天保学連の同志に宛てられた一節「大日本史恐敷候間、此節は見事戦死之積に御座候」であった[87]。『大日本史』は水戸学に教えられた勤王の精神を、大楠公はその理念の人格的象徴を意味するのだろうか。

この問いに応えるためのヒントは意外なところにある[88]。彼がまだ山梔窩で蟄居していた文久元年九月の作、『何傷論』だ。

幽囚十年、朽ちゆく恐怖から「せめてとしごろおもひ設けたる事」だけでも書き残したいと編まれたこの一篇は、真木の著作のなかでは最も長篇にあたるが、内容はやや雑駁である。「明君」徳川家慶に始まる幕末史の叙述、真木の自伝的回顧、第一節でも見た事業重視の学問観、それに基づく士道論が順々に語られる。ただし、全篇の導きの糸として冒頭に「楠子論」が配され、中途および結語にも楠正成への言及がある。いま注目すべきはそこである。「楠子論」は、劈頭、「天下一人」の正成の忠義と戦功を讃え、次いで桜井駅の別れとして知られる子息・正行との訣別の様子が描かれる。参考までに『太平記』の原文と、漢文での叙事として意識せざるを得なかったであろう『日本外史』の該当箇所と、真木の筆致を並べてみよう(なお『大日本史』は軍記物語の創作と判断したのかこの場面を載せない)。大意にちがいはないが、直訳でない分、真木のこだわったところが透けて見えるのではないかと思う。

しかりと云へども、一旦の身命を助けんために、多年の忠烈を失ひて、降参不義の行跡を致す事あるべからず。一族若党一人も死に残ってあらん程は、金剛山に引き籠もり、敵寄せ来たらば、命を兵刃に堕として、名を後代に遺すべし。これを汝が孝行と思ふべし。(『太平記』巻十六「正成兵庫に下向し子息に遺訓の事」(89))

慎んで禍福を計較し、利に嚮ひ義を忘れ、以て乃父の忠を廃すること勿れ。苟くも我の族隷をして一人存ずる者有らしめば、則ち率ゐて以て金剛山の旧址を守り、身を以て国に殉じ、死有りて他無し。汝の我に報ひる所以は、此より大なるは莫し。(『日本外史』)

(慎勿計較禍福、嚮利忘義、以廃乃父之忠。苟使我之族隷而有一人存者、則率以守金剛山旧址、以身殉国、有死無他。汝所以報我、莫大於此。(90))

我既に之を以て此に死せば、子も亦た之を以て此に死し、孫も亦た之を以て此に死し、兄弟叔姪も亦た之を以て此に死せん。而して族を挙げ孑遺無ければ、則ち彼の二兇の心も、亦た争ふべからざるを知らん。而して必ず皇統の継がざるべからざるを知らん。皇統の継有れば、則ち我が志の成る。而して目始めて瞑するを得るのみ。

(『何傷論』「楠子論」)

(我既以之死于此、子亦以之死于此、孫亦以之死于此、兄弟叔姪亦以之死于此。而挙族無孑遺、則彼二兇之心、亦知不可争。而必知皇統之不可不継矣。皇統之有継、則我志之成。而目始得瞑焉耳。[91])

おのれが死に、子が死に、孫が死に、その兄弟叔姪たちもまたことごとく死を捧げる。もちろん原文も大意はそう述べているのだが、「以之死于此」をリフレインする真木の筆致の執拗さは、山陽の簡潔と比べて目を引くものがある。更に、そうしたひとつの忠死に始まる死の連鎖が、明確に皇統を支えること、逆賊の野心を挫くことが、真木にあっては強調されている。結句も、頼山陽が忠実になぞった平凡な忠孝一致というよりも、「志」の継承という点に力点が置かれていよう。死が後続を感奮興起せしめ、その連鎖のなかで大業が成る。——これは、どこかで見た論理ではないだろうか。

ともあれ、いまはもうすこし「楠子論」の行論を追っていこう。以上を確認した上で、真木は、かかる見事な死に様に対して、王政回復の機会がまだ残されていたのになぜ死に急いだのかと難詰する論者を紹介し、反論を試みる。論者が誰なのかは定かでないが、こうした楠公批判の史論は、論意の意外性を重んじる昌平黌の書生たちが盛んに書き散らしていたから、いずれかに触れる機会があったのかもしれない[92]。もちろん、命日には欠かさず楠公祭をおこなっていた真木にとって、赦すことのできる議論ではない。反論は次のようなものである。

夫れ天命の去就、固より人力の為す所に非ざるなり。元弘の初め、天之に就き、而れども復た之を去る。一たび之を去りて、亦た収むべからざるなり。楠子は之を知る。乃ち以為らく「皇統継ぐこと有れば、則ち足れり」と。然れども此れ其の一世の能く及ぶ所に非ざるなり。而して其の未だ死すべからざる所に死せば、則ち子孫為る者、感奮激励、其の鬱結する所の者を以て、必ずや此に泄さん。是の如くして、然る後始めて其の志の成るを得るなり。

(夫天命之去就、固非人力之所為也。元弘之初、天就之、而復去之。一去之、而不可亦収也。楠子知之。乃以為皇統有継、則足矣。然而此非其一世之所能及也。而其死于所未可死、則為子孫者、感奮激励、以其所鬱結者、必泄于此矣。如是、然後始得其志之成也(93)。)

後醍醐が反北条の戦旗を掲げたはじめ、「天」はこれに味方した。より正確に真木の用いる基礎範疇に従えば、朝権再興へ向けての「勢」が「天運」に兆し、後醍醐は巧みにその「機」をつかみ、果敢に「決断」し、幾度の敗北に伴う「労」にも挫けず、「事業」を成し遂げたということになろう。しかし真木によれば、湊川の決戦の頃には、天運は既に去っていた。ずいぶん気紛れに思うが、人力でどうにかなるものではないのだから仕方ない。見放された者に残された、できることは何なのか。死である。なお死すべきではないところで死ぬことである。無惨な死は、その無惨さの故に子孫たちを奮い立たせ、その「鬱結」を晴らすための「志」の継承を激励する。そして忠義は永遠となる。「嗚呼、楠子の忠義も、亦た天壌と窮まり无き者かな(嗚呼、楠子之忠義、亦与天壌无窮者哉)」。

『何傷論』は、冒頭で示されたこの論理に導かれ、次のように続き、結句に至る。

されば楠公の闔族三世数十人、天朝の為に死に給ひし事こそならひ侍るべけれ。保臣がごときかずならぬものにても、一門挙って死に侍らば、天下にはさりとも雄々しき死様かなとて、見習ふ人もあらんに、夷どももいかがせん。義勇烈敷国なりとて、むげにすげなうはし侍らじ。(94)

されば三百年の末になりて、湊川戦死の跡に水戸黄門光圀卿、嗚呼忠臣の碑を建てられしが、天下の人かりそめにも義理をわかち知るもの、墓前に拝伏して、其高義を感じ、涙をそそがぬものなし。さばかり勢いがめしかりし足利も、十三代はつづきぬといへども、三代の後は、号令も行はれず。骨肉相食み、君臣相賊し、義昭が身になりては、浪々として諸国に乞食せし姿なりき。しかのみならず、今日となりては、十三の墳墓に唾するものあり。ゆばりするものあり。千歳の恥辱、たとふるにものなし。誠実と虚偽とのわかち、かくあるべき事とはいひながら、個様にも懸隔するものなるか。おそるべきことなりがし。(95)

前章において吉田松陰を詳しく検討した本書にとって、もはやくだくだしい説明は必要あるまい。語られているのは、あの、歴史への期待であり、見慣れた〝永遠性〟のヴィジョンである。鮮烈な挫折は子孫に留まらずひろく後世を感奮させ、そのことで死者は不朽の名誉を得る。一時「勢」を得てのさばった者も、歴史の審判から逃れることはできない。このときの真木には知るよしもないが、文久三年二月には足利尊氏・義詮・義光三代の木像の首と位牌が等持院から盗み出され、鴨川の河原でさらし首にされるという事件も起こる。それは「おそるべき」歴史の裁定にほかならない。この境地に、政変に敗れた真木は至ったのである。彼は外患に始まる「勢」の動きを明敏に察し、周囲を動かし、大和行幸の勅諚にまでたどり着いたが、権謀に阻まれ挫折した。「好機会無之」(96)――次なる「機」は見当たらない。「天朝復古之気運消沈の至り」(97)――もはや「天運」は去ったのかもしれない。とすれば、残されたものはひとつしかない。「心は楠公なり」とは、正成に倣って死と永遠の論理に投企する覚悟をいう。「大日本史恐敷候」とは、『何傷論』の結句と響き合い、歴史への畏敬と期待をいう。彼はその敗死に若き同志や長州藩を道連れにすることもいとわない。歴史に裏切られた革命家は、甘い永遠の論理に身を委ねて、御所を目指して進軍したのである。

禁門の変が幕を開けた。

真木和泉の最期

元治元年七月十九日、長州の軍勢は三方面から京に迫った。福原越後率いる部隊は伏見藩邸から北上し、大垣藩と交戦の末、洛中にたどり着くことすらなく大坂に退いた。最も奮戦したのは、嵯峨より攻め入った来島の一隊で、蛤御門に血を塗ったが、薩摩と会津に敗れて潰走した。最強硬論者であった来島又兵衛は馬上に戦死、享年四十八。真木は久坂とともに山崎から桂川を渡って御所に接近するも、川のぬかるみに手間取っているうちに来島たちが敗退し、仕方なく鷹司邸に籠った挙句に潰滅した。久坂玄瑞は邸内で自刃、享年二十五。久坂に後事を託された入江杉蔵も、槍に突かれて死んでしまった。享年二十八。

翌日、鷹司邸を逃れて天王山に拠った真木たちに追討軍が迫る。そのなかに、会津藩士・柴太一郎がいた。東海散士の号で知られる四朗、『ある明治人の記録』で紹介されて一躍著名となった五郎の、長兄である。柴は後年、史談会に招かれ、このときの様子を振り返っている。

夫より此方にては小銃を撃ち声を掛けて上りまして、間近になりましたら大分大砲の如き音がドンドン致しまして火の手が揚りました。駆附けて参りますると左程大きも無かったやうで、広さも覚えませぬがホンの仮小屋のホッタテの柱立是れに菰藁で雨露を凌ぐ丈けで建築したもので、それへ火が掛りまして其中で頻りに破裂します。〔……〕色々の機械などの燃えて居りますのが、小口から見えます。見えまする中に屠腹したと見へまして、こちらにも二人あちらにも三人倒れて居るといふ始末、併し火が掛り又た火薬がポンポン発しまするので側へ寄り様がない。中に二人ばかり火薬に飛ばされたのが、小屋の前軒下に伏して居りました者などは実は全く死切らぬ、それを新撰組の者が首斬ったやうに覚えて居ります。火中に大きな人の死骸が見えました。大方是れは真木和泉だらうと私共も其前に真木は知って居りますから其時は申した事でございます(98)。

「大きな人」というのは、真木が力士に見紛われるほどの巨軀だったことをいう。享年五十二。自刃に際して火薬に付けた火が思いのほか燃えあがり、壁に貼り付けてあった辞世の歌まで消し炭になったと柴は告げているが、事前に脱出した同志の手によりそれらしきものが伝えられているから、最後に引いておこう。「大山の峰の岩根に埋めにけり我年月の大和魂(99)」。吉田松陰のものとよく似ており、秀作とは呼びがたい。

第四節 激派のその後

長州激派の暴発を苦々しく眺めていたのは、何も公儀の役人や公武合体派の諸勢力だけではない。久坂たちの同志、萩の高杉晋作もそのひとりだった。

進発組の出陣、久坂、来島、入江らの敗死を、高杉は自宅の蟄居部屋で聞いた。謹慎に処されていた所以は、禁門の変に先立って暴発を企てた来島を止めるべく、脱藩して京へ向かったことによる。京では久坂の賛同を得、来島を抑えることには成功したが、脱藩と慎重論とが藩内で悪評を招き、すぐ自棄になる本人の悪癖もたたって野山獄に投じられた。「先生を慕ふて漸く野山獄」と、この時詠んだらしい(100)。

薐園の服部南郭と太宰春台さながら、しばしば久坂と高杉が松下村塾の俊英ふたりとして並称される。事実である。しかし、やはり南郭と春台同様、両者は状況認識や運動の方針において全く相反する考えの持ち主であり、高杉は禁門へと至る長州激派のなかで常に傍流であり続けた。なぜだろうか。理由はふたつあり、本章にとっても、幕末史の行方を知る上でも、重要なものである。

第一の理由は、「議論」と「実行」という対比を基軸とする高杉の浪士批判にある。晩年の松陰に似てすこしずつ口語体に近づいていく高杉の語り口はとてもわかりやすいから、本人に説明してもらおう。彼の考えと気分のよくわかる一節である。

多き中には自分の名を他国人などに知れ度き為め、言わひでも能き事も馳廻り、虚言を吐き散らし、勤王之志有るを知られ度きが為、往かいでも能き公卿方へ御陪臣之身分を忘れ罷出、議論など申上候事、実に可悪事と御座候。右故風俗相移り、少年白面の書生に至る迄、虚言を吐く事而已を習ひ、実行実心と云ふ者は払地候事、目も当てられぬ次第に御座候。弟事も其白面書生之人数に入しかと思へば、愧敷事に御座候。〔……〕皆々今日必死之時と決心出来ぬ故也。決心未だ附ぬのに勤王と申唱へ、右様之虚動有之儀は、功名勤王にて真勤王には無之事也(101)。

「功名勤王」と「真勤王」。たしかにこれは、亡師がかつて同志たちとの対立のなかでいいはなった語彙である。そして、利害の計算に基づく功業を前者に、敗死をも肯定する忠義を後者に割り振った松陰に対して、高杉の場合は

「功業」こそが「義」だと考えられていること、すなわち真偽の判定基準において「意志の純粋性」から「実利の追求」への転換がなされていることが、先行研究によって指摘されてきた。[102] 一見、妥当な解釈に思われる。しかし、引用文からもわかるように、そもそも高杉の議論の基調は功業か忠義かという点にはない。彼がいらだったのは、松陰のような態度を装ってできもしない正論をわめきちらし、そのことで義士英雄としての名声を貪ろうとする偽松陰の存在であり、その意味で「世の慷慨を装ひ気節を扮し、以て名利を要むる者(世之装慷慨扮気節、以要名利者)」を痛罵した松陰の態度を正しく受け継いでいよう。[103] そして、その上で高杉がこだわったのが、松陰のような態度では松陰自身と贋の正論家とを分かつ所以が不可視の内面――至誠の有無――でしかない、という点である。だからこそ彼は、勤王における新たな真偽の規準として、「議論」と「実行」をもちだした。「口舌」のみの連中はその言説の内容を問わずに虚偽であり、ただひたすらに「実行」こそが真心の証明である。高杉からみれば、世にときめく脱藩浪士などは名誉欲に駆られた口だけの激論家であり、久坂らはその虚言をけなげにも「実行」したから愚かであれえらいのである。高杉が長州激派と親しんだ真木と交際を持たず、また、意見を異にした久坂をそれでも尊信したのは、こうした理由による。「議論にて甃候が漢学馬鹿男子之事に御座候。神州男子は実地の忠義を致候て、口舌之忠義は不致候也」[104]というのが、畢竟、高杉の思想の核心である。

では、久坂のように口舌の激論家に惑わされることなく、おのれの「実行」をより着実にするにはどうしたらいいのだろうか。鬱憤を無頼と放蕩に散らしてしまう高杉は、松陰のように読書に耽って内省を突き詰めることはしない。彼は松陰が倫理的問題として思案した「卓然独立」の理想を、すんなりと国家へと適用して、先の問いに明確な答えを出した。それが第二の理由であり、すなわち彼の「大割拠」論である。

今日之勢は頗る六国の姿なれば、国盛なれば盛なる程浮浪遊説之徒多く入り来る者也。廟堂の君子は不及申、有志之壮士といへ共、彼が口術に被浮愉快に乗じ、国外へ手を出す様なることは無益の至なり。国富兵強ければ御両殿様尊攘之御素志は御独立にて御遂げ可被遊也、勿憂々々(105)。

兎も角両国を五大州中第一の強富国にすれば、随分勤王も出来候様奉愚按候。好名だてか一番悪しく御座候。乍爾天下の形勢を丸で見ずでは不相叶候。双眼四足両国中に在り候てしり目にて天下の形勢を窺ふ位にて丁度宜敷かと奉存候(106)。

かつて吉田松陰は、いかに江戸の徳川政権を諫め、尊王攘夷を実践するかに苦心した。真木や久坂は、もはや徳川政権をはばかることなく、むしろ京都における主導権争いに明け暮れた。それは安政から文久にかけて、政治的空間の中心点が江戸から京へ移ったことを暗示している。しかし、高杉からすれば、江戸で公儀を諫めることも、京都で公家に工作することも、それどころか草莽崛起を唱えて他藩の有志と連帯することも、「皆々訳も分らぬ無益事(107)」であった。他藩に頼らず、浪士を恃まず、禁裏や公家にすら依存せず、それでもおのれの志を貫くだけの自力を身に着けてはじめて、「真勤王」が可能となる。したがって必要なのは、名誉心に駆られた中央政局への介入ではなく、藩国家単位での富国強兵にほかならない。こうして長崎や上海への商館設置や軍艦購入など、独自の単独開港と強兵策が展開される。ペリーの来航以来、ひたすら「皇国」の安危を叫んできた志士たちの視線が再び藩国家レベルに帰着し、もはや統体としての秩序はその中心点を失って、「割拠」の戦乱が思い描かれる。真木のように天皇親征に執着することもないから、それはより身近なものとなろう。高杉は、土佐の中岡慎太郎に向けて、次のように語っていた。

高杉東行亦曰、今日西洋事情を説き、彼れを知るを以て自ら負ふ者、纔に西洋の一端を知て、曾て古今盛衰の機の由る所を知らず。当時彼れの盛なる大に其本有之。若今日、彼れの盛なるを学ばんと欲せば、英仏等の未だ盛ならざる時、内戦度度有し事、又、魯西亜百戦危難の中より起りし事など斟酌して手本とすべし。若し我邦今日の弊勢を以、彼れの盛強文明已に治りたるを坐しながらにして学ばんと云は大間ちがいの極也。故曰、宜しく奇変、英達、実行を以て天下を一新すべしと。(108)

同じ頃、江戸では福沢諭吉が「大名同士のカジリヤイ」では「文明開化」は望めないといって、「大君のモナルキ」を唱えていた。(109)高杉によれば「西洋事情」を知ったか振りする浅知恵である。西洋文明の隆盛から何かを学ぶためには、その極致である西洋のいまではなく、まずその文明を生み出したかつての戦乱をこの国もたどりなおす必要があった。華々しい「瓦解」こそが求められているのであり、したがって重要なのは「奇変」であり「英達」であり「実行」である。口舌の徒を嫌う高杉は、自らのヴィジョンの実行に向けて、元治元年十二月、まごつく征長軍を前にクーデタを成功させる。藩内には重要な協力者として桂がいたし、(110)日本国内には倣うべき先蹤として薩摩がいた。(111)ときを同じくして、その薩摩の大坂藩邸では、西郷隆盛が勝海舟の紹介によってひとりの男と知り合っている。彼が、じきに、ひと足はやく「徳川の世」を離脱したふたつの雄藩をつなげる役目を果たすだろう。嘉永六年六月三日、わずか四隻の軍艦の来航によって幕を開けた一大劇場は、開演のときと同じように、ドタバタのなかで幕を閉じようとしている。

「十段目」の「砲撃芝居」は、目前に迫っていた。(112)

第六章　文士の幕末　森田節斎

第一節　政治の季節と文士たち

皇帝・隠者・通人

久留米の真木和泉がながき幽囚を経て山梔窩をあとにしたのと同じ頃、通儒はため息をついていた。無理もない。攘夷やら勤王やら、世上を騒がす政治問題は、在りし日の文壇の姿をすっかり変えていたからである。「文学」[1]や「詩文」[2]はもはや見向きもされず、「世上人気立候て文人皆閑也」[3]。遊歴に出かけても詩書画の応酬はなく、待ち受けているのは味気ない時事の論談ばかり[4]。街角には浪士が溢れ、天誅という名のテロルが横行し、うかつにも徳川に好意的なことを漏らせばたちまち命をつけ狙われる[5]。「誠に変なる世界相成候」[6]。実感であろう。郷里に書き送った幾通もの手紙は、当時の京摂の雰囲気を知る一級資料である。

時事は別書申上候誠に乱世之形にて、日々人殺の事を承り胆を潰し、我等知り候人も大分被殺候。劉石舟抔も危と申て心配仕候位、今更此地遁候も難計、是は色々訳合有之、当年御上京は必御止可被下候。去年青村上遊は千

歳之一時也。今年は誠に乱世に相成候。此節花は盛候へ共誰も一人見に参り候人も無之候。(7)

この手紙の主を、広瀬旭荘という。旭荘は文化四(一八〇七)年生まれ。九州随一の儒者の名家の血を継ぎ、淡窓の末弟にあたる。通称を謙吉、別に梅墩とも号し、その鋭い観察眼と学識に裏付けされた時代の証言は本書でもたびたび引いてきたところである。

旭荘は、三千余人の門弟を誇る咸宜園きっての俊才だった。詩に優れ、文をよくし、和漢の歴史に通じて、経世を談じた。若き日の小さな胸には野心と講学への意欲が燃えており、日田で育まれた京摂や江戸文壇への反感があった。やつらは流行におもねり、珍奇な説をふりまわし、虚名を貪っているだけではないか。(8)大坂に進出してからは、頼山陽や篠崎小竹に鼓吹されたその「商風」を嘲笑った。(9)このような末俗であれば、断然と「講学」を掲げさえすれば、近い将来必ず令名を得るであろう。(10)青年の目に明るい展望が開けていた。

しかし、ミイラ取りがミイラになったというべきか、毒を喰らわば皿までというべきか、あるいは天保の改革に乗じた江戸進出の失敗――実にわかりやすい政治的挫折――が文士の心を屈託させたとみるべきか。いつしか瑞々しい野心は色褪せ、青年は文壇での角逐におのれの生き場を見出すに至った。「妬心」と「悪説」渦巻く競争空間で「評判」を求め、(11)「今日は敵、明日は味方」の「昇平之戦場」に躍動する。(12)いつかどこかで見た景色であろう。儒者番付や評判記の類が関心を集め、時に大喧嘩につながるのも相変わらずである。(13)やがて篠崎小竹の死を転機として、旭荘は名実ともに上方文壇の覇者にのぼりつめる。安政二(一八五五)年、その満足がよくうかがわれる書簡を引いておこう。

金城小虎藍田等此地之文人今は皆北面して弟子の礼をとり候故、文壇の方は日々手延候勢、講は不聴とも我門人

と申工合にて、春来行束修者、我門尤多し、田舎とは殊に違候。(14)

伊藤顕蔵来坂門戸を張り候。同人は六郎俊蔵と鼎足の才子、六郎は君命により其母に禄賜はりて、本人に年金十両被下、緒方洪庵門人になり蘭学者となり候筈、俊蔵大に歎息、広門失一裨将と申て、顕蔵と両人にて尺牘を以諍候筈、顕蔵者旧小竹入室之弟子、今度奉我正朔候故、訥堂不平可有之と申居候。当時三郎六郎俊蔵顕蔵会盟し、一年に一度互相往来候て、文壇の事談候て以我為盟主候筈、決候はば委細可申上候。(15)

金城は画人の鼎金城、小虎は同じく画人で竹田の養嗣子でもある田能村直入、藍田、六郎、俊蔵、三郎は、それぞれ旭荘周辺で頭角を現わした若手文士である藤井藍田、柴秋村、河野鉄兜、劉冷窓を指す。なかでも彼を満足させたのは、小竹門の四天王に数えられた顕蔵こと金本摩斎(のちに横井小楠の暗殺犯に加わり処刑される)が旭荘派に転じたことで、「正朔」などと大仰な表現を用いて喜んでいる。ちなみに、そのことに不満な訥堂とは、小竹の嗣子・篠崎訥堂のことで、儒家の鴻池とも呼ばれた篠崎王国を護ることができずに家産を傾けた。「篠崎落城」と、旭荘はやはり物々しい言いまわしでその没落を報じている。(16)「落城」「北面」「正朔」……〈思想・文藝の市場〉という擬似的戦場において、功を競い名を争った文士たちの、最後の皇帝の姿がここにある。(17)ひとつ誤算があったとすれば、帝国が挑戦者の登場を待つことなく、政治化の時代に押し流されたことだろうか。それでもまだ五十代に過ぎないのだが、健康問題もあって、天保期に政治参加を試みた意気は老儒にない。あとはさびしく、「昔日は文壇の談有之、今は絶て無之、唯浪士の事耳」とつぶやくばかりであった。(18)

経世有用がやかましく叫ばれた時代、無用の世界へと押し流されたのは詩文ばかりではない。

池田草庵は文化十(一八一三)年生まれ、郷里但馬の山間に青谿書院という学塾を開き、「但馬聖人」と称せられた。その学風の特色は、詩文でも経義でもなく、徹底した観想的生活の重視にある。彼は「近来修行不得力、読書之益少き事を相覚候に付、無事之時は多分瞑坐仕」という友人・林良斎の言葉を受けて、「不堪敬服、感嘆仕申候」と賛辞を惜しまない(19)。学問の目的が内省による理の発見＝発現にあるとすれば、たしかに知識欲に駆られた読書など不要であろう。求められるのは静坐や瞑想といった実践的工夫であり、草庵はその観点から多くの「坐化超脱之者」を輩出した仏教を羨みさえする(20)。儒学説としては、高遠な経学談義には冷淡で、修養の工夫における朱王の異同が主たる関心事であり(21)、劉宗周などが高く評価された(22)。もちろん詩文には更に冷淡で、それどころか著述それ自体にさほど関心を示していない。たしかに、清閑な書斎のなかですら、ひとたび筆を握れば観想的生活は終わりを告げる。言葉にするよりも「胸中蘊蓄」の方が「滋味深き場合」も多いなどといって、淡然としている(23)。

政治についてはどのような考えの持ち主なのだろうか。同趣旨の発言が多いが、要するに次のことをくりかえしている。

君子の道は、経世を主として、務めて心を養ふ。夫れ心の体為る、空虚恬漠のみ。抑も此の空虚恬漠の体を養ふは、山林高尚の士なれば則ち可なり。何ぞ経世の術に関はらん。〔……〕古より英雄豪傑の己を誤り人を誤り、毒を一世に流す所以の者は、其の道種々同じからずと雖も、然れども其の本を探りて之を論ずれば、則ち皆此の物に非ざるは莫きなり。

(君子之道、主於経世、而務養心焉。夫心之為体、空虚恬漠而已。抑養此空虚恬漠之体、山林高尚之士則可也。何関乎経世之術。〔……〕自古英雄豪傑之所以誤己誤人、流毒一世者、其道雖種々不同、然探其本而論之、則皆莫非此物也。)(24)

士の所謂る安とは、其の心を安んじて、其の意に克ち、其の理に循ひて、其の欲を忘るるなり。苟くも焉に得る者有れば、白刃を蹈み、湯火に趣くと雖も、自ら安ずる所以の者は存す。況んや貧富得喪、飢困窮戚をや。凡そ天下の変故、尚ほ何ぞ以て其の心を動かすに足らんや。

（士之所謂安者、安其心、而克其意、循其理、而忘其欲。苟有得焉者、雖蹈白刃、趣湯火、所以自安者存焉。況乎貧富得喪、飢困窮戚。凡天下之変故、尚何足以動其心哉。[25]）

いかに山林の隠者であっても、儒者である以上、学問を「経世」と全く無縁なものとして観念することはあり得ない。しかし彼の場合、かくも重要なものだからこそ、妄りに論じたり行為したりすべきではないと考えられた。重要なのは修行を経て「空虚恬漠」の境地に至ることであり、そうした不動心を確立してはじめて「名心」や「客気」、「利害」、「細事」に惑わされない正しい判断が可能となる。情念や状況に流されない「卓立」の理想は、吉田松陰ら志士たちの求めた精神的態様とも基本的に合致するが、草庵の場合、それを実現するための工夫が著しく静的な内面修養に偏っていること、かかる境地にたどりついてはじめて実践が許可されるという前後関係を恪守することに特徴がある[26]。結果として、実践はひたすら遷延されるであろう。「頼襄輩一流之議論」は軽蔑され[27]、海防論も「何となく軽佻」と一蹴される[28]。水戸学は「一種事功に走り候風[29]」、陳龍川は「いかにも粗脱粗徘[30]」、大橋訥庵は「名高之心を挟み候[31]」。かくして草庵は政治に色気を示す弟子を「貴殿今日之急場に無之」とたしなめ[32]、近隣で勃発した生野の変を「訳もなき人」による「訳もなき次第」だと難じて突きはなす[33]。もちろん、時に「是迄とは世界一変最早是迄の様之事には千古相復し申間敷」と漏らしたように、優れた知性は「今」がただならぬときであることを感じ取ってはいる[34]。しかし、だからこそ、彼は聖人の道の守護者として、山野に屹立する途を選んだ。

その心意気を一篇の詩賦に見てみよう。

眼前功業任人做　　眼前の功業、人の做すに任す
身後声名休妄求　　身後の声名、妄求するを休めよ
天下自余間散地　　天下自ら間散の地を余す
客吾終日見渓流　　客は吾、終日渓流を見る(35)

文久元(一八六一)年十月、草庵を青谿書院に訪ねた岡鹿門が、「陋僻学究、朱陸の同異を弁じ、自ら許して我能く聖人の道を得たりとす。而して天下の痛癢何事為る、海内の人傑誰人為るを知らず。世に此の輩多し(陋僻学究、弁朱陸同異、自許我能得聖人之道。而不知天下痛癢為何事、海内人傑為誰人。世多此輩)」とひどく嫌悪感を示しているのも、当然のことだったかもしれない(36)。

最後に成島柳北について。天保八(一八三七)年生まれの柳北は、旭荘や草庵とは親子ほども年が離れており、しかも代々公儀に仕える奥儒者のイエだったから、生まれ落ちた境遇も全く異なる。人柄や学風は、まず草庵ならば軽薄と嫌っただろうか。才識は旭荘と伍するに足るが、江戸の奥儒者なので旭荘の競争相手となることはない。職務のかたわら洗練された遊戯に青春を「濫費」した日々については、既に前田愛が魅力的に伝えている(37)。ここではひとつだけ、前田の博捜からも漏れた逸話を引いておこう。

且つ「方今急務の筋」といへる一書を作り成島氏に示し余が志を当路に談ぜられん事を欲したりしが、成島氏は

いかにや思はれけん、余が書面の後に「方今の急務といふは外になし飲んで小便、食てくそせん」と一首の歌を附して返されければ、余は食客に居ながら心平かなる事能はず。此人は国家あるを知らざるものなりと妄意し、同氏の許に居る事を欲せず、遂に転じて本庄なる医師曽谷長順氏の家に食客となれり。[38]

この逸話の主・岡本韋庵は、幼くして「何とぞして一家の人物たらん」と志し、「豪傑の士（豪傑之士）」諸葛亮に憧れて学問修行を積んだ人で、幕末期には北海道を探検したことでも知られている。[39] その『窮北日誌』は数ある蝦夷紀行文のなかでも秀抜だが、どこにでもいる政治青年のひとりであったことにちがいはない。多少山師の気があるので回顧を鵜呑みにするのは危険だが、罵詈でも説教でもなく、茶化して相手にしないところが柳北らしい。なお、韋庵はこのあと京都に出て、坂本龍馬や三条実美らと交わり、明治になってからは台湾総督府に出仕したり、大陸浪人のまねごとをしたりと頗るおもしろい経歴をたどるのだが、それはまた別の話である。

政治と非政治のあわい

些細な群像に紙幅を割いたのは、彼らの政治音痴をあげつらうためではない。彼らの自己認識が決して「無用者」ではなかったことを強調したいのである。

しばしば、幕末維新期の文士を語るキーワードとして、「無用」が挙げられる。[40] そこでは彼らの不遇や屈託が強調され、無用者という自己認識を手に入れたからこそ、有用世界の矛盾を穿つ銃眼を手にしたと論じられる。何気ない一節から重大なアイロニイや諷刺が見つけ出され、賞玩される。しかし、つとに日野龍夫が指摘するように、「近世の儒者が儒学に絶望したり、自己の学問を信じないなどという事態が、近代以降の高等遊民が自己の生き方に懐疑的になるのと同じような調子で簡単に起るということはあり得ない[41]」。

広瀬旭荘を見てみよう。門人のひとりが伝えるように、彼が何より重んじたのは「時を知る」[42]ことだった。旭荘は知識人たちが「三代漢唐」を知って「我」に即して考えることをせず、経書に載る「古」を知ってそれを「今」に活用しないことを歎く[43]。もちろん、「今」と「我」への鋭敏な感性を支えるのは、「歴史は経書の注釈なり。今日の事は歴史の注釈也[44]」とする歴史意識であり、「活史とは何ぞ、今日の世是なり。活学とは何ぞ、今日の事是なり（活史者何、今日之世是也。活学者何、今日之事是也[45]）」とする学問観である。これを儒学の概念用語でいいかえれば、「時中」や「権」の重視となり、「古来儒者、権と云ふことを合点せざる者多し。是れ学の死する所以なり」とされる[46]。要するに、時と場の要請に応じた臨機応変こそが重要だということであろう。

では、旭荘はおのれの生きる「今」をどのような「時」と見ていたのだろうか。それは山県太華の祝った「磐石の勢」ではあり得ない。アンシャン・レジームが音をたてて崩れゆく、瓦解の時代にほかならない。

何れ不遠土崩の勢と被察候、有用の学を成して時機に応候事専一也[47]。

聖人の徒たる者、唯紙上の空理のみ穿鑿して、夷狄の形勢情状と、防禦の術とを講ぜざるは、時を知らずと謂べし[48]。

かくして旭荘は時代の危機を明敏に察し、それに対応すべく旧套依然とした思想地図を脱ぎ捨てた。本書にとって興味深いのは、中国史の偏重を「眼孔小」としりぞけ世界史を重んじている点で、例によってアレキサンダーやピョートルのほか、オスマンやティムールの事例を紹介し、列強支配からの「独立」を達成したワシントンとシモン・ボリバルを「英雄豪傑」と讃えている。西洋の制度文物の導入によって国家再建を果たした先蹤として、トルコを見習うべきだという指摘もおもしろい(49)。ワシントンやナポレオンはともかく、ボリバルやトルコについて知識を有していた儒者は稀だから、出版界を賑わせはじめた西洋事情書や世界地誌類にも目を通していたのだろう。また、より具体的な経世策もきちんと用意されていて、要点を摘まんでいえば、「相場」や「利息」を否定する実体経済重視の富国策と、情報公開と新たな予算の創設に基づく国防問題の公共性(=公開性)向上が思案されている(50)。少なくとも、無用者が戯れに考える内容ではない。

池田草庵の場合はどうだろうか。そもそも草庵においては、修養の果ての主体性確立を重んじるが故に実践が先延ばしにされるだけで、学問は経世を目指すものであるという基本原則は否定されていない。だからこそ、隠者は時にこう漏らす。

> 吾輩に於ては迂疎之材所詮時用に適し不申、只迂疎之際国家長久之遠図は却て庸俗之所不及知も有之候者、因て益励精進歩綱常一段之処、日夜講究修行いたし候より外無之候。〔……〕儒者之経済畢一段之要着有之、其末に至り候ては所謂有司の能く治る処必しも役々労思するに不及と存付申候(51)。

これを、次の頼山陽の言葉と比べるとどうだろうか。

> 僕も結髪従事読書候へども、未見一進歩処、しかし何卒有用の学を仕度想懸者候。凡経済と申も、其砕細処は、有司存焉にて候へば、其大処、俗士目力所不及、乃儒生之任と奉存候。故視和漢之異同、察古今之沿革、概挙治乱興替之機、以供君相之択取候業仕度ものと存罷在候へども、駑才心ばかりに御座候(52)。

たしかに「学」の内実は面貌を異にしている。山陽の場合は明らかに歴史を指して「有用の学」と述べているのに対し、草庵はやはり修養に根差した経綸の重要性を説くことに主眼がある。しかし、ここで述べられている有司と知識人の対比――実務において有司者に一日の長を認めながら、実務とはかかわらない(かかわることができない)学者だからこそ見えるものがあるという論理は、ふたりに共通している。負け惜しみだと意地悪くとらえる必要はない。政治参加を否定し、慷慨を装うことすらしない山林の隠者の胸にひそむ、知識人としての矜持である。

もちろん、いざ戦塵が舞ったとき、草庵ほど盲目に自負を堅持できた者は少なかったかもしれない。有司と浪士の波に揉まれて、おのれの学んできたものに懐疑を抱く知識人がいたとして誰が咎められよう。安政元年の暮れ、成島柳北の口から次のような自嘲が漏れた。

嗜書毎笑身同蠹　書を嗜んで毎に笑ふ身蠹に同じきことを
提剣元期勢截鯨　剣を提げ元より期す、勢ひ鯨を截らんと
十八年間成底事　十八年間、底事をか成す
自嘲碌々鯫儒生　自嘲す、碌々たる鯫儒生(53)

この自嘲は、しかし、無用者のそれだろうか。かつて蘐園の太宰春台は、実践の機会を得ないおのれの政治経済学を「屠龍の藝」と呼んだ。それは、仮に龍がいたとすれば屠り得る秘技だという強烈な自負を込めた言葉である。幸か不幸か柳北はその龍(ここでは鯨)に出くわした。柳北の悩みは、にもかかわらず、おのれの学はそれを屠ることができないという点にある。それは無用者の苦悩ではなく、有用たらんとする者、あるいは、有用たらざるを得ないこ

とを引き受けた者の悩みだ。
だからこそ慶応二(一八六六)年、馬上の人となった柳北は、やはり「俗吏」とおのれを対比させながら、次のような詩を詠むのである。

旭日旗頭旭日明　　旭日旗頭、旭日明かなり
兵馬粛々発山営　　兵馬粛々、山営を発す
剣鋩射人秋霜凜　　剣鋩人を射て秋霜凜たり
銃声連雲晨雷轟　　銃声雲に連なりて晨雷轟く
〔……〕
俗吏動執紙上議　　俗吏、動もすれば紙上の議を執り
寸衷未竭百謗生　　寸衷未だ竭さずして、百謗生ず
男児千載同感慨　　男児千載、感慨を同じうし
竹帛当要身後名　　竹帛当に要むべし、身後の名
秋風爽涼去飲馬　　秋風爽涼、去って馬に飲ふに
六合河冷水無声　　六合の河冷やかにして、水に声無し(54)

いざ兵営に臨めばこうした詩を衒いもなく作れるところが、かつて唐木順三によって「柳北の狂愚や無用には、健康で新鮮なものがある(55)」と評された所以である。結局のところ、彼が遊里で蕩尽するのも、岡本韋庵のような書生を軽くいなすのも、すべては奥儒者のイエに生まれ、政治にかかわらざるを得ないからこそ、慷慨や経世有用を仰々し

く騒ぎ立てるのを嫌ったに過ぎない。そこには無粋におのれの手柄を喧伝する者たちへの、江戸っ子柳北の嫌悪感もあっただろうか。おのれの学問への懐疑に苦しむ青年知識人は、「兵馬」の上に「身後の名」を打ち立てんと、戦塵の空気を吸って胸を高鳴らせている。

誰もが経世有用を叫び、多くの知識人が柄にもなく国事に奔走した時代、しかしすべての者が吉田松陰や真木和泉のように生き、死んだわけではない。相も変わらず〈思想・文藝の市場〉に赤幟を立てんとした者もいたし、観想的生活にいそしむ者、遊戯三昧に明け暮れる者もいた。しかし、そんななかでも、彼らの自己規定は無用者ではなかった。自らの事業を政治的実践だと考えず、すっかり評判の悪くなった文事に賭ける場合でさえ、それは政治と無縁なものではあり得なかった。有用と無用、政治と非政治、そのあわいこそが「文士」の住処であった。

本章では、第Ⅱ部の考察を締めくくるにあたり、この「文士」の世界に目を向ける。それは獄舎の松陰や戦火の真木たちとは位相を異にしながら、たしかに同じ時と場に存在し、そして相互をつなぐ回路すら有した世界である。その検討は、政治思想と歴史意識の連関を探り、〝永遠性獲得願望〟を徳川思想史にたどってきた本書の掉尾をなすものとして、重要なものとなるであろう。

以下でとりあげるのは、群像劇とはうってかわって、あるひとりの文士である。彼は頼山陽に学び、昌平黌に留学したのち、師と同じく政治と非政治のあわいを独特な調子で歩んだ。姓は森田、名は益、字は謙蔵。号を節斎という。(56)

第二節　森田節斎の生涯

森田節斎とは誰か

大和の国、十津川の急峻な山岳地帯がなだらかに大和平野へつらなってゆくその境に、五條という町がある。徳川時代には天領で、大和と紀伊を結ぶ要路として栄えた。森田節斎は、文化八（一八一一）年、この町で医業を営んでいた森田文庵と千代のあいだに第二子として生まれた。ちょうど山陽が神辺の菅茶山のもとを去り、京都進出を果たした年である。

文章の手ほどきをくれた父とは九歳で死別するが、母の支えのもと郷学に学び、文政八（一八二五）年には上京して頼山陽、その四年後には江戸で古賀侗庵の門を叩いた。この頃の文稿が焼失しているため詳しいことはわからないが、おそらくは意気盛んな地方才子のひとりだったのだろう。昌平黌にも四年ほど従学したのち、天保四年に帰京。以後、ついぞ江戸の地を踏むことはなかったところも、どことなく山陽に似ている。

節斎の名がにわかに知られるきっかけとなったのは、弘化元（一八四四）年末から翌二年にかけて上方文壇を賑わせた、いわゆる「山陽先生行状論争」である。(57) 事の顚末は詳述に足るものではないが、同年に刊行された『山陽遺稿』所収の「行状」に対して節斎が弾劾状をつきつけたことに端を発し、論争が起こった。節斎の提起した論点は、山陽が三年の喪をおこなったかどうか、宋学を信奉していたかどうかといった比較的重要なものから、山陽臨終の逸話が自分の聞いていたものとちがう、篠崎小竹の序文が手抜きであるといったものまで様々だが、書簡が交わされるにつれて論点は矮小になり、いいがかりの色彩を強めていった。しかし、それでも、この論争は行状の撰者である江木鰐水をこえて、文壇の重鎮・小竹を巻き込むかたちで進行したことにより、大いに衆目を集めたらしい。当時の文人たちは、あたかも「相撲」の取組を見るかのように、尺牘の応酬を楽しんだ。(58) 節斎自身も、途中から――あるいは初めから――山陽のことよりもこの「勝負」自体に熱中した。彼は谷三山に宛てて「小竹与僕之筆戦天下属目。老兄のたすけを得て先勝利之かたち、多謝多謝」と語り、三山から「狼が文章を以て世に噪ぎ、名に高き小竹先生をさへ小脇にはさむとは、四大洲未曾有の珍事といふべし」[59]といわれて大喜びしている。ここに、「豪傑」たちがしのぎを削ってきた〈思想・文藝の市場〉の、少しく卑俗に流れた成れの果てを、垣間見ることができよう。それは論争と呼べるのかもわからないごくつまらない諍いであったが、弘化年間にあってもまだ、このような話題で騒然と盛りあがることができた時代の雰囲気は記録しておくに値する。徳川体制の余命はもう二十年ほどでしかなかったが、この頃はまだ誰も、「今」が「幕末」だとは考えもしなかったのである。

この論争自体はやがて結論も曖昧なまま収束するが、これを機に節斎は文壇での名声を確立した。彼はその後、永住の地をもつことなく京坂三備を転々としながら生涯を送るが、当代随一の文章家として節斎を慕う声は多かった。林鶴梁や斎藤竹堂からは評語を求めてしばしば文集が送られてきたし[60]、塩谷宕陰からは衰運の江戸文壇を再建すべく東都進出してはどうかと勧誘された[61]。最大の庇護者であった備後藤江の豪農・山路機谷は、尊崇のあまり司馬遷と韓愈と森田節斎を祭る祠を建て、祭日には神輿を出して「森田先生の祭典」をおこなっていたともいう[62]。倉敷において節斎に親炙していた阪谷朗廬は、無頼の文士の様子をよく伝えている。

謙蔵の至る所、議論卓然として少しも撓めず。矜気を躙り、頑質を抜き、迂を破りて濫を撃ち、叱咤戒諭、意気一時を圧す。衆皆翟目縮舌、靡然として当ること無し。而して謙蔵は則ち日に觥を把り酒壺を提げ、駁雑技能の徒を招聚して、以て自ら楽しむ。余嘗て其の僑居を訪ふ。嫺にして翁婆、妍にして歌妓・遊冶郎、壮にして撃剣・弓銃の士、雑にして棋師・狎客・僧尼・乞丐。凡そ人に異なり、世に怪しまるる者、紛然として交々集まり、談鋒湧くが如し。余大いに驚き、謙蔵を顧みれば、則ち淋漓大酔して、曼声起舞すること僛々然たり。既に酔倒嘲諧すれば、忽ち復た起坐慷慨す。其の荒唐放誕、相知ること余の如きも、亦た端倪する能はず。嗚呼亦た奇なり。

（謙蔵所至、議論卓然不少撓。躙矜気、抜頑質、破迂而撃濫、叱咤戒諭、意気圧一時。衆皆瞿目縮舌、靡然無当。而謙蔵則日把觥提酒壺、招聚駁雑技能之徒、以自楽。余嘗訪其僑居。孅而翁婆、姸而歌妓遊冶郎、壮而撃剣弓銃之士、雑而棋師狎客僧尼乞丐。凡異乎人、而怪乎世者、紛然交集、談鋒如湧。余大驚、顧謙蔵、則淋漓大酔、曼声起舞僛々然。既酔倒嘲諧、忽復起坐慷慨。其荒唐放誕、相知如余、亦不能端倪。嗚呼亦奇矣。）[63]

「駁雑技能の徒」「歌妓・遊冶郎」を引き連れての「自楽」の日々。やや放胆に過ぎるきらいもあるが、それは成功を収めた文士の地方遊歴の姿であろう。それは国事に奔走する志士たちの旅とは決定的に異なっている。しかし、節斎の旅は、かつての文人たちのように歓談と詩文の応酬、名所の探訪に過ぎゆくそれとも、やはり趣きを異にしている。阪谷の回顧が示すように、彼は酒宴のさなか突如として居住まいをただし、時勢を激論することしばしばだった。彼もまた、瓦解の時代のひとりなのだ。

嘉永六（一八五三）年以後の騒擾は、全国的な危機意識を醸成するとともに京都を政治的中心へと押しあげた。上方に遊ぶ節斎も、不穏な時勢と無縁ではない。弟子のひとりであり、のちに日清・日露を描いた漢文戦史で世に知られる土屋鳳洲は、文久三（一八六三）年の夏を回顧して、「余西游して馬関に到り、外艦来寇に会へり。帰途節翁を備中倉敷の寓居に訪ふ。節翁　慷慨時事を激論し、往々忌に触れて少しも顧みず（余西游到馬関、会外艦来寇。帰途訪節翁于備中倉敷之寓居。節翁慷慨激論時事、往々触忌而不少顧）」と書いている。[64] 同じく鳳洲の手になる節斎の碑には、「先生一世の士気を振起するを以て志と為し、門下多く気節の士を出す（先生以振起一世士気為志、門下多出気節之士）」とか、「志士を養成すること、其の功寔めて多なり（養成志士、其功寔多也）」とある。[65] 実際、彼は梅田雲浜、春日潜庵、頼三樹三郎らと親しく交わり、門弟からは多くの勤王家が輩出された。彼は単なる放埒な文章家ではなく、幕末の流動化する時勢のなかで悲憤慷慨を発し時事を激論する「尊王攘夷」アジテーターだったのだ。

草莽の煽動家

では、節斎の教導の様子をすこしのぞいてみることにしよう。

備中での節斎の門人に原田亀太郎という人がいる。(66) 町人の出だが、外夷猖獗のなかで「大丈夫 力を国家に致すの秋なり(大丈夫致力国家之秋也)」と自奮し、気節隊という農兵部隊のリーダーを務めたりしていた。そんな彼が、あるとき節斎に相談をもちかける。自分は修養に努めているものの、酒色や衣食の安逸をなかなか脱することができず、「慎」「明」「恭」といった聖賢の訓えもまるで実践できていない。どうしたらよいのだろうか。節斎は「奇士」とかわいがる愛弟子の悩みに丁寧に答えている。続く問答とあわせて引用しよう。

節斎子曰く、「余も亦た同病、何ぞ他人の田を耘す暇あらん。然りと雖も余嘗て之を聞けり。聖賢の学、徒だ其の理を講ずるは、古人の善行を学ぶに如かず。古人の善行を学ぶは、其の君親の善行を学ぶに如かず。子の君は英明を以て著はる。〔……〕子之を学びて余師有らん」と。生曰く、「克己の方は、我が君の善行を学ぶこと、已に命を聞けり。敢て平夷の策何如を問ふ」と。節斎子曰く、「克己の方、平夷の策は一なり。陽明子曰く、山中の賊を破るは易し、心中の賊を破るは難しと。子能く心中の賊を破れば則ち夷賊を破る何ぞ難きこと之有らん」と。生奮ひて曰く、「先生の言、簡易明白、何の賜か之に如かん」と。遂に之を書するを迫る。嗚呼奇士かな。

(節斎子曰、余亦同病、何暇耘他人之田。雖然余嘗聞之。聖賢之学、徒講其理、不如学古人之善行。学古人之善行、不如学其君親之善行。子之君以英明著。〔……〕子学之而有余師矣。生曰、克己之方、学我君之善行、已聞命。敢問平夷之策何如。節斎子曰、克己之方、平夷之策一也。陽明子曰、破山中賊易、破心中賊難。子能破心中賊則破夷賊何難之有。生奮曰、先生之言、簡易明白、何賜如之。遂迫書之。嗚呼奇士哉。(67))

「克己」のためには「理」を追究するよりも古人の善行を学ぶ方がよく、古人の善行を学ぶよりも今の君父の善行を学ぶ方が近道だから、名君の誉れ高いおのれの主君を見習いなさい。理屈よりも事蹟、古よりも今という論理が、節斎の思考の基調をなすことはあとで触れよう。ここでより重要なのは、続く「平夷の策」をめぐる問答である。節斎はいま述べた「克己の方」を「平夷の策」と直結させて、王陽明の言葉を引きながら、心のなかの「賊」を破ることができれば「夷賊」を破ることなど容易いだろうと教誨している。なるほど「簡易明白」で、原田はずいぶん発奮したようだ。

似たような記録をもうひとつ。元治元（一八六四）年、節斎は倉敷の町人たちに向けて講演をおこない、困難な時代に立ち向かう秘訣を論じたてた。いわく、富のもたらす病とは「怯懦」である。アヘン戦争の際、清の富商たちは「怯懦」故に恥知らずにも逃走したが、危難を前に親も主も捨て去るような者を「人」と呼べるだろうか。こういうとあなた方は、我ら「皇国男子」にそのようなことはないと怒るかもしれないが、果たしてそうだろうか。現に町人たちはいま「浪士襲来」に恐懼しているのではないか。そんなことで、外夷が迫り砲弾が木霊するとき、どうして毅然と立ち向かえようか。大切なのは、心の中の「怯懦」を打ち破ることである。「心中の一快刀」を磨き「怯懦の心」を斬れ、そうすれば「百万夷賊」も防ぎ得よう……。

節斎子曰く、「心中の一快刀を磨き、以て怯懦の心を斬るのみ。所謂心中の一快刀とは、人々固有の義なり。尚ほ之を磨礪すれば、以て百万夷賊を防ぐに足る。〔……〕心中の一快刀を磨き、以て怯懦の心を斬れ。天下事有れば、臣為るは忠に死し、子為るは孝に死す。然る後禽獣為るを免るるに庶幾からんか」と。衆再拝涙して曰く、「謹んで高誨を奉ず。請ふ書して之を賜へ」と。乃ち其の言を壁に書せり。

（節斎子曰、磨心中一快刀、以斬怯懦心而已矣。所謂心中一快刀者、人々固有之義也。尚磨礪之、足以防百万夷賊矣。〔……〕磨心中一快刀、以斬怯懦心。天下有事、為臣死忠、為子死孝。然後庶幾免為禽獣乎。衆再拝涙曰、謹奉高誨。請書賜之。乃書其言於壁。(68)）

以上は瑣末な具体例に過ぎないが、教えの内容はほぼ同様であり、尊攘アジテーターとしての節斎の実態を知るには十分なものである。雄弁に語られる彼の言葉には、具体的な革命の戦略も、政治的な構想もなにひとつない。現実の政治抗争を生き抜く狡知や術策もない。町人たちに向かって「忠」や「孝」を説けども、それは彼が人心統合といった当時の政治課題に取り組んでいたことを意味しない。あるのはただ快闊な漢語で語られる、気分を高揚させるだけの言葉の連なりである。いくら耳を傾けても、具体的に「克己の方」がどうして「平夷の策」につながるのか、またそもそも「心中の一快刀」を磨くにはどうすればよいのか不明である。「然る後禽獣為るを免るるに庶幾からんか」とは、結局、危機に臨んで怖気ることなく死ぬのがよいというばかりである。もっとも、このようなあげつらいは不要なのであろう。熱に浮かれた口吻と簡明ささえあれば、「感激涙下」を誘うには足りたからである。

しかも彼は、単に詩歌的感情を表出して恍惚に耽り、人々を煽動していただけではない。梁川星巌に従学していた弟・葆庵に宛てた手紙に、注目すべきくだりがある。

僕等与海内豪傑、声息相通、日夜用心於海防。僕門下海防に付出三奇士事具於与藤井雨香書。三奇士中、長藩吉田生最奇。〔……〕当時僕等十津川農兵調練凡二千人意在護鳳輦、備中用達組定て意気慷慨、報国之志如鉄石と奉察候。如何々々。(69)

節斎はここで、「海内豪傑」たちとの連帯（実際に機能したものか、彼の妄想か、はたまた彼らに共有された幻想だったのかは定かでない）を誇ったのち、自身が十津川の農兵の調練に携わっている旨を報告している。節斎の生まれた五條は、十津川の山岳地帯と隣接した平野部にあり、地理的に両者は唇歯の関係にあった。そして十津川郷は幕末、独自の郷士を送り出し、西南雄藩のあいだで目立たないながらも勤王活動に従事していた。節斎は安政二年頃、梅田雲浜らと協力して、この郷士たちの調練に携わっていたのである[70]。

そしてよく知られているように、十津川郷士の多くは、文久三年、大和で火を挙げた天誅組の乱に加わった。真木和泉らが策謀した大和行幸の惨めで滑稽な副産物のひとつである。節斎の門人たちも陸続火中に身を投じた。十津川とは縁もゆかりもない原田亀太郎までわざわざこの乱に加わっている。挙兵それ自体は複雑怪奇な政局の帰結に過ぎず、草野の一文士の煽動などさして重んじるべきではないとしても、彼が知ってか知らずか血なまぐさい政争のなかで一定の役割を果たしていたことも事実だった。

しかし、節斎その人は、いったい何をしていたのだろう。雲浜や三樹三郎らは安政の大獄で命を落としたが、節斎は官憲の調査対象にすら入っていない。天誅組の乱を指導したのも、節斎ではなく、吉村寅太郎と松本奎堂だった。節斎は、同志から「天下之一大事」だから「何共甚自由恐入候共、貴兄御登京被下候義は相成申間敷候哉[71]」と懇切に頼まれても、のらりくらりと遊歴を続け、流血の舞台にはあがらない。安政元年春には京都で三樹三郎たちと交わったのち、夏には大坂、二年春には五條、その冬には備中庭瀬へ出かけている。困惑するのは同志たちだけではない。天誅組が暴発する直前、原田からこんな手紙が届いていた。

近頃先生及鉄兜の評浪士中に大に悪敷皆切歯して速に梟首すべしと云[72]。此事過日乾十郎より聞及早速飛書を以申上候。〔……〕先生の冤を弁ずる事は小生も骨折候得共覚束なき事に候。

乾十郎は五條の医者の子、国事に身を投じた節斎門のひとりである[73]。京都に出て活動する原田とは面識があったらしい。その乾がいうには、近年、河野鉄兜と節斎を「速に梟首すべし」という声が浪士のあいだでひろがっているというのだ。決して奇妙なことではない。田舎に留まり、一向に政治的実践の場には姿を見せない節斎に対して、鼓吹された志士たちが裏切られたという思いを抱くのは当然である。原田の書簡には「十郎は浪士くみせり」とも書き込まれているが、五條の門人である乾でさえ節斎を見限っていたのである。しかし、愛弟子の悲痛な訴えを受け取ってなお、節斎は動かない。こうして森田節斎は、多くの知友や門弟の死を傍目に飄々と、幕末という時代を生き延びてみせる。

とはいえ、以上をふまえた上でなお、節斎を無責任で邪悪なアジテーターだったと断罪すべきではない。軽薄な変節漢、あるいは遠大な政治戦略を隠し持った革命家とも、位置づけるべきではない。身勝手にも見える彼の足跡も、実は節斎の側から見れば、一定の論理と関心に貫かれているのである。そしてそれは、歴史の書き手である「文士」と歴史に語り継がれたい「志士」という、本書の核心をなす問題とも密接に関係している。節斎の遺稿を頼りに、その脈絡を探っていこう。

史論から史伝へ

この時代の知識人の例に漏れず、節斎も幼少期より歴史書を好み、長子に司馬太郎と名付けるほど『史記』を耽読した。現存する最若年の文章も「細川頼之論」「北条泰時論」という二篇の史論である。ともに十九歳、山陽塾在籍中の作品であり、特に後者は山陽から手放しの称賛を受けている。

若き節斎の「北条泰時論」の主眼は、一言でいえば泰時批判である。(74) いわく、世人は泰時を「賢人君子忠孝の士(賢人君子忠孝之士)」と称賛するが、果たして本当だろうか。もし泰時が「忠」であれば王室の復権に努めたであろう。もし「孝」であれば父祖の過誤を改めたであろう。しかし、彼はそのどちらもしていない。彼は世上の非難を恐れて罪悪を父になすりつけ、陪臣の身にあって承久の乱で専権を振るった。その性は奸邪を極め、一見王室を尊重して父を諌めたように見えるのもすべて世を欺くための詐術である。「而れども其の奸智能く当時を欺き又た後世を欺く。後世の論者、其の欺く所と為り、而して自ら知らざるなり(而其奸智能欺当時又欺後世。後世論者、為其所欺、而不自知也)」というのが、全体の結語であった。

当然に節斎も、『神皇正統記』以来の北条氏善政論を意識してはいる。(75) 正しい名分に基づく後鳥羽の出兵が敗れた理由は泰時らの平素の治績に求められ、「民心」が問題の核心として浮上する。しかし、節斎の論理に従えば、名分は善政に優越する。陪臣の専権は「大逆無道」であり、かかる大罪を前に善政など瑣末な「小恵」に過ぎない。北条氏に優る善政の用意が後鳥羽にあったかという、北畠親房の記した深刻な問いが発せられることはない。

この年少気鋭の論文に対して、老年の文章は先の割れた筆で字を書くようなもので、その鋭鋒に見るべきものはないと、山陽は自己の老いを吐露する評語を与えている。(76) 激賞といってよい。もちろん、山陽もほのめかしているように、北条氏善政論に異を唱える論調は明確に『日本外史』論賛の流れを汲むものであり、別段目新しくはない。「筆力踴躍」とあるように、その称賛の的は文章にあったのだろう。とはいえ、自他ともに認める稀代の名文家の言葉だけに、この評語は大いに節斎を勇気づけた。後年、山陽の衣鉢を継ぐ文章家として活躍する素地は出来ていたのである。

ところがその後、節斎は山陽のように、あるいはその模倣者たちのように、史論を書き散らすことはしなかった。『全集』に収録された文章一二四篇のうち、史論はわずか「細川頼之論」と「北条泰時論」のふたつ、それどころか

「論」の形式で書かれた文章がそもそもこの二篇しか存在しない(明治四十三年に刊行された『節斎遺稿』は両史論を採録しないため、「論」は皆無である)。それにひきかえ目立って多いのが「伝」「碑銘」「墓表」の形式で書かれた文章であり、『全集』では全体の約四分の一(三十篇)、『遺稿』では約三分の一(十七篇)を占めている。しかも、古い時代の人間ではなく、節斎とほぼ同時代を扱うものが多い。なるほど「伝」や「碑銘」は「記」と並んで儒者文人の文集中にとりわけ多く見られる文体であり、遺文に占める割合が高いことは珍しいことではない。近世後期には自身や親族の墓碑銘を高名な儒者先生に書いてもらいたいという需要が高まっていたから、それらは潤筆料稼ぎに書き散らされた文体の典型であった。しかるに、節斎の「伝」や「碑」は、こうした生計のために書かれたそれとも少しく性格を異にしている。彼は極めて意識的にこれらの文体を自己の中心的作品と認め、量産していたのだ。万事につきよき相談役であった谷三山に宛てた手紙が、事情をよく伝えてくれる。

其意に曰、史をかくは已為先輩所先、且御治世迄の事記録あれば不泯也。治世以来文武異能及忠孝節義之士、往々先輩之選著あれども(畸人伝先哲叢談抔之類)、未有為各家伝者也。且世所伝記事、類皆庸陋無識、玉石相混、不足観也[77]。

歴史を書くことは、既に先師、先輩たちがよくやってきた。徳川による治平の実現までのことは、十分に歴史に刻まれているといってよい。しかし、泰平以後に関してはどうだろうか。優れた人物はなにも「古」や戦乱の世にばかり生まれるのではない。「文武異能及び忠孝節義の士」は当代にも存在したはずである。しかし、「此事不至今謀之則三四十年之後事実不可知也と被存候[78]」——源平や南北朝の記録が充実しているのに比べて、太平の世の傑物たちは誰にも知られることなく、やがては時間の波にのまれて忘却されていく。歴史とは忘却のむなしさから優れた人間の営為を救うことだと、節斎は気づいている。だからこそ、彼ら「市井民間」の「孝子順孫奇人偉士」[79]を歴史に刻むことが、自身の事業であるという。

益少小にして読書作文を好んで、四方に漫遊し、常に天下の忠臣・孝子・貞女・烈婦、及び文武異能の士を叙し、一書を為して以て後世に伝へんと欲す。窃かに謂へらく、「天下の事を記すは、先づ我が郷より始めん」と。因りて見聞する所を以て、郷の父老に質し、上は代官より、下は甲頭に至るまで、苟くも伝ふべき者は之を叙列し、名づけて『桑梓景賢録』と曰ふ。今謹んで一本を浄録し以て奉呈す。若し覧観を賜はれば、或いは治化に裨補する者有らん。

（益少小好読書作文、漫遊四方、常欲叙天下忠臣孝子貞女烈婦、及文武異能之士、為一書以伝于後世。窃謂、記天下之事、先自我郷始。因以所見聞、質於郷之父老、上自代官、下至甲頭、苟可伝者叙列之、名曰桑梓景賢録。今謹浄録一本以奉呈。若賜覧観、或有裨補治化者矣。[80]）

節斎は海内に及ぼすことを企図しながら、さしあたりそれを郷里五條から始めている。ここで紹介されている著作『桑梓景賢録』は、「中賢女伝」「三代官伝」「粛翁敬業二先生伝」「福島芳翁伝」「西川懿伝」という五つの「伝」からなり、それぞれ五條の名代官や良婦、良医、好学の人などである。こうした、古ではなく今の、抽象的な哲理ではなく具体的な人物の足跡こそが彼の文筆の対象であった。それは頼山陽からの系譜を踏まえれば「史論」から「史伝」へという変化であるが、自己の事業に対する認識はそれほど変わっていない。頼山陽が奇偉な「有力者」を歴史に刻み永遠に留めることを政治的偉業に匹敵する「文士」の業だと規定したように、節斎においても、自身が雄筆を振わなければやがては忘却されていく傑物たちを歴史に留めるのが彼の事業なのである。こうして、彼は生涯数多くの

「伝」や「碑」を書き続けていった(81)。

文士の幕末

そして、自己の職分についてのこうした認識は節斎の生涯を貫き、幕末の政治過程における所作をも規定していた。事情を雄勁に示すのは、「上中川親王書」という、彼が自己の思想を最もまとまったかたちで表明した一文である。執筆は文久三年七月頃、天誅組暴発の直前であり、原田の手紙を受け取った直後でもある。節斎はその冒頭で、自己の志と主張をこう約言する。

益は山野の鄙人、素より家国の責無き者なり。然れども亦た皇国の一人なり。今天下多事の時に生まれ、力を王事に竭さんと欲す。自ら顧みるに質は愚にして才は短、一も長ずる所無し。唯だ少小より書を読み文を作すを喜ぶ。常に謂へらく、「文に大小難易有り。自ら其の能を度りて之を為し、以て功を立つべし」と。又謂へらく「独り刀剣のみ殉国の具為らず、文筆も亦た殉国の具なり」と。

(益山野之鄙人、素無家国之責者。然亦皇国之一人也。今生天下多事之時、欲竭力王事。自顧質愚才短、一無所長。唯少小喜読書作文。常謂、文有大小難易。自度其能而為之、可以立功矣。又謂、不独刀剣為殉国之具、文筆亦殉国之具也(82)。)

節斎はまず文に「大小難易」ありという。「大にして難(大而難)」とは、古今にわたる知識と八紘を呑む気概がなければなし得ない海防論や、瑕疵があれば家国の体面を汚す外交文章の類を、対して「小にして易(小而易)」とは、偉人の伝記を記して「条理」を明らかにすることを指す。後者は明らかに彼が心血を注ぐ偉人伝のことであるが、節斎はここでも「夫の大にして難の文は、益の能くする所に非ざるなり（夫大而難之文、非益所能也）」と自己の領分を後者に限定している。むろん、謙遜や韜晦ではない。現今の政治情勢において、偉人伝の果たす役割は海防論よりも大きく、ひいては刀剣にすら劣らないというのである。なぜか。長文になるが、重要であるから引用しよう。

夫れ方今の務は、士気を作すに在り。士気を作すは、古の気節の士を監るに如くは無し。古の気節の士を監るは、今の気節の士を監るに如くは無し。而して今の気節の士、桜田十七士、及び阪下六士に如くは莫し。十七士、万死を期して一生を顧みず、権臣を一撃に斃し、名声海内に震ひ、延きて外国に及ぶ。〔……〕如し益をして令を奉じ筆を執るを得しむれば、益 遷史列伝の体裁に傚ひ、先づ京師及び列藩気節の士を叙し、之に次ぐに桜田十七士・阪下六士を以てす。其の他国を憂ひ事に死するの士、採収漏らすこと無く、或いは別に之を記し、或いは合して之を序す。錯綜変化、其の忠義の迹を観るを要とす。且つ夫れ善を好み悪を疾むは、人心の同じく然る所なり。益又た劉向の孽嬖を烈女伝の後に附すに傚ひ、姦臣長野主膳・島田左近の徒を序し、別に姦賊伝と為して、以て気節伝の後に附す。気節伝を読む者は、益々姦賊の疾むべきを知り、姦賊伝を読む者は、益々気節の貴ぶべきを知れば、則ち其の人心を感発すること何如ぞや。独り此のみならず、西夷已に漢文を解す。今其の書を彼に伝ふれば、彼 皇国に人有るを知り、必ずや将に胆落ち気沮れんとす。攘夷の廟議已に決し、戦期近きに在りと側聞す。恃みて以て国家を維持する所の者は、独り志士有るのみ。志士輦下に集ふ者数千人、皆召募を待たずして来たり、以て攘夷の令を待つ。彼 当世に求むること無しと雖も、豈に千歳の後に求むること無からんや。若し此の輩をして之を読ましむれば、其の奮発興起、必ずや平生に倍する者有らん。則ち其の書の当世に功有ること、豈に区々たる海防策の比ならんや。

（夫方今之務、在作士気。作士気、無如監古気節之士。監古気節之士、無如監今気節之士。而今気節之士、莫如桜田十七士、及阪下六士。十七士、期万死不顧一生、斃権臣於一撃、名声震海内、延及外国。〔……〕如使益奉令得執筆、益傚遷史列伝体裁、先叙京師及列藩気節之士、次之以桜田十七士阪下六士。其他憂国死事之士、採収無漏、或別記之、或合序之。錯綜変化、要観其忠義之迹。且夫好善疾悪、人心之所同然也。益又傚劉向附孽嬖於烈女伝後、序姦臣長野主膳島田左近之徒、別為姦賊伝、以附気節伝後。読気節伝者、益知姦賊可疾、読姦賊伝者、益知気節可貴、則其感発人心何如也。不独此而已也、西夷已解漢文。今伝其書於彼、彼知皇国有人、必将胆落気沮矣。側聞攘夷之廟議已決、戦期在近。所恃以維持国家者、独有志士耳。志士集輦下者数千人、皆不待召募而来、以待攘夷之令。彼雖無求於当世、豈無求於千歳之後矣。若使此輩読之、其奮発興起、必有倍平生者矣。則其書之有功於当世、豈区区海防策之比乎哉。(83)

今日の危機的状況にあって国家を維持するものは、事に臨んで節に殉じ、自己の一生を顧みない「志士」――「気節の士」――である。したがって、人々のあいだの「士気」を振興することこそ、現今における喫緊の政治課題である(頼山陽が平重盛を論難する際に用いた「士気」概念を想起してよい)。そして、そのためには「古の気節の士」を鑑とするのがよく、それよりも「今の気節の士」を参考にするのがよい(原田に伝えた「克己の方」を想起してよい)。そして目下「気節の士」といえば、桜田門や坂下門に散っていった勇士たち、あるいは彼らの事業を受け継ごうと輦下に集う名もなき志士たちである。彼らは一身を擲って権臣を打ち倒し、その名声は海外にも及んでいる。自分の企図する偉人伝とは、こうした「京師及び列藩気節の士」「国を憂ひ事に死するの士」を司馬遷の『史記』に倣って歴史に書き留め、人々に伝えていくことにほかならない。それは第一に、人間に内在する善をこのみ悪をにくむ性質に働きかけ、「人心」を「感発」させる。節斎は「気節伝」――同時期の別の書簡では『殉国録』とも呼ばれる(84)――と並行して、長野義言などを対象とする「姦賊伝」の執筆も計画しており、両者あわせて姦悪の憎むべきと気節の貴ぶべきとが明らかになるというわけだ。しかも、それは第二に、名を後世に伝えたいという志士たちの夢を叶えてやることで、彼らをよりいっそう鼓舞する。死を顧みない志士たちは、現世での栄達などもとより望んでいないが、「千歳の後」に求めるものはあるにちがいない。そんな志士たちが自分の『殉国録』のことを知れば、その奮発興起たるや平生の何倍にもなろう。国家の根本である彼らをかくも奮い立たせる偉人伝の試みが、どうして海防策などに劣るだろうか。偉人伝とは、人心の善導と志士たちの振気を兼ねる、有為で無二の大事業なのである。

たしかに、節斎のいうとおりだったかもしれない。幕末の志士たちは概して、自らの足跡と精神を遠隔の地やまだ見ぬ未来の同志たちに伝えることに意欲的だった。[85] 幕末期には蟄居や下獄の身にある志士たちを中心に、勇壮な志や心情、苦境に至った経緯を伝える詩文が数多く生み出されたが、彼らがそこで望んでいたのは、そうした詩文を通して自己の精神を他者に伝え、感奮興起せしめることであった。既に詳しく検討した吉田松陰などがその典型であろう。政治的英雄豪傑に自己を仮託する彼らは、歴史書を通して史上の英傑に触れ発奮し、歌集を通じて遠くの同志たちを知り高揚した。そしておのれの生き様と精神も、同じようにどこかの誰かを奮い立たせると信じることで、犬死を歴史的な瞬間だと思い込んだのである。

そんな彼らにとって、最も恐るべきことは、獄中での陰惨な死でも戦火に包まれた最期でもなく、人知れずひっそりと死ぬことだった。「名」を後世に伝えてはじめて、彼らの生涯と苦節も「豪傑」の業として昇華されるのである。幕末から明治初年にかけて同時期に命を落とした志士たちの詩文集が多数刊行されたが、そこには次のような詩歌が溢れている。「豹は皮を留め人は名を留む。死して留むる所無くんば狸鼪に同じ。死生は一間のみ。身後辱栄を分つ。所以に豪傑の士、名を愛しみ生を愛しまず(豹留皮人留名。死無所留同狸鼪。死生一間耳。身後分辱栄。所以豪傑士、愛名不愛生)」(橋本左内)、「生きて万夫の雄と為り、死して千古の烈と為る(生為万夫雄、死為千古烈)」(佐久間象山)、「紅葉ばも散りてぞ色は増さりけるなからん後の名こそをしけれ」(安嶋帯刀)、「身命はかくなるものとうちすててとめてほしきは名のみなりけり」(北代堅助)[86]……。桜田門の襲撃犯のひとり、水戸藩士・蓮田市五郎も、「頽波を挽きて世運を回さんと欲す。一朝斬破す姦魁の頭。残軀縦ひ虀粉と為りて滅ぶとも、凜々たる英名千載に流れん(欲挽頽波回世運。一朝斬破姦魁頭。残軀縦為虀粉滅、凜々英名千載流)[87]」という詩を残していたから、節斎はこれを知っていたのかもしれない。彼らは文筆を余技とみなし、詩人を無用と嗤ったが、自己を作品化する――永遠に伝え不死に昇華する――道具としての文は必要としていたのである。

「上中川親王書」で語られる節斎の企図は、こうした志士たちの願望を実によくとらえていた。文士の筆は名もなき志士たちの事蹟を忘却の闇から救いあげ、歴史の光で照らしだす。それは不朽を希い、時に死に狂う夢と血の重なる時間に、文士が何をなすべきか、文士は何をなし得るか、森田節斎なりに考えた答えであった。節斎は、筆禍を恐れず志士たちを祭り、姦賊たちに筆誅を加えるのだと気焔をあげる。ともに戦っているという昂奮こそあれ、後ろめたさなど微塵もない。「益故に曰く、独り刀剣のみ殉国の具為らず、文筆も亦た殉国の具なり(益故曰、不独刀剣為殉国之具、文筆亦殉国之具也)」という、上書の冒頭を飾り末尾でくりかえされるテーゼは、いかにも彼らしい、政治的危機の時代を生きる「文士」の高揚を、伝えている。

旅の終わり

たしかに、無責任かつ軽薄である。豪放な外面に反して保身に汲々とするところがあった彼の、身勝手な自己正当化でもある。とはいえ、節斎は一貫して政治的実践に身を投じる「志士」とは異なり、彼らを歴史に記し、そのことで刀剣にも劣らぬ「事業」を担う「文士」を自認し、活動していた。その観点から見れば、如上の所作や主張も、奇妙なものではなかった。その胸中には、歴史の生成現場にたちあって自慢の雄筆を振るうことへの陶酔があった。おのれの言葉が他者を喚起することへの素朴な満足と優越感があった。そして、だからこそ、彼は邪悪な陰謀家でも、軽薄な変節漢でもなく、「文士」だった。無邪気で無責任な「文士」だった。少なくとも、頼山陽以来の「文士」とというアイデンティティが、彼にそうした生き方を可能にさせた[88]。

節斎の上書は、以上に検討してきた彼の試みを、朝廷による殉難者への贈位と連動する公的事業として認可してほしいというものだった。青山英正によれば、同志間での〈振気〉を目的とした志士たちの詩歌は、やがて明治政府による祭祀政策と結びつき、民衆に対して国家への忠誠をうながす〈教化〉の道具に変わっていったというから[89]、節斎の企図した偉人伝とは、この両方の需要を満たす文士の巧みな戦略であったといえよう。しかし、節斎に対して朝廷から何らかの応対があった形跡は見られない。それどころか、原田や乾たちが刑殺された翌年（慶応元年）、煽動活動を危惧した倉敷代官が取締りに乗り出したことで、節斎は長く滞在した備中を追われることになる。以後の彼は、おそらく過度な保身のためか、大和や紀伊を中心に複雑な地形を縫って各地を転々とし続けた。周囲の勧めもあって、剃髪して愚庵と称したりもした。先の割れた晩年の筆で執着したのが、楠正行の碑文だったというのは、閑話だろうか[90]。いずれにせよ、主要な門人と活動の拠点を失った節斎の影響力は低下したようである。あるいは、倒幕の流れが加速し軍事衝突にまで発展していた慶応年間にあっては、もはや文士の出る幕はなかったのかもしれない。

「江戸」が「東京」と改称された慶応四（一八六八）年の七月、森田節斎は旅先の荒見で病にかかり急逝した。享年五十八。その二ヶ月後には、元号も「明治」に改まる。

第三節 歴史の光とその裏面

文明開化の風が吹き、寸刻のきのうも遼遠に去りゆく明治初年のとある冬の日、創建されてまだ五年の東京招魂社の例大祭に、明治天皇の姿があった。戊辰戦争の戦死者を祀るこの神社の例大祭には例年勅使が派遣されていたが、行幸は始めてであり、異例であった。それは彼の側に立って命を落とした兵士に対する比類なき寵遇を示す儀礼となる。ちなみにこの年の祭主は陸軍卿・山県有朋。来たる五月には前年より朝議を騒がせてきた台湾出兵が敢行されるが、そうしたスケジュールも彼の思慮にはあっただろう。

ともあれ、赤地と青地の錦を奉納し、親兵らの参拝を観覧した明治天皇は、この日のことを一首の歌に詠んだ。いまなお神社の本殿に扁額が飾られている、次の歌である。

明治七年一月二十七日招魂社にいたりて
我国の為をつくせる人々の　名もむさし野にとむる玉垣(91)

前史は長い。

本書と関係の深いところに限っていえば、文久元年三月、真木和泉が次のような建白をしている。いわく、「古来の忠臣義士に神号を賜ひ、或は贈位・贈官、或は其子孫を禄する事(92)」。外征に功のあった崇神・応神・神功皇后の山陵に奉幣し、楠正成ほか南朝の「忠臣義士」たちにひろく追贈し、その子孫は没落した者まで探し出して俸禄を与えるべし。真木によれば、それが「忠義の魂魄を冥々の中に感動し、節烈の心志を目前に奮発せしむる」最良の策だという。ここでは遠い過去の英雄だけが対象となっているが、真木が毎年欠かさずおこなっていた楠公祭では、非命に倒れた彼の同志を合わせて祀ることもしばしばだった。文久二年には有馬新七らを、挙兵上京を目前に長州で藩を挙げておこなった元治元年五月には吉田松陰らを祀っている。この、松陰を祀るという点は、真木とは別に久坂玄瑞がはやくから執心しており、上書のなかでくりかえし訴えている。「闔国の士民為之益感激仕、節義廉恥之風興起可仕候」と、期待されている政治的効果も変わりない。[93] また、これらとは別に、水戸の有志からも安政の大獄で処罰された者への名誉回復が嘆願され、「冤魂忠志を慰め」ることの重要性が説かれていた。[94] 激派が擡頭した文久期、先だって安政年間に倒れた先覚者たちへの慰霊や顕彰の気運が高まっていたのである。

これら建白類との相互関係は必ずしも明らかではないが、文久二年の八月二日、孝明天皇は次のような沙汰を出した。[95] 江戸への勅使派遣に帯同する長州藩世子、毛利定広に宛てられたものであり、追って幕閣にも伝えられている。

> 戊午以来、官武降黜幽閉の輩追々再出に相成候処、於地下輩は今以其儘の分も有之候間、早々赦免可有之様思召候。〔……〕且往年長岡駅等にて横死候者共より始、其余安島帯刀・鵜飼吉左衛門列以下諸国の士、於関東死罪且牢死致し候者、又は流罪幽閉等にて死亡候者、或は桜田・東禅寺又は坂下等の一件、其余国事に死候輩、近くは伏見一挙等にて致死失候者共霊魂招集、以礼収葬、令子孫祭祀候様被遊度、尤現存の者共は夫々如旧相復候様との叡慮に被為在候。不拘存亡預是等事候輩、姓名其向々取調不洩様早々可申上候。[96]

江戸では、既に一橋慶喜と松平春嶽が実権を握る新たな政治体制が出来あがっており、安政の大獄における罪人たちの復権、大獄を指揮した者たちへの処罰をおこなっていた。孝明天皇の御沙汰は、まだ恩赦を被っていない獄人への処置を急かすとともに、ひろくこの間に国事に身を捧げた死者の「霊魂」を祀る祭礼をとりおこなえ、というものである。機宜を得た施策であろう。それは〝永遠性獲得願望〟という操作しやすい情念を巧みにかきたて、自発的献身を調達する統治術である。その死をひろく知らしめ後世を感奮興起させることは、志士たちの夢見たものでもあったのだから、操る側の思惑と操られる側の願望はきれいに重なり合う。現に、御沙汰の与えた影響は大きかった。同年十二月には在京の有志たちが集って藩の垣根を越えた私祭を執りおこない、翌年七月には津和野の神道家たちを中心としてより大規模な祭礼が催された。森田節斎が提出した「上中川親王書」も、同じ文久三年七月の日付をもつから、こうした動向を意識したものであったのかもしれない。彼の上書が朝廷の顕彰作業と連動した修史を目指す「文士」の企図であったことは、既に詳しく述べた。

もちろん、孝明天皇の在位中に、公儀主体であれ禁裏主体であれ、公的祭祀が実施されることはなかった。東京招魂社ができてからも、南朝の忠臣および幕末期の勤王家を合祀しようとする兵部省の建議を、太政官が却下するという出来事があった(97)。そのことは、新たな慰霊施設の性格につき、新政府内に定見がなかったことを物語っている。たしかに戊辰以後の政府軍戦死者、幕末維新期の殉難者、楠正成ほか歴代の忠臣義士をひとつのものとして扱うことは奇妙であり、戦死はともかく殉難の認定基準は曖昧である。紆余曲折があった(98)。

しかし、とにもかくにも、明治十二(一八七九)年には東京招魂社は靖国神社と名を変え、明治十四(一八八一)年を皮切りに幕末維新期の勤王家たちが次々と合祀された。ことに明治二十年代には、吉田松陰や真木和泉を含む一九五名に対して贈位があり、一三〇〇人以上の志士たちが靖国の祭神に加えられた。憲法(明治二十二年発布)や議会(明治二十三年開設)の整備を受けて、近代国家の外装を整えた明治日本が、その内実を補塡すべく、「「歴史」の土壌に国家の根を張りめぐらそう」(羽賀祥二)としたのである(99)。なるほど、まだ歴史書が編まれていない。明治政府は正史の編纂を企図したが、こればかりは成就しなかった。しかし神社は天皇のために命を捧げた英雄たちの名を不朽に留めるべく、「準正史」を編むだろう(100)。規模も体裁も全く異なるが、その趣旨はかつての文士の企図とそう遠く隔たるものではない。こうして、英雄的犠牲が国家に承認され、霊魂を神として祀り、「名」を歴史に留める体制——国事への挺身をむなしい忘却から救うことを無窮の政治体が保障してくれる体制——が整えられていく。夢を食らう近代国家は、多くの血を吸って、いまでも九段で「英霊」たちを祀っている。

これもまた、本書がたどってきた物語の、ひとつの行方であることにはちがいない。

――しかし、それだけだろうか。

終　章

「後世への最大遺物」

「後世への最大遺物」と題された講演がおこなわれたのは、明治二十七(一八九四)年七月二十四日、箱根の駅の夏の夜であった。[1] 海老名弾正が校長を務める基督教青年会の夏期学校でのひとコマであり、喝采に迎えられて壇上に登ったのは内村鑑三である。このとき三十四歳。不敬事件で一躍有名となり、近頃は『国民之友』への寄稿でも注目され始めた気鋭の知識人であった。

この日、内村は、話のつかいとして、あるいは講演内容の骨子の約言として、一篇の詩を用意していた。不思議と内村研究ではあまり注目されないが、それは徳川後期の文士・頼山陽の、最若年の一作である。

十有三春秋　　十有三の春秋
逝者已如水　　逝く者は已に水のごとし
天地無始終　　天地、始終無く
人生有生死　　人生、生死有り
安得類古人　　安んぞ古人に類して

千載列青史　千載青史に列するを得ん(2)

十三年の歳月は流れる水のごとく過ぎ去ってしまった。天地に限りはないが、人の一生には終わりがある。こんなことでどうして古人の仲間入りをして、歴史の上に語り継がれることができるだろうか――。

内村はここで詠まれている少年山陽の気概を、「此世の中に事業を仕様、此世の中に一つ旗を挙げやう、此世の中に立ってから男らしい生涯をしやう」という野心だと紹介する。(3) 頼山陽に限らず、徳川期の多くの知識人たちが「不朽」や「名」、「事業」や「豪傑」といった語彙により語ってきた願望の、見事な定式化である。内村自身、十代の頃にこの詩に感化されて「歴史的の人間」になることを夢見るも、のちにキリスト者となってからは、このような考えは不純なのではないかと疑い、何となく「坊主臭い因循的な考え」に染まっていったという。

しかし、と本題に入る。この一見軽薄な功名心は、その実、決して悪い考えではない。むしろキリスト者としてもつべきよい考えではないか。内村は死後の永遠と現世との関係という神学上の諸問題を慎重に留保した上で、その理由をこう語っている。

私に五十年の命を呉れた此美しい地球、此美しい国、此美しい社会、此我々を育てて呉れた山、河、是に私が何も遺さずに往って仕舞ふのであるかと云ふ考です。ドウゾ私をして啻に死んでから天国に往くばかりでなく、私は茲に一の何かを遺して往きたい。それで何も必らずしも後世の人が私を褒めたって呉れいと云ふばかりではない、私の名誉を遺したいばかりではない、唯々私が地球を愛し、私はドレ丈此世界を愛し、ドレ丈同胞を思ったかと云ふ紀念物を置いて往きたい。即ち英語で言ふと Memento《メメント》 でござります。(4)

国よりも先に地球が、もはや藩でも御家でもなく山河が挙がるのは、彼が明治の新しい知識人であったことを物語っていよう。とはいえ、いま耳を傾けたいのは講演の続きである。では、その「紀念物」とは何なのか。内村はいくつかの候補を挙げて順に検討しており、それが頗るおもしろい。

まずはじめに検討されるのが、「金」と「事業」である。前者は蓄財に基づく慈善活動などを、後者はその金を用いた土木事業や政治的偉業などを指している。宗教家には金銭を蔑視する者が多いが、世の中の問題の多くは煎じつめれば金の問題なのだから、私利私欲のための醜い蓄財にさえ陥らなければ金銭はとても大事である。また、リヴィングストンのアフリカ探検やクロムウェルの革命がいかに世に裨益したか、内村はその伝記を読むことを推奨しながら力説する。彼らの英雄的行為こそが、のちのアフリカ探検家を鼓舞し、コンゴ自由国の建国を助け、あるいはイギリスを超えてアングロサクソン文明圏をかたちづくったのである。

しかし、金銭や有用性を重んじる態度への直観的反発は的外れとしても、この両者には問題がある。「金」も「事業」も、誰もが遺せるものではないからだ。両者はともに「天才」が要るし、後者には加えて「社会上の位地」まで求められる。それらは結局、才能と地位に恵まれた者にのみ許された夢であるに過ぎない。

そこで、次に検討されるのが「思想」である。こういうと、大哲学者になって真理探究の歴史に新たな一歩を刻もうというはなしに聞こえるが、そうではない。「思想」とは、より具体的には「著述」と「教育」を指し、自らの考えをテクストに書き残したり、後続世代に教え伝えたりして、後世における「事業」実現に期待することを指す。内村はその心境を「私は恨を抱いて慷慨を抱いて地下にくだったけれ共、汝あとから来る人々よ、折があったら私の考を実行して呉れ」とか、「私は今世に望む所は無いけれども来世の人に大に望むところがある」と表現する(5)が、図らずもまた徳川期の志士と文士たちが口ずさんでいたフレーズである。現に内村は、「思想」の伝達を果たした具体例として、ジョン・ロックと並べて頼山陽を挙げている。彼らがテクストにこめた個人主義や王政復古の理想が、のちに革命として実現されたというわけだ。このように「思想」を伝えて「事業」をうながすことこそが「文学」の存在意義であり、内村は「士気」に何ら裨益しない『源氏物語』など「根コソギ」にしてしまえと豪語して笑いを誘っている。もちろん、講演の二ヶ月前、センセーショナルな最期を遂げた北村透谷と山路愛山のあいだで交わされた論戦のことが、念頭にはあっただろう(6)。

とはいえ、「思想」であれば誰もが遺せるのかというと、そうではない。内村は著述において技巧の妙は不要であり、ただ「有の儘」におのれの心情や考えを伝えればよいと力説するが、実際にはみなが教育者や物書きになれるわけではないことを承認する。

しかし、だからといって、「無用の人間」「当り前の人間」として朽ち果てる恐怖に怯える必要はない。「金」とも「事業」とも「思想」ともちがって、誰もが遺せる「最大遺物」があるからだ。内村鑑三はこれを、「勇ましい高尚なる生涯」と呼んだ。

其人の書いた本、其人ののこした事業はエライものでございますが、併し其人の生涯に較べた時には実に小さい遺物だらうと思ひます。ポウロ〔パウロ〕の書翰は実に有益な書翰でありますけれ共、併しアレをポウロの生涯に較べた時には、殆ど価値の少いものではないかと思ふ。〔……〕クロムウェルがアングロサクソン民族の王国を造った事は大事業でありますけれ共、クロムウェルがアノ時代に立って自分の独立思想を実行し、神に己が倚ってアノ勇壮なる生涯をなしたと云ふ、あのクロムウェル彼自身の生涯と云ふ者は是はクロムウェルの事業に十倍も百倍もする社会に取っての遺物ではないかと考へます(7)。

内村はここで、カーライルの伝記を読んだ折の逸話を紹介している。カーライルの史論『フランス革命史』は非常に価値のある「著述」の典型だが、あるとき、その草稿を借りた知人(のちにミルの妻となるハリエット・テイラー)が誤って燃やしてしまった。畢生の大著を発表前に焼失し、始めから書きなおす必要に迫られたカーライルは失意に沈む。しかし、偉人カーライルは、「其事に付て失望する様な人間が書いた French Revolution を社会に出しても役に立たぬ。夫故にモウ一度書き直せ」と自分に言い聞かせて再び筆を執った。内村は、この生き様こそが、浩瀚な『革命史』よりもはるかに貴重なのだという。どんなに偉大な事業や思想でも、後世から振り返ったとき、「アア迚も私にはそんな事は出来ない」「私にはサウ云ふ真似は出来ない」との諦念や失意をうながすものであれば、全くの無価値である。そうではなく、おのれの生涯をひとつの貴重な作品として提示し、人々に行為への「勇気」と「原動力」を与えること、すなわち「感化」と「インスピレーション」を授けることこそが重要なのである。――「夫でドウゾ我々が後世に物をのこします時に、アノ人は力もなかった、富もなかった、学問もなかった人であるけれ共、己の一生涯を己が銘々持って居る正義の為にヤッテ呉れたと云ふ生涯をのこすことは出来まいか。其は誰にものこすことの出来る生涯ではないかと思ひます。夫で其遺物をのこすことが出来たと思ふと実に我々は嬉しくて溜らぬ。仮令我々の生涯はドンナ生涯であっても」[8]。

「勇ましい高尚なる生涯」が「金」や「思想」と異なり誰でも遺すことができる理由は、この「ドンナ生涯であっても」という点にある。職業、才能、社会的地位、性別、あるいは結果の成否、世間の毀誉は緊要ではない。生涯という作品の作者はあくまでおのれであるから、おのれの「正義」を貫けばよい。英雄的な詩人や為政者でなくとも、華々しい成功者でなくとも、その生涯が貴いもので満たされてさえいれば、後世の人間に深い感銘を与えることができるのである[9]。だから、内村は、講演の終わりにあたって、アメリカの教育家メリー・ライオンの次の言葉を引くのである。

他の人の行くことを嫌ふところへ行け
他の人の嫌がる事をしろ(10)

ともすれば、新奇を競い衆目を驚かせようと躍起になる軽薄さを思い起こさせるし、内村自身も「廻髪《つむじ》が曲って居る」という誤解を招きかねない比喩をもちだすのでややこしいが、述べられているのはつまるところ独立心の問題である。「他の人」への依存――「他の人もアア云ふ事をするから私もサウする」、「他の人も壮士になるから私も壮士にならう」、「此頃は耶蘇教が世間の評判が好くなったから私も耶蘇教にならう」という態度の否認である。それは、「ドンナ生涯」(11)であれ自己の生涯をおのれのものとして提示する勇気を欠いた姑息であり、だからこそ内村はこれを「武士の意地」と呼ぶのだ。

そして、同じ考えが宗教問題に適用されるとどうなるか。遺稿のなかに、目を引くくだりがある。

宗教は絶対的である。相対的でない。「なんじ、心を尽くし、精神を尽くし、意を尽くして、主なるなんじの神を愛すべし」というのが宗教である。狭隘ならんことを恐れ、広量ならんことを欲して右顧左眄、ただ円満ならんことをこれ求むるものは宗教でない。〔……〕かく言いて、他宗はことごとくこれを排斥せよと言うにあらず。寛容は、絶対的宗教の特質であらねばならぬ。他は他たり、われはわれたりである。われはわが宗教をもって充ち足れる者である。他宗をもってこれを補うの要なし。これはわれにとり、比較以外のものである。あたかも一夫一婦の規定のごとしである。(12)

おのれの主義を貫き「ドンナ生涯」でも我がものとして誇るのと同じように、おのれは「我が宗教」により過不足なく充ち足りる。ほかの宗教を気にかける必要はそもそもない。しかし、それは、冷淡な無関心ではない。他者もおのれと同じように、その人にとっての宗教によって立っていることの承認である。強烈な独立心の裏には、多様な生への寛容がある。そして、その境地を述べた「他は他たり、われはわれたり」とは、もちろん、かつて吉田松陰が「愛す」と述べた柳下恵の言葉、あの『孟子』の一節――「爾は爾たり、我は我たり(爾為爾、我為我)」――に、ほかならない。

結び

「後世への最大遺物」で語られた内村の思想は、多くの点で、近代の新たな鼓動を感じさせるものである。現世を「大学校に這入る前の予備校」のようなものと考え、真の永遠は死後の世界にあるという信念は、徳川時代の知識人とは縁遠い考え方である。(13) この世に潜む神的理念を洞察し、時に預言者、時に詩人、時に政治的英雄の姿を借りて人類を導いてくれる「英雄」観念のもと、そうした英雄の伝記を通した人格陶冶を重んじるカーライルの理論なども、明治日本が受け容れた十九世紀西洋の新しい成果のひとつであった。(14) 軽薄な名誉心や金銭それ自体の追求を嫌忌する道徳性の高さも、そうした情念に身をゆだねることに比較的おおらかだった近世の文人たちとは異なっている。しかし、にもかかわらず、内村が頼山陽の詩を講演の導きの糸としたように、(15) 新しい装束の蔭には旧体制下の夢の息吹きがしっかりと息づいている。(16) カーライルに鼓吹された「英雄崇拝」の風潮や史伝の流行、歴史書を読んで慷慨し不朽を夢見る心性は、徳川時代の志士や文士たちとそれほど離れたものではない。内村鑑三に限って見ても、近世からの精神的遺産を武士道のひとところに閉じ込めてしまうことは、豊かな連続面をかえって見えなくするであろう。それはとてももったいないことだ。

朽ちゆく我が身を超えて、何物かをこの世に留め置きたい。徳川時代を通して、多くの知識人がそう思った。ある者は古三代の真実を覆う迷妄を払うことに、ある者は文辞を介した永遠の位相に、またある者は龍を屠り得る秘技に夢を託した。新事業の開拓に賭けた者もいたし、歴史叙述を通して英雄と歯列せんとした者もいた。政治的実践に、なかでも後世を感涙させるような敗死に、あわい期待を寄せる者たちもいた。

時代が変わり、政治制度から生活習慣まで様変わりしたのちも、流行思想や基礎教養が移ろい変じたあとも、夢の続きは豊かな問題圏を織りなしていくであろう。嗤うべき稚気と陰惨な血を伴いながら、しかし、一笑に付すにはまぶしすぎる光を発しながら。

夢の続きは、またの機会に。

注

序章

(1) 以下の記述は宮部鼎蔵『東北遊日記』(広瀬豊ほか編『吉田松陰全集』第十巻、岩波書店、一九三六年)、二九七〜三〇二頁による。日記は断簡で、題目も全集編纂者が仮に付けたものである。

(2) 浜野章吉の半井栄宛、大正二年頃(同上)、八一九頁。

(3) 宮部鼎蔵『東北遊日記』、三〇二頁。

(4) 山田邦明「上杉家中先祖由緒書とその成立」(『日本歴史』第六七三号、二〇〇四年)によれば、延宝五年に米沢藩が由緒調査をおこなった際、「私若年に而祖父・親に別申候故、委細存不申候」や「先祖之義一切存知不申候、信州之者に御座候由申伝候」という回答が続出したという(五九〜六〇頁)。上杉謙信の時代は百年も昔、合戦や転封など激動を経ているからこそ、その後に訪れた太平の世に戦国の記録はうまく伝わらなかったようである。戦場の記憶とその集積としてのイエの来歴を失うことは武士にとってアイデンティティの忘却でもあった。また、だからこそ、近世後期における家譜・地誌編纂の流行とそれに伴うイエ意識の高まりは、やがて訪れる動乱に極点を迎える武士的アイデンティティの再活性化をうながしたと思われる。十九世紀の家譜・由緒問題につき、山本英二「甲斐国「浪人」の意識と行動」(『歴史学研究』第六一三号、一九九〇年)、渡辺尚志「「草莽の志士」型豪農と村・地域」(『一橋論叢』第一一一巻第二号、一九九四年)、羽賀祥二『史蹟論――十九世紀日本の地域社会と歴史意識』(名古屋大学出版会、一九九八年)、大友真一「幕末期における結城氏由緒の復興――川越藩松平大和守家と結城氏旧臣町人の動向」(『日本史研究』第四八九号、二〇〇三年)、岩橋清美『近世日本の歴史意識と情報空間』(名著出版、二〇一〇年)など参照。

(5) 井上金峨『病間長語』巻二(岸上操編『近古文藝 温知叢書』第十一編、博文館、一八九一年)、二八頁。

(6) 柴野栗山「題武器図札後」『訓点栗山文集』巻之六、十九オ。

(7) 現に、幕末期になると浪士の不満のはけ口として北海道開拓を提唱する者も現われた。「今や腰に長剣を構へ口に文書を誦し、各所に横行激説して幕府を睥睨するもの天下に充満せり。幕府失政の然らしむるに由るといへども、実は此輩が其所を得ざるがため不平を訴ふるもの多きことなれば、大に地を拓き此輩を其地に移して一家の産業を得せしめ、陰に北門の鎖鑰たらしむべし。是は幕府の命脈を夷地に永くするものにして謂ゆる禍を転じて福となすの良策なるべし」(岡本韋庵『岡本氏自伝』(『岡本氏自伝　窮北日誌』徳島県教育委員会、一九六四年)、八頁)参照。

(8) 荻生徂徠「水足氏父子詩巻序」『徂徠集』巻之八(平石直昭編『近世儒家文集集成』第三巻、ぺりかん社、一九八五年)、八三頁。

(9) 片山兼山『山子垂統前編』(井上哲次郎ほか編『日本倫理彙編』第九巻、育成会、一九〇三年)、二〇七頁。

(10) 山本北山『作文志彀』(岸上操編『日本文庫』第七篇、博文館、一八九一年)、二四頁。

(11) 杉田玄白『和蘭医事問答』(佐藤昌介ほか校注『日本思想大系64　洋学上』岩波書店、一九七六年)、二三三頁。

(12) 広瀬旭荘「送岡雍叔序」『旭荘文集』(井上敏幸ほか編『広瀬旭荘全集』第十巻、思文閣出版、二〇一〇年)、七〇九頁。

(13) 吉田松陰「送児玉士常遊九国四国序」『戊午幽室文稿』(前掲『吉田松陰全集』第四巻)、一一頁。

(14) 吉田松陰の郡司覚之進宛、嘉永三年九月二十九日(『吉田松陰全集』第八巻、マツノ書店、二〇〇一年)、六〜七頁。

(15) 頼山陽『日本外史』源氏前記(徳富猪一郎監修『頼山陽全書　全集上』頼山陽先生遺蹟顕彰会、一九三一年)、四八頁。

(16) 儒学が「無名」をよしとする老荘に対して、名誉感情に訴えることで人を善導する教えという意味で「名教」と呼ばれたことにつき、森三樹三郎『「名」と「恥」の文化』(講談社現代新書、一九七一年)参照。

(17) 「佐幕」においても事情は同様である。たとえば幕末期に抜擢された有司のひとり福地桜痴は、自らの青年期の心事を「青雲を攀るの志」と表現する(「桜痴居士自筆小伝」第二回『東京朝日新聞』明治三十九年一月七日)。「攀る」の語はその上昇志向をよく表現していよう。新選組に参加した有志にも、「直ぐ旗本にでも取り立てられる事と思って」集まった乱暴者が多くいたという(結城礼一郎『旧幕新撰組の結城無二三』(玄文社、一九二四年)、三一頁)。なお、幕臣層の思想分析としては、菊地久「維新の変革と幕臣の系譜：改革派勢力を中心に――国家形成と忠誠の転移相克」(一)〜(七)(『北大法学論集』第二十九巻第三・四号〜第三十三巻第五号、一九七九〜一九八三年)、同「維新期幕臣研究再論」(一)〜(二)(『釧路論集』第二十五・二十六号、一九九三〜一九九四年)参照。功名心の問題も同論文(五)、一六九〜一七二頁で適切に扱われている。

(18) 岡鹿門『在臆話記』(森銑三ほか編『随筆百花苑』第二巻、中央公論社、一九八〇年)、八七頁。

(19) 吉田松陰の瀬能吉次郎宛、嘉永六年六月四日(前掲『吉田松陰全集』第五巻)、一五二頁。

(20) 誤解を避けるため、言葉遣いについて二点注記しておく。(一)まず時代区分について、本書では徂徠学の隆盛までを「近世前期」、反徂徠の烽火があがり国学や蘭学も含めた多様な思想が開花した十八世紀中葉を「近世中期」、寛政改革を機に朱子学が復興するとともに史論が知識界の関心を集めた時期を「近世後期」、そして阿片戦争をうけ対外的危機感が高まる天保末年以降を「幕末期」と呼ぶ。ただし、時代区分はあくまで分析のための仮構であるから、前後に幅をもってゆるやかに使用する。たとえばペリー来航以後を狭い意味で「幕末期」と呼ぶことも少なくない。「徳川末期」という場合も同様である。(二)また本書では、「志士」という言葉を「幕末以前の非実践的知識人と比較して性格を異にする実践的・政治的タイプの知識人」(源了圓「幕末・維新期における「豪傑」的人間像の形成——変動期の人間観と人間像の問題をめぐって」『日本文化研究所研究報告』第十九集、一九八三年)、六一頁)という意味で用いる。具体的にとりあげる対象は尊攘激派を中心とするが、それは紙幅と行論の都合に過ぎない。また、志士に対して、あくまで文筆をおのれの事業と認める知識人を「文士」と呼び、「幕末知識人」という場合は両者を兼ねて用いることにする。

(21) 山口宗之『改訂増補 幕末政治思想史研究』(ぺりかん社、一九八二年)、二一〇頁。

(22) 藤田省三「松陰の精神史的意味に関する一考察——或る「吉田松陰文集」の書目撰定理由」(『藤田省三著作集』第五巻、みすず書房、一九九七年)。ただし、藤田のいう「状況」が「制度的なもの」「型を備えたもの」「恒数的なもの」の対概念として特殊な構成を施されたものであることについて、この言葉を枕詞のように用いる研究の多くは無自覚であるように見える。岡義達『政治』(岩波新書、一九七一年)参照。

(23) 代表的なものとして、桐原健真『吉田松陰の思想と行動——幕末日本における自他認識の転回』(東北大学出版会、二〇〇九年)など参照。吉田松陰については第四章で述べる。

(24) 代表的なものとして、田中彰『明治維新政治史研究』(青木書店、一九六三年)、山口前掲『改訂増補 幕末政治思想史研究』など参照。

(25) 丸山眞男「国民主義の「前期的」形成」(『丸山眞男集』第二巻、岩波書店、一九九六年)。

(26) 代表的なものとして、松本三之介「尊攘運動における近代的政治意識の形成——政治的リアリズムの胎動」(『天皇制国家と政治思想』未来社、一九六九年)、植手通有『日本近代思想の形成』(岩波書店、一九七四年)、鹿野政直『日本近代思想の形成』

（勁草書房、一九七六年）など参照。近年の研究でもこれらの成果が素朴に祖述されることが多い。桂島宣弘「「近世帝国」の解体と十九世紀前半期の思想動向」（田尻祐一郎ほか編『日本思想史講座3　近世』ぺりかん社、二〇一二年）、三八一～三八五頁など参照。

（27）　近年、徳川後期思想史を主要な分析対象とし、幕末期にまで議論の射程を延ばす成果がいくつか生まれている。古賀家を扱う眞壁仁『徳川後期の学問と政治——昌平坂学問所儒者と幕末外交変容』（名古屋大学出版会、二〇〇七年）、正名論に注目する大川真『近世王権論と「正名」の転回史』（御茶の水書房、二〇一二年）、頼山陽を扱う濱野靖一郎『頼山陽の思想——日本における政治学の誕生』（東京大学出版会、二〇一四年）など参照。学問所儒者については第二章で、頼山陽については第三章で述べる。

（28）　一応確認しておくと、「不朽」は「蓋文章経国之大業、不朽之盛事。年寿有時而尽、栄楽止乎其身。二者必至之常期、未若文章之無窮」（曹丕「典論」）や「太上有立徳、其次有立功、其次有立言。雖久不廃、此之謂不朽」（『春秋左氏伝』襄公二十四年）、「事業」は「挙而措之天下之民、謂之事業」（『易経』繋辞上）、「豪傑」は「待文王而後興者、凡民也。若夫豪傑之士、雖無文王猶興」（『孟子』尽心上第十章）、「草木倶朽」は『漢書』朱穆伝などに典拠をもつ。ただしいずれも中国古典の原義に縛られず、比較的自由に用いられる。これらの字句が使われてさえいれば〝永遠性獲得願望〟の表現だというわけでもない。したがって、本書も各字句の概念史研究ではない。

（29）　「今の人は不朽を悪む者多し」（清田儋叟『藝苑談』〔池田四郎次郎編『日本詩話叢書』第九巻、文会堂、一九二一年〕、二二頁）との証言が示すように、かまびすしい「不朽」騒ぎを毛嫌いする心的傾向も、ありふれた厭世観を伴ってひろく見られた。近世後期を代表する文人・田能村竹田もこう述べる。「古人は多く草木と同じく腐ち、世に聞ゆる無きを慨く。此れ則ち功業を廟堂に策し、文章を不朽に伝ふるなり。一代の豪傑たる者の為す所なり。而して沙弥の如きは則ち荒山窮谷、大匠の過りて問はざるの散木、路旁籬畔、牧竪の践みて顧みざるの間草、朽腐遺ること無きは、固より其の本分なり。憾むに足らざるなり（古人多慨草木同腐、無聞于世。此則策功業於廟堂、伝文章於不朽。一代豪傑者所為。而如沙弥則荒山窮谷、大匠過而弗問之散木、路旁籬畔、牧竪践而弗顧之間草、朽腐無遺、固其本分。不足憾也）」（田能村竹田『随縁沙弥語録』〔『田能村竹田資料集』著述篇、大分県教育委員会、一九九二年〕、三七二頁）。とはいえ、これを目にした頼山陽がすかさず「沙弥口を開けば即ち偽る。如何ぞ成仏せん（沙弥開口即偽。如何成仏）」（同上）と評したように、竹田の口吻にけれんみが漂っていることを見逃すべきではない。巣父や許由に象徴される隠者的生は、時に「名を避け名を求める（避名求名）」と嗤われた（武田梅龍「巣父許由賛」『梅龍先生遺稿』巻之四、十一ウ、同「報芥彦章」も参照)。

(30) また、本書では、「永遠」とは何か、「無窮」など類義語との相違は何か、それはeternityなのかimmortalityなのか、といった哲学的考察に深入りし、日本思想における歴史観や時間意識の特質を探るといったことも企図しない。ただし、未完の試論であれそれを試みた研究として、『丸山眞男講義録』第四冊(東京大学出版会、一九九八年)や坂本多加雄『近代日本精神史論』(講談社学術文庫、一九九六年)は参照した。

第一章

(1) 荻生徂徠「与藪震庵」『徂徠集』巻二十三(平石直昭編『近世儒家文集集成』第三巻、ぺりかん社、一九八五年)、「復大潮上人」巻三十、「与香国禅師」巻二十九、「与下館侯」巻二十参照。『徂徠集』所収テクストの執筆時期については、平石直昭『荻生徂徠年譜考――『徂徠集』の分析を中心に』(平凡社、一九八四年)の考証に従った。

(2) 荻生徂徠「与富春山人」『徂徠集』巻二十二、二三一頁。

(3) 同「与県次公書」『徂徠集拾遺』(前掲『近世儒家文集集成』第三巻)、四〇五頁。

(4) 同『弁道』(吉川幸次郎ほか校注『日本思想大系36 荻生徂徠』岩波書店、一九七三年)、二〇〇頁。

(5) 同『弁名』(同上)、二一六頁。

(6) 同上、二四五頁など。

(7) 同『孟子識』(今中寛司ほか編『荻生徂徠全集』第二巻、河出書房新社、一九七八年)、六六二頁。

(8) 同「七経孟子考文叙」『徂徠集』巻九、八五頁。

(9) 同『太平策』(『大系36』)、四五九頁。

(10) 澤井啓一「〈方法〉としての古文辞学」(『思想』第七六六号、一九八八年)、一一九頁。同「方法としての「擬古」」(黒住真ほか編『日本思想史講座5 方法』ぺりかん社、二〇一五年)も参照。

(11) 徂徠学の基調をなす〝高揚と不遇〟という問題につき、高山大毅「高揚と不遇――徂徠学の核心」(『大航海』第六十七号、二〇〇八年)参照。高山論文が徂徠学の思想内容との関係からこの問題にアプローチするのに対して、本章では、徂徠学派がその学をどのような歴史的語りのなかで位置づけたかという点から分析し、永遠性をめぐる問題への足掛かりとしたい。

なお、その物語につき、「天寵」については吉川幸次郎「徂徠学案」(『仁斎・徂徠・宣長』岩波書店、一九七五年)、一七四〜一七六頁、白石真子「徂徠詩文論のかたち」(『太宰春台の詩文論――徂徠学の継承と転回』笠間書院、二〇一二年)、一一〜一六頁を、「文明」については吉川幸次郎「民族主義者としての徂徠」(前掲『仁斎・徂徠・宣長』)、二三三〜二三五頁を参照した。ただし、これらを単に徂徠学形成過程を探るヒントや、ナショナリズムの表徴として扱うことは失当である。

(12) 太宰春台「論語古訓序」『春台先生紫芝園稿』後稿巻四(小島康敬編『近世儒家文集集成』第六巻、ぺりかん社、一九八六年)、一三九頁。以下、『紫芝園稿』からの引用は、稿の前後、巻数、頁数のみ記す。

(13) 服部南郭「豊城集序」『南郭先生文集』四編巻之四(日野龍夫編『近世儒家文集集成』第七巻、ぺりかん社、一九八五年)、三六九頁。以下、『文集』からの引用は、編数、巻数、頁数のみ記す。

(14) 平野金華「蘐園録稿序」『金華稿刪』巻之四、三十ウ〜三十一オ。

(15) 越智雲夢「猗蘭台集序」『懐仙楼集』巻之九、十六ウ。

(16) 宇野明霞「与芥彦章書」『明霞先生遺稿』巻之八、十七ウ。

(17) 鍋島公明「詩文国字牘后序」(島田虔次編『荻生徂徠全集』第一巻、みすず書房、一九七三年)、六〇二頁。

(18) 渡辺浩「「泰平」と「皇国」」(『東アジアの王権と思想』東京大学出版会、一九九七年)参照。

(19) たとえば野口武彦の見解である。「蘐園一門の詩文派と経済派を区分するのは、こうした危機意識の有無であった」(『荻生徂徠――江戸のドン・キホーテ』中公新書、一九九三年)、二五二頁。

(20) 丸山眞男「近世儒教の発展における徂徠学の特質並にその国学との関連」(『丸山眞男集』第一巻、岩波書店、一九九六年)、二五六頁。

(21) 荻生徂徠「二火弁妄編序」『徂徠集』巻八、八〇頁。

(22) 同「題唐後詩総論後」『徂徠集』巻十九、二〇〇頁、「四家雋例六則」同上、二〇一頁。

(23) 同「与県次公書」『徂徠集拾遺』、四〇七頁。

(24) 服部南郭「物夫子著述書目記」四編巻之六、三七八〜三七九頁。

(25) 平野金華「贈菅童子序」『金華稿刪』巻之四、十七ウ〜十八オ。

(26) 太宰春台「賀山田神童登仕序」後稿巻三、一二五頁。

(27) 同「与徂徠先生啓」前稿巻五、八四頁、「対客論文」後稿巻十五、二八七頁。
(28) 安藤東野「奉賀徂徠先生五十序」『東野遺稿』巻中、十ウ。
(29) 太宰春台「復備前湯浅之祥書」後稿巻十四、二七一頁。
(30) 山県周南「復荻生先生　代家君作」『周南先生文集』巻十、九オ~十ウ。
(31) 荻生徂徠「与県雲洞」『徂徠集』巻二十七、二八六~二八七頁。
(32) 同「与県次公」『徂徠集』巻二十一、二二一~二二二頁。
(33) 貝原益軒『大和俗訓』巻之二(益軒会編『益軒全集』第三巻、益軒全集刊行部、一九一一年)、七五頁。
(34) 著者不詳「藤樹先生行状」(藤樹書院編『藤樹先生全集』第五巻、岩波書店、一九四〇年)、五三頁。
(35) 本居宣長「述懐といふ題にて」『鈴屋文集』下(大久保正編『本居宣長全集』第十五巻、筑摩書房、一九六九年)、一二五~一二六頁。
(36) 頼山陽「立志論」(徳富猪一郎監修『頼山陽全書　文集』頼山陽先生遺蹟顕彰会、一九三一年)、一~二頁。
(37) 吉田松陰「与無逸」『己未文稿』(広瀬豊ほか編『吉田松陰全集』第四巻、岩波書店、一九三四年)、三一〇頁。
(38) 古文辞学の文学的側面については、中村幸彦「風雅論的文学観」(『中村幸彦著述集』第一巻、中央公論社、一九八二年)、揖斐高「擬古論——徂徠・春台・南郭における摸擬と変化」(『日本漢文学研究』第四号、二〇〇九年)、宮崎修多「江戸中期における擬古主義の流行に関する臆見」(笠谷和比古編『十八世紀日本の文化状況と国際環境』思文閣出版、二〇一一年)、高山大毅『近世日本の「礼楽」と「修辞」——荻生徂徠以後の「接人」の制度構想』(東京大学出版会、二〇一六年)を、特に南郭の事蹟および学風については日野龍夫『服部南郭伝攷』(ぺりかん社、一九九九年)、『日野龍夫著作集』第一巻(ぺりかん社、二〇〇五年)所収論文を参考にした。とはいえ、本章にとって最も関連が深いのは吉川裕による一連の南郭論であるから(「服部南郭における不朽と身体」(『日本思想史研究』第四十六号、二〇一四年)、「交遊と不朽——服部南郭の古文辞学について」(『日本思想史学』第四十六号、二〇一四年))、すこし立ち入って検討しておく。
吉川の議論は、特に「不朽」という言葉に注目して南郭の詩論を読み解き、またその交遊の諸相を再検討し、古文辞のもつ魅力と文人社会形成の「心理的側面」とを明らかにしようとするものである。研究史に照らせば、虚構の世界への逃避というあまりに消極的な南郭像を越えて、「虚構」の豊かさ」に再注目する試みが宮崎修多や高山大毅らによってなされており、吉川の研究はかかる潮流に棹差す南郭論として重要で新しい位置を占めている。本書も多くを学んだ。

とはいえ、吉川の論に疑問が残らないわけではない。第一に、徂徠学派における南郭の永遠観の特質について、吉川は「立徳」「立功」「立言」をどう序列化したのかという点から比較するに留まっている。南郭がより「立言」を、春台がより「立功」を重んじたというのは、そのとおりであろう。しかしより重要なのは、なぜ春台は南郭たちの抱いた「立言」の重みを意識できなかったかという理由であり、そこから同じ不朽の語を用いながら両者のあいだに存した永遠観の相違を明らかにし、それぞれの個性を見極めることではないだろうか。総じて吉川の論は、「立徳」「立功」「立言」を構成要素とする「不朽」の語にこだわるあまり、自らの議論の射程を狭めている。また第二に、にもかかわらず、吉川の所論は「不朽」の語の概念分析において物足りなさを感じさせる。「不朽」は、古文辞を通した永遠への参入を意味することもあれば、単に詩文や墓碑銘、友人の著書に寄せた序文などを通して、後世に名が伝わることを意味する場合も多い。本書が着目するのは当然前者だが、吉川は両者を区別せず論じているように見える。もちろん吉川にいわせれば、この両者をつなげて論ずることで〈交遊と不朽〉という問題圏を措定したいのであろうが、かえって議論が混乱している。また、不朽に比べて、交遊については日野などの先行研究とどう異なるのか明瞭でない。

(39) 服部南郭『南郭先生燈下書』(池田四郎次郎編『日本詩話叢書』第一巻、文会堂、一九二〇年)、五一頁。
(40) 同上、五八～五九頁。
(41) 同「金華稿刪序」二編巻之六、一六五頁。
(42) 同『南郭先生燈下書』、五二頁。
(43) 荻生徂徠「題唐後詩総論後」『徂徠集』巻十九、一九九頁。
(44) 服部南郭「嘯風館詩序」三編巻之六、二七八～二七九頁。
(45) 同「送江文伯序」二編巻之六、一七二頁。
(46) 日野龍夫「擬古主義とナルシシズム――服部南郭の創作意識」(前掲『日野龍夫著作集』第一巻)、二〇一頁。
(47) 服部南郭「猗蘭台集序」二編巻之七、一七七頁。
(48) 同「五七絶句解序」二編巻之七、一七五頁。
(49) 荻生徂徠『学則』(『大系36』)、二五六頁。ちなみに徂徠も南郭と同じくその境地を「旦莫に之に遇ふ(旦莫遇之)」と表現している。古人と一体化する境地の巧みな表現である「日莫遇之」や「一堂之上」につき、吉川前掲「交遊と不朽」、一三九～一四一頁が詳しい。

(50) 服部南郭「答鵞湖侯」四編巻之十、四二一頁。
(51) 宮崎前掲「江戸中期における擬古主義の流行に関する臆見」、四〇頁。
(52) 野口武彦「蘐園の狂生・平野金華」(『江戸の歴史意識』朝日新聞社、一九八七年)。
(53) 服部南郭「報弥八」二編巻之十、二一三頁。
(54) 同「答弥八聞子和訃見寄」二編巻之五、一六一頁。
(55) 高山大毅「古文辞派の詩情」(前掲『近世日本の「礼楽」と「修辞」』)、二七三～二七四頁。
(56) 服部南郭「送大潮師序」初編巻之六、五五頁。
(57) 同「送素有上人序」初編巻之六、六二～六三頁。
(58) 同「題蘆隠稿首」三編巻之九、三一五頁、「送素有上人序」初編巻之六、六三頁。「浮雲」はむろん『論語』述而篇に基づく。
(59) 同『南郭先生燈下書』、六一頁。
(60) 同「送素有上人序」初編巻之六、六三頁。
(61) 荻生徂徠「与県次公書」『徂徠集拾遺』、四〇七～四〇八頁。
(62) 那波魯堂『学問源流』(岸上操編『日本文庫』第六篇、博文館、一八九一年)、二四頁。
(63) 湯浅常山『文会雑記』(『日本随筆大成』第一期第十四巻、吉川弘文館、一九七五年)、二六〇～二六一頁、近藤蘆隠「与南郭先生」『蘆隠稿』、二十四ウ、宮瀬龍門「与島子行」『龍門先生文集初編』巻之十、七オ。
(64) 服部南郭「答郡山柳大夫」二編巻之十、二〇八頁。
(65) 日野龍夫「壺中の天――服部南郭の詩境」(『江戸人とユートピア』岩波現代文庫、二〇〇四年)参照。
(66) 「蓋し徂徠没して後、物門の学、分れて二と為る。経義は春台を推し、詩文は南郭を推す(蓋徂徠没後、物門之学、分而為二。経義推春台、詩文推南郭)」(江村北海『日本詩史』(揖斐高ほか校注『新日本古典文学大系65 日本詩史・五山堂詩話』岩波書店、一九九一年)、一二八頁)。
(67) 太宰春台「文論」第二篇(関儀一郎編『続々日本儒林叢書』第二冊、東洋図書刊行会、一九三六年)、六頁。

(68) 同『弁道書』(井上哲次郎ほか編『日本倫理彙編』第六巻、育成会、一九〇三年)、二〇九頁。
(69) 同「文論」第三篇、八頁。
(70) 同「論文戯語」後稿巻十五、二五七〜二五八頁。
(71) 同「文論」第六篇、一五頁。
(72) 同上、第五篇、一二頁。
(73) 同上、第二篇、七頁。
(74) 同「論語前後編説」後稿巻九、二〇三〜二〇四頁。
(75) 同「文論」第四篇、一〇〜一一頁。
(76) 同上、第四篇、一一頁、第五篇、一三頁。
(77) 同上、第二篇、七頁。
(78) 白石真子は、春台詩文論の意義を要約して、「古人が「書く」とは各々の〈法〉を以て「書く」ことであり、生色ある文を「書く」ことが古人の〈法〉であるという発見」にあったとする(「春台詩文論の意義」〔白石前掲『太宰春台の詩文論』〕、二七一頁)。自家の法に則って古人を剽窃しないのが古人の方法であるから、のちの著述家も自らの法により詩文をなすのが「古法」であり、模擬はかえって古人から遠ざかることになる、ということであろう。しかし、そもそも春台のいう「陳言を去る」や「一家を成す」は言辞レベルでのはなしであって、法の議論ではない。「家法」を論ずる主眼も、左丘明には左丘明の、司馬遷には司馬遷の「家法」があり、後世の著述家はそれらを混用すべきでないという点にある。春台の説く「法」を「書き手の認識と感性が反映されたものが文であるという考え」(二七八頁)にまで拡張できるのかは、より慎重な検討を要する。
(79) 荻生徂徠「四家雋例六則」『徂徠集』巻十九、二〇二頁、「復安澹泊」同上巻二十八、三〇四頁。
(80) 太宰春台『倭読要領』巻下、三十五オ〜ウ、四十ウ。
(81) 同上、三十六ウ。
(82) 同上、三十四オ〜三十五オ。
(83) 荻生徂徠「答屈景山」『徂徠集』巻二十七、二九七頁。
(84) この点につき、白石真子は『倭読要領』を「春台が、徂徠〈古文辞学〉を理解し、学び、それを自らの詩文論に消化したもの」(「春台詩文論の出発点」(白石前掲『太宰春台の詩文論』)、一四二頁)とし、春台の反古文辞への軌跡を「徂徠〈古文辞学〉を忠実に実践した結果として反古文辞に至った」(白石前掲「春台詩文論の意義」、二七六頁)とまとめるが、疑問である。古人と化す契機を欠いた古文辞学を、徂徠の忠実な「理解」「実践」とみることは難しい。なお、竹村英二はより慎重に、『倭読要領』段階における徂徠流習熟論と「体」「法」重視の必ずしも整合的ではない併存に注目し、判断を留保している(竹村英二「太宰春台における古文の「体」「法」重視——古文辞「習熟」論に鑑みて」〔笠谷和比古編『十八世紀日本の文化状況と国際環境』思文閣出版、二〇一一年〕、七六～七七頁)。しかし、習熟が言及される場合においてもなお、習熟の結果なにが修得されるのかに着目すれば、この時点で既に春台と徂徠のちがいは歴然としている。なお、ここでは詳しく扱わなかった「体」重視の意味につき、本書第三章第二節参照。

(85) 太宰春台『倭読要領』巻下、三十八オ。

(86) 管見の限り、『春台先生紫芝園稿』全二十巻には「一堂之上」「日暮遇之」の用例はない(「前後稿叙」に後者が一例見えるが、これは自序ではなく、書かれたのも没後である)。もっとも、似た表現として「純等徂徠先生に従て、其談論を聞といへども、始いまだ其然ることを会得せざりしが、心を六経に潜て、深く思惟し博く古書を読て、古人の心を探索し前後相照し、左右源に逢ひ、反復研究すること十余年にして、疑網始て解たり」(『聖学問答』〔頼惟勤ほか校注『日本思想大系37 徂徠学派』岩波書店、一九七二年〕、六五頁)や、「徹底して其旨を得て、少の疑惑も無く、先王の尊きこと天の如く、孔子の教の明なること日月の如く、今の世に生れても、千古の聖人に拝謁して、親く厳命を聞が如し」(同上、一三二頁)がある。しかし前後の文脈から明らかなように、これらは聖典への耽溺とその結果として「教」を明瞭に理解し得た昂奮をいうものであって、自らも古人と同質な存在に化すことをいうのではない。

(87) 相原耕作「助字と古文辞学——荻生徂徠政治論序説」(『東京都立大学法学会雑誌』第四十四巻第二号、二〇〇四年)、三九四～三九六頁。

(88) ただし、春台の礼楽論まで視野に入れると議論はより複雑になる。たとえば春台は「礼を以て心を制す」必要性を次のように説く。「聖人の道には、心中に悪念起りても、能礼法を守て其悪念をそだてず身に不善を行はざれば、君子と申候。心中に悪念の起るをば罪とせず候。若其悪念に因て礼法を犯て身に不善をなす者を小人と申候。たとへば美女を見て其色を心に愛するは人情にて候。此情に任て礼法を犯て、妄に他の婦女に戯るる者は小人にて候。礼法を守り情を抑て、我が妻妾にあらざる他の婦女に戯をもいはざるは君子にて候。是罪の有無は戯るると戯れざるとの上にて定り候。情の起る処をば咎めず候。〔……〕始は忍がたき事も有て、おりおり過失も出来候へ共〔……〕其習はしにていつとなく身に善き癖つきて、行義ただしくなり候。其時は心も共にただしく候。是を務てやまざれば、情欲の忍びがたきも忍びやすくなり、後には忍ぶとも思はず自然に心清く静になり候」(『弁道書』、二二〇頁)。ここで、はじめの中略部分より前の箇所を強調すれば、まさしく内面を問わずに外的規範である礼を装えばよいとする偽君子の勧めとなり、後の箇所を強調すれば、外的形式の習熟から内面の変化にまで至るという徂徠習熟論の忠実な敷衍ということになる。研究史としては、井上哲次郎(『日本古学派之哲学』富山房、一九一五年)が前者、小島康敬(「儒教的世界像の崩壊と太宰春台」(『[増補版]徂徠学と反徂徠』ぺりかん社、一九九四年)が後者、両者のあいだで尾藤正英(「太宰春台の人と思想」『大系37』)が小島寄り、高山大毅(「「器」の支配――水足博泉の「太平」構想」(前掲『近世日本の「礼楽」と「修辞」』))が井上寄りの理解を示している。本章としては、前述のごとく、春台にも習熟の契機はあったとみる。ただし、習熟に知的諒解の契機が附随するという点で、はやくから徂徠と齟齬があったと考える。

(89) 太宰春台「文論」第一篇、四～五頁。

(90) 同上、六頁。

(91) 荻生徂徠『弁道』、二〇〇頁。

(92) 太宰春台『聖学問答』、六一～六二頁。

(93) 同上、九一頁。

(94) 同上、六四頁。

(95) 同上、七〇頁。

(96) 同上、七三頁。「徂徠は孟子を大醇大疵といふべしと判断せり」は『経子史要覧』(前掲『荻生徂徠全集』第一巻)、三五三頁。「其言激昂にして、二の失あり」や「孟子大豪傑にて、戦国の弊風を悲み、これを矯めんとことを欲し、俗を憤る心ふかし」など(三五二～三五三頁)、その他の立論や表現もほぼ全く同じである。

(97) 太宰春台『経済録』(滝本誠一編『日本経済大典』第九巻、史誌出版社、一九二八年)、六〇一頁。この点は『経子史要覧』にもない。

(98) 同上、二三二、二二五、三九五～三九六頁。

(99) 同『聖学問答』、一三一～一三三頁。
(100) 同上、五八頁。
(101) 同「読仁斎論語古義」後稿巻十、二〇八頁。なお同様の発言はいたるところに見られる。「夫れ仁斎は能く理学滔々の中に奮起し、而して洙泗の流に遡洄す。真に所謂豪傑の士なり(夫仁斎能奮起於理学滔々之中、而遡洄於洙泗之流。真所謂豪傑之士也)」(「読東涯古今学変」後稿巻十、二一二頁)、「此方の仁斎先生も、宋儒を撃たるが豪傑なれども、六経に於ては全く工夫を用ざる故に、疎繆甚多きなり」(『六経略説』(前掲『日本倫理彙編』第六巻)、三二九頁)など参照。
(102) 呉廷翰、李王、貝原益軒、内藤希哲らを「豪傑」や「奇士」と呼ぶのも類例とみてよい。『聖学問答』、一一八頁、「文論」第五篇、一三頁、「読損軒先生大疑録」後稿巻十、二一二頁、「解惑論序」後稿巻四、一三六頁参照。
(103) 太宰春台『経済録』、六〇一～六〇二頁。
(104) 同上、四〇六～四〇七頁。
(105) 同上、六〇〇～六〇一頁。
(106) 服部南郭「春台先生墓碑」『春台先生紫芝園稿』附録、二九九頁、松崎観海「春台先生行状」同上、三〇三～三〇四頁。
(107) 太宰春台『経済録』、六〇二～六〇三頁。
(108) 同上、六五八頁。
(109) 同上、三八六頁。
(110) 同「読李于鱗文」後稿巻十、二一八頁。
(111) 同「書徂徠先生遺文後」同上、二二三頁。
(112) なお管見の限り、服部南郭は伊藤仁斎を「豪傑」と呼んでも(「答徳夫」二篇巻之九、一九八頁)、徂徠をこの言葉で語らない。それは南郭にとって、古文辞とは奇癖の表われでなく、徂徠もまた可謬的な存在ではないからであろう。「文王無しと雖も猶ほ興る」という『孟子』における定義に従えば、南郭にとって徂徠は「豪傑」ではなく「文王」(聖人)であり、その学において真理は十全に解明されたと考えられていたのではないだろうか。
(113) 太宰春台「詩論」(前掲『続々日本儒林叢書』第二冊)、一五頁。
(114) 同「与子遷書」後稿巻十二、二四一頁。

（115）韓愈の「師説」をふまえて書かれた「続師説」では、近時の儒者たちが師のいうことを聞かず、師弟の道が崩れていると歎いている（後稿巻九、一九七頁）。徂徠に勝とうと妄りに異見を立てるとして宇野明霞を非難した「対客論文」も参照（後稿巻十五、二八七頁）。

（116）林東溟「詩文国字牘序」（前掲『荻生徂徠全集』第一巻）、五七五〜五七六頁。

第二章

（1）「而れども人其の読み難きに苦しみ、此に由り発憤古書を研精す（而人苦其難読、由此発憤研精古書）」（井上金峨「題滄溟尺牘考首」『金峨先生焦余稿』巻之五（関儀一郎編『続々日本儒林叢書』第三冊、東洋図書刊行会、一九三七年）、一一五頁）。

（2）「其詩体編法句法字法対の仕方用るところの故事までも大概定りたる規矩あれば、初学其格式をおぼゆるにやすく、詩の地盤早くかたまるなり」（江村北海『授業編』巻之七（岸上操編『日本文庫』第三篇、博文館、一八九一年）、一四二頁）。

（3）那波魯堂『学問源流』（同上、第六篇）、二七頁。

（4）大田南畝『仮名世説』下（中野三敏ほか校注『新日本古典文学大系97　当代江戸百化物・在津紀事・仮名世説』岩波書店、二〇〇〇年）、三五七頁。

（5）菊池五山『五山堂詩話』巻二（揖斐高ほか校注『新日本古典文学大系65　日本詩史・五山堂詩話』岩波書店、一九九一年）、五五三頁。

（6）井上金峨『病間長語』巻一（岸上操編『近古文藝　温知叢書』第十一編、博文館、一八九一年）、一一頁。

（7）海保青陵『稽古談』巻之一（蔵波省自ほか校注『日本思想大系44　本多利明・海保青陵』岩波書店、一九七〇年）、二二二頁。

（8）松浦静山『甲子夜話』第一巻（中村幸彦ほか校注、平凡社、一九七七年）、七四頁。

（9）黒住真「儒学と近世日本社会」（『近世日本社会と儒教』ぺりかん社、二〇〇三年）、一一二〜一一三頁。

（10）十八世紀中期における広範な新気運の潮流につき、日野龍夫「才能の斉放——文学都市江戸の春」（『日野龍夫著作集』第一巻、ぺりかん社、二〇〇五年）や中野三敏『十八世紀の江戸文芸——雅と俗の成熟』（岩波人文書セレクション、二〇一五年）のほか、古典的な論攷として、辻善之助『田沼時代』第十章（岩波文庫、一九八〇年）参照。「開け」の感覚については、渡辺浩「「進歩」と「中華」——日本の場合」（『東アジアの王権と思想』東京大学出版会、一九九七年）に詳しい。

(11) 亀田鵬斎「放歌」『鵬斎先生詩鈔』巻之一、五オ〜ウ。

(12) 本章全体にかかわる重要な先行研究として平石直昭と前田勉による論攷がある。

平石の議論――「「物」と「豪傑」――江戸後期思想についての覚書」(『懐徳』第五十七号、一九八八年)、『改訂版 日本政治思想史――近世を中心に』(放送大学教育振興会、二〇〇一年)第十章――は、徂徠学における「認識対象」と「認識枠組」の峻別を経て、聖人によって既に用意された準拠枠(「「六経」という人工の「物」」)を自覚的に相対化し、意味付けられる以前の自然(「そうした言語や制度の基底にある実体としての「物」」)に自ら直接向き合うようになった知識人を称して「豪傑」と定義し、こうしたいわば認識論的豪傑の続出に近世後期思想史の特質並びに徂徠学の意義を見出すものである。着目する語彙や問題の所在につき、本章と重なる部分が多いことはいうまでもない。しかし、第一に徂徠学の解釈について、平石の行論は『学則』第三則の「六経物也」テーゼの敷衍によって成り立っているが、果たしてこの一条を軸に徂徠の「物」概念を理解してよいか疑問が残る。この点、高山大毅「聖人の「大道術」――荻生徂徠の「礼楽制度」論」(『近世日本の「礼楽」と「修辞」――荻生徂徠以後の「接人」の制度構想』東京大学出版会、二〇一六年)、三八〜三九頁が説得的な反論を展開している。また第二に、仮に「物」を平石のいう意味で理解するとして、果たして近世後期に叢生した「豪傑」たちは、その認識論的含意に裏打ちされて現われてきたのだろうか。平石も着目する「何事かをなし、世間にも知られてその名を不朽にとどめたい」という願望は、認識論的革命を前提とせずとも当然に成り立つし、本章でとりあげる多くの「豪傑」たちは徂徠の「物」概念に注意すら払っていない。ただし、こうした認識論的含意さえ捨象すれば、「聖人がかつて立っていたのと同様の立場に身をおき、新機軸を提出することを意味する」という「豪傑」理解は重要である。

一方、前田の議論――『兵学と朱子学・蘭学・国学――近世日本思想史の構図』(平凡社、二〇〇六年)、「十八世紀日本の新思潮――国学と蘭学の成立」(笠谷和比古編『十八世紀日本の文化状況と国際環境』思文閣出版、二〇一一年)、「儒学・国学・洋学」(『岩波講座 日本歴史』第十二巻、岩波書店、二〇一四年)など――は、商品経済の発展による伝統的紐帯の弛緩が、「「草木と同じく朽」ちることを拒否する」「強烈な個人意識」を生み、かかる個人析出に蘭学パターン(「予一人」という強烈な個我意識のもと横断的な「社中」を組んで事業に挑み、そのことで名の不朽と「国益」への貢献を目指す)と国学パターン(伝統的紐帯から析出された不安と市場での勝者へのルサンチマンから「皇国」というアイデンティティに身を委ね、その一員としての不朽にかよわい精神の慰藉をはかる)を措定して、近世後期の諸潮流を俯瞰的に眺めようとするものである。幅広い史料への目配りと明晰な俯瞰図から学んだものは多い。しかし、第一に、前田は「名」「不朽」「草木と同じく」といった表現が使われてさえいればそれを「個人意識」として認め、その内実の相違に目を向けない。したがって、名誉を求める軽薄な書生も、道徳的完成を目指す道学者も、事業に励む蘭学者も、みな一様に扱われてしまっている。より慎重な分節化が求められよう。また第二に、蘭学と国学という類型化があまりに単純である。「名」の希求から「事業」を志向したのは蘭学者だけでなく、「皇国」に身を委ねたのもまた国学者だけではない。総じて前田の議論は、明晰な見取図の提示と事態の単純化という理念型の策定がもたらす長短をよくもわるくも体現している。

なお、近世における「豪傑」概念に注目する研究として、源了圓「幕末・維新期における「豪傑」的人間像の形成――変動期の人間観と人間像の問題をめぐって」(『日本文化研究所研究報告』第十九集、一九八三年)があるが、徂徠以後の「能力主義的人間観」を主題としており、新機軸の開拓や名誉感情、歴史意識という視角からこの語に着目する本章とは問題関心を異にしている。

(13) 井上金峨「復川熊峰先生」『金峨先生焦余稿』巻之六、一三四頁。
(14) 同「錫類編序」同上、巻之一、「送真荘公序」同上、「復川熊峰先生」同上、巻之六など。
(15) 同「送滕生序」同上、巻之一、九頁。
(16) 同「松子容」同上、巻之七、一六六頁。
(17) 以下、『読学則』(関儀一郎編『日本儒林叢書』第四冊、東洋図書刊行会、一九二九年)、一～二頁、『師弁』(関儀一郎編『続日本儒林叢書』第二冊、東洋図書刊行会、一九三一年)、一頁、『経義折衷』(井上哲次郎ほか編『日本倫理彙編』第九巻、育成会、一九〇三年)「井子曰」の部分を綴り合わせた。なお注意すべき異同として、『読学則』が「門戸」の始まりを程朱に求めるのに対して、『経義折衷』では孟子、荀子である点が挙げられる。総じて最初期の著述では朱熹・仁斎・徂徠を相対化するための立脚点として秦漢以前の儒者を高く評価する傾向があり、『経義折衷』段階に至って孔子とその直弟子たちを除いてすべてが相対化される。
(18) 井上金峨『経義折衷』、三四五頁。
(19) 同「復小幡熊生」同上、巻之六、一三八頁。
(20) 同「毀誉論」同上、巻之三、七〇～七一頁、『師弁』、二頁。

(21) 同『読学則』、一〇頁。
(22) 同『師弁』、二頁。
(23) 同『病間長語』巻三、四四頁。
(24) 同『師弁』、二頁。
(25) 同『病間長語』巻三、六八頁。
(26) 衣笠安喜「折衷学派の歴史的性格」(『近世儒学思想史の研究』法政大学出版局、一九七六年〔初出一九五九年〕)、一五七～一五八頁。「折衷する主体の自己」の強調はやはく相良亨『近世日本における儒教運動の系譜』(『相良亨著作集』第一巻、ぺりかん社、一九九二年〔初出一九五五年〕)、一七五頁にあり、それに依拠しながら唐木順三『無用者の系譜』(『唐木順三全集』第五巻、筑摩書房、一九六七年〔初出一九五九年〕)も「個人の自覚」を説く(三一二～三一三頁)。同様の見地に立つ近年の研究として、坂本頼之「海保青陵の『韓非子』理解における折衷的傾向」(『東洋大学中国哲学文学科紀要』第十五巻、二〇〇七年)、眞壁仁「徳川儒学思想における明清交替——江戸儒学界における正統の転位とその変遷」(『北大法学論集』第六十二巻第六号、二〇一二年)など参照。
(27) 丸山眞男「近世儒教の発展における徂徠学の特質並にその国学との関連」(『丸山眞男集』第一巻、岩波書店、一九九六年)、二六二頁。
(28) 井上金峨『匡正録』(前掲『日本倫理彙編』第九巻)、三六四頁。
(29) 同『経義折衷』、三四五頁。金峨の性説は『経義緒言』(前掲『続日本儒林叢書』第二冊)、五頁参照。折衷家による「古人」の語の似た用例として、「新意を古人の外に抜き、王韓程朱を長物と為す(抜新意於古人之外、王韓程朱為長物)」(片山兼山「与某子書」『山子遺文』〔関儀一郎編『続日本儒林叢書』第三冊、東洋図書刊行会、一九三二年〕、一二～一三頁)、「苟も聖人の道を学ぶ者は、心を潜て熟玩し、或は古人の疑ひしところ、又は古人の心づかぬ所を発明して、一字一処なりとも、その誤訛を正し、先輩未発の義を心づかば、是れ聖人へ一字一処の忠なれば、杜預に畏ることもなく、世学に憚ることもなく、誠一に心を用ひて読み得べきことなり」(同『山子垂統前編』〔前掲『日本倫理彙編』第九巻〕、一二七頁)、同様の気字を伝える言葉として「既に吾が才を竭し、日々の力を窮め、豪傑の士と比肩して至る(既竭吾才、窮日之力、与豪傑之士比肩而至)」(井上蘭台「題言」『読学則』、一頁)参照。

(30) 片山兼山『山子垂統前編』、一六四〜一六五頁。

(31) もちろん折衷家とて一様ではない。よく読めばわかるように、引用した片山兼山の壮語は、孔子没後の道の混乱を経て自らが真理を解明したのだという、徂徠学派のナラティヴとほぼ同じ構造をもつ。金峨があくまで門戸を張った「豪傑」の仲間入りを目指したこととの差異は小さくない。「中華の文字を読み書を講ずればとて、聖賢ともなるべきことゝも思はず」(『病間長語』巻二、三五頁)といった諦めとも開き直りともとりかねる言葉は、決して兼山からは聞かれない。

また、同じく折衷派の巨魁と目される細井平洲は、「一家の学を興し候程の人は、何れ共に一世の豪傑」なのだから、「長を用ひ短を捨て申候はば、何れ利益の無之学も有之間敷候」であり、「今の世に生れ候人は、一統にむかし生れ候人の弟子」であることを忘れるべきではないという(『嚶鳴館遺草』〈前掲『日本倫理彙編』第九巻〉、一一七〜一一九頁)。朱熹や徂徠も一長一短ある豪傑だという認識のもと、金峨がだからこそ先賢も毀誉すべきとするのに対して、平洲はだからこそ敬うべきことを強調する。門戸に偏らない折衷という理論的含意にちがいはないが、これは両者の性格や社会的役割とも関係する注意すべき異同である。藩政に深くかかわり、藩校での教育問題に頭を悩ませた平洲からすれば、金峨のような態度が招きかねない傲岸や先賢蔑視の浮気な潮流を看過できなかったのであろう。

(32) 井上金峨『匡正録』、三六六頁、「為田甲夫題高願斎詩巻」『金峨先生焦余稿』巻之五、一一八頁、「対接韓客人問」同上、一二九頁。

(33) マーク・ボーラー「山本北山年譜稿」(『成蹊国語』第三十巻、一九九七年)参照。

(34) 青柳東里『続諸家人物志』上、五十九オ〜ウ。

(35) 亀田鵬斎「述古山本先生墓碑」(五弓雪窓編『事実文編』第三巻、関西大学出版・広報部、一九八〇年)、三三九〜三四〇頁。

(36) 山本北山「揚名論」『経義掫説』(関儀一郎編『日本儒林叢書』第五冊、一九二九年)、一一頁。

(37) 同『作詩志彀』(池田四郎次郎編『日本詩話叢書』第八巻、文会堂、一九二一年)、一五頁、『作文志彀』(岸上操編『日本文庫』第七篇、博文館、一八九一年)、二二頁。

(38) 同『作詩志彀』、四四、六九頁など。

(39) 同上、四五頁。

(40) 同上、三二頁。

(41)　中村幸彦「清新論的文学観」(『中村幸彦著述集』第一巻、中央公論社、一九八二年)、揖斐高「性霊論――江戸漢詩における古典主義の克服」(『江戸詩歌論』汲古書院、一九九八年)など。
(42)　山本嘉孝「山本北山の技芸論――擬古詩文批判の射程」(『近世文藝』第九十九巻、二〇一四年)、五三頁。
(43)　山本北山『作文志彀』、二三頁。
(44)　同上、一九、二四頁、『作詩志彀』、二一、三一、四二、五八頁。
(45)　同上、四二頁。
(46)　同上、二〇頁。
(47)　同『孝経楼詩話』(池田四郎次郎編『日本詩話叢書』第二巻、文会堂、一九二〇年)、六六、一一四頁。
(48)　亀田鵬斎「孝経楼詩話序」(同上)、四五頁。北山も六五～六六頁などで同趣旨のことを述べる。
(49)　大窪詩仏『詩聖堂詩話』(池田四郎次郎編『日本詩話叢書』第三巻、文会堂、一九二一年)、四三五頁。
(50)　一連の論争についての近年の研究として、吉川裕「伊東藍田と反徂徠学――『作詩志彀』を中心として」(『日本思想史研究』第四十四号、二〇一二年)がある。しかし論争的文脈から距離をとる藍田の態度を特筆するために、論争自体は「すれちがい」と「感情的反発」ばかりが強調され、考察が十分でない。とはいえ、吉川も紹介する「今の学士、徂徠の口気に効ふて、前修を訾毀すると、夫の崖異を立てて併せて徂徠を駁すると、同一律の人なり(今之学士、効徂徠口気、訾毀前修、与夫立崖異併駁徂徠、同一律人)」(「答小栗元卿」『藍田先生文集』二稿巻之十、六ウ)は、伊東藍田の優れた批評眼を示しており、本章にとっても示唆的である。
(51)　松村九山『藝園鉏莠』巻之下(前掲『日本詩話叢書』第八巻)、一九四頁。
(52)　古の規範性にこだわる徂徠学派にあってなお、第三世代からは、「世代移り換りて天下の世話のやきやうは、古の通りにしては治まらず」として「今の事を今自由にかく」ことを標榜する者が現われた(海保青陵『文法披雲』(蔵並省自編『海保青陵全集』八千代出版、一九七六年)、七一二、七二九頁)。国学においても同様で、宣長の孫弟子にあたる沢田名垂は次のようにいう。「凡て何業によらず古を学事は今日只今の用をなし為可申に御座候得ば、詠歌も作文も今を差置古へ而已遡り候ては宜きにて有御坐間敷、世態は移変りも有之儀にて詠歌は其世々の人情を言に発し候義に御坐候へば、其修行の間こそ是は古風是は中古など申作例証歌をも探索いたし候事に御座候へ共、其よみ出候歌に至ては今日只今の情態自然に顕はれ候様出来上り不申候ては実に精神の籠り候歌にては有御座間敷、〔……〕然るを今時古学を唱候者共の内には只管古代めきたるをのみよろしきことと心得、古にも今にも叶ひ申さざる事を作為いたし、江戸を大海の江門、御城を東路の遠御門など歌によみ文に作り強て古めかし候類も相見、是等の事は今の世にすら何の事とも聞取兼候程のことにて、後世より今を見候拠と相成可申事とは不被存候。〔……〕是は古学を尊信いたし候余り今をば忘却致候ものと被存候」(「会津学風申出書」〔『日本教育史資料』第五冊、文部省総務局、一八九一年〕、四七五〜四七六頁)。なお国学における「古」と「今」、型と「まごころ」の関係につき、渡辺浩「「道」と「雅び」――宣長学と「歌学」派国学の政治思想史的研究」(一)〜(四)(『国家学会雑誌』第八十七巻第九・十号〜第八十八巻第五・六号、一九七四〜一九七五年)、特に香川景樹や大隈言道の分析を参照。

(53) 糸井榕斎『弁藝園鉏莠』巻之下(前掲『日本詩話叢書』第八巻)、二八七頁。

(54) 松村九山『詞壇骨鯁』(同上)、九七頁。

(55) 同『藝園鉏莠』巻之下、一九二〜一九三、二〇三〜二〇五、二一八頁。

(56) 糸井榕斎『弁藝園鉏莠』巻之上、二三五頁、巻之下、二八六、三〇〇頁。

(57) 同上、巻之上、二三九〜二四〇頁。

(58) 長野豊山『松陰快談』(池田四郎次郎編『日本詩話叢書』第四巻、文会堂、一九二〇年)、三九三頁。

(59) 菅茶山「復古賀太郎右衛門書」『黄葉夕陽村舎文』巻之三、三オ。「我 我を為すこと能はずして、人に従ひ浮沈す。安んぞ其の詩為ること在らん(我不能為我、従人浮沈。安在其為詩)」(同「霞亭詩集序」同上、八オ〜ウ)なども参照。

なお附言すれば、詠物や詠史詩の流行と詩題の拡大、それと併行した宋詩批判の潮流なども、以上の事情から再考する余地があるのではないか。いくらか図式的に敷衍すれば、こういうことである。すなわち、まず、新機軸を求める詩人たちの挑戦は、これまで詩題・詩語とはみなされなかったものを積極的に漢詩の世界に取り込む試みとして現われ、それに格好のスタイルとして詠物詩の流行をうながした。「近来詩を学ぶ者、つとめて詠物を事とす。其題種々新奇を以てし、巧緻の至り、造化の秘を奪ふと云ふべし」(六如上人『葛原詩話』巻三〔前掲『日本詩話叢書』第四巻〕、一三九頁)である。それは、漢詩の世界を豊かにひろげる一方、「前人未だ使はざるの奇字(前人未使之奇字)」により世人を驚かせ(津阪東陽『夜航詩話』巻之六〔前掲『日本詩話叢書』第二巻〕、五四八頁)、「難題を務めて人に誇らんとす」る悪弊につながり(広瀬淡窓『淡窓詩話』下巻〔日田郡教育会編『増補 淡窓全集』中巻、思文閣、一九七一年〕、一二三頁)、宋詩批判をまねいた。「今人宋詩を学ぶと言ふ者、多くは温雅麗密を好まず、妄りに自ら己が意を用ひ、種々造出す。大抵奇を撏り僻を拈りて骨董語を為すに非ずんば、定めて必ず卑庸陋俗、都て胡の釘鉸窠窖に堕つ(今人言学宋詩者、多不好温雅麗密、妄自用己意、種々造出。大抵非撏奇拈僻為骨董語、定必卑庸陋俗、都堕于胡釘鉸窠窖)」である(林蓀坡『梧窓詩話』巻一〔池田四郎次郎編『日本詩話叢書』第十巻、文会堂、一九二二年〕、三六五頁)。そして、かかる弊害への是正策として注目を集めたのが、詠史ではなかったか。「花鳥風月、題目陳陳たり。新意を出ださんと欲して、輒ち魔境に堕す。独り詠史一途のみ、太平の時節にして、啼哭怒罵を為すべきもの有り(花鳥風月、題目陳陳。欲出新意、輒堕魔境。独有詠史一途、太平時節、而可為啼哭怒罵)」(頼山陽「竹下詩注」〔徳富猪一郎監修『頼山陽全書 文集』頼山陽先生遺蹟顕彰会、一九三一年〕、八〇五頁)参照。さしあたり関連する論攷として、詠物につき揖斐高「詠物の詩——漢詩と俳諧の一接点」(前掲『江戸詩歌論』)、詩題の拡張につき鈴木健一『江戸詩歌の空間』(森話社、一九九八年)、宋詩批判につき合山林太郎「性霊論以降の漢詩世界——近世後期の日本漢詩をどう捉えるか」(『幕末・明治期における日本漢詩文の研究』和泉書院、二〇一四年)、詠史につき拙稿「経世の夢、文士の遊戯——頼山陽における政治思想と史学」(『国家学会雑誌』第一二七巻第七・八号、二〇一四年)が参考になる。

(60) 著者不詳『唾作詩志彀』(池田四郎次郎ほか編『日本藝林叢書』第一冊、六合館、一九二八年)、三一頁。

(61) 何忠順『駁詩松蒲鞭』(同上)、五～六頁。

(62) 佐久間熊水『討作詩志彀』(同上)、一七～一八頁。

(63) 井上金峨「解客難」『金峨先生師弁』、三頁、原狂斎「序」『経義緒言』、一頁。

(64) 大田錦城『知命録』(長澤規矩也編『影印日本随筆集成』第八輯、汲古書院、一九七八年)、一二八～一二九頁。

(65) 河口静斎『斯文源流』(岸上操編『近古文藝 温知叢書』第三編、博文館、一八九一年)、一二～一三頁。江村北海の『授業編』の序にも「元亨以還、学者各々異を立て勝つを好み、学風之が為に一変す。降りて今日に至り、浅学の徒愈々益々好んで詭説を唱へ以て蔵拙の上策と為す。陋も亦た極まれり(元亨以還、学者各立異好勝、学風為之一変。降而至今日、浅学之徒愈益好唱詭説以為蔵拙之上策。陋亦極矣)」(五頁)とあり、また折衷諸派の徂徠批判にも「徒にその博弁強辞を馳て、浅学の徒を喑噁叱咤し、五六十年来の天下の人をして啕啕たらしめ、客気世界となせしは、是誰が過ぞや」(片山兼山『山子垂統前編』、一〇八頁)や、「近来徂徠学を致す者の様聞取法向に古人口広く致誹謗、自己之分限をも不顧、不徳の言行をのみ習候者浅間敷事に候。先は徂徠学を尊崇致し候而古賢の事業を一概に廃棄致し候は近来の病患に御座候」(細井平洲「米沢学校相談書」〔前掲『日本教育史資料』第五冊)、四八〇頁)と見える。より後年からの回顧として広瀬旭荘『塗説』(関儀一郎編『日本儒林叢書』第二冊、東洋図書刊行会、一九二八年)、一四頁なども参照。

(66) 大田錦城『梧窓漫筆』巻下(三浦理編『名家随筆集』上巻、有朋堂、一九一三年)、四七九頁。

(67) 西山拙斎『間牕瑣言』(広常人世編『西山拙斎全集』第二巻、浅口市教育委員会、二〇〇五年)、一七三頁。

(68) 渋井太室『読書会意』巻之上(関儀一郎編『続日本儒林叢書』第一冊、東洋図書刊行会、一九三〇年)、一二頁。

(69) 和田正路『異説まちまち』(森銑三ほか編『日本随筆大成』第一期第十七巻、吉川弘文館、一九七六年)、八五頁。

(70) 平賀源内『鳩渓遺事』(城福勇『平賀源内の研究』創元社、一九七六年)、四〇五頁。

(71) 清田儋叟『藝苑談』(池田四郎次郎編『日本詩話叢書』第九巻、文会堂、一九二一年)、一七頁。

(72) 良野華陰『良論』(長澤規矩也編『影印日本随筆集成』第四輯、汲古書院、一九七八年)、二八一頁。

(73) 鈴木澶州『撈海一得』巻下(同上)、三六四頁。

(74) 江村北海『授業編』巻之四、七五頁。

(75) 本居宣長『玉かつま』巻一「あらたなる説を出す事」(大野晋編『本居宣長全集』第一巻、筑摩書房、一九六八年)、五四～五五頁。

(76) 「此学問、ちかき世に始まれり」(『うひやまふみ』カ(同上)、一五頁)、「殊にわが古学の道は、近きほどよりひらけそめつることなれば」(『玉かつま』巻四「前後と説のかはる事」、一二二頁)。

(77) 同上、巻四「ひとむきにかたよることの論ひ」、一二〇頁、巻二「あらたにいひ出たる説はとみに人のうけひかぬ事」、七六～七七頁。

(78) 同上、巻四「前後と説のかはる事」、一二二頁。

(79) 同上、巻二「師の説になづまざる事」、八八頁。

(80) 村岡典嗣『増補 本居宣長』第一巻(平凡社、二〇〇六年)、一八〇頁。前田勉『江戸の読書会——会読の思想史』(平凡社、二〇一二年)、一二八～一三二頁。

(81) 杉田玄白『形影夜話』巻上(佐藤昌介ほか校注『日本思想大系64 洋学上』岩波書店、一九七六年)、二五六頁。

(82) 井上金峨『病間長語』、六一頁。

(83) 杉田玄白『形影夜話』巻下、二八二〜二八三頁。
(84) 同『和蘭医事問答』巻之下(『大系64』)、二二五、二二二頁。
(85) 同『蘭学事始』(緒方富雄校注、岩波文庫、一九八二年)、四八頁。
(86) 前野良沢『管蠡秘言』「凡例」(『大系64』)、一三一頁。
(87) 大槻玄沢『蘭訳梯航』巻之上(同上)、三七四頁。
(88) 杉田玄白『和蘭医事問答』巻之下、二一〇頁。建部清庵の杉田宛の発言。
(89) 同『蘭学事始』、五〇、六六頁。
(90) 吉雄南皐『遠西観象図説』「題言」(広瀬秀雄ほか校注『日本思想大系65 洋学下』岩波書店、一九七二年)、六三頁。
(91) 大槻玄沢『蘭学階梯』巻上(『大系64』)、三三〇頁。
(92) 前田勉「功名心と「国益」——平賀源内を中心に」(前掲『兵学と朱子学・蘭学・国学』)、同「蘭学系知識人の「日本人」意識——司馬江漢と本多利明を中心に」(『江戸後期の思想空間』ぺりかん社、二〇〇九年)参照。
(93) 大槻玄沢『蘭訳梯航』巻之下、三八九頁。
(94) 本居宣長『玉かつま』巻十四「古よりも後世のまされる事」、四三六頁。背景にあるのは、善は必ず悪に勝つという妙理の実在であり、徂徠学派と見紛うばかりのナラティヴである。「然るに今よもの海波しづかに、吹かぜのさはぎなき御世にて、下が下迄さはるかたなく、心のどかに何わざもならひ学びつつ、古へにもまさりて万の道の栄ゆくおりからなれば、古き書をよく見てその心ばへを深く考れば、いにしへ人のいひをきし事のよきあしきも、いとよくわかる事なる」(本居宣長『石上私淑言』巻三(大久保正編『本居宣長全集』第二巻、筑摩書房、一九六八年)一八二頁)、「方今昭代の化、文運渙発し、豪傑の士、勃焉として崛起す。先に契沖氏有り、而して後県居翁有り。一は則ち浪華に龍挙し、一は則ち江門に虎視す。盛んに復古の学を唱へ、海内之が為に一新す(方今昭代之化、文運渙発、豪傑之士、勃焉崛起。先有契沖氏、而後有県居翁。一則龍挙浪華、一則虎視江門。盛唱復古之学、海内為之一新)」(須賀直見「字音仮字用格序」(大野晋編『本居宣長全集』第五巻、筑摩書房、一九七〇年)、三二一頁)参照。
(95) 山本北山「随園詩話序」(ボーラー前掲「山本北山年譜稿」)、一一六〜一一七頁。
(96) 『当世垣のぞき』序(華道沿革研究会編『花道古書集成』第三巻、思文閣出版、一九三〇年)、一頁。明和三年刊の同書では、花道を「今日の世渡り」の道具とみなし（四頁）、「自己の工夫」を打ち出して「古人の意」を蔑ろにする風潮が嘆かれているが（一六頁）、まさしくそうした新気運として遠州流を創めた貞松斎一馬の生花指南書『挿花衣香』（初篇、享和元年刊）にも、「頃日瓶花の流、門を成す者数十百家、互に相争論し、未だ其の是非を識らず（頃日瓶花流、成門者数十百家、互相争論、未識其是非）」とある。いずれの口吻も儒家や詩人たちとよく似るのは、それだけ両者が市場における門戸争いという磁場を共有していたからであろう。なお同様の雰囲気を伝える史料として、次も興味深い。「学問も、仁斎、徂徠など古学を唱へられて、其余風医者へ移りて、めったに傷寒論金匱と称し、乳臭の童も、仲景、孫思邈を口にす。当時、古方家、後世家と二派に成たり。それが和歌に移て、万葉々々とかまびすし。万葉、大切にせねばならぬものなれども、只詞つきを万葉めかして信実なきは、人目おどしに万葉がるといふ者也。何事も髪の結ぶり、衣服の模様の如く、はやりもの成るは端手成る事なり。不易に如くはあらじ。誹諧も芭蕉々々とて、嚔も芭蕉の嚔は面白きといふ様に、名に浮れるも浮気也。〔……〕近年の句の趣向は論ぜず、只口気《クチフリ》を芭蕉らしく作る事を好み、田舎めきたる詞をつかひて、去来、許六、乙由などを慕ふやう也。是等芭蕉がる類也。蕉翁若し再生あらば、かうではないと歎かるべし。〔……〕近頃は京大坂頻りに連歌行はるるは、何事も退屈したるにや。義太夫節も流行出しそうな者也」（勝部青魚『剪燈随筆』〔森銑三ほか編『随筆百花苑』第六巻、中央公論社、一九八三年〕、三〇五～三〇六頁）。青魚は宇野明霞門の儒者で、同書は天明五年頃の作である。

(97) 中村蘭林『講習余筆』（前掲『日本文庫』第六篇）、三二一頁。

(98) 同上、三八頁。

(99) 同上、三九頁。

(100) 同『間窓雑録』（関儀一郎編『日本儒林叢書』第二冊、東洋図書刊行会、一九二八年）、二頁。結果として、中村蘭林の立場は朱子学に「大疑」を発した貝原益軒に近似する。「凡そ後世の説辞を為す者、孔孟の源流と相同じければ則ち可なり。苟くも孔孟の説く所と、源流同じからずして、別に異を為せば、則ち不可なり。夫れ天地の物を開くや、発微漸を以てす。是れ気運の勢、自然の理なり。故に事固より古人未だ言はざる所にして、後世を俟つ者有り。堯舜の未だ言はざる所にして、孔子之を言ひ、孔子の未だ言はざる所にして、孟子之を言ひ、孔孟の未だ言はざる所にして、宋儒之を言ふ者多し（凡後世為説辞者、与孔孟之源流相同則可也。苟与孔孟之所説、源流不同、而別為異、則不可也。夫天地之開物、発微以漸。是気運之勢、自然之理也。故事固有古人所未言、而俟後世者。堯舜之所未言、而孔子言之、孔子之所未言、而孟子言之、孔孟之所未言、而宋儒言之者多矣）」

(『大疑録』巻之上〔益軒会編『益軒全集』第二巻、益軒全集刊行部、一九一一年〕、一五八頁)、「然れども天下の義理は窮まり無く、聖人の蘊奥は尽し難し。是を以て宋の諸賢の説く所、義理既に明備せりと雖も、其の細微曲折の余意は、復た猶ほ後人の議論を待ちて、益々詳審する者有り。是れ気運の開、人文の明、漸を以てして一時に極尽すること能はざる所有るなり(然而天下之義理無窮、聖人之蘊奥難尽。是以宋諸賢之所説、雖義理既明備矣、其細微曲折之余意、復猶有待後人之議論、而益詳審者。是気運之開、人文之明、以漸而有所不能一時極尽也)」(『自娯集』巻之二〔同上〕、二一七頁)参照。

(101) 山本嘉孝「中村蘭林の文章学——十八世紀日本における朱子学の展開」(『日本思想史学』第四十七号、二〇一五年)、一二六～一二七頁参照。

(102) 中村蘭林『講習余筆』、五六頁。

(103) 蘭林についていえば、彼は地道な考証によって混乱を収束できると考えていたようである。たとえば『講習余筆』では、古学者から頗る評判の悪かった「理」「道体」「名教」などの語につき、きちんと古典に用例のあることを論証している。山本前掲「中村蘭林の文章学」、一三五～一三八頁参照。

(104) 高濱次郎編『栗山手簡』(寛政学院、一九四〇年)、二一～三三頁。

(105) 中野三敏「十八世紀の江戸文化」(前掲『十八世紀の江戸文芸——雅と俗の成熟』)、三〇頁。

(106) 同上、四九頁。

(107) 小島康敬「反徂徠学の人々とその主張」(『〔増補版〕徂徠学と反徂徠』ぺりかん社、一九九四年)。

(108) 柴野栗山「答大江尹」(『訓点栗山文集』巻之三、四オ。

(109) 同「送長子玉序」同上、巻之二之上、六オ～ウ。

(110) 同「送倉成善卿序」同上、巻之二之下、二ウ。

(111) 同「苧山集序」同上、三十一オ。

(112) 同「四十六士論評序」同上、二十八オ～ウ。

(113) 尾藤二洲『冬読書余』巻之二(頼惟勤校注『近世儒家文集集成』第十巻、ぺりかん社、一九九一年)、二五八頁。

(114) 西山拙斎「答客問」(『拙斎西山先生遺文集』(前掲『西山拙斎全集』第二巻)、五八～五九頁。

(115) 頼春水「学統論」『春水遺稿』巻十、一ウ。なお辻本雅史は、同論文の分析を中心に、正学派の思想的特質を民心＝人心統合論に認め、異学の禁もそうした政治的課題への対応だったと結論する(「十八世紀後半期儒学の再検討――折衷学・正学派朱子学をめぐって」(『思想』第七六六号、一九八八年)、「寛政異学の禁をめぐる思想と教育――正学派朱子学と異学の禁」(『近世教育思想史の研究――日本における「公教育」思想の源流』思文閣出版、一九九〇年)参照)。なるほど本章でも述べるように、正学派たちは学問の正邪を政治の問題としてとらえている。ただし、たとえば西山拙斎が教学の「不振」として挙げる政治問題は、訴訟の頻発、盗賊博徒の横行、姦吏の跋扈などである(「書答客問後」『拙斎西山先生遺文集』、六一頁)。彼らは学界・文壇における浮薄な新奇争いが政治文化に与える悪影響には敏感だったが、そうした異学の氾濫が人心の分裂を招いているといった――後期水戸学派がキリスト教に抱いたような――危機感を認めることは難しい。総じて辻本の議論は、異学の禁において主要な役割を担ったとはいえない頼春水や岡井赤城に基づき異学の禁の思想史的意義を説くという点で、立論に無理があるのではないか。徂徠学の色濃い影響のもと、正学派の頃から民心レベルでの統合が課題として浮揚するという仮説は魅力的であり直観にも合致するが、辻本の議論はその十分な検証たり得ていない。そして以上から、政策としての異学の禁についても、ここでは旗本教育の問題に端を発する武家社会内部の出来事だったとみなす中田喜万「近世武士と儒学「学校の政」の理念――秩序構想の中の学問所」(東京大学大学院法学政治学研究科博士論文、二〇〇四年)、眞壁仁『徳川後期の学問と政治――昌平坂学問所儒者と幕末外交変容』(名古屋大学出版会、二〇〇七年)の考えに与したい。辻本の強調する民衆への藩校聴講の奨励や寺子屋の増設は、重要な附随現象ではあるとしても、異学の禁の主目的とはいえないであろう。

(116) 柴野栗山「産論翼序」『訓点栗山文集』巻之二之上、七オ。

(117) 同「与鏝画松本生」同上、巻之一、五オ、「跋沈南蘋画巻」同上、巻之六、七オ。

(118) 「承平日々に久しく、四海虞れ無し。人 思を巧技に究むるを得、愈々出でて愈々奇なり。是れ政治に於いて関係すること無しと雖も、亦た以て後世をして、天下 無為の化に優游するを見しむべきなり(承平日久、四海無虞。人得究思于巧技、愈出愈奇。是於政治雖無関係、亦可以使後世、見天下優游於無為之化也)」(「与鏝画松本生」、五オ)参照。ちなみに山本北山はこうした技藝も風俗にかかわるものとして積極的に経世と架橋させて考えていたから、ここには折衷派と正学派、開化の世を生きた明和・安永・天明期の文人と寛政期の道学者における、興味深い技藝観の対比が垣間見える。北山の技藝観につき、山本前掲「山本北山の技芸論」参照。

(119) 西山拙斎「書答客問後」『拙斎西山先生遺文集』、六一頁。

(120) 柴野栗山「答大江尹」、四ウ。
(121) 同「答沢雉丘」同上、一ウ。
(122) 吉田竹窓『読書論』（長澤規矩也編『影印日本随筆集成』第八輯、汲古書院、一九七八年）、三六二頁。
(123) 同上、三六三頁。
(124) 中田前掲「近世武士と儒学「学校の政」の理念」、一三〇～一四二頁、高山大毅「食の比喩と江戸中期の陽明学受容」（『駒沢国文』第五十三号、二〇一六年）、一二五～一二六頁。
(125) 大田錦城『梧窓漫筆』、六二一～六二二頁。
(126) 柴野栗山「答大江尹」、一ウ。
(127) 同上、三オ。
(128) 同上、五ウ。
(129) 尾藤二洲『択言』（前掲『近世儒家文集集成』第十巻）、一九四、一九六頁。熊本時習館の教授・辛島塩井も次のように朱子学を擁護する。「其学問の伝来は程子より余多の大儒の相伝はりて百年ばかりもして朱子に至て集て大成をいたされたれば、学問の淵源至て深く大なることなり。〔……〕其言を尊大にして過高となり、一己の私見を開て一時の人を驚かすの類とは同日に論ずべきにあらず」（『学政或問』〔『日本教育史資料』第八冊、文部省総務局、一八九二年〕、七頁）。
(130) 前掲『栗山手簡』、二頁。
(131) 柴野栗山「答大江尹」、三オ。
(132) 同「柴野邦彦学事意見書」（前掲『日本教育史資料』第八冊）、一四頁。
(133) 西山拙斎「与滄州先生書」『拙斎西山先生遺文集』、七二～七三頁。ただし、やや後年の資料になるが、広瀬旭荘は全く同じ事情に触れて、しかし「寧ろ国脈を革むるも、学風を革むるを肯んぜず。是れ其の膏肓の病なり（寧革国脈、不肯革学風。是其膏肓之病）」と嫌味なことをいう（『梅墩漫筆』〔中村幸彦ほか編『広瀬旭荘全集』第十一巻、思文閣出版、一九八六年〕、二三九頁）。背景にあるのはむろん「我革命無し（我無革命）」（同上、二三七頁）というナショナリズムである。持続の価値という正学派の朱子学擁護論に潜む中国批判と皇国意識への脈絡を端無くも示している。
(134) 那波魯堂『学問源流』、四五頁。

(135) 片山兼山『山子垂統前編』、二六一頁。
(136) 那波魯堂『学問源流』、二四頁。
(137) 長野豊山『松陰快談』、三六四頁。
(138) 同上、三二一、三七〇頁。
(139) 広瀬旭荘『九桂草堂随筆』巻一(前掲『日本儒林叢書』第二冊)、一九頁。
(140) 本文では触れられなかった正学派の詩文論について、補足しておく。栗山にしろ拙斎、二洲、春水らにせよ、正学派が重んずるのは第一に経義であり、「詩は必ずしも作らず、必ずしも作らざるにあらず(詩不必作、不必不作)」(尾藤二洲『静寄余筆』巻上〔前掲『近世儒家文集集成』第十巻〕、二〇〇頁)という態度をとる者が多い(もちろん彼らのなかにも優れた詩人がいることは別問題である)。とはいえ総じて、模擬剽窃に基づく古文辞の否定はもはや当然であり、宋詩流行の末弊をどうするかが主たる関心事であったといえよう。「余れ時人 稍々明人王李七子の軽佻牽強を悪むを知るを嘉す。而して其の繊弱鄙細、日々に衰晩の気に趨くを病むなり(余嘉時人稍知悪明人王李七子之軽佻牽強焉。而病其繊弱鄙細、日趨於衰晩之気也)」(柴野栗山「淇園詩話序」『栗山文集』巻之二之上、二オ)といったところが通論である。そんななか、尾藤二洲の次の発言は注目に値する。「梅聖兪曰く、「凡そ詩は意新たに語工みに、先人の未だ道はざる所の者を得るを、斯ち善と為す。必ず能く写し難きの景を状ること、目前に在るが如く、尽きざるの意を含みて、言外に見はし、然る後至れりと為すなり」と。宋朝の詩人率ね此の意を主とす。其の詩日々に新巧に趨く所以なり(梅聖兪曰、凡詩意新語工、得先人所未道者、斯為善矣。必能状難写之景、如在目前、含不尽之意、見於言外、然後為至也。宋朝詩人率主此意。其詩所以日趨新巧也)」(『静寄余筆』巻上、二一〇頁)。梅聖兪は名を堯臣、宛陵と号する北宋の詩人で、袁中郎ら性霊派が高く評価したことでも知られる。正学派が経義の点で「発明」を嫌ったことは詳述したが、詩文においてもやはり「先人の未だ道はざる所」は忌むべきものであり、それが彼らと一世代前の豪傑たちとを分かつ所以であったことがよくうかがわれよう。
(141) この点につき、眞壁前掲『徳川後期の学問と政治』第二章が今日の研究水準を示している。
(142) 神沢貞幹編『翁草』巻一七八(『日本随筆大成』第三期第二十四巻、吉川弘文館、一九七八年)、一七〇頁。
(143) 辻本雅史「亀井南冥の学校論と福岡藩校」(前掲『近世教育思想史の研究』)参照。
(144) とはいえ、一連の改革は全国的な朱子学復興をうながしたとみるべきである。昌平黌での教授や学問吟味の規格が朱子学に定められた以上、聖堂入りを夢見る書生たちにとって、わざわざ「異学」を学ぶことは可能であっても非合理である。藩校の場合も、冢田大峰を任用した尾張や、徂徠学の影響を色濃く遺した水戸の事例からは、むしろ「江戸本家も何するものぞ」といわんばかりの宗藩の傲慢さが感じ取れる。仙台や宇和島をはじめ、この時期に藩学を徂徠学から朱子学へと替えた藩も多い(笠井助治「寛政異学の禁と藩学」(『近世藩校に於ける学統学派の研究』下巻、吉川弘文館、一九七〇年)参照)。十九世紀日本における基礎教養は、徂徠学でも折衷諸派でもなく、朱子学である。

(145) 石川謙『日本学校史の研究』(日本図書センター、一九七七年)、二六三頁。眞壁前掲『徳川後期の学問と政治』、八一頁。

(146) 『旧事諮問録』下巻(岩波文庫、一九八六年)、一三二頁。重野成斎の発言。

(147) 岡鹿門『在臆話記』(森銑三ほか編『随筆百花苑』第一巻、中央公論社、一九八〇年)、二六四頁。

(148) 菊池五山『五山堂詩話』巻三(前掲『日本詩話叢書』第十巻)、四六三頁。栗山と五山の関係につき、揖斐高『江戸の詩壇ジャーナリズム――『五山堂詩話』の世界』(角川書店、二〇〇一年)参照。

第三章

(1) 新井白石にとって『読史余論』はあくまで御進講のテクストとして家宣の死とともにその使命を終えた一冊であり(益田宗「解題」(松村明ほか校注『日本思想大系35 新井白石』岩波書店、一九七五年))、同じように林家の『本朝通鑑』も紅葉山文庫に奉納されただけで公儀に出版の意図はなかった(小沢栄一『近世史学思想史研究』(吉川弘文館、一九七四年)、二三一～二三二頁)。『大日本史』の流布状況については、さしあたり勢田道生「津久井尚重『南朝編年記略』における『大日本史』受容」(『近世文藝』第九十八号、二〇一三年)参照。同時代の証言としては、宝暦八年に篠崎東海が次のように述べている。「本朝通鑑は官府にあり、日本史は彰考館にあれば、世の人のやすくうかがふことはならざらまし。〔……〕あはれ願はしき事は、我国通史をせめて綱鑑ほどに編輯して、板行するならば世助ともなるべきに、先死ぬ内に文集を板行したがる世中なれば、気のつかぬこそとはりなる哉」(『和学弁』巻上(大田南畝編『三十輻』第四巻、国書刊公会、一九一七年)、一八四～一八五頁)。

(2) 明治十三年、清田嘿の編集により『日本名家史論鈔』という近世史論のアンソロジーが出版される。採録されている史論の数は全三十四人一三六篇。仮に荻生徂徠の没年(一七二八年)を境に各著者の生年を前後に振り分けた場合、江戸前期からは十一人十八篇、後期からは二十三人一一八篇となる。近世後期の史論の流行を裏付ける数字だといえよう。

(3)　頼山陽についての先行研究は、その逸話に富む生涯のおもしろさ故か、評伝的研究を主としてきた。森田思軒『頼山陽及其時代』(民友社、一八九八年)、徳富蘇峰『頼山陽』(民友社、一九二六年)、中村真一郎『頼山陽とその時代』(中央公論社、一九七一年)、富士川英郎『菅茶山と頼山陽』(東洋文庫、一九七一年)など参照。思想分析に関しては、丸山眞男が『日本政治思想史研究』で描いた徂徠学的歴史主義と朱子学的合理主義という図式に沿って、山陽をどちらに振り分けるかが争われてきた。丸山眞男「忠誠と反逆」(『丸山眞男集』第八巻、岩波書店、一九九六年)、同「歴史意識の「古層」」(同上、第十巻)、植手通有「江戸時代の歴史意識」(丸山真男ほか編『歴史思想集』筑摩書房、一九七二年)、石毛忠「近世儒教の歴史思想――頼山陽の史論を中心として」(『季刊日本思想史』第十六号、一九八一年)、野口武彦『江戸の歴史家――歴史という名の毒』(ちくま学芸文庫、一九九三年)、玉懸博之「頼山陽の歴史思想」(『日本近世思想史研究』ぺりかん社、二〇〇八年)、大川真「頼山陽における政治なるもの」(『近世王権論と「正名」の転回史』御茶の水書房、二〇一二年)など参照。いずれとも、鍵概念のパッチワークという概念史的手法を個別の思想家研究にまで無思慮に応用し、また歴史叙述が当該知識界においてどのような営みと目されていたのかに対する注意を欠く点で、本章にとってあきたりない内容となっている。

とはいえ、頼山陽研究において近年最も注目される成果は濱野靖一郎『頼山陽の思想――日本における政治学の誕生』(東京大学出版会、二〇一四年)だから、ここですこし立ち入って検討しておこう。同書の議論は〈勤王の文人〉という素朴な山陽イメージに異を唱え、『通議』の読解から政治理論家としてその思想体系をとらえなおそうというものである。勤王イデオローグという偶像への異議は目新しいものではないが、方孝孺や熊沢蕃山など「頼山陽以前」の理論家との適切な対比に基づく政治理論の描出は精緻かつ説得的であり、研究史上新しく重要な位置を占めている。

しかし、疑問が残る点も少なくない。第一に、濱野は頼山陽が儒者・漢学者・文人ではなく政治理論家であり、尊王ではなく佐幕であることを力説するが、儒者文人であることと政治理論家であることは矛盾せず、佐幕であることは尊王でないことを意味しない。新たな理解の提示のために、過度に偏狭な山陽像を描いているきらいは否めない。また第二に、政治理論家という規定に沿って、濱野は『通議』から析出された政治理論をあらかじめ措定し、それに基づき『日本外史』や『日本政記』を分析する演繹的アプローチを採用している。したがって、そもそも、歴史叙述の特質の解明は試みられてすらいない。本書とは関心を異にする所以である。なお第三に、その政治理論につき一言すれば、濱野は正解の存在を自明視できない状況下での「判断」を重んじるが、かつて丸山眞男の強調したところと距離が非常に近い。結局、「丸山政治学」の始点は荻生徂徠ではなく頼山陽だという話なのだろうか。また、「政治学」とは、そのようなかたちをとらなければ「誕生」したといえないのだろうか。マキアヴェッリの扱いも含め、「政治学」理解が隘陋である。
(4) 頼山陽「立志論」(徳富猪一郎監修『頼山陽全書 文集』頼山陽先生遺蹟顕彰会、一九三一年)、一～二頁。以下『文集』と略記する。
(5) 吉川幸次郎・小川環樹『中国詩文選1 中国の散文』(筑摩書房、一九八四年)、八八頁。
(6) 頼山陽「答古賀溥卿書」『文集』、一五一頁、「答武元君立書」同上、一七二頁、「廉塾雑詩」(徳富猪一郎監修『頼山陽全書 詩集』頼山陽先生遺蹟顕彰会、一九三二年)、一〇九頁。
(7) 武元北林「与頼隣二」『文集』、九六～九七頁。
(8) 頼山陽「答武元君立書」同上、一一〇頁。
(9) 同「与大槻子節」同上、八七頁。
(10) 同「答古賀溥卿書」同上、一五〇頁。
(11) 辛島塩井『学政或問』(『日本教育史資料』第八冊、文部省総務局、一八九二年)、一〇～一一頁。
(12) 龍玉淵・大菅承卿・伴東山「学館考」(「彦根藩士学事意見書」『日本教育史資料』第五冊、文部省総務局、一八九一年)、五一一頁。
(13) たとえば菅野兼山門で易学の大家として知られた新井白蛾は、加賀藩明倫堂の新設に伴って新たに召し抱えられた際、「学校出座の諸学生」と「同役格」では話にならないと訴えたが、却下されている。歴代加賀藩儒の苦闘につき、江森一郎「藩校教授の葛藤――十九世紀前半の加賀藩明倫堂を主対象として」(『「勉強」時代の幕あけ――子どもと教師の近世史』平凡社、一九九〇年)参照。また、近世の学校論を通覧するものとして、特に中泉哲俊『日本近世学校論の研究』(風間書房、一九七六年)と中田喜万「近世武士と儒学「学校の政」の理念」(東京大学大学院法学政治学研究科博士論文、二〇〇四年)を参照した。
(14) 大島藍涯意見書(「加賀藩士学事意見書」(前掲『日本教育史資料』第五冊))、五五八～五五九頁。
(15) 大島贄川ほか意見書(同上)、五三七頁。
(16) 中村滄浪亭「学館私議」(前掲「彦根藩士学事意見書」)、五一〇頁。
(17) 同上、五一一頁。

(18) 横井小楠「学校問答書」(山崎正董編『横井小楠遺稿』日新書院、一九四二年)、藤田東湖『弘道館記述義』(尾藤正英ほか校注『日本思想大系53 水戸学』岩波書店、一九七三年)、会沢正志斎『退食間話』(同上)など参照。もちろん「学」の内実や理想とする「学政」関係は一様ではない。
(19) 中村敬宇「論学弊疏」『敬宇文集』巻一、二オ～三オ。同趣旨の論難は近世後期にひろく見られるが、ここでは敬宇の師でもあった塩谷宕陰が浜松藩に宛てた意見書と言葉遣いまでよく似ているから、直接参考にした可能性が高い。「学館は人才教育の場所に候間政事と一体に無之候ては不相成候処、世上の風を聞及候に多分二た分れに相成候。譬ば文武出精身持宜敷候ても其者は埋れ居外に昇進の道有之、修業も不精身持も格別に無之者宜き役に進候。是は人才昇進之道平生教育の主意と違候て、二た分れに成と申者にて候。左候ては学館は太平を飾り候表道具にて実は無用の物に相成候。何卒左様無之平生取立に文武才徳の者委敷吟味の上昇進為致候様有之度候」(塩谷宕陰「館役勤向心得書草案」〔前掲『日本教育史資料』第五冊〕、四五七頁)参照。
(20) 松林飯山「渉史遇筆序」『飯山文存』巻二、三十五ウ。
(21) 野坂梅園宛、文政六年十二月十七日(徳富蘇峰ほか編『頼山陽書翰集』上巻、民友社、一九二七年)、五七頁。以下、書簡の引用は同集に拠り、『書翰集』上・下・続と略記する。
(22) 築山嘉平宛、文化七年七月二十六日(同上)、六六～六七頁。
(23) 同上、六九～七一頁。
(24) 本居宣長『玉かつま』巻一「あらたなる説を出す事」(大野晋編『本居宣長全集』第一巻、筑摩書房、一九六八年)、五四～五五頁。
(25) 司馬江漢『江漢西游日記』(朝倉治彦ほか編『司馬江漢全集』第一巻、八坂書房、一九九二年)、二七一～二七三頁。森田思軒も「四方遊歴の文人」の中には「弊単衣餓垢面」で「酔ては輒ち口を極めて徒らに当世の名家大家を罵る」「一種の乞食」のような者がいたと回想している(前掲『頼山陽及其時代』、一五七～一五八頁)。
(26) 揖斐高『江戸の文人サロン――知識人と芸術家たち』(吉川弘文館、二〇〇九年)、一六六～一六七頁参照。なお広瀬旭荘によれば、京都の文人たちは時に次のような小細工を弄したらしい。まず京坂文人の「月旦評」を自作して、自らの名前を上位に書く。次いでそれを先発する知人に託して遊歴予定の地方都市に伝えておく。それから一年ほどして遊歴に出かけると、「月旦評」を信じて「当今第一人」と勘違いした地方の名望家たちに書画がよく売れたという(「書徳永某書画巻首」『旭荘文集』〔井上

敏幸ほか編『広瀬旭荘全集』第十巻、思文閣出版、二〇一〇年)、七五六〜七五七頁)。

(27) 和辻哲郎『日本倫理思想史』第四巻(岩波文庫、二〇一一年)、一七七〜一七九頁。

(28) やや後年の資料になるが、山陽の門人である森田節斎が谷三山とのあいだでおこなった筆談の記録は、こうした観点から興味深い。この筆談には、三山が身を寄せていた高取藩士・簗山家の主人も参加しており、会話の途中、「是よりまくをきりかえ、論本朝近世英雄。主人望之」(森田節斎・谷三山『愛静館筆語』(田村吉永編『森田節斎全集』五條市、一九六七年)、一七〇頁)と唐突に歴史談義がはじまるくだりがある。そこでは、それまでの経学論議や詩文の批評では聞き手にまわっていた「主人」が、突如節斎と三山に次々と質問をぶつけている。その内容は、「経久元就いづれかまさる」「元就、謙信、信玄、いづれかまさる」(一七一頁)といった稚気に満ちたものであるが、文人たちの庇護者であった教養ある武士層が歴史談義を好んでいたことをよく示しているであろう。

(29) 梶山立斎宛、享和三年(『書翰集』下)、八八二〜八八三頁。

(30) 頼山陽「答古賀溥卿書」『文集』、一五一頁。

(31) 同「読賈馬二子文」同上、八四頁。

(32) 同「書大日本史賛藪後」『書後幷題跋』(『文集』)、六八頁。山陽には知るよしもないが、徳川光圀は史書編纂の動機について次のように述べていた。「下官史記編集の事、第一上古より近来迄の事を記録仕候て、後世の重宝にも可罷成哉と存、次には下官事武家に生長仕候得共、太平の時節に候故、何にても武名を立申事無之候。然は家業にて無之候へ共、書籍編集仕候はば、少は下官名も後世へ伝り可申哉と存候て存立申事候」(徳川光圀の遺仰院応空宛、十月二十九日(徳川圀順編『水戸義公全集』中巻、角川書店、一九七〇年)、九五頁)。

(33) ちなみに、こうした文士と英雄との関係は、文士と風景とのあいだにもあてはまる。その脈絡を最も雄弁に語るのは、藤森弘庵『如不及斎文鈔』巻下に見える「書木逸雲耶馬渓図後為小柳春塘」という一文である。そこで弘庵はまず、世に「雋異倜儻の士(雋異倜儻之士)」は多くいるが、「知己」を得なければその「奇」は世に顕われず、「能文の士(能文之士)」と出会わなければ後世に伝わらないとした上で、風景も同じことだと論じたてる(十三オ)。たとえば耶馬渓は幾千年の昔よりずっと奇観だが、「樵夫野老」はそれを見過ごしてきた。ひとり頼山陽を得てはじめて、この景勝の地は「幸に不朽を得(幸得不朽)」というわけだ(十三ウ〜十四オ)。優れた景観も文士により発見され、詩文書画に昇華されることで〝永遠性〟を得る。してみれば、徳川後期に盛行した「探奇」の旅も、文士たちが歴史叙述に魅せられた時代にふさわしい現象ではなかったか。同じく藤森弘庵の手になる「送青楼記」(同上巻中)のほか、松林飯山「遊千綿渓記」(『飯山文存』巻二)、宮崎青谷「跋月瀬記勝」(『青谷遺稿』巻之二)など参照。

(34) 平石直昭「「物」と「豪傑」——江戸後期思想についての覚書」(『懐徳』第五十七号、一九八八年)、五一頁。

(35) あまりに自明なことだとされてきたからだろうか、「文体」についての研究は少ない。中村幸彦「型の文章」(『中村幸彦著述集』第二巻、中央公論社、一九八二年)、吉川・小川前掲『中国詩文選1 中国の散文』が管見の限りでは最もまとまっている。また『新釈漢文大系』『中国の古典』などの『文選』や『唐宋八家文』の解題も参考になる。なお、古文辞という独自の文章理論を提起した徂徠学に関しては、文論研究も豊富であり、論述の都合上「文体」問題に言及するものも多い。本書第一章で触れた白石真子や竹村英二の諸論ほか、藍弘岳「徳川前期における明代古文辞派の受容と荻生徂徠の「古文辞学」」(『日本漢文学研究』第三号、二〇〇八年)参照。

(36) 近世日本での刊行につき、竹村英二「太宰春台における古文の「体」「法」重視」(笠谷和比古編『十八世紀日本の文化状況と国際環境』思文閣出版、二〇一一年)の整理が簡潔である。

(37) 太宰春台『倭読要領』巻下、三十九オ〜ウ。

(38) 荻生徂徠「四家雋雋例」『徂徠集』巻之十九(平石直昭編『近世儒家文集集成』第三巻、ぺりかん社、一九八五年)、二〇一頁。

(39) 同「示木公達書目」(島田虔次編『荻生徂徠全集』第一巻、みすず書房、一九七三年)、五三七〜五三八頁。

(40) 人体の比喩は、斎藤拙堂「重刻文体明弁序」『拙堂文集』巻之三、十八オ〜ウ。同様の指摘は近世を通して様々な比喩のもと——たとえば虎を描いて鹿毛をあしらう(長野豊山『松陰快談』(池田四郎次郎編『日本詩話叢書』第四巻、文会堂、一九二〇年)、三五二頁)——くりかえし語られている。「文章無体」などと強弁したのは、異能の経世家・海保青陵くらいである(『文法披雲』(蔵並省自編『海保青陵全集』八千代出版、一九七六年)、七一四頁)。

(41) 山本北山『作文志彀』(岸上操編『日本文庫』第七篇、博文館、一八九一年)、一五頁。

(42) 伴蒿蹊『訳文童喩』(風間誠史校訂『叢書江戸文庫7 伴蒿蹊集』国書刊行会、一九九三年)、八四頁。

(43) 藤原惺窩『文章達徳綱領』(『藤原惺窩集』下巻、国民精神文化研究所、一九三九年)。

(44) たとえば「議論・叙事の二者、是れ文章の大綱領(議論叙事二者、是文章大綱領)」(荻生徂徠『訳文筌蹄初編』題言十則(戸川芳郎ほか編『荻生徂徠全集』第二巻、みすず書房、一九七四年)、一四頁)や、「議論・叙事、皆自ら了するを以て了と為す(議論叙事、皆以自了為了)」(頼山陽「経説文話十則」『文集』、六六六頁)など参照。
(45) 「議・弁・書・序は議論文為り、記・伝・碑・誌は叙事文為り。相乱るべからず(議弁書序為議論文、記伝碑誌為叙事文。不可相乱)」(斎藤拙堂『続文話』巻二、一ウ)参照。ただしすべてが一義的に区別できるわけではなく、『文体明弁』によれば、たとえば「序」は「叙事」としても「議論」としても使える。
(46) 経緯の比喩は太宰春台「文論」(関儀一郎編『続々日本儒林叢書』第二冊、東洋図書刊行会、一九三六年)、一二頁。
(47) 高橋章則「江戸時代の歴史書の作法を考える――頼山陽という分水嶺」(『大航海』第六十七号、二〇〇八年)から表現を借りた。
(48) 梶山立斎宛、享和三年(『書翰集』下)、八八〇~八八一頁。
(49) 荻生徂徠『蘐園随筆』巻四(西田太一郎編『荻生徂徠全集』第十七巻、みすず書房、一九七六年)、一四六頁。
(50) 同『徂徠先生答問書』巻上(同上、第一巻)、四八二~四八三頁。
(51) 同上、四三二~四三三頁。
(52) 梶山立斎宛、享和三年、八七七~八七八頁。
(53) 同上、八七八頁。
(54) 頼山陽「古文典刑凡例」『文集』、一三一頁。
(55) 前者に採録されているのは、篠崎小竹、斎藤拙堂、坂井虎山、野田笛浦の四人、後者は頼山陽を筆頭に小竹、拙堂、虎山、長野豊山、森田節斎、藤田東湖、久坂玄瑞の八人である。
(56) 宮崎修多「漢訳文と明治の紀事文」(『文学』増刊号、岩波書店、二〇〇一年)、斎藤希史『漢文脈と近代日本――もう一つのことばの世界』(日本放送出版協会、二〇〇七年)参照。
(57) 清田嘿「例言」『日本名家史論鈔』巻一、一オ。
(58) 中村前掲『頼山陽とその時代』、五三八頁。
(59) 田口卯吉『日本外史ト読史余論』(『鼎軒田口卯吉全集』第一巻、鼎軒田口卯吉全集刊行会、一九二八年)参照。

(60) 篠崎小竹宛、文政九年十一月二十五日(『書翰集』下)、四四頁。
(61) 頼山陽「書史賛雋後」『書後并題跋』、五九頁。
(62) 同「日本外史例言」『文集』、四二〇頁。
(63) 梶山立斎宛、享和三年、八八六頁。
(64) 篠崎小竹・後藤松陰宛、天保三年九月十一日(『書翰集』下)、五〇四~五〇五頁、中川漁村宛、天保三年七月七日(同上)、四八七頁。
(65) 拙稿「経世の夢、文士の遊戯――頼山陽における政治思想と史学」(『国家学会雑誌』第一二七巻第七・八号、二〇一四年)参照。同論文では、「豪傑」志向のほか、実用主義、考証学、詠史といった諸点から徳川後期における歴史の魅力を論じた上で(第一章第二節)、歴史叙述の具体的分析をより包括的におこなっている(第二章第三節)。
(66) 頼山陽『日本外史』源氏前記(徳富猪一郎監修『頼山陽全書 全集上』頼山陽先生遺蹟顕彰会、一九三一年)、一九頁。
(67) 同上、四二頁。典拠は『源平盛衰記』巻四十三「宗盛取替子」。『平家物語』にこのくだりはない。
(68) 同上、四五頁。
(69) 安積澹泊『大日本史賛藪』平重盛(松本三之介ほか校注『日本思想大系48 近世史論集』岩波書店、一九七四年)、二八八頁。
(70) 古賀侗庵「重盛維盛清経」『劉子』下巻(関儀一郎編『続日本儒林叢書』第四冊、東洋図書刊行会、一九三三年)、二八一頁。
(71) 安積艮斎『史論』(同上、第二冊、一九三一年)、一八頁。
(72) 頼山陽『日本政記』高倉天皇(植手通有校注『日本思想大系49 頼山陽』岩波書店、一九七七年)、五五五頁。
(73) 死を祈ったという逸話の典拠は『源平盛衰記』巻十一「小松殿夢・熊野詣」。『外史』にも「重盛熊野の祠に造りて死を祈り、帰って瘍疾を獲たり(重盛造熊野祠祈死、帰獲瘍疾)」(二一頁)とある。この点についての近世諸儒の評価は様々で、安積澹泊はその「志」に理解を示しながら仏教に惑わされたことを嘆き(『大日本史賛藪』平重盛、二八八頁)、中井履軒や安積艮斎はより容赦なく論難している(中井履軒『通語』平語下、安積艮斎『史論』平重盛)。
(74) 頼山陽『日本政記』高倉天皇、五五五頁。
(75) 同『通議』論機下(徳富猪一郎監修『頼山陽全書 全集中』頼山陽先生遺蹟顕彰会、一九三一年)、二二一~二二五頁。
(76) 同『日本政記』称徳孝謙天皇、四九三頁。

(77) 同上、後冷泉天皇、五三八頁。
(78) 安積澹泊『大日本史賛藪』和気清麻呂、二八〇頁、藤原実資、二八四頁、吉備真備、二八一頁。
(79) 安積澹泊の論賛では「西行は志節高邁、卓爾として群せず。林藪に嘯詠し、風雲に笑傲す。世を遯れて悶ゆること無き者に近し。其の釈門に捨身し、人倫を遺落して、罪を聖人に得るに至りては、則ち当時の習俗にして、世を挙げて尚ぶ所。賢明の士と雖も、免れざること有り(西行志節高邁、卓爾不群。嘯詠林藪、笑傲風雲。近於遯世無悶者矣。至其捨身釈門、遺落人倫、而得罪於聖人、則当時習俗、挙世所尚。雖賢明之士、有不免焉)」(同上、隠逸伝、三一三頁)と言及されるのみである。あくまで「高蹈」な隠者の典型として扱われており、しかも仏門に帰依したことが非難される。
(80) 頼山陽『日本政記』崇徳天皇、五四七頁。
(81) 同上、五四八頁。
(82) 森田節斎・谷三山『二家筆談』(前掲『森田節斎全集』)、二一三頁。
(83) 『近世名家詩鈔』を収録する『詞華集日本漢詩』の解題でも言及されない版の異同について、以下が写真付きで詳しく紹介している。http://cogito.jp.net/kanshi/seigan/KinseiMeikaShisho.html 参照(二〇一六年九月十日閲覧)。
(84) 藤森弘庵「近世名家詩鈔序」『如不及斎文鈔』巻之中、十四ウ。関重弘ほか編『近世名家詩鈔』上巻、一オ~二オ。
(85) 梁川星巌は小野湖山に宛てて、安政三年の弘庵の上方遊歴につき次のように報じている。「扨京師は他方之人にては俄には人も参り兼候。往年詩仏、菱湖上京之節も、京師に凡そ百五六十日も淹滞之処、一向に人も不集候。貰物も僅々十金に不満候。且彼輩は書画も出来候、声名も相聞候得共、急々には売れ兼ね候。老人(弘庵)は沈実に而、詩文は出来候得共、声名は京師には知る人稀に候に付、何様に周旋致し候共、六ヶ敷候」(伊藤信ほか編『梁川星巌全集』第五巻、梁川星巌全集刊行会、一九五八年、八九頁)。京坂文人の江戸への対抗意識の現われとも、この失敗が序文における弘庵のどこか嫌味な態度につながったとも考えられる。
(86) 藤森弘庵「近世名家詩鈔序」、十四ウ~十五オ。
(87) 吉田松陰の杉梅太郎宛、嘉永四年八月十七日(広瀬豊ほか編『吉田松陰全集』第五巻、岩波書店、一九三五年)、七三頁。
(88) 同上、安政元年十二月二十四日(同上)、二八三頁。ちなみに兄がもちだす優れた文筆の例は、会沢正志斎『新論』や古賀侗庵『海防臆測』であるが、松陰は「紙上の空言は書生の誇る所、烈士の恥づる所」と一蹴している。

(89) 高杉晋作「十春闘詩序」(一坂太郎編『高杉晋作史料』第二巻、マツノ書店、二〇〇二年)、二九一頁、高杉晋作の久坂玄瑞宛、安政六年四月一日(同上、第一巻)、四八頁。
(90) 関義臣「送執法村田君帰越前序」『秋声窓文鈔』巻之一、四十一オ~ウ。
(91) 佐久間象山「文説」『象山先生文稿』(信濃教育会編『象山全集』第一巻、信濃毎日新聞株式会社、一九三四年)、三九頁。
(92) 春日潜庵「上鈴木遺音老師書」『潜庵遺稿』巻一、十オ~ウ。
(93) 横井小楠の村田氏寿宛、安政三年十二月二十一日(前掲『横井小楠遺稿』)、二四二頁。
(94) 橋本左内『啓発録』(景岳会編『橋本景岳全集』上巻、畝傍書房、一九四三年)、五頁。
(95) 佐久間象山の三村晴山宛、嘉永三年四月二十七日(信濃教育会編『象山全集』第三巻、信濃毎日新聞株式会社、一九三四年)、五六八頁。
(96) 梅田雲浜の鹿野蹇斎宛、安政元年九月二十日(佐伯仲蔵編『梅田雲浜遺稿並伝』有朋堂書店、一九二九年)、五九頁。
(97) 藤田東湖『弘道館記述義』巻之上(『大系53』)、四三三頁。
(98) 吉田松陰の杉梅太郎宛、嘉永六年十二月三日(前掲『吉田松陰全集』第五巻)、一八八頁。『新論』国体上(『大系53』)、三八六頁参照。
(99) もちろん誤読ではある。正志斎は「英雄」「豪傑」という言葉によって草莽に語りかけていたのではない(強いていえば守禦篇に見える「賢才」がそれにあたる)。正志斎が説くのは「天祖」や「太祖」、「東照宮」により設計された卓越した日本の国制——礼楽制度——の再活性化であり、それは上位為政者の任であった。高山大毅「遅れてきた「古学」者——会沢正志斎の国制論」(『近世日本の「礼楽」と「修辞」——荻生徂徠以後の「接人」の制度構想』東京大学出版会、二〇一六年)、一八八~一八九頁参照。
(100) 橋本左内「題旧著行余瑣事」(景岳会編『橋本景岳全集』下巻、畝傍書房、一九四三年)、一三二七頁。
(101) 佐久良東雄「遺訓」(市村其三郎編『佐久良東雄先生遺稿及伝記』駸々堂出版部、一九四〇年)、二~三頁。
(102) 宮原寿三郎の阪谷朗廬宛、安政六年八月七日(河野有理『明六雑誌の政治思想——阪谷素と「道理」の挑戦』東京大学出版会、二〇一一年)、八四頁。
(103) 関義臣「書蒲生褧亭著橋本景岳伝後」『秋声窓文鈔』巻之二、三十三ウ。

(104) 佐久間象山の川路聖謨宛、嘉永二年五月十三日(前掲『象山全集』第三巻)、五一〇頁。

第四章

(1) 某宛、安政六年一月十八日、一九〇頁。以下、吉田松陰の著作からの引用は『吉田松陰全集』全十巻(岩波書店、一九三四～一九三六年)に拠る。書簡は原則として安政四年までのものは全集第五巻、安政五年以降のものは第六巻に依拠し、頁数のみ記す。また、参照頻度の高い『戊午幽室文稿』『己未文稿』(ともに全集第四巻)はそれぞれ『戊午』『己未』と略記し、『講孟余話』(全集第三巻)は篇章頁数のみを記す。
(2) 杉百合之助宛、安政六年三月二日、二四〇頁。
(3) 「与子遠」安政六年二月二十九日(『己未』)、三一七頁。
(4) 「示子遠」安政六年二月(同上)、三〇五頁、「与無逸」安政六年二月十五日(同上)、三一〇頁、「議子遠等東走」安政六年二月十九日(同上)、三一二頁。
(5) 杉梅太郎宛、安政六年一月十三日、一八七頁。
(6) 入江杉蔵の松陰宛、安政六年三月十四日、二四七頁。
(7) 入江杉蔵宛、安政六年三月十六日、二五一頁。
(8) 入江杉蔵宛、安政六年三月十六日以後、二五二頁。
(9) 「示諸友」安政五年十一月二十九日(『戊午』)、「与諸友」安政六年二月(『詩文拾遺』(全集第四巻))、小田村伊之助宛、安政六年一月二十六日、佐世八十郎宛、安政六年二月九日頃など参照。
(10) 入江杉蔵宛、安政六年三月十六日以後、二五二頁。
(11) 小田村伊之助・久保清太郎宛、安政五年十二月八日、一三七～一三八頁。
(12) 奈良本辰也・杉浦明平・橋川文三『批評日本史6 吉田松陰』(思索社、一九七一年)、一八六頁。橋川の発言。
(13) 小島毅『近代日本の陽明学』(講談社、二〇〇六年)、二一四頁。
(14) 海原徹『吉田松陰――身はたとひ武蔵の野辺に』(ミネルヴァ書房、二〇〇三年)、二一八頁。
(15) 桑原武夫・奈良本辰也「歴史における松陰の役割」(奈良本ほか『吉田松陰を語る』大和書房、一九七四年)、一〇八頁。桑原の発言。なお桑原はこうした松陰好きに嫌悪感を示している。

(16) 吉田松陰についての先行研究は多い。徳富蘇峰から玖村敏雄を経て奈良本辰也、海原徹に至る研究史は、近代日本における松陰像の変遷というかたちで、田中彰『吉田松陰――変転する人物像』(中公新書、二〇〇一年)が適切に論じているのでそちらに譲る。網羅的な文献表として、渡辺美好編『人物書誌大系34 吉田松陰』(日外アソシエーツ、一九九六年)も有益である。より近年の研究成果としては、評伝的研究では高橋文博『吉田松陰』(清水書院、一九九八年)が簡にして要を得、思想研究では桐原健真『吉田松陰の思想と行動――幕末日本における自他認識の転回』(東北大学出版会、二〇〇九年)、同『吉田松陰――「日本」を発見した思想家』(ちくま新書、二〇一四年)が新しい理解を試みている。これらの問題点については具体的論点に即して後述する。

(17) 山鹿厳泉宛、嘉永三年九月十八日、八頁。「元祖之業」は、藤田省三ほか校注『日本思想大系54 吉田松陰』(岩波書店、一九七八年)における原資料に基づく補訂に従った。

(18) 「与含章斎山田先生書」安政五年七月二十二日(『戊午』)、九九頁。

(19) 「与平田先生書」弘化四年『未焚稿』(全集第一巻)、三四一頁、「与妻木士保」嘉永元年(同上)、三六二頁。

(20) 松林飯山「送長森士文西帰序」『飯山文存』巻二、二十一ウ。

(21) 横井小楠「学校問答書」(山崎正董編『横井小楠遺稿』日新書院、一九四二年)、三頁。長州の藩校明倫館もしばしば「諸生会集一書を携へず、先生乃ち一問を発す。諸生議論坌湧甲起乙仆、能く是を裁することなし。大抵声高き者勝つ」(『吉日録』〔全集第七巻〕、四七三頁)という事態に陥ったらしい。当時の書生の風貌が透けて見えよう。

(22) 杉梅太郎宛、嘉永四年九月十五日、七八頁。なお、江戸に師とすべき人なしという放言がしばしば松陰の江戸学界への診断として言及されるが、本書簡においてそれは「虚喝」だったと訂正されている。

(23) 杉梅太郎宛、同年十月二十八日、九九頁。

(24) 『辛亥日記』(全集第七巻)、一九三～一九五頁。

(25) 杉梅太郎宛、嘉永四年八月十七日、七一頁。

(26) 杉梅太郎宛、安政二年一月、三一九頁。

(27) 徳富蘇峰『吉田松陰』(岩波文庫、一九八一年)、二一〇頁。

(28) 前田勉「吉田松陰における兵学と朱子学の止揚」(『近世日本の儒学と兵学』ぺりかん社、一九九六年)など参照。
(29) 杉梅太郎宛、安政二年一月、三一八頁。
(30) 頼山陽「村瀬士錦問目条対十八則」(徳富猪一郎監修『頼山陽全書 文集』頼山陽先生遺蹟顕彰会、一九三一年)、二一三~二一四頁。
(31) 古賀侗庵「支那弱於外国」『劉子』下篇巻十五(関儀一郎編『続日本儒林叢書』第四冊、東洋図書刊行会、一九三三年)、三四一頁。
(32) 同「殷鑒論」(『殷鑒論・崇聖論』天香楼叢書、一八八〇年)、二オ~ウ。
(33) 同「三代不能無失」『侗庵新論』第六十五。
(34) 頼山陽の石井豊州宛、文化元年六月二十日(徳富猪一郎ほか編『頼山陽書翰集』上巻、民友社、一九二七年)、一五頁。
(35) 頼山陽の梶山立斎宛、享和三年(同上、下巻)、八八七頁。
(36) 岡鹿門『在臆話記』(森銑三ほか編『随筆百花苑』第二巻、中央公論社、一九八〇年)、一二五頁。
(37) 同上(『随筆百花苑』第一巻)、五五頁。艮斎推奨の学習法とは「末疏一部を日々四五枚づつ、課程を立て、其至当なる説を本文に書入る。其末疏を終へたる上は、更に蒙引とか直解とかを、課程を立て、日々如此して、年月を経れば明々了々、此、経書を修むる法也」(五四~五五頁)というものだったらしい。ちなみに両人とも篤実な人柄で、師弟関係は良好だった。
(38) 同上、五四頁。
(39) 同上(『随筆百花苑』第二巻)、二三八~二三九頁。
(40) 同上、二三八頁。
(41) 『詩文評』(全集第四巻)、六九八頁。
(42) 「与諸友」安政六年二月(『詩文拾遺』)、五五〇頁。
(43) 広瀬旭荘『梅墩漫筆』(中村幸彦ほか編『広瀬旭荘全集』第十一巻、思文閣、一九八六年)、二四二~二四三頁。
(44) 合山林太郎「漢文による歴史人物批評——幕末昌平黌関係者の作品を中心に」(『幕末・明治期における日本漢詩文の研究』和泉書院、二〇一四年)参照。
(45) 中村栗園「議論文弁」(『栗園文鈔』巻二)、二オ。同所には「少年書生、才を以て自ら任ずる者、尤も此の病有り(少年書生、以才自任者、尤有此病）」という篠崎訥堂の評語が付されている。

(46) 入江杉蔵宛、安政六年三月二十日、二五八頁。徂徠の言葉は『先哲叢談』巻之六、荻生徂徠第十六条。なお、ある門人のひとりは、「史伝」をひもとく松陰が時に声をふるわせ「感泣」し、「怒髪天を指す（怒髪指天）」ごときであったと回顧している（生田良佐「呈浄念師」安政六年十一月〔全集第十巻〕、八〇八～八〇九頁）。品川弥次郎による次の証言も参照。「又歴史を読むに、自ら歴史中の人物となるべし、〔……〕其境遇其位置に己が身を置かざれば、心を練ること能はず、と戒められたるは常のことなりし。〔……〕恰も楠公討死の段にて、先生は涙を垂れて居られしが、此僅か十二三歳の小供に教へらるるにもやはり欺くあるは、先生が常に謂はるる如く、自ら其境に在るの心して読まるるを以てなり」（杉浦重剛「松陰四十年」〔『日本及日本人』第四九五号、一九〇八年〕、六〇頁）。

(47) 高杉晋作宛、安政六年二月十五日以前、二二六頁。

(48) 北山安世宛、安政六年四月七日、二八七頁。

(49) 「復来原良三書」嘉永五年（『詩文拾遺』）、五二九頁。

(50) 久保清太郎宛、嘉永五年十一月上旬、一三一～一三二頁。

(51) 桐原健真「吉田松陰『野山獄読書記』の基礎的考察」（『文化』第六十七号、二〇〇三年）、同前掲『吉田松陰の思想と行動』第二部第一章参照。桐原は安政元年十月から同四年十月にかけての松陰の読書記録に載る一四六〇冊から「水戸学・漢学系尊王論」と「国学・神道系尊王論」計八十九冊を抜きだし、安政三年七月を境に松陰の読書傾向が前者から後者へ劇変したことを統計的に裏付けている。同時期は、松陰が宇都宮黙霖との論争を通して尊攘論を深化させた時期と重なっており、桐原の研究はその変化が従来考えられてきた海防論的尊王論から水戸学への「転回」ではなく、水戸学的尊王論から国学的尊王論への「転回」であったことを実証した重要なものである。

ただし、立論の出発点である「水戸学・漢学系尊王論」「国学・神道系尊王論」という区別には、疑問が残らないわけではない。第一に、両者あわせて八十九冊という冊数は、全体からみればわずか六・一％に過ぎない。松陰は始めから水戸学に耽溺していたわけでも、国学関連書ばかりを読むようになったのでもない。むしろ桐原の統計に従えば、「史書」「軍記」「武鑑・伝記」などの歴史書が全体の四八・一七％を占めていることの方が、松陰の歴史好みを裏付ける数字として興味深い。また第二に、桐原も恣意的と断るように、テクストの分類に疑問が残る。なぜ『靖献遺言』や『中朝事実』、『柳子新論』が「史書」や「経世論」ではなく、数多の国語学のテクストが「尊王論」となるのか。史料的制約はあるが、松陰がそれらをどう読んだのかを検討しないまま、安易なカテゴライズに押し込むのは説得力に欠ける。更に第三に、そもそも「水戸学・漢学系尊王論」「国学・神道系尊王論」という区別は松陰の認識に即しているのだろうか。たとえば「転回」後に書かれた「村塾記事」において、松陰は村塾の学習傾向を、中国史、漢籍の諸集類、本居宣長などの国学、水戸学や頼山陽など「国体」を明らかにしようとするものの四つに分け、前二者を「漢学者流のみ(漢学者流耳)」、後二者を「益々楽しむべきなり(益可楽也)」と述べている(『詩文拾遺』、五四三頁)。ここで示される学問類別——強いていえば前二者は中国学、後二者は日本学であろう——は、桐原のそれと合致しない。結局、桐原の統計分析は、〈水戸学から国学へ〉という結論を先取した分析枠組に基づくものであり、安政三年からの一時期に松陰が国学の著作に取り組んだという以上のことを立証していない。もっとも、その事実自体は貴重である。

(52) 「吾幼にして喜んで震旦史を読む(吾幼喜読震旦史)」(「送日下実甫東行序」安政五年二月(『戊午』)、二一一頁)、「夫れに又ども唐土の歴史が読たい」(杉梅太郎宛、安政二年一月、三二〇頁)など参照。

(53) 玉木文之進宛、安政六年一月十三日、一八九頁。『講孟余話』でも、華周と杞梁の蛮勇を評して「中道に非れ共、頗る皇国の武士の意気あり」という(告子下第六章、三九七頁)。異国にも「皇国の武士」はおり、むしろ現下の日本にいない。

(54) 万章下第八章、三六九頁。管見の限り、このフレーズを意識する先行研究は野口武彦『王道と革命の間——日本思想と孟子問題』(筑摩書房、一九八六年)くらいである(二七〇頁)。ただし野口も、結局「経学によって兵学を、また逆に、兵学によって経学を止揚する縦深構造をそなえた」著作として『講孟余話』を扱っている(二六八頁)。

(55) 離婁下第二十六章、三四八頁、告子上第六章、三七七頁、尽心下第二十四章、四六九頁。

(56) 万章上第七章、三六〇頁。

(57) 離婁下第一、三三八頁、同二十章、三四五頁、同二十九章、三四九頁。

(58) 「与来原良三書」安政二年四月十八日(『野山獄文稿』(全集第二巻))、一二一頁。

(59) 桐原前掲『吉田松陰の思想と行動』、一四三頁。もちろん「転回」にこだわる桐原の立場は本書の真逆であり、『余話』執筆過程についても同書の第二部第二章が最も詳細である。そしてたしかに、時務策を積極的に語るかどうかや、天皇を太陽の化身とみなすか否かについて、松陰は太華の批判をうけて論調を変えている。とはいえ、太陽の化身云々は同書の主要なテーマではないし、時局論は王道論との関連で述べられることが多いから、梁恵王篇で頻出し告子篇などに見えないのはテクストの性質上当然である。この程度の異同から「作品論的」分析を放棄するのは早計であり、むしろ松陰と「状況」とのかかわりは、安政五年からの激動のなかでこそ考えられるべきである。この点、次節で詳しく扱う。
(60) 孟子序説、二六三頁。読書ノートに書き抜いた恵洪『冷斎夜話』の一節、「吾が心に合ふ者有れば、則ち樵牧の言も猶ほ廃さず、言ひて理無ければ、周孔も敢へて従はざる所なり(有合吾心者、則樵牧之言猶不廃、言而無理、周孔所不敢従)」(『癸丑遊歴日録』〔全集第七巻〕、三一二頁)も参照。
(61) 滕文公上第一章、三〇四頁、離婁下第十九章、三四四〜三四五頁、告子上第七章、三七八頁。
(62) 滕文公上第一章、三〇四頁。
(63) 離婁下第十章、三四一頁。
(64) 告子上第七章、三七九頁。
(65) 尽心上第二十七・二十八章、四三六頁。
(66) 尽心下第三十八章、四八七頁。
(67) 梁恵王上第七章、二七二頁。
(68) 尽心上第一章、四一三〜四一四頁、同三十八章、四四二頁。万章上第七章では、自棄を窘める同様の議論が「先覚」「後覚」論として展開されている(三五九〜三六〇頁)。
(69) 尽心上第十章、四二三頁。
(70) 尽心下第三十七章、四八三頁。なお『講孟余話』では、こうした心構えが強調されるばかりで、具体的な修養の階梯が論じられることは少ない。そのなかで注目すべきは、告子上篇の第八章である。そこで松陰は静坐など「静処」での工夫の意義を認めつつ、「余別に又一説あり」として「動処」の工夫を述べる。すなわち、「或は書を読て意中の人に遇ひ、意中の事を見るか、同志の人を会し、劇談豪論するか、或は風雪を冒し山野を跋渉するの類、都て吾が心気力を発動せしめたる後は、必ず浩々勃々勇往鋭進の勢禦ぐべからざる者あり。此処より本心を認め、漸々長養するも、亦是一種の手段なり。実験して其妙を悟るべし」(三八〇頁)。第一のものは彼の歴史好みに、第二のものは松下村塾での実践に、第三のものはかつての旅の実感に基づくのだろう。松陰は東北遊歴を振り返って、「雪や浪や沙や野や、亦た以て気胆を張り才識を長ずるに足れり(雪也浪也沙也野也、亦足以張気胆而長才識矣)」と述べていた(斎藤新太郎宛、嘉永五年九月四日、一三〇頁)。

(71) 孟子序説、二六四頁、尽心下第三十七・三十八章、四八七頁。
(72) 尽心下第三十六章、四八〇頁。
(73) 同上。
(74) したがって、たとえば桐原前掲『吉田松陰の思想と行動』第二部第四章のように、松陰のなかに各国の固有性をふまえた上でいかにして普遍にたどりつけるのかといった問題関心を読み込むのは不当である。まず第一に、そもそも松陰が問題とするのはある共同体の成員が何に従って生きるべきかであって、共同体間における共通規範の模索ではない。また第二に、松陰が他者を措定するのは〈内〉の論理の及ばぬ〈外〉としてであって、それは「対等」の存在として「承認」するということではない。たとえば安政二年に書かれた『野山獄文稿』所収「士規七則」を見てみよう。松陰はその第一則で、人と禽獣の相違として「五倫」（「天下公共の道」であろう）をあげ、そのなかでも「君臣父子」こそ最も重要な「人の人たる所以（人之所以為人）」だとする。そして第二則では、日本のみが「君臣一体、忠孝一致」という理想を体現しているという点を「宇内に尊き所以（所以尊於宇内）」とする（一三頁）。要するに、普遍的人倫という価値がまずあって、それを構成する諸価値が各国ごとに異なるかたちで発現しているわけだが、その諸価値は対等ではない。「壮健」に優れる匈奴より、「忠孝」に優れる日本が尊いのは彼のなかで自明である。もちろん日本と同じ「忠孝」の論理を匈奴に強いることはできないが、それは匈奴を異質な他者として承認するからではない。
　とはいえ、このように松陰が基本的人倫という「天下公共の道」や自国の「独」が及ばない範囲を想定する以上、本郷隆盛「幕末思想論——吉田松陰の思想を中心に」（本郷ほか編『講座日本近世史９ 近世思想論』有斐閣、一九八一年）のように、松陰の議論を「個別性を超えた普遍的倫理」を否定することで他者を喪失した「幼児的世界」だと解釈するのも疑問である。本郷はその証左として、他国の政治制度との比較に基づく自国批判——「点検」の契機——の不在を説くが、後述するように学制や病院などにつき松陰もそう主張する。ただし、松陰の国体論を解説して「人間として生きるとは、歴史的具体的にそれぞれが所属する共同体の論理に即して生きること」とするのは、本郷の卓見である。管見の限り、不思議と言及は少ないが、本郷論文は松陰国体論に関する厖大な先行研究の白眉である。
(75) 尽心上第四十六章、四五〇頁。序説における次の発言も参照。「嗚呼我父母は何国の人ぞ。我衣食は何国の物ぞ。書を読、道を知る、亦誰が恩ぞ。〔……〕我国体の外国と異なる所以の大義を明にし、闔国の人は闔国の為めに死し、闔藩の人は闔藩の為めに死し、臣は君の為めに死し、子は父の為めに死するの志確乎たらば、何ぞ諸蛮を畏れんや。願くは諸君と茲に従事せん」（二六四頁）。

(76) 尽心下第十四章、四六二頁。
(77) 公孫丑下第八章、二九八頁。
(78) 千代宛、安政元年十二月三日、二五七～二五八頁。
(79) 尽心下第二十八章、四七三頁。
(80) 滕文公上第四章、三〇九頁。
(81) 告子上第四章、三七五頁、万章上第六章、三五八頁。
(82) 公孫丑下第八章、二九八頁。
(83) ただし注意すべき点が三つある。

まず第一に、徳川武家社会を構成するイエや藩の伝統的な倫理の延長線上に「国体」を観念できる以上、松陰の国体論は旧い規範との葛藤を経て新たな忠誠対象を構築するものではない。それが藩主との関係を「小君臣」、朝廷との関係を「大君臣」とみなし、「大小軽重の差別」を説いた有馬新七や（『大疑問答』〔渡辺盛衛編『有馬新七先生伝記及遺稿』海外社、一九三一年〕、二一〇頁）、武家の「主従」は「後世之私」に過ぎず、天朝との「君臣」こそが「天下之公道」だと「発明」した平野国臣ら（平野国臣の鷹取養巴ほか宛、文久三年十月一日〔平野国臣顕彰会編『平野国臣伝記及遺稿』博文社、一九一六年〕、二七六頁）との異同である。松陰が天皇への忠誠を説きながら毛利家の臣というアイデンティティを維持できたのも、封建的限界ではなくその国体論の論理的帰結である。なお、「報恩の意識」を軸に「封建的な主従関係」が国体論に接続されることに関しては、忠誠の葛藤と転位を重んじる先行研究に対する批判として、本郷前掲「幕末思想論」（三六八～三八三頁）が既に適切に論じている。

しかし第二に、その接続は、単なる延長ではないことにも注意が要る。というのも、藩国家との恩誼関係が俸禄やイエの歴史を通して認識しやすいものであるのに対し、天朝の恩誼は徳川日本の人々にとって実体的に把握できるものではない。そこで、ひとつのフィクションが要請される。国土も人民も皇祖神が生み成したという神話である。この〈神代巻への信〉がなければ、衣食から身体に至るまですべて天皇の御蔭だという論理が成り立たない。松陰が「天下は天下の天下」と考える論者たちに対して、「開眼読神代両巻玉へ、吾々の先祖は、誰が生たものか、辱くも二尊に生て貰て、日神に教且治て貰て、天壌と窮りき〔ママ〕ものか、俄に君父に負くこと勿体なくはないか」(『詩文評』、六七〇頁)と語り、「漢土は人民有り、然る後天子有り。皇国は神聖有り、然る後蒼生有り。国体固より異なれば、君臣何ぞ同じからん。先生神代巻を信じず。故に其の説是の如し(漢土有人民、然後有天子。皇国有神聖、然後有蒼生。国体固異、君臣何同。先生不信神代巻。故其説如是)」(山県太華「孔孟劄記評語」への反評、五二四頁)と憤るのも、自身の議論の要がどこにあるかをよく理解していたからといえるだろう。

そして第三に、皇祖神の生成という同じ論理から、松陰国体論にあっては徳川政権の位置づけが不安定になる。諸侯の保持する土地人民もすべて皇祖神に基づくものであり、幕府から与えられたのではない。幕府(征夷大将軍)とは、あくまで征夷という「職」の履行のために朝廷より命じられた存在であり、その職分を遂行できない場合は勅諚に基づき放伐が可能だとされる(『講孟余話』梁恵王下第七章)。もっとも、「二百年来の大恩」というやはり恩誼の論理から、まだ松陰は倒幕論に与していない(杉梅太郎宛、安政二年四月二十四日)。それは宇都宮黙霖との論争を経ても然りである(「又読七則」『丙辰幽室文稿』〔全集第三巻〕、参照)。

(84) 離婁上第十一章、三三〇頁。
(85) 離婁上第六章、三二六頁、同二十章、三三三頁、同二十八章、三三七頁、離婁下第十三章、三四三頁。
(86) 「送浄土真宗清狂師応徴本山序」安政三年七月二十四日(『丙辰幽室文稿』)、四一〜四二頁。
(87) 「評久坂生文」(同上)、三三〜三四頁。
(88) 「獄舎問答」『野山雑著』(全集第二巻)、九六〜九七頁。
(89) 梁恵王上第五章、二六八〜二七〇頁、梁恵王下第十章、二八〇頁、同第十二章、二八一頁。なお梁恵王上第五章では「獄舎問答」への言及がある。
(90) 梁恵王上第七章、梁恵王下第五章、離婁上第九章、公孫丑上第五章、尽心上第二十三章、尽心下第二十七章など。
(91) 尽心上第四十四章、四四九頁。
(92) 離婁下第十二章、三四二頁。
(93) 尽心上第三章、四一八頁。
(94) 梁恵王下第四章、二七六頁、同十六章、二八四頁。
(95) 万章下第九章、三七〇頁、告子上第十一・十二・十三章、三八六頁。

(96) 孟子序説、二六三～二六四頁。
(97) 「七生説」安政三年四月十五日(『丙辰幽室文稿』)、二四～二五頁。
(98) 同上、二五頁。
(99) 離婁上第十三章、三三一頁。
(100) 「復久坂玄瑞書」安政三年七月十八日(『丙辰』)、三八頁。
(101) 白井小助宛、安政元年四月十九日、二〇五頁。
(102) 藤田省三「書目撰定理由——松陰の精神史的意味に関する一考察」(『大系54』)、六一六頁。
(103) 告子上第十六章、三八七頁。
(104) 同上第十七章、三八八頁。具体的には、尽心上第二十一章「君子所性、雖大行不可加焉、雖窮居不損焉」に対して松陰のもちだす趙充国の事例が参考になろう。前漢の名臣・趙充国は、齢七十を超えてから多くの勲功を挙げた。もし六十余で世を去っていれば、彼の名が青史に耀くことはなかっただろう。しかし、趙充国にとってそれはどうでもよいことだった。「嗚呼用れば天下に施して人皆是を仰ぐ。捨れば一身に蔵して世知ること能はず。天下後世の吾を知ざるは天下後世に大損ありて、吾に於ては毫も損あることなし。天下後世の吾を仰ぐは天下後世に大益ありて、吾に於て毫も加ふることなし」(四三一頁)。述べられているのは、自己に依存することのみに傾注する、「自立」した士大夫という理想の肖像である。
(105) 虞公の暗愚と国の行末を明察して国を去り、秦の穆公に仕官して功業を挙げた賢者・百里奚の逸話は、『孟子』万章上第九章に見える。孟子は、その態度を「可謂不智乎」と肯定する。松陰の注も簡潔で、「古人智の字の正解を知るべし」(三六一頁)とある。松陰はのちにこうした「智」の働きを否定することになるが、この時点では賛意も非難も示していない。
(106) 離婁下第八章、三四〇頁。
(107) 清水図書宛、安政五年一月九日(全集第十巻)、六八三頁。
(108) 梁川星巌の佐久間象山宛、安政五年四月五日(伊藤信ほか編『梁川星巌全集』第五巻、梁川星巌全集刊行会、一九五八年)、一〇六頁。
(109) 管見の限り、同日付の品川弥二郎宛と月性宛の二通が、勅許拒絶に触れる最もはやい文言である。三月下旬の作とされる「送中谷賓卿序」(『戊午』)では将軍継嗣が一橋に決まったという誤報を伝えているが、勅許拒絶は知らないように見える。

(110) 「時勢論」安政五年九月二十七日(同上)、五五頁。
(111) 「対策一道」(同上)、一〇八～一一〇頁、「愚論」(同上)、一一四～一一五頁。
(112) 梁川星巌宛、安政五年五月十五日参照。両書は前田孫右衛門を通して藩主にも上呈されている(清水図書宛、安政五年六月二十八日)。
(113) 「送日下実甫東行序」安政五年二月(『戊午』)、二三頁。
(114) 「自書送実甫叙後」安政五年六月二十日(同上)、二三頁。
(115) 前田孫右衛門と往復、安政五年七月十二日、五一頁。
(116) 中谷正亮の松陰宛、安政五年七月中旬、五六頁。
(117) 「与前田手元書」安政五年七月十二日(『戊午』)、「議大義」安政五年七月十三日(同上)、「時義略説」安政五年七月十六日(同上)。松陰が明確に倒幕を当為に据えるのはこの段階である。ただしなおひとまずは諫めることが重んじられている。
(118) 安政五年八月十八日の来原良蔵宛には「今朝」報せを受け「感涙」とある(全集第十巻、七九〇頁)。とはいえ、密勅降下を策謀した京の志士たちと松陰の思惑には大きなズレがあったことにも注意が要る。そもそも、頼三樹三郎らが幕府に直接勅をくだすべきと考える近衛忠熙らを押し切って水戸を利用した背景には、仮に幕府が明確に違勅を犯した場合、それを咎めるには「天兵」を向けねばならず、しかし現状では軍事的勝利は不可能だという状況分析があった(頼三樹三郎の梁川星巌宛、安政五年四月二十五日〔前掲『梁川星巌全集』第五巻〕、一八〇～一八一頁)。彼らからすれば、比叡山に行幸して大老を呼び出すといった松陰の主張は、まさしく禁裏を危機に陥れる愚策である。松陰はのちに梅田雲浜との共謀を疑われて幕吏に捕縛されるが、松陰の供述のとおり、事実無根だったと思われる。
(119) 「時勢論」安政五年九月二十七日(『戊午』)、五六～五八頁。
(120) 「愚論」(『戊午』)、一一四頁。
(121) 「厳囚紀事」十二月三日(『戊午』)、一五四頁。
(122) 詳しくは海原徹『吉田松陰と松下村塾』第六章(ミネルヴァ書房、一九九〇年)、高橋前掲『吉田松陰』第四～五章参照。
(123) この雄藩連合による井伊打倒計画に始めて言及するのは十月末の小国剛蔵宛書簡である(一一四頁)。十一月上旬の某宛によれば、江戸の赤川淡水(会沢正志斎の門人でもある)からの一報だったという(一二三頁)。なお全くの虚聞ではない。薩摩藩士・

有馬新七の『都日記』によれば、この時期、在京浪士のあいだで井伊襲撃・東西挙兵が盛んに論議されたという。謀議の参加者には有馬のほか、越前の橋本左内、三岡石五郎、土佐の橋詰明平、そして長州の山県半蔵(太華の子息である)の名が見える。しかし、むろん、左内ら越前陣営がこのような計画に与したとは考えられず、有馬の一人相撲の末、彼に帰藩命令がくだって計画は頓挫したようである(『都日記』〔前掲『有馬新七先生伝記及遺稿』〕、三〇二〜三〇三頁など)。ともあれ、この計画が誇張や訛伝を交えて江戸の赤川に、追って萩に伝わったのであろう。本件も含めた幕末期の暗殺計画につき、松浦玲『暗殺——明治維新の思想と行動』(徳間書店、一九六六年)参照。

(124) 高杉晋作宛、安政五年十一月十八日、一三二頁、「周布公輔事二条」安政五年十一月(『戊午』)、一三一頁。
(125) 前原一誠『佐世八十郎日記』(全集第十巻)、四〇六頁。
(126) 某宛、安政六年一月十一日、一八五〜一八六頁。
(127) 「書与子遠俗牘後」安政六年一月二十三日(『己未』)、二八三〜二八四頁。
(128) 小田村伊之助・久保清太郎・久坂玄瑞宛、安政六年三月二十九日、二六六〜二六七頁。
(129) 入江杉蔵宛、安政六年一月二十三日以後、二〇二頁。
(130) 「野山日記」安政六年一月二十四日(『己未』)、二八五〜二八六頁。
(131) 「哭無逸心死」安政六年二月十二日(同上)、二九九頁。
(132) 入江杉蔵宛、安政六年二月十五日、二二八頁。
(133) 「書擬明史列伝抄後」安政六年一月九日(全集第九巻)、三〇五頁。『擬明史列伝抄』は松陰が一月三日から九日にかけて王琬『擬明史列伝』から五十七人の明臣の伝を抄録したものである。
(134) 岡部富太郎宛、安政六年二月、二三八頁。
(135) 杉梅太郎宛、安政六年一月十三日、一八八頁。
(136) 「祭三亡友文序」安政六年三月(『己未』)、三三一頁。
(137) 野村和作宛、安政六年四月四日、二八五頁。
(138) 野村和作宛、安政六年四月四日、二八四頁、同宛、安政六年四月二日、二八一〜二八二頁。
(139) 小田村伊之助・久保清太郎・久坂玄瑞宛、安政六年三月二十九日、二六七〜二六八頁、「復福原又四郎」安政六年三月頃

(『己未』)、三一九頁。

(140) 野村和作宛、安政六年四月二日、二八二頁。

(141) 久保清太郎宛、安政六年三月十七日、二五五頁。

(142) 小田村伊之助・岡部富太郎宛、安政六年三月二十六日、二六二頁。

(143) 入江杉蔵宛、安政六年三月十六日以後、二五二頁。

(144) 「書感」安政六年三月十五日(『己未』)、三三六頁。

(145) 野村和作宛、安政六年四月二日、二八三頁。

(146) 「要駕策主意」下、安政六年三月十九日(『己未』)、三四七頁。

(147) 「読続蔵書靖難内閣」安政六年四月五日(同上)、三四一頁。

(148) 松陰と李卓吾の思想的関係については、溝口雄三『李卓吾――正道を歩む異端』(集英社、一九八五年)が最も詳しい。ただし『焚書』における童心説の受容など哲学問題に偏っており、『続蔵書』について十分な検討がない。張阿金「吉田松陰の死生観――李卓吾の死生観との比較」(『中国哲学』第三十五号、二〇〇七年)、同「吉田松陰『李氏続蔵書抄』について」(同上、第三十八号、二〇一〇年)は、『続蔵書』を詳しく扱うが、死によって朋友たちの奮起をうながすという論理に両者の一致を見る平板な結論しか導いておらず、『続蔵書』が松陰に与えたインパクトを把捉できていない。なお、そのインパクトにつき、例によって「転回」という論理のもと、しかし適切に論じる研究として桐原健真「死而不朽――吉田松陰における死と生」(『季刊日本思想史』第七十三号、二〇〇八年)参照。ただし、「転回」前の松陰の態度を「有限なる生を哀しむあまり死に理由を付けているに過ぎなかった」(七〇頁)とするのは首肯し難く、変化の意義を「『何かのために生きる』生き方から『生きるために生きる』生き方への転回」(七二頁)とまとめるのは意味がよくわからない。

(149) 「読続蔵書遜国名臣」安政六年四月二日(『己未』)、三四〇頁。

(150) 「読続蔵書靖難内閣」安政六年四月五日(同上)、三四一頁。

(151) 「与和作」安政六年四月十九日(同上)、三五二頁。

(152) 「与北山安世」安政六年四月(同上)、三五五~三五六頁。

(153) 野村和作宛、安政六年四月(『吉田松陰全集』第九巻、マツノ書店、二〇〇一年)、三五八頁。

(154) 野村和作宛、安政六年四月十四日、三〇三～三〇五頁。
(155) 高杉晋作宛、安政六年五月十三日、三二八頁。
(156) 野村和作宛、安政六年四月頃、三一七頁。
(157) 同上。
(158) 入江杉蔵宛、安政六年四月二十二日頃、三一〇頁。
(159) 高杉晋作宛、安政六年七月中旬、三六一～三六二頁。
(160) 品川弥次郎宛、安政六年四月頃、三一八頁。
(161) 公孫丑上第九章、二九三頁。
(162) 相良亨『日本人の心』(東京大学出版会、一九八四年)、第二章。相良も指摘するように、福沢諭吉も伯夷と柳下恵につき次のように述べていた。「抑も爰に云ふ独立とは、之を外面に装ふて身の飾に用るものに非ず、唯深く心の底に蔵めて自から守るまでの主義にして、其心の寛大なるは大海の物を容るるに異ならざれば、人に向て多を求めず、人は人たり、我れは我れたり、苟も人の来りて直に我独立を妨げ又これを妨げんことを試るに非ざれば、悠々として交ること甚だ易し。或は此旨を評すれば、人に接するの法を柳下恵にして自から守るの心を伯夷叔斉にすると云ふも可なり」(『福翁百話』〔『福沢諭吉全集』第六巻、岩波書店、一九五九年〕、二九一頁)。
(163) 高杉晋作宛、安政六年七月九日頃、三五六頁。
(164) 『留魂録』(全集第四巻)、五〇四～五〇五頁。
(165) 尾寺新之丞宛、安政六年十月十七日、四〇四頁。
(166) 諸友宛、安政六年十月二十日頃、四〇八頁。
(167) 前野喜代治「吉田松陰留魂録の研究」(『国士舘大学人文学会紀要』第二号、一九七〇年)、一七頁。
(168) 『留魂録』、五〇八頁。
(169) 『回顧録』(全集第七巻)、四一七頁。
(170) 杉梅太郎宛、安政元年閏七月十九日、二一七頁。
(171) 『幽囚録』(全集第一巻)、五八五頁。

(172) 野村和作宛、安政六年四月十四日、三〇五頁。
(173) 杉梅太郎宛、安政元年十二月二十四日、二八三頁。
(174) 「十月二十七日呼出の声をききて」『詩文拾遺』、五六〇頁。

第五章

(1) 笠亭仙果『なゐの日並』(『日本随筆大成』第二期第二十四巻、吉川弘文館、一九七五年)、三九二〜三九三頁。野口武彦『安政江戸地震――災害と政治権力』(ちくま新書、一九九七年)も参照。
(2) 高橋敏『幕末狂乱――コレラがやって来た!』(朝日新聞社、二〇〇五年)、六二〜六八頁。
(3) 広瀬旭荘の広瀬南陔宛、安政五年八月二十七日(長寿吉ほか編『広瀬淡窓旭荘書翰集』弘文堂、一九四三年)、五五九頁、広瀬青村・林外宛、同年九月十三日(同上)、五八一頁。
(4) 岡鹿門『在臆話記』(森銑三ほか編『随筆百花苑』第一巻、中央公論社、一九八〇年)、三八一頁、江木鰐水『江木鰐水日記』上巻(岩波書店、一九五四年)、三〇六頁。
(5) 『昔者物語』弘化二年頃、中：一八七頁。以下、本章における真木の著作からの引用は小川常人編『真木和泉守全集』全三巻(臨川書店、一九九八年)に基づき、たとえば中巻、一八七頁からの引用を右のように略記する。
(6) 「科戸風」弘化三年頃、下：六三頁。
(7) 「弘道館記」(尾藤正英ほか校注『日本思想大系53 水戸学』岩波書店、一九七三年)、二三二頁。引用箇所は藤田東湖の草案がそのまま採用されているが、撰定過程において批正を依頼された三人の儒者(会沢正志斎、青山延于、佐藤一斎)のうち、一斎のみが「聖学・王道 其の効を殊にせず(聖学王道不殊其効)」に改めようとしている(『水戸藩史料』別記下〔吉川弘文館、一九七〇年〕、二八四頁)。「忠孝」「文武」といった水戸学のキーワードとして喧伝される文句への一斎の感受性の低さのほか、「事業」という言葉に事功派の匂いを嗅ぎ取った様が見受けられる。
(8) 『何傷論』文久元年九月、中：一二二〜一二三頁。
(9) 会沢正志斎『下学邇言』巻之二、十八オ、二十一オ〜ウ、二十二ウ〜二十三オ。
(10) 『何傷論』文久元年九月、中：一一三頁。

(11)「興国新策」文久三年冬〜元治元年春頃、下：九一頁。
(12)『南僊日録』嘉永五年九月二十日条、上：三七五頁。
(13)宇高浩『真木和泉守』(菊竹金文堂、一九三四年)、一四五頁。
(14)「偶成」弘化四年、中：二五二頁。
(15)『南僊日録』嘉永六年四月九日条、上：三八七頁。
(16)宮原修蔵宛、嘉永六年一月二十五日、上：三〇一頁。
(17)会沢正志斎宛、安政元年三月二十日、上：二四七頁。
(18)「示同盟諸子」中：二六五頁。
(19)『南僊日録』文久元年五月二十五日条、上：五四九頁。
(20)「神讖」文久元年、中：一五〜一八頁。
(21)真木和泉に関する先行研究はさほど多くない。評伝的研究として宇高前掲『真木和泉守』、山口宗之『真木和泉』(吉川弘文館、一九七三年)があり、本章も真木の事蹟は両書に拠る。思想分析に関するものとして、松本三之介「尊攘運動における近代的政治意識の形成——政治的リアリズムの胎動」(『天皇制国家と政治思想』未来社、一九六九年)、小川常人『真木和泉守の研究』(神道史学会、一九七〇年)、山口宗之『改訂増補 幕末政治思想史研究』(ぺりかん社、一九八二年)、岡崎正道「真木和泉の王政維新の思想」(『日本思想史学』第十七号、日本思想史学会、一九八五年)のほか、『神道史研究』第十二巻第二・三・四号(神道史学会、一九六四年)が「真木和泉守研究特輯」と題して有益な論文を載せる。ただし多くは勤王心の称揚か、尊王敬幕の限界を突破した点を評価しつつ、観念論的名分論に囚われ政治的リアリズムを喪失したことを惜しむといった定型の反復に陥っており、思考の基礎範疇にまでさかのぼった検討は手薄である。
なお、本章の政治史記述は主として以下に基づき、逐一注記しない。維新史料編纂会編『概観維新史』(文部省、一九四〇年)、徳富蘇峰『近世日本国民史』第四十六〜五十三巻(時事通信社、一九六二〜一九六五年)、宮地正人『幕末維新変革史』上下(岩波書店、二〇一二年)、佐々木克『幕末史』(ちくま新書、二〇一四年)。特に孝明天皇につき藤田覚『幕末の天皇』(講談社、一九九四年)、文久期の中央情勢につき原口清『幕末中央政局の動向』(岩田書院、二〇〇七年)、島津久光と薩摩の動向につき町田明広『幕末文久期の国家政略と薩摩藩——島津久光と皇政回復』(岩田書院、二〇一〇年)。

(22) 「勢」の概念史につき、頼山陽を中心に韓非子や柳宗元などとの比較を試みるものとして、斎藤晌「頼山陽の歴史哲学」(『歴史哲学——民族史観への基礎的予備概念』高陽書院、一九三八年)、濱野靖一郎『頼山陽の思想——日本における政治学の誕生』第二章(東京大学出版会、二〇一四年)、より広範な対象を扱う文化史的試論として丸山眞男「歴史意識の「古層」」(『丸山眞男集』第十巻、岩波書店、一九九六年)が有益である。ただし本章では概念史というよりも、幕末期にこの言葉が伴ったニュアンスや気分を描くことに力点を置きたい。

(23) 山県太華『国史纂論』巻二、九ウ～十オ。

(24) 福沢諭吉『西洋事情外編』巻之一(『福沢諭吉全集』第一巻、岩波書店、一九五八年)、三九五頁。

(25) 山県太華「講孟劄記評語草稿」(広瀬豊ほか編『吉田松陰全集』第二巻、岩波書店、一九三四年)、五一三～五一四頁。

(26) 同「講孟劄記評語(下の一)」(同上)、五三九頁。

(27) 柴野栗山「神武山陵」『栗山堂詩集』巻一(富士川英郎ほか編『詩集 日本漢詩』第七巻(汲古書院、一九八七年)、一〇頁)。なお竹治貞夫によれば、牟礼町栗山堂の庭には自筆が石に刻まれており、「寛政八年二月、倍臣《ママ》無位柴邦彦謹書」とあるらしい(『近世阿波漢学史の研究』(風間書房、一九八九年)、三二八頁)。

(28) 山県太華「講孟劄記評語草稿」、五一八頁。

(29) 同上、五一五頁、「講孟劄記評語(下の一)」、五二八頁。

(30) 梅田雲浜の青蓮院宮宛上書、安政五年二月頃(佐伯仲蔵編『梅田雲浜遺稿並伝』有朋堂書店、一九二九年)、一五七頁。

(31) 有馬新七「藩主への上書」安政五年十一月(渡辺盛衛編『有馬新七先生伝記及遺稿』海外社、一九三一年)、三三二～三三三頁。

(32) 平野国臣「培覆論」文久二年一月二日(平野国臣顕彰会編『平野国臣伝記及遺稿』博文社、一九一六年)、四〇～四一頁。

(33) 芳野桜陰「孫子説序」『桜陰遺稿』巻之三、二十三ウ。

(34) 小川前掲『真木和泉守の研究』、三一一～三一六頁参照。

(35) 「時務策」下:四六頁。

(36) 同上、下:四九頁。

(37) 同上、下:五一頁。

(38)「勢、断、労三条」文久三年三月、上：二二四頁。
(39)「三条公に上りし書」文久三年三月、上：四五頁。
(40)「時務策」下：四八～四九頁。
(41)「信長論」中：二八～二九頁、「明太祖論」中：五四～五五頁。
(42)安丸良夫は、真木ら文久期の激派を分析して、観念論的尊王論者が最も「ニヒルなマキャベリスト」であった逆説を剔抉している(『近代天皇像の形成』〔岩波現代文庫、二〇〇七年〕、一四九頁)。鋭い指摘であるが、「信長論」の論旨が示すように、真木は一貫して尊王攘夷の「志」を内に秘めた者が勝利のために術策を弄することを肯定しているだけで、心情倫理すら失った権謀家を是認してはいない。これは方便でも言い訳でもなく、彼の素朴な自己認識の表われである。したがって真木と、「予が身寿命を天地と共にし、歓楽を極め、人の死生を擅にし、世を自由自在に扱ふこそ産れ甲斐は有りけれ。何ぞ人の下座に居られんや」、「天子を以てタタキて、是を矢玉にさへ使はば、公(徳川家康)の如く吾天下を自在にすべし」といってはばからない『英将秘訣』の作者とは、一線を画されるべきである(著者不詳『英将秘訣』〔鹿野政直ほか編『日本の思想20　幕末思想集』筑摩書房、一九六九年〕、三〇四、三〇九頁)。
(43)西郷隆盛宛、文久三年十一月、上：二八〇～二八一頁。
(44)「上河内大夫書」文久二年六月、上：九九頁。
(45)「読政記」中：六二～六三頁。
(46)久保田収「真木和泉守の史観と楠公」(前掲『神道史研究』第十二巻)、六五頁。頼山陽にも「大勢三変」を説く場合はあるが、あくまで源氏、足利氏、織豊政権の成立を転機とする「封建」形成の三段階を指す(『新策』古今総議〔徳富猪一郎監修『頼山陽全書　全集中』頼山陽先生遺蹟顕彰会、一九三一年〕、四四頁)。大化の改新、摂関政治、武家政治の成立を三変とする青山延于『皇朝史略』序や、「骨」「官」「名」という独自のカテゴリを用いる伊達千広『大勢三転考』なども、真木ときれいに重なるものではない。もちろん正確に対応するかどうかはさして問題ではなく、むしろ近世を通して三変図式で通史を描く発想が散見される点が興味深い。
(47)頼山陽『日本政記』孝徳天皇(植手通有校注『日本思想大系49　頼山陽』岩波書店、一九七七年)、四八〇頁。
(48)「衣冠の制を立て、礼楽の教を設くるは、周召のごときあり、伊傅のごときあり。民、今に到るまで、その化を被らざるなし。〔……〕郁郁たる文物は三代の時に譲らざるに幾し」(山県大弐『柳子新論』〔奈良本辰也校注『日本思想大系38 近世政道論』岩波書店、一九七六年〕、三九二頁)、「昔吾が先王の世、聖道に憲章し、礼楽を創造し、庠序を設け、誉髦を挙げ、旋々献納諷諭の臣を徴し、雍容揄揚して、雅頌此に従ひ興れり。而して淡海・寧楽の際、斯に於いて盛為り。郁々乎として文なるかな(昔者吾先王之世、憲章聖道、創造礼楽、設庠序、挙誉髦、旋徴献納諷諭之臣、雍容揄揚、雅頌従此興焉。而淡海寧楽之際、於斯為盛矣。郁々乎文哉)」(宮瀬龍門「東嶼集序」『龍門先生文集初編』巻之六、三オ)など参照。

(49) 「固有」の語につき、先にも触れた「弘道館記」の刪定過程において次のようなやりとりがあった。成稿では「道とは何ぞや。天地の大経にして、生民の須臾も離るべからざる者なり(道者何。天地之大経、而生民不可須臾離者也)」と始まる同文は、藤田東湖の原案では「道とは何ぞや。神州の固より有して民を生ずる所なり(道者何。神州之所固有而生民)」であり、これに対して批正を命じられた三人が一様に反発している。参考までに全文をあげると次のとおり(前掲『水戸藩史料』別記下、二八〇頁)。「固有は宜しからず。神州之所存と改むべし」(佐藤一斎)、「固有の字孟子に始り人身に固有することの外には用ひず。神州之所存と改ても穏ならず。神州之所伝又は所崇奉などの内に改べきにや」(青山延于)、「道者何天之所叙人之所由自鴻荒以及無窮凡在宇内者所不可須臾離也と改めたし」(会沢正志斎)。「神州之所存」すら不穏と感じる水戸学者がいたこと、頼山陽におけるそのような警戒感の欠如に注意したい。

(50) 頼山陽『日本外史』源氏前記(徳富猪一郎監修『頼山陽全書 全集上』頼山陽先生遺蹟顕彰会、一九三一年)、一頁。

(51) 前田愛「『日本政記』の構想」(『前田愛著作集』第四巻、筑摩書房、一九八九年)、三九一頁。

(52) 「五事建策」文久三年七月二十四日、上:三七頁。

(53) 頼山陽『日本政記』後鳥羽天皇、五六二頁。

(54) 会沢正志斎『新論』国体上(尾藤正英ほか校注『日本思想大系53 水戸学』岩波書店、一九七三年)、三八九頁。

(55) 「読政記」中:六三~六四頁。

(56) 小野加賀宛、安政五年七月八日、上:二八七~二八八頁。

(57) 「上河内大夫書」文久二年六月、上:九九頁。

(58) 久坂玄瑞宛、文久二年冬、上:二六三~二六四頁。

(59) 「呈大原左衛門督書」文久二年七月、中:二一〇~二一一頁。

(60) したがって、真木の政治的実践を「天皇への人格的忠誠というパーソナルな、そして非合理的な熱情にのみ支えられていた」が故に、「一片の政治的理性」さえない「オプティミズムと名分論的思考」に堕したと評すのは、当を失している（松本前掲「尊攘運動における近代的政治意識の形成」、八一頁）。真木の恋闕はパーソナルな忠誠感情と無縁であり、彼の実践が後世からみて政治的理性を欠くのは名分論ではなく歴史（「天運」「勢」）の趨勢に無反省に身を委ねた故である。なお、真木とは無縁な受動的献身のマゾヒズムがしばしば国学者に見られた点につき、渡辺浩「「道」と「雅び」——宣長学と「歌学」派国学の政治思想史的研究」（一）～（四）（『国家学会雑誌』第八十七巻第九・十号～第八十八巻第五・六号、一九七四～一九七五年）、特に伴信友と伴林光平についての分析を参照。

(61) 『異聞漫録』文久元年二月十五日条、下：七三三頁。

(62) 「密書草案」万延元年五月、上：一九五頁、「義挙策別篇」文久二年、中：三三二頁。

(63) 同上、中：三二三頁。

(64) 『亜津左物語』安政元年八月、中：一四五～一四九頁。なお同書は全集編纂者から市井三郎『思想からみた明治維新——「明治維新」の哲学』（講談社学術文庫、二〇〇四年）に至るまで、なべて真木の著作として扱われているが、実は同時代の国学者・伴林光平に同名同内容の著作がある（『伴林光平全集』所収）。そして、第一に真木のテクストの末尾に「丁巳秋八月初三写山梔窩」とあること、第二に光平の『あづさ物語』には真木にない後半部分があることから、同書は光平の作とみてよい（光平と真木が同じ何かを写した可能性は消去し得ないが、蓋然性は低い）。この点につき、村上一郎『非命の維新者』（『村上一郎著作集』第三巻、国文社、一九七七年）、一一三～一一六頁参照。ただし真木にペリーを讃える意図はなかったとするのは疑問である。少なくとも真木の写した範囲の内容は彼自身の思想ともよく合致するし、朝廷の発奮と危機感をうながすために西洋の英主を好意的に論じる例はほかにもある。たとえば、「魯西亜王ペトル〔ピョートル〕が妻〔エカチェリーナ〕は、婦人にてすら、ペトルが遺業を益々盛にして、我海内一帝たらんと志たてたるよし」（「経緯愚説」上：一一～一二頁）参照。

(65) 「呈大原左衛門督書」文久二年七月、中：二一頁。

(66) 「義挙三策」万延元年、上：二〇二～二〇三頁。

(67) 「諸侯不足恃、公卿不足恃、草莽志士糾合義挙の外には迚も策無之事」（久坂玄瑞の武市瑞山宛、文久二年一月二十一日〔福本義亮編『久坂玄瑞全集』マツノ書店、一九七八年〕、五〇二頁）参照。なお、諸侯を重視するからこそ、薩摩藩首脳部の意向を読み違えていた点が真木の実践にとっては致命的だった。永江新三「真木和泉守と薩摩藩」(前掲『神道史研究』第十二巻)参照。

(68) この点、仁政による国内の人心一致を説いた吉田松陰との相違は鮮鋭である。真木からすれば、国内の一致は常時の善政によるのではなく、むしろ非常事態へと衆人を落とし込むことで実現する。「一旦に天下を死地に陥候て、迚も難遁趣に致掛け、丸裸にても馳込可申様に気勢を励候はば、従来勇壮の国風挽回可致と被存候。〔……〕挙天下三千万の人必死を期候上にては、仮令西洋同盟申合、数万の軍艦差向候共、如何計の事に可有之哉。不足懼候」(某宛、安政五年六月、上:二五一頁)参照。真木がやはり松陰と異なり西洋兵学に関心を払わず、西洋諸国の実力を正しく見積もりながら採長補短すら口にしないのも、この点と関係しよう。たとえば大橋訥庵の次の意見を参照。「西洋諸国の戎狄は、其本陰気を稟たる者にて、陰気は凝固を分となし、質に属する物にてあれば、彼等は形質のみに泥て、そを宰する者あることを知らず、万事器械の奇巧を恃て、精神活機の妙あることは、毫毛も悟れることとなし」(『闢邪小言』巻三〔平泉澄ほか編『大橋訥庵先生全集』上巻、至文堂、一九三八年〕、一二八頁)、「平生の事にても、雷は頭上に落ることある物、舟は覆没のあるべき物、水火の難には出会ふ物、病めば死することある物と、手近く覚期を定むれば、畏怖の念を消却して、心の動転なき者なり。心すはりて動転せざれば、精神自然に充実して、気焔の熾盛になるのみならず、活機の妙を観得するも、亦此よりして進むべし」(一四二頁)。なお真木の「毛利宰相に上りし書」には「大橋某がいへる精神活機の義」につき言及があり(上:七〇頁)、高足のひとり淵上郁太郎は江戸遊学において訥庵に師事している。

(69) 「制度私考」中:九三～九八頁、「興国新策」下:八〇～九四頁。

(70) 「義挙策別篇」中:三二四～三三一頁。

(71) 『山田登美子一夕話』(前掲『梅田雲浜遺稿並伝』)、一九九頁。

(72) 清河八郎『潜中始末』(山路愛山編『清河八郎遺著』民友社、一九一三年)、一四六～一四七頁。

(73) 広瀬旭荘の広瀬南陔・雨窓・青村・林外宛、文久三年二月十日(前掲『広瀬淡窓旭荘書翰集』)、六九一頁。

(74) 広瀬旭荘の広瀬青村・林外宛、文久二年十二月八日(同上)、六七七頁。

(75) 「大君〔徳川家茂〕より大坂に金一万両賜候と今日はり紙出候、大君日々御巡視喝道は絶て無之、昨日も肥後橋下を茶船にて三四人御供にて御通行、視者は頭巾を不取して見る、我輩の書生より御手軽し、伝法川にては、小児の御傍にて川游ぎ候者御召し、手ら菓子を被下候位、且町内に失費無之様にと平日に些子も不変一統盛徳を感心せぬ者なし、然処、勅使姉小路公来る、是には坊正より令下り路に白沙を盛り、喝道の声不断、尊厳を極たり」(広瀬旭荘の広瀬青村宛、文久三年四月二十八日〔同上〕、五二〇〜五二一頁)。
(76) 矢野幸太夫宛、文久三年七月二十八日、上：二六七頁。
(77) 有馬監物宛、文久三年八月十五日、上：二六九頁。
(78) 「毛利宰相に上れる書」文久三年九月三日、中：三三三頁。
(79) 白石正一郎宛、文久三年九月十三日、上：二七〇頁、坂木六郎・藤次郎宛、文久三年九月頃、上：二七五頁。
(80) 「出師三策」久坂玄瑞ほかと連名、元治元年、上：二一〇頁。
(81) 家族宛、元治元年四月二十四日、上：三三三頁。
(82) 「天闕へ上奏(一)」久坂玄瑞ほかと連名、元治元年六月、上：二二二頁。
(83) 福羽美静宛、文久三年十二月十八日、上：二八四頁。
(84) 徳富蘇峰『近世日本国民史』第五十三巻、四一八、四七六頁。
(85) 葦津珍彦「禁門の変前後」(『永遠の維新者』二月社、一九七五年)、一八九頁。
(86) 馬屋原二郎『元治甲子禁門事変実歴談』(防長学友会、一九一三年)、六四頁。
(87) 木村三郎宛、文久三年十月二十日、上：二七七頁。
(88) この点に注目する先行研究として、久保田前掲「真木和泉守の史観と楠公」参照。
(89) 兵藤裕己校注『太平記』第三巻(岩波文庫、二〇一五年)、六四頁。
(90) 頼山陽『日本外史』新田氏前記、一八八頁。
(91) 『何傷論』文久元年九月、中：一〇五頁。
(92) 合山林太郎「漢文による歴史人物批評――幕末昌平黌関係者の作品を中心に」(『幕末・明治期における日本漢詩文の研究』和泉書院、二〇一四年)参照。
(93) 『何傷論』中：一〇五〜一〇六頁。
(94) 同上、中：一一六頁。
(95) 同上、中：一三二頁。

(96) 福羽美静宛、文久三年十二月十八日、上：二八三頁。

(97) 白石正一郎宛、文久三年九月十三日、上：二七〇頁。

(98) 柴太一郎「天王山一揆の話」(『史談会速記録』第九十八輯、一九〇一年)、一二～一三頁。

(99) 「辞世」元治元年、中：三〇〇頁。

(100) 高杉晋作『投獄文記』元治元年(『史料』第二巻)、一五九頁。以下、高杉に関する引用は一坂太郎編『高杉晋作史料』全三巻(マツノ書店、二〇〇二年)に拠り、『史料』と略記する。

(101) 高杉晋作の宍戸九郎兵衛宛、文久二年閏八月(『史料』第一巻)、一三〇～一三一頁。

(102) 鹿野政直『日本近代思想の形成』(勁草書房、一九七六年)、九九～一〇〇頁。高杉の真偽基準についての誤解は、衣笠安喜「幕末における変革の論理」(『近世儒学思想史の研究』法政大学出版局、一九七六年)や木原溥幸「高杉晋作に関する一考察」(『佐賀藩と明治維新』九州大学出版会、二〇〇九年)にも受け継がれている。

(103) 吉田松陰「評久坂生文」『丙辰幽室文稿』(広瀬豊ほか編『吉田松陰全集』第三巻、岩波書店、一九三五年)、三三三頁。

(104) 高杉晋作の山県九右衛門・井上聞多宛、慶応元年一月十七日頃(『史料』第一巻)、二七二頁。なお〈口だけの連中〉批判は、高杉の儒学理解にもかかわっている。たとえば彼は、「空談虚説 実行に務めず(空談虚説不務実行)」という理由で宋学を批判し、「事業功利の学者、慷慨節義の者尤も多し(事業功利之学者、慷慨節義者尤多)」という理由で明学を好む(「擬請国学祀穂日命匡房卿疏」安政六年頃(『史料』第二巻)、三一四頁)。また、西洋の「格物窮理」を術数に過ぎないとする議論に対して、次のように批判した。「義の為にすと利の為にすの天地隔絶するは、言論を待たずして明なり。然れども天下を治め一家を斉ふるは、内は誠必《ママ》誠意の工夫より、外は以て航海砲術器械等に至るまで、尽く其の至理を研窮せざれば、則ち天下を治むること能はず、一家を斉ふこと能はざるなり。航海砲術の等の理を窮むること能はざるは、則ち誠心誠意の工夫の至らざる所以なり。故に利の為にする所の器械を以て義の為に是れ用ふるは、乃ち取捨折中の道なり。然らずんば則ち口に聖人の言を唱ふると雖も、身は已に夷狄の奴僕する所と為る(為義為利天地隔絶、不待言論而明。然治天下斉一家、内自誠必誠意工夫、外以至航海砲術器械等、尽不研窮其至理、則不能治天下也、不能斉一家也。不能窮航海砲術之等之理、則所以誠心誠意工夫之不至也。故以所為利之器械為義是用、乃取捨折中之道也。不然則口雖唱聖人之言、身已為夷狄之所奴僕矣)」(『遊清五録』文久二年(同上)、一二八頁)参照。

(105) 高杉晋作「回復私議」慶応元年二月頃(同上)、三九五頁。

(106) 高杉晋作の佐世八十郎宛、慶応元年三月五日(『史料』第一巻)、二八二頁。
(107) 高杉晋作の宍戸九郎兵衛宛、文久二年閏八月(同上)、一三一頁。
(108) 中岡慎太郎「時勢論」慶応三年夏(宮地佐一郎編『中岡慎太郎全集』勁草書房、一九九一年)、二一二頁。なお「已に去る」と続くように、高杉はこの春に病逝している。享年二十九。
(109) 福沢諭吉の福沢英之助宛、慶応二年十一月七日(『福沢諭吉全集』第十七巻、岩波書店、一九六一年)、三一頁。
(110) 「一体此往之所、是より他藩へ信義を失ひ候ては不相済候得共、遂には独立之了簡に決着仕居不申ては所詮事業も挙り申間敷、就ては御国も今日より割拠之覚悟をきめ、防長を一天地と相心得候て速かに用意不仕ては、真に他日勤王之決戦も六つヶ敷と奉存候」(桂小五郎の松島剛蔵宛、文久二年十二月〔妻木忠太編『木戸孝允文書』第一巻、日本史籍協会、一九二九年〕、二八七〜二八八頁)参照。
(111) 「薩には家老新納刑部・五代才助、先日英より帰着、日々外国の事に手を附候様子に御座候。既に昨夜も米利幹に五人書生を遣せし也。金も余程入る様子不敢願、是我邦所不及」(高杉晋作の桂小五郎・井上聞多宛、慶応二年三月二十八日〔『史料』第一巻〕、三四三〜三四四頁)参照。そもそも高杉の「大割拠」論は、文久二年の上海遊行における五代才助との交流から着想を得たものであった。高杉晋作『遊清五録』、一一九〜一二〇頁参照。
(112) 佐佐木高行『保古飛呂比 佐佐木高行日記』第二巻、慶応三年八月二十日(東京大学出版会、一九七二年)、四五二頁。坂本龍馬との会談の席での桂の発言とされる。
なお、志士たちの分析を締めくくるにあたり、この「芝居」の語につき一言しておこう。「志気振来す演劇の場。掌中忽落たり泰西の洋(志気振来演劇場。掌中忽落泰西洋)」(久坂玄瑞『内辰草稿』安政三年〔前掲『久坂玄瑞全集』〕、八七頁)、「実に一大劇場也。時に小生義此大劇場も久敷傍観罷在候、模様によれば小生も劇場中の一人に相成候哉とも存候」(宮原寿三郎の阪谷朗廬宛、安政六年八月六日〔河野有理『明六雑誌の政治思想』東京大学出版会、二〇一一年〕、八四頁)、「此度大和五條辺に於て、大芝居存立候に付、〔……〕役者相揃次第には、来月十一日頃、顔見せ之筈に有之候」(平野国臣の戸田六郎ほか宛〔『平野国臣伝記及遺稿』〕、文久三年九月二十五日、二七二頁)、「むかしの事とこれまではぞんじ居候所、なに事もわが身のうへに来り、芝居見候様の事ばかりに御座候」(真木和泉の柳子宛、文久三年十一月十四日、下：二三二頁)、「何にても一と芝居興行すれば、夫より事始るべし」(佐佐木高行『保古飛呂比 佐佐木高行日記』慶応三年六月二十三日、四〇三頁)など、幕末期の活動的知識人たちは芝居や劇場という比喩を好んだ。この点にはじめに注目した歴史学者はおそらく遠山茂樹であり、しかも「柳暗の巷に天下国家を談じた志士の生活態度に相応ずる、明治維新の低俗な権謀術数性の象徴」と異様に手厳しい(『明治維新』(岩波書店、一九五一年)、二二〇頁)。その後、田中彰が「政治の論理」を秘めた隠語であることを強調し(『明治維新政治史研究』(青木書店、一九六三年)、二六八頁)、林屋辰三郎が「かぶき」「ばさら」の系譜を継ぐ志士たちの「美意識」の表われだと指摘した(「幕末期の文化的指標――幕末文化研究序説」(同編『幕末文化の研究』岩波書店、一九七八年)、三五頁)。どれもそれなりに理由のある解釈であろう。本書では加えて、長き太平に鬱屈としていた士人たちの歴史の舞台に躍り出たという高揚、まるで芝居のような世界が現前したことへの驚きや喜びがあったことを指摘しておきたい。たとえば天保五年の塩谷宕陰が、同じく政治の場を「劇場」の比喩でとらえつつ、知識人は「役者」ではなく「作者」であるべきだと書いたことと(「贈大野士文」『宕陰賸稿』巻一)、右に並べた志士たちの口吻とを比べるとき、その間に存する自己認識および政治意識の変容は目を見張るものがある。

第六章

(1) 広瀬旭荘の広瀬南陔宛、安政五年七月一日、五六四頁。以下、旭荘書簡の引用はすべて長寿吉ほか編『広瀬淡窓旭荘書翰集』(弘文堂、一九四三年)に基づくものとして、頁数のみ記す。なお利用にあたり『近世後期における地域ネットワークの形成と展開――日田広瀬家を中心に』(東京大学史料編纂所研究成果報告、二〇〇九年)も参照した。

(2) 広瀬旭荘の某宛、安政五年七月一日、六一二頁。

(3) 広瀬旭荘の広瀬青村宛、安政五年八月十五日、四七〇頁。

(4) 「徳山に来り候処、〔……〕学生三十余人毎日旅宿に来待甚応接に疲る、問は夷人防禦耳、一言も詩文に不及」(広瀬旭荘の広瀬青村・林外宛、安政五年二月三日、五三六頁)、「此地来游は生涯無之失策、田舎士人日昧爽夜半迄詰切り言論し、一詩不作一紙不書、彼は但公之賄を恩に帰せ候、江戸之儒家に交り、京坂文人之調を不識故也」(青村宛、安政五年二月二十日、五五〇頁)。

(5) 「今は諸侯より庶人に至迄因循を唱へ候者は一切血祭に斬り候」(広瀬旭荘の広瀬南陔宛、文久三年二月二十五日、六九四頁)。旭荘自身、あるとき「二百年来太平の御恩沢を蒙候故、御当代之事を忘れ候ては祖先の心にも叶間敷」と口走ってしまい、「何時禍を引起とも難測」と怯えている(広瀬南陔・雨窓・青村・林外宛、文久三年一月二十六日、六八三頁)。また、河野鉄兜らの慷慨溢れる著作を「陳腐」と一蹴し、「但天誅家より被睨候故、此書を以作脱兎之策也、可諒」としている(広瀬青村宛、文久三年四月二十八日、五二一頁)。

(6) 広瀬旭荘の広瀬青村・林外宛、文久三年一月十三日、六七八頁。

(7) 広瀬旭荘の広瀬雨窓・南陔・七三郎宛、文久二年二月十日、三九八頁。

(8) 広瀬旭荘「送宮景潤帰信濃序」(『旭荘文集』〔井上敏幸ほか編『広瀬旭荘全集』第十巻、思文閣出版、二〇一〇年〕)、六九八頁、「与中子玉」(同上)、七七一頁。

(9) 広瀬旭荘の広瀬淡窓宛、天保七年七月二十日、二四四頁。

(10) 同上、天保九年十月十一日、二八〇頁。

(11) 広瀬旭荘の某宛、弘化四年一月二十五日、三三七頁。

(12) 広瀬旭荘の広瀬淡窓宛、天保九年八月十二日、二七八頁。

(13) 同上、天保七年十二月二十三日、二五七頁、嘉永二年四月十三日、四一二頁。なお嘉永二年の書簡で話題となっている「評判記之跡大もめ」とは、弘化四年刊『当世名家評判』の「高慢淫乱、そこでこうらんといふ評判も、今は高の字斗というこった」に梁川星巌・紅蘭夫婦が激怒し、作者と目された小田百谷を弾劾した一件をいう(詳しくは多治比郁夫「近世後期人物誌の周辺——萩原広道の人物誌論」(『京阪文藝史料』第三巻、青裳堂書店、二〇〇五年)参照)。旭荘書簡によれば、この問題は嘉永期まで尾を曳き、この頃は星巌派に梅辻春樵と貫名菘翁、百谷派に宮原節庵と森田節斎が加わり、「真の奇談」ともいうべき「喧嘩」に発展していたらしい。節斎については後述する。

(14) 広瀬旭荘の広瀬青村宛、安政二年三月二十三日、四六〇〜四六一頁。

(15) 同上、安政二年四月二十日、四六三頁。

(16) 同上、安政五年八月十五日、四七〇頁。

(17) 横山伊徳「広瀬旭荘を通してみた幕末の政治文化」(前掲『近世後期における地域ネットワークの形成と展開』)は安政年間の旭荘に文人間の競争状況への危惧を認め、その是正策として人材養成を考えたとする。しかし、小堀一正「幕末大坂文人社会の動向——広瀬旭荘と藤井藍田・河野鉄兜を中心に」(『近世大坂と知識人社会』清文堂、一九九六年)が指摘するように、その人材とは要するに文壇における旭荘派の後継者の謂いであって、旭荘の悩みは貽謀に苦慮する皇帝の憂鬱のごときものではなかったか。「北面」や「正朔」という言葉は、少なくとも儒学を基礎教養とする者にとってはかなり強い語感を伴うものであることに注意する必要がある。

(18) 広瀬旭荘の広瀬青村・林外宛、文久三年二月二十六日、五八〇頁。

(19) 林良斎の池田草庵宛、一月二十七日(宇野哲人ほか監修『陽明学大系11 幕末維新陽明学者書簡集』明徳出版社、一九七一年)、三二頁。池田草庵の林良斎宛、五月二十四日(同上)、三九頁。以下、同書を『大系11』と略す。

(20) 同上。

(21) 池田草庵の楠本端山宛、一月三日(岡田武彦ほか編『朱子学大系14 幕末維新朱子学者書簡集』明徳出版社、一九七五年)、一〇四～一〇五頁。以下、同書を『大系14』と略す。

(22) 池田草庵「読劉子全書」(『青谿書院全集』第二編下、宿南村、一九一三年)のほか、池田草庵の林良斎宛、十一月七日(『大系11』)、二八頁、楠本端山宛(『大系14』)、一〇二頁など参照。

(23) 池田草庵の楠本端山宛(『大系14』)、一〇一頁。とはいえ死の直前にあたる明治十一年には、「全体著述はありてもなくてもよし。せねばならぬ事はなけれども、それのなきと申すは死後寂莫を覚へられ後人に示す者無之遺憾也」(吉村斐山宛、明治十一年七月十八日(『大系11』)、三二〇頁)とも述べる。著述への冷めた態度は相変わらずだが、それでも「死後寂莫」を気にするところに、「文士」たる所以がある。「夫れ身を奉じ山に入る者、固より当世に意無し。然れども百世の後に意無き能はざるは、亦た志有る者の或いは廃さざる所なるか(夫奉身入山者、固無意於当世矣。然而不能無意於百世之後者、亦有志者之或所不廃也歟)」(「青谿書院記」『青谿書院全集』第二編上、一三七頁)なども参照。

(24) 池田草庵「范増論」(同上)、一三一～一三二頁。

(25) 同「偶記」(同上)、二二七頁。

(26) 池田草庵の林良斎宛、一月二十二日(『大系11』)、九〇頁、同宛、四月晦日(同上)、九九頁、吉村秋陽宛、嘉永三年三月二十三日(同上)、一三〇頁。

(27) 池田草庵の楠本碩水宛、明治元年三月三日(『大系14』)、二七九頁。

(28) 池田草庵の吉村秋陽宛、嘉永三年三月二十三日(『大系11』)、一三三頁。

(29) 池田草庵の楠本端山宛、一月三日(『大系14』)、一〇五頁。

(30) 池田草庵の安積理一郎宛、万延元年九月二十五日(山本稔『和山田町の歴史』第十一巻、和山田町史編纂室、一九九二年)、

二三五頁。同書は「学究の人 安積理一郎の生涯――池田草庵の書翰を通して」と題して、安積艮堂の評伝のほか貴重な草庵の艮堂宛書簡を翻刻している。
(31) 池田草庵の楠本碩水宛、文久二年(『大系14』)、三〇八頁。
(32) 池田草庵の安積理一郎宛、嘉永五年十二月二十二日(山本前掲『和山田町の歴史』)、二〇二頁。
(33) 池田草庵の小島省斎宛、文久三年十月十七日(同上)、三三五頁。なお生野の変に参加した門人のなかに、のちの枢密顧問・北垣国道や財界に重きを成した原六郎がいる。
(34) 池田草庵の吉村秋陽宛、文久二年十月二十日(『大系11』)、一九一頁。
(35) 池田草庵の林良斎宛、弘化二年八月十日(同上)、一二頁。
(36) 岡鹿門『在臆話記』(森銑三編『随筆百花苑』第二巻、中央公論社、一九八〇年)、五三頁。
(37) 前田愛『成島柳北』(『前田愛著作集』第一巻、筑摩書房、一九八九年)。
(38) 岡本韋庵『岡本氏自伝 窮北日誌』(徳島県教育委員会、一九六四年)、八頁。
(39) 同上、一頁、二九三頁。
(40) 唐木順三『無用者の系譜』(『唐木順三全集』第五巻、筑摩書房、一九六七年)、前田前掲『成島柳北』、同「寺門静軒――「無用之人」の軌跡」(『幕末・維新期の文学』〔前掲『前田愛著作集』第一巻〕)、日野龍夫・須田千里・佐々木克・浅川征一郎・ロバート・キャンベル「文人変貌論」(『文学』第三巻第一号、岩波書店、二〇〇二年)など参照。
(41) 日野龍夫「無用者と「無用」の文学」(『日野龍夫著作集』第三巻、ぺりかん社、二〇〇五年)、五一三頁。
(42) 広瀬旭荘『梅墩漫筆』(中村幸彦ほか編『広瀬旭荘全集』第十一巻、思文閣出版、一九八六年)、二四一頁。
(43) 同「羽倉君通鑑評序」『旭荘文集』、七一〇〜七一一頁。
(44) 同『九桂草堂随筆』(関儀一郎編『日本儒林叢書』第二冊、東洋図書刊行会、一九二八年)、二五頁。
(45) 亀谷省軒「広瀬旭荘伝」『省軒文稿』巻二、三十三ウ。なおこうした旭荘の学的態度が産んだ最も重要な成果として『日間瑣事備忘』がある。同書はなべて一六七冊を数える浩瀚な日記で、旭荘はこの同時代史を自らの主著とみなし、こう述べる。「我老衰何も不出来、日記凡百冊、是を其方に清写して遺し度、先達中遺候通、時事・怪談等引分け候事甚宜、此は其元五六年の業にして部を分、遊行類・議論類・喪記類といふ様にして、尤も交遊は一人々々引分候はば交情の浅深も見へ大に好、通鑑記事本末の様に致候は至妙と存候、〔……〕此書我一生の心肝幷行路悉矣」(広瀬旭荘の林外宛、嘉永六年八月二十五日、三七九〜三八〇頁)、「毎に曰く、吾が一生の精神日録に存す。今人必ずしも之を貴ばずとも、後世将に子雲有らん(毎曰、吾一生精神存於日録。今人不必貴之、後世将有子雲矣)」(亀谷省軒「広瀬旭荘伝」『省軒文稿』巻二、三十三ウ)。卓越した文士による、徳川思想史における自己の作品化の精華である。

(46) 広瀬旭荘『九桂草堂随筆』、四三〜四四頁。

(47) 広瀬旭荘の広瀬林外宛、嘉永六年十二月八日、三七四頁。

(48) 広瀬旭荘「異船議」(『梅墩叢書』(前掲『広瀬旭荘全集』第十一巻))、三四九頁。

(49) 同上、三五〇、三五二頁、同「児孝に示す書の写」(同上)、三五二〜三五八頁。

(50) 同『九桂草堂随筆』巻之四、同「識小編」(『梅墩叢書』)参照。

(51) 池田草庵の吉村秋陽宛、安政二年五月二十二日(『大系11』)、一五二〜一五三頁。

(52) 頼山陽の亀井昭陽宛、文化四年五月十四日(徳富猪一郎ほか編『頼山陽書翰集』上巻、民友社、一九二七年)、三五〜三六頁。

(53) 成島柳北「歳晩感懐」『柳北詩鈔』巻之一(博文館、一八九四年)、八頁。大谷雅夫「成島柳北の青春」(『歌と詩のあいだ——和漢比較文学論攷』岩波書店、二〇〇八年)も参照。

(54) 成島柳北「九月二十日率兵馬発太田営帰江城有感而賦」『柳北詩鈔』巻之二、二二〜二三頁。

(55) 唐木前掲『無用者の系譜』、二七五頁。

(56) 森田節斎の事蹟は田村吉永編『森田節斎全集』(五條市、一九六七年)——以下、全集と略記——所収の「節斎森田先生碑」「森田節斎年譜」参照。『森田節斎先生の生涯』(私家版、一九二六年)をはじめ武岡豊太による一連の発掘作業のほか、『五條市史』全三巻(五條市史刊行会、一九五八〜一九八七年)および『倉敷市史』第十冊(名著出版、一九七三年)や、池田春美『山路機谷先生伝』(私家版、一九三三年)、井上康平「森田節斎の活動とその影響」(『史文』第十三号、天理大学史文会、二〇一一年)も有益である。思想学藝についての研究は、松下忠『江戸時代の詩風詩論——明・清の詩論とその摂取』(明治書院、一九六九年)、中村真一郎『頼山陽とその時代』(中央公論社、一九七一年)、中村哲『わが学芸の先人たち』(法政大学出版局、一九七八年)、山田芳則「森田節斎——朱子学と尊皇攘夷運動の接点」(『幕末・明治期の儒学思想の変遷』(思文閣、一九九八年))参照。なかでも山田論文は尊王攘夷運動への関与だけでなく節斎の学問そのものに焦点を当てた研究論文として貴重なものであり、扱う題材も本章と重なる部分が多い。しかし、「節斎の思想は基本的には倫理規範に限定した朱子理気性命論であり」(四〇頁)、「その学問遍歴は、儒学の世界観である理気論を焦点とした思想の展開であった」(五二～五三頁)という結論には疑問が残る。果たして、「理」という言葉をほとんど使用せず、経学に関する著作を一切残していない節斎の思想に、「朱子理気性命論」を読み込むことは可能なのだろうか。

山田も指摘するように、経学についての節斎の見解は、晩年の猪飼敬所から称賛された碩学・谷三山との筆談や書簡のなかに見られる。しかしそこからうかがえる節斎の関心とは、「理気性命論」などではなく、「安心立命」できる「道義」上の「根本」の模索である。節斎は既に文名を確立した弘化三年頃から、自分は文章にこそ通じてはいるものの道義の上に定見がないのではないかと悩み、「痛哭流涕」に陥ったという。彼はこの精神的不安から脱するべく、『孟子』正文を暗誦するまで熟読したり、伊藤仁斎の著作に手を伸ばしてみたり、禅寺に籠ってみたりと様々な修養を試みている(「与谷子正書」全集、二三五、二四二～二四五頁)。その最終的解決は、嘉永三年、五條にて大仏を自称する肥満した歌妓と遊んだことで果たされたというのだから、もはや理気性命論どころか学問的問題なのかすら疑わしい(本人はこの「再生の仏恩(再生之仏恩)」を「遊戯人間、狂態故の如し(遊戯人間、狂態如故)」と誇らしげに語っている(「上南陽公書」同上、四〇～四一頁))。結局、この間に節斎が儒学思想のなかに求めていたものは、寄る辺なき心をいかに落着させるかという極めて実存的な懊悩の解決であった。朱熹や仁斎の言葉も、『論語』や『孟子』といった古典も、禅による修養や「大仏姫」も、そのための道具に過ぎない。そしてそれは、山田の分析とは全く異なる意味で、端無くも「幕末期儒学思想の特質」(山田前掲、一四頁)を物語っている。田尻祐一郎は幕末における佐藤一斎の流行の理由を、「動じない自己を確立させようとした人々の精神の根底にあるものを、一斎は儒教の言葉で救い上げていた」ことに求めている(『江戸の思想史』中公新書、二〇一一年、二〇八頁)。いいかえれば、幕末における儒学の言葉は、極めて実存的悩みに応えるものとして受容され、重宝されていたのである。若き日の節斎の煩悶と模索も、こうした時代を象徴するひとコマであった。

したがって本章では、節斎を朱子学者ととらえて、彼の思想の基底に宋学的な哲学原理を措定することはしない。本文でも述べたように、むしろ頼山陽との関係を重視して、「文士」の幕末を知る上での重要な存在として節斎をとりあげることにしたい。

(57) 一連の書簡は小泉久時編『頼山陽先生品行論』として、明治十四年に刊行されている。

(58) 「与谷子正書」全集、二三九頁。

(59) 森田節斎・谷三山『愛静館筆語』同上、一五八、一七七頁。
(60) 「鶴梁文鈔序」同上、一一四頁、「与堀江九郎右衛門書」同上、三〇八頁。
(61) 塩谷宕陰「与森田節斎」(『宕陰賸稿』巻二)、六十オ〜ウ。
(62) 『倉敷市史』第九冊(名著出版、一九七三年)、七三二頁。
(63) 阪谷朗廬「送森田謙蔵序」『朗廬全集』、一七九〜一八〇頁。
(64) 土屋鳳洲「二家筆談叙」全集、一八八頁。
(65) 同「節斎森田先生碑」同上、五〜六頁。
(66) 原田亀太郎の事蹟は、節斎の手になる「有不為斎記」「原田亀太郎画像記」(同上)のほか、『倉敷市史』第九冊参照。
(67) 「有不為斎記」全集、九八頁。王陽明の言葉の典拠は「与楊仕徳薛尚謙書」(『王陽明全書』巻之一)。
(68) 「倉敷邑会所壁記」同上、一〇二頁。
(69) 「与葆庵書」全集、三一八頁。「三奇士」とは節斎に親炙していた北厚治、安元杜預蔵、吉田松陰のこと。松陰は短い期間だが節斎に親炙し、「文人」になるよう勧誘されたらしい(吉田松陰の杉百合之助・玉木文之進・杉梅太郎宛、嘉永六年四月二日〔広瀬豊ほか編『吉田松陰全集』第五巻、岩波書店、一九三五年〕、一四二頁)。藤井雨香は関西で活躍していた志士・藤井竹外。意気揚々たる「備中用達組」とは、おそらく原田亀太郎らの気節隊であろう。
(70) 「先生憂憤し、雲浜及び春日潜庵等と謀り、窃に義徒を四方に募り、将に為す所有らんと欲す。曰く「我が大和十津川郷は、風気撲直にして人士用ふべし」と。皆之を善とす(先生憂憤、与雲浜及春日潜庵等謀、窃募義徒於四方、将欲有所為。曰我大和十津川郷、風気撲直人士可用。皆善之)」(土屋鳳洲「節斎森田先生碑」同上、五頁)参照。安政二年に書かれた雲浜の節斎宛書簡にも「十津川一条御同意にて段々御配慮被下不堪感激候」というくだりがある(同上、三六七頁)。この点につき、池田末則「吉田松陰・梅田雲浜と五條」(前掲『五條市史』上巻)、およびその改訂版「吉田松陰・森田節斎と五條」(同上、新修)も参考になる。
(71) 梅田雲浜の節斎宛、全集、三六七〜三六八頁。
(72) 原田亀太郎の節斎宛、同上、三六四頁。
(73) 『五條市史』下巻、六五八〜六六〇頁。
(74) 「北条泰時論」全集、八〜九頁。

(75)「大方泰時心ただしく政すなほにして、人をはぐくみ物におごらず、公家の御ことをおもくし、本所のわづらひをとどめしかば、風の前にちりなくして、天の下すなはちしづまりき。〔……〕凡保元・平治よりこのかたのみだりがはしさに、頼朝と云人もなく、泰時といふものなからましかば、日本国の人民いかがなりなまし。此いはれをよくしらぬ人は、ゆへもなく、皇威のおとろへ、武備のかちにけるとおもへるはあやまりなり」(北畠親房『神皇正統記』(岩波文庫、一九七五年)、一五六~一五七頁)参照。この見解は禁裏がさしたる重みをもたなかった近世を通してひろく受け容れられた。たとえば新井白石『読史余論』(松村明ほか校注『日本思想大系35 新井白石』岩波書店、一九七五年)、二六〇、二六三、二九四頁や、安積澹泊『大日本史賛藪』北条義時(松本三之介ほか校注『日本思想大系48 近世史論集』岩波書店、一九七四年)、三〇一~三〇二頁など参照。

(76)「昔者先人嘗て此の論を作り、余も又た外史論賛に於いて之を暢言せり。然れども皆足下の筆力踴躍たるに如かず。乃ち朱考亭の「老年の作文は、退筆字を作るが如く鋒鋭見るべきもの無し」と言ふは、猶ほ信なるを知る(昔者先人嘗作此論、余又於外史論賛暢言之。然皆不如足下之筆力踴躍也。乃知朱考亭言老年作文、如退筆作字無鋒鋭可見、猶信)」(「北条泰時論」全集、九頁)。先人云々は頼春水「北条泰時論」『春水遺稿』巻十、山陽の泰時批判は『日本外史』源氏後記の論賛、朱熹の言葉は『朱子語類』巻一三九参照。

(77)「与谷子正書」全集、二五七頁。

(78)同上。

(79)同上。

(80)「上内藤某書」同上、五〇頁。

(81)なお、これらは決して当時の思想空間における節斎の奇抜さを示すものではない。たとえば同じく山陽に親炙した塩谷宕陰は、戦国から徳川期の名士たちが史筆の不在により忘却されることを危惧し、修史事業の必要性を訴えている(「請修史書」『宕陰存稿』巻二、一オ~二オ)。また、やはり山陽に学んだ画人・宮崎青谷は、林楽斎の『一善録』に序を寄せてその企図を次のように解説する。「世の人を評する者、動もすれば輒ち曰く「古人古人」と。古人なれば則ち之を重んじ、今人なれば則ち之を薄んず。豈に其れ然るか。古人未だ必ずしも今人より賢ならず、今人未だ必ずしも古人より愚ならず。唯だ其の胸中に新古有り、見る所公平ならざるのみ。〔……〕今夫の閭巷の人、励行立名の志有る者と雖も、攻城野戦の苦有るに非ざれば、則ち其の功名を見はすこと無し。艱難困厄の事に非ざれば、則ち以て其の節操を見はすこと無し。高位重禄にして寵を君に得ること有るに非ざれば、則ち以て其の才能を見はすこと無し。而して澌尽泯滅に帰す（世之評人者、動輒曰古人古人。古人則重之、今人則薄之。豈其然乎。古人未必賢於今人、今人未必愚於古人。唯其胸中有新古、所見不公平焉耳。〔……〕今夫閭巷之人、雖有励行立名之志者、非有攻城野戦之苦、則無見其功名。非有艱難困厄之事、則無以見其節操。非有高位重禄得寵於君、則無以見其才能。而帰於澌尽泯滅矣）」（宮崎青谷「書一善録後」『青谷遺稿』巻之二、十二ウ）。古ではなく今の、忘却される「一善」の記録に意義を見出す姿勢は、節斎とその基調を同じくしている。

(82)「上中川親王書」同上、七二頁。

(83) 同上、七二〜七三頁。

(84)「与伊丹蔵人」同上、七四頁。

(85) 志士たちの詩歌については特に、谷川恵一「歌のありか」（『歴史の文体　小説のすがた――明治期における言説の再編成』平凡社、二〇〇八年）、同「歴史の彼方」（同上）のほか、ロバート・キャンベル「獄舎の教化と「文学」」（『国語と国文学』第八十巻第十一号、二〇〇三年）、青山英正「幕末の歌集と教化」（『文学』第五巻第一号、二〇〇四年）、同「振気から教化へ」（『国語国文』第七十五巻第十号、二〇〇六年）参照。

(86) 引用は『維新草莽詩文集』（新学社、二〇〇七年）に拠る。六二、一三〇、二八五、三四五頁。

(87) 岡本楠太郎編『悲愴慷慨剣舞詩集』（一八九二年）、七頁。

(88) この意味で、大橋訥庵との対比は興味深い。輪王寺宮擁立の義挙を画策する訥庵は、協力する志士たちを「荷物」、協力者の増加を「商売繁盛」といった隠語で語りながら、果てには次のようにいう。「みんなに狂言をさせて拙は何卒桟敷へ廻り見物に相成度事と存居候得共、それでは座中の気が抜け候様子故甚困り申候。さればとて拙者の大天狗を申候はば僕程の立物が一度の芝居をはづして、それと一時に滅し候而は跡の狂言あがったりと相成候事故、それは残念至極に御座候」（大橋訥庵の菊池教中宛、文久元年十一月七日〔平泉澄ほか編『大橋訥庵先生全集』上巻、至文堂、一九三八年〕、三三四頁）。訥庵につき、宮城公子「「誠意」のゆくえ――大橋訥庵と幕末儒学」（『幕末期の思想と習俗』ぺりかん社、二〇〇四年）参照。

(89) 青山前掲「振気から教化へ」参照。

(90)「左衛門尉楠公髻塚碑」全集、一〇四〜一〇五頁参照。正行の髻塚がある如意輪寺に建てる碑石のための撰文であり、依頼は慶応元年夏、紀州藩士・津田正臣によりもたらされた。「一生大役」（「与林孚一書」同上、三四八頁）と、ずいぶん励んだらしい。文中、次のような一節があり、彼の企図が最後まで変わっていなかったことを伝えている。「方今夷狄猖獗し、九重宵旰す。士力を国家に効すの秋なり。事成れば則ち藤公為り、百世に廟食す。成らざれば則ち公と為りて節に死し、名を竹帛に垂る。豈に大丈夫の至願に非ずや(方今夷狄猖獗、九重宵旰。士効力国家之秋也。事成則為藤公、廟食百世。不成則為公死節、垂名竹帛。豈非大丈夫之至願乎)」(一〇五頁)。

(91)『明治天皇紀』第三巻(吉川弘文館、一九六九年)、二〇二頁。この御製は山県の手を経て六月三十日に神社へ下賜された(池田良八「靖国神社の創設」〔『神道史研究』第十五巻第五・六号、一九六七年〕、六六頁)。

(92)真木和泉「経緯愚説」文久元年三月(小川常人編『真木和泉守全集』上巻、臨川書店、一九九八年)、一九頁。

(93)久坂玄瑞「廻瀾条議」文久二年八月一日(福本義亮編『久坂玄瑞全集』マツノ書店、一九七八年)、四一四頁。

(94)住谷寅之助・下野隼次郎の大原重徳宛上書、文久二年六月(『水戸藩史料』下編、吉川弘文館、一九七〇年)、一九四頁。

(95)村上重良『慰霊と招魂——靖国の思想』(岩波新書、一九七四年)は長州の内請に基づくとするが(四頁)、『孝明天皇紀』、『忠正公勤王事跡』に該当する記述は見当たらない。とはいえ、沙汰で触れられる伏見一挙の鎮静を命じたのはほかならぬ孝明であるから、この御沙汰の内容が誰かしらの意向を強く反映したものとする見立ては説得的であり、それが長州藩だというのもありそうなことではある。理由は、薩摩への対抗心といった政局の問題だけではない。

十九世紀には多くの武士や豪農が自家の由緒を再確認(偽造を含む)し、そのことで家格や身分の上昇をはかった。それは一方で自己利益を追求する計画だったが、他方で先祖からの連続性、奉公の集積としてのイエの由来という歴史意識を育みもした。先祖の戦功はまさしく「自己認識の根源」であり、系図や家譜の編纂は当主を当主たらしめる「権威の源泉」でもあった(野口朋隆「『葉隠』にみる「譜代」と「新参」」〔『近世分家大名論——佐賀藩の政治構造と幕藩関係』吉川弘文館、二〇一一年〕、二七八頁)。そして、こうした取り組みを通して藩政改革を断行した先蹤が、長州だった。天保以降の藩政を指導した村田清風は、顕彰に基づく藩祖の神格化を政治的資源として「復古」改革を断行し、それにあわせて藩祖のために「戦死」「忠死」を奉った者らの由緒調査をおこない、藩祖廟でともに供養したのである(岸本覚「長州藩藩祖廟の形成」〔『日本史研究』第四三八号、一九九九年〕、同「長州藩の藩祖顕彰と藩政改革」〔同上、第四六四号、二〇〇一年〕、同「近世後期における大名家の由緒——長州藩を事例として」〔『歴史学研究』第八二〇号、二〇〇六年〕参照)。してみれば、松陰を祀れという久坂の建議、あるいは第四章で検討した松陰の国体論も、こうした議論と政策の蓄積を反映したものである可能性が高い。また、「忠死」者の慰霊と顕彰という政策が、ことに長州で馴染みのあるものだったということができる。なお幕末期の英雄崇拝から招魂社へつながる流れを楠正成と長州を中心に描くものとして、一坂太郎『幕末・英傑たちのヒーロー――靖国前史』(朝日新書、二〇〇八年)も参照。

(96)『孝明天皇紀』第四巻(吉川弘文館、一九六八年)、五三頁。

(97)村上前掲『慰霊と招魂』、六〇～六一頁。

(98)「殉難者」と「戦死者」の区別のもと、近代日本における慰霊事業の紆余を説くものとして白川哲夫『「戦没者慰霊」と近代日本――殉難者と護国神社の成立史』(勉誠出版、二〇一五年)など参照。

(99)羽賀祥二『明治維新と宗教』(筑摩書房、一九九四年)、三五七頁。

(100)昭和八年より刊行された『靖国神社忠魂史』は、「祭神の事蹟を顕彰し、その神となられた瞬間の心を以て全国民の心とする」(「本書刊行に際して」)ことを掲げ、各巻末に詳細な「祭神索引」を載せる全五巻五千頁を超える浩瀚な戦史である。しばしば、靖国の思想として、儒学の理気論に基づき祭神が個人としての性格を失っている点が指摘されるが(たとえば小島毅『増補 靖国史観――日本思想を読みなおす』ちくま学芸文庫、二〇一四年)、こうした個人の「事蹟」(およびそれに附随する「名」)への配慮もあったことは注意してよい。なお、同書を「準正史」と呼ぶのは、石井紫郎「日本人のアイデンティティーと歴史認識覚書」(『日本人の法生活』東京大学出版会、二〇一二年)、五九頁。

終章

(1)講演は夜の七時に始まり、九時を過ぎても終わらず、翌日の朝八時から再開され、午後には質疑の時間が設けられた。鈴木範久『内村鑑三日録4 1892～1896 後世へ残すもの』(教文館、一九九三年)参照。

(2)内村鑑三『後世への最大遺物』(『内村鑑三全集』第四巻、岩波書店、一九八一年)、二五一頁。

(3)同上、二五二頁。

(4)同上、二五四頁。

(5)同上、二六八～二六九頁。

(6)「人生相渉論争」において、愛山は文学の意義を「事業」にもとめ、透谷は事業の価値を重んじながらそれを文学の評価基準とすることに反発した。そして坂本多加雄『知識人――大正・昭和精神史断章』(読売新聞社、一九九六年)が指摘するように、戦争への態度とはうらはらに、文学観について内村は透谷よりも愛山に近い。講演の前年に発表された山路愛山「明治文学史」における、「吾人が文章は事業なりと曰ひしは文章は即ち思想の活動なるが故なり、思想一たび活動すれば世に影響するが故なり。苟も寸毫も世に影響なからんか、言換ゆれば此世を一層善くし、此世を一層幸福に進むることに於て寸功なかつせば彼は詩人にも文人にも非るなり」(岡利郎編『民友社思想文学叢書2 山路愛山集(一)』(三一書房、一九八三年)、八八頁)などは、言葉遣いも主張の内容も酷似しているから、内村が意識していなかったとは考えられない。とはいえ、内村と愛山とのあいだにはカーライル流の「英雄崇拝」評価をめぐって相違があること、また透谷の立場もそれほど内村たちとは隔たっていないことには留意する必要がある。透谷における政治と非政治の最後までもつれあった脈絡を考察するものとして、さしあたり、小寺正敏『幻視の国家――透谷・啄木・介山、それぞれの〈居場所探し〉』(萌書房、二〇一四年)参照。

(7) 内村鑑三『後世への最大遺物』、二八一頁。

(8) 同上、二八三〜二八四、二八五、二九〇頁。

(9) 内村が『太平記』を好み、楠正成の最期につき次のような意見の持ち主だったことも考え合わすべきである。「楠正成の湊川に於ける戦死は決して権助の縊死にあらざりしなり(福沢先生明治初年頃の批評)、南朝は彼の戦死に由て再び起つべからざるに至れり、彼の事業は失敗せり、然れども碧血跟化五百歳の後、徳川時代の末期に至て、蒲生君平高山彦九郎の輩をして皇室の衰頽を歎ぜしめ勤王の大義を天下に唱へしむるに於て最も力ありしものは嗚呼夫れ忠臣楠子の事跡にあらずして何ぞや、〔……〕一楠子死して慶応明治の維新に百千の楠公起れり、楠公実に七度人間に生れて国賊を滅せり、楠公は失敗せざりしなり。〔……〕義の為めに失敗せしものは義の王国の土台石となりしものなり、後進者成功の為めに貯へられたる潜勢力なり、我等は后世の為めに善力(Power for Good)を貯蓄しつつあるなり、余は先祖の功に依り安逸衣食する貴族とならんよりは功を子孫に遺す殉義者とならん事を欲す」(『基督信徒の慰』明治二十六年(『内村鑑三全集』第二巻)、四九〜五〇頁)。かくして内村は、楠公の死をキリストの受難になぞらえる(四九頁)。内村にとって、「未来を感化せざりし事実は歴史的の価直なし」であった(『流竄録』明治二十七年(同上、第三巻)、八三頁)。

(10) 内村鑑三『後世への最大遺物』、二八八頁。

(11) 同上、二八九頁。なおこの点が、内村がカーライルの英雄崇拝論に批判的だった理由でもある。「英雄の真似をなすを休めよ、自己の英雄なるを感ぜざる是英雄の特質なり、先づ無限と交り宇宙に学べよ、天の精気汝に注入さるる時は汝英雄たらざらんと欲するも得ざるなり」(『伝道之精神』明治二十七年〔『内村鑑三全集』第二巻〕、三四四頁)参照。否定されるのはあくまで「模倣」であり、「英雄」そのものではない。英雄の伝記に触れて「感化」を得ることと「模倣」することは、少なくとも明治期の俗流カーライル理解では等置されるが、両者の区別を設ける点に内村の個性がある。

(12) 内村鑑三「絶対的宗教」(山本泰次郎編『内村鑑三信仰著作全集』第十四巻、教文館、一九六二年)、七一頁。相良亨『日本人の心』(東京大学出版会、一九八四年)、六六頁も参照。

(13) 内村鑑三『後世への最大遺物』、二五四頁。

(14) 前川理子『近代日本の宗教論と国家――宗教学の思想と国民教育の交錯』(東京大学出版会、二〇一五年)、第三章参照。

(15) 内村は晩年にあたる大正十四年の「改版に附する序」でも、再び山陽の詩に触れている。「此小著其物が私の「後世への最大遺物」の一と成った事を感謝します。「天地無始終、人生有生死」であります」(『後世への最大遺物』、二九四頁)。

(16) 「独立の手本」として「自らの生涯の物語」を語り残そうとした福沢諭吉(松沢弘陽「自伝の「始造」――独立という物語」〔『新日本古典文学大系明治編10 福沢諭吉集』岩波書店、二〇一一年〕、四九七頁)、やはり「驚天動地の偉功を奏して雷名を一世に轟かし芳声を万古に伝へ英雄豪傑の称を宇内に専にする者」にあこがれた民権志士たち(中島勝義編『俗夢驚談』〔明治文化研究会編『明治文化全集』第二巻、日本評論社、一九二七年〕、一三九頁)、「嗚呼人たれか伝記なからんや。三歳の緑児と雖も其の手に鋼鉄の筆を握る。時々刻々、一挙一動、一言一句、「永遠」の冊子に自からの伝記を書くなり。野夫、樵夫、盲人、悪盗、君子、大人、白人、黒人、悉く此の冊子を否む能はず」という理念のもと「英雄豪傑」ならざる「凡人の伝」を構想した国木田独歩(「列伝」〔『定本 国木田独歩全集』第一巻、学習研究社、一九七八年〕、三〇四頁、「凡人の伝」〔同上、第九巻〕、一九三〜一九四頁)、あるいは、広瀬旭荘を想起せざるを得ない永井荷風の次の言葉などを参照。「大凡の人は詩を賦し絵をかく事をのみ藝術なりとす。われも今まではかく思ひゐたり。わが藝術を愛する心は小説を作り劇を評し声楽を聴くことを以て足れりとしき。然れども人間の欲情もと極る処なし。我は遂に棲むべき家著るべき衣服食ふべき料理までをも藝術の中に数ずんば止まざらんとす。進んで我生涯をも一個の製作品として取扱はん事を欲す。然らざればわが心遂にまことの満足を感ずる事能はざるに至れり。我が生涯を藝術品として見ん時妻は其の最も大切なる製作の一要件なるべし」(『矢はずぐさ』〔『荷風全集』第十二巻、岩波書店、一九九二年〕、一二三五頁)。

あとがき

ひとのあとがきを読むのは楽しいけれど、自分で書くのは難しい。本書が生まれるまでにそれなりの時間がかかったが、あらためて振り返るほどの足跡でもなければ、思い出話に花を咲かせるほど年老いているつもりもない。それでも、いまこうして筆を執っているのは、この場を借りて感謝を伝えたいひとたちがいるからだ。

まず、なによりも、苅部直先生に感謝申し上げる。

福沢諭吉の『文明論之概略』を読むゼミへの飛び入り参加を認めていただいて以来、苅部先生には大学院生活を通して指導教員を務めていただいた。御高著はもちろん、ゼミや様々な場での先生との対話を通して、筆者は日本政治思想史の研究者として自己形成を遂げた。本書の原型となった博士論文（『徳川政治思想史における歴史と永遠——徂徠学から幕末思想まで』東京大学大学院法学政治学研究科、二〇一六年九月提出）も、先生のもとで書かれている。もっとも、先生は研究内容について土足で踏み込むような「指導」はなされなかった。親しく学んだ対象に触れる手つきのやわらかさは、これからも筆者の目標である。

五百籏頭薫先生、平野聡先生（主査）、藤田友敬先生、松田康博先生は、苅部先生とともに博士論文の審査の労をとってくださった。こうした先生方と一時間にわたり、自分の論文について議論するのは贅沢なことである。審査を通して審査された論文がよりよいものへと変わったと実感している。本書に活かしきれなかった数々の御教示は、今後の研究の糧としたい。

河野有理先生、高山大毅さんに感謝したい。南大沢のキャンパスの一室で河野先生の授業と出会うことがなければ、この分野に興味をもつことすらなかっただろう。大学院に進学してのち、高山さんの知遇を得ることがなければ、江戸思想史の研究などとても不可能だったにちがいない。高山さんからは工具書の使い方や訓読の指南まで授かった。本書がその学恩に報いるものとなっていれば幸いである。

また、その高山さんも含めて、相原耕作さん、澤井啓一先生、末木恭彦先生、菅原光さん、田尻祐一郎先生、ケイト・W・ナカイ先生ほか、荻生徂徠研究会の皆様の存在も、本書の成立には欠かせないものだった。月に一度、朱熹・仁斎・徂徠の注釈を比較しながら『論語』を読み進めるこの研究会を通して、筆者は時代と国境を超える古典の力強さと、学問の奥深さを知った。会後の食事もたのしく、所属する大学のほかにこのような場を持てたことは幸運だった。皆様にはあつく御礼申し上げる。

実は一度もお会いしたことがないので、お名前を挙げるのはすこしためらわれるが、松沢弘陽先生にも感謝したい。博士論文に先立つとある論文をお送りした際、松沢先生は丁重な返翰をくださり、『後世への最大遺物』に注意をうながしてくださった。粗忽にもその時は岩波文庫をぱらぱらめくっただけで書棚に戻してしまったが、いつしか内村につながる糸が研究の主題にせりあがり、本書の終章に結実した。それはすくなからず感慨を伴う経験だった。顔も知らない先学に対してこころから感謝できるのも、学問の魅力ではないかと思うこの頃である。

充実した授業で政治学の世界へ誘ってくれた先生方、様々な場を通して知り合ったすぐれた知友たち、そして著書を通して多大な学恩をこうむった先賢は、ほかにも多くいる。そのすべてを列挙することは叶わないが、とりわけ次の方々のお名前はここに明記しておきたい。

学部時代にお世話になった谷口功一先生。ある時期、谷口先生から教えられた硬軟雑多な書物を、明くる日図書館へ行って手にとる日々があった。酔いがまわったせいで書名を思い出せず残念に思ったこともなつかしい。本書をおもしろく読んでいただければ幸いである。趙星銀さん、柳愛林さん、フラヴィア・バルダリさんは、同じ時期に同じ大学院に所属し専門まで同じくした者として、また三ツ松誠さんは異分野の先輩として、多くのゼミをともにしてきた。皆様の発表や議論から学んだことは数多い。そして山口道弘さんは、過去に公表した拙論に対して、熱い激励と詳細な批正をくださった。その内容は読解の正否から誤字の指摘、言葉遣いまで多岐にわたる。自分の書いたものをこんなにも厳しく、たしかな目をもって読んでくれるひとがいるという喜びと恐怖が、本書の執筆にも緊張感を添えた。この場を借りて感謝申し上げる。

岩波書店の小田野耕明さんは、一冊の本がいかにしてできあがるかについてまるで無知な筆者を適切に支え、本書を刊行へと導いてくださった。校正や装丁を担当された方々も含め、本書の出版に携わった皆様に感謝したい。また本書は、科学研究費補助金（特別研究員奨励費、課題番号：14J02525、研究活動スタート支援、課題番号：17H06588）およびサントリー文化財団「若手研究者による社会と文化に関する個人研究助成（鳥井フェローシップ）」の助成に基づき執筆された内容を含み、刊行にあたっては平成二十九年度東京大学学術成果刊行助成の支援を得ている。一冊の本を書き終えて、それがいかに多くの助けを必要とするものか、痛感する。それぞれ審査の労をとってくださった皆様に御礼申し上げる。

最後に、ひとつだけ私事を添えることを許して欲しい。
本書の成立をゆうにこえて、より大きな感謝を、母と叔母に――。

二〇一八年二月

島田英明

島田英明

1987年生まれ

2011年首都大学東京都市教養学部法学系卒業

2017年東京大学大学院法学政治学研究科博士課程修了.

博士(法学)

現在—東京大学大学院法学政治学研究科附属ビジネスロー・比較法政研究センター特任講師

専攻—日本政治思想史

著書—「経世の夢, 文士の遊戯——頼山陽における政治思想と史学」(『国家学会雑誌』第127巻第7・8号)

歴史と永遠 江戸後期の思想水脈

2018年 3 月23日 第1刷発行
2018年12月25日 第2刷発行

著 者 島《しま》田《だ》英明《ひであき》

発行者 岡本 厚

発行所 株式会社 岩波書店
〒101-8002 東京都千代田区一ツ橋2-5-5
電話案内 03-5210-4000
http://www.iwanami.co.jp/

印刷・三秀舎 カバー・半七印刷 製本・松岳社

ISBN 978-4-00-025670-4 Printed in Japan

人名索引

あ行

か行

さ行

た行

な行

は行

ま行

や行

ら行

わ行